春潮NOV+

回到分歧的路口

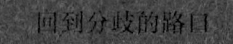

[美]
欧文·斯通
Irving Stone
——著

常涛
——译

渴望生活

LUST FOR LIFE

梵高传

中信出版集团 | 北京

图书在版编目（CIP）数据

渴望生活：梵高传 /（美）欧文·斯通著；常涛译
. -- 北京：中信出版社，2023.1（2024.6重印）
ISBN 978-7-5217-4535-1

Ⅰ.①渴… Ⅱ.①欧…②常… Ⅲ.①凡高 (Van Gogh, Vincent 1853-1890) —传记 Ⅳ.① K835.635.72

中国版本图书馆 CIP 数据核字 (2022) 第 135538 号

Copyright © 1934 by Irving Stone
Copyright renewed © 1961 by Irving Stone
This edition published by arrangement with Doubleday, an imprint of The Knopf Doubleday Publishing Group, a division of Penguin Random House LLC.
Simplified Chinese translation copyright © 2022 by CITIC Press Corporation
ALL RIGHTS RESERVED

本书仅限中国大陆地区发行销售

渴望生活：梵高传

著　者：[美]欧文·斯通
译　者：常　涛
出版发行：中信出版集团股份有限公司
　　　　　（北京市朝阳区东三环北路 27 号嘉铭中心　邮编 100020）
承　印　者：北京盛通印刷股份有限公司

开　本：880mm×1230mm　1/32　　印　张：18
插　页：16　　　　　　　　　　　字　数：420 千字
版　次：2023 年 1 月第 1 版　　　印　次：2024 年 6 月第 8 次印刷
京权图字：01-2022-3907
书　号：ISBN 978-7-5217-4535-1
定　价：79.80 元

版权所有·侵权必究
如有印刷、装订问题，本公司负责调换。
服务热线：400-600-8099
投稿邮箱：author@citicpub.com

出版说明

《渴望生活：梵高传》是美国"传记小说之父"欧文·斯通的代表作，是了解梵高绕不开的经典。1934 年英文版首次出版，上市 88 年来，被译为 80 余种文字，全球已发行 160 余种不同版本，感动激励数千万读者，被誉为"一生必读的经典"。

简体中文版《渴望生活：梵高传》1983 年首次出版。40 年来，成为梵高相关图书中影响人群最广、生命力最持久的一部作品。此次全新升级版，译者做了细致修订，同时特邀人文学者梁永安老师撰写万字导读，另外新增三篇附录：《梵高年表》《他们都爱梵高》《图说梵高》。全书收入梵高画作 40 幅，图片的编辑审定得到了艺术顾问顾孟劬、曾孜荣的鼎力支持，特此感谢。

2023 年是梵高诞辰 170 周年。相信这本书能让人明白梵高画作中那些生命的力量，也能感受到梵高那不息的生命激情。

2022 年 10 月

目录

导读 / 001
前言 / 017

序幕　　伦敦　[Prologue] London
　　[1] 娃娃的天使 / 024
　　[2] 古比尔公司 / 027
　　[3] 爱萌生于爱的幻觉 / 029
　　[4] "让我们把这事忘了吧，好不好？" / 034
　　[5] 梵高家族 / 037
　　[6] "哼，你不过是个乡巴佬！" / 040
　　[7] 拉姆斯盖特和伊斯莱沃思 / 045

第一卷　博里纳日　[Book One] The Borinage
　　[1] 阿姆斯特丹 / 052
　　[2] 凯 / 054
　　[3] 古板的乡下教士 / 057
　　[4] 拉丁文和希腊文 / 060
　　[5] 曼德斯·德科斯塔 / 062
　　[6] 长处在哪里？ / 066
　　[7] 福音传道学校 / 067
　　[8] "煤黑子" / 072

I

［9］矿工的棚屋 / 075

［10］成功了！ / 079

［11］矸石山 / 082

［12］马卡塞 / 087

［13］一堂经济学课 / 097

［14］"易碎品" / 099

［15］黑埃及 / 103

［16］上帝退场 / 110

［17］破产 / 112

［18］微不足道的小事件 / 114

［19］艺术家对艺术家 / 116

［20］提奥上场 / 126

［21］莱斯维克老磨坊 / 129

第二卷　埃顿　[Book Two] Etten

［1］"干这一行是可以谋生的！" / 140

［2］疯子 / 143

［3］学生 / 147

［4］特斯提格先生 / 154

［5］安东·毛威 / 159

［6］凯来到埃顿 / 164

［7］"不，决不，决不！" / 178

［8］人在有的城市永远不走运 / 183

第三卷　海牙　[Book Three] The Hague

［1］第一个画室 / 190

［2］克里斯汀 / 197

[3] 工作取得进展 / 203

[4] 男人得有个女人才行 / 211

[5] "你必须得赶快开始卖画" / 215

[6] 善，滋长于出乎意料的地方 / 224

[7] 学会受了痛苦而不抱怨 / 233

[8] "无情之剑" / 242

[9] 爱 / 246

[10] "圣家族" / 252

[11] 提奥来海牙 / 257

[12] 难以捉摸的父亲 / 262

[13] 艺术是一场战斗 / 269

[14] 这就是婚姻 / 275

第四卷　纽恩南　[Book Four] Nuenen

[1] 牧师住宅里的画室 / 284

[2] 织工 / 287

[3] 玛高特 / 289

[4] "要紧的是爱，而不是被爱" / 292

[5] 任你走到哪里 / 297

[6] 审讯 / 306

[7] "你的作品差点儿就能卖出去了，但是……" / 316

[8] 吃土豆的人 / 321

第五卷　巴黎　[Book Five] Paris

[1] "哦，是啊，巴黎！" / 332

[2] 爆炸 / 336

[3] "能当上画家，干吗非要当伯爵？" / 341

[4]一个原始派画家的肖像 / 348

[5]绘画应当变成一门科学！/ 356

[6]卢梭的宴会 / 364

[7]一个上吊的可怜虫 / 373

[8]艺术与道德 / 379

[9]唐古伊老爹 / 388

[10]"小林荫道" / 396

[11]为工人的艺术 / 401

[12]"共产主义互助会" / 405

[13]向南，向南，向着太阳 / 415

第六卷　阿尔　[Book Six] Arles

[1]地震还是革命？/ 422

[2]绘画机器 / 427

[3]"鸽子" / 431

[4]邮差 / 436

[5]黄房子 / 442

[6]玛雅 / 448

[7]高更到来 / 460

[8]大吵大闹 / 465

[9]"伏热" / 479

[10]"在当今的社会，画家只不过是个破罐子" / 489

第七卷　圣雷米　[Book Seven] St. Remy

[1]三等候车室 / 496

[2]疯人兄弟会 / 500

[3]破瓶烂罐毕竟是破瓶烂罐 / 508

[4]"我是在头童齿豁、气息奄奄之时才学会作画的" / 511

第八卷　奥维尔　[Book Eight] Auvers

[1]首次个人画展 / 522

[2]精神病专家 / 530

[3]人是无法把告别画出来的 / 538

[4]一种更具复原力的泥土 / 547

[5]他们死时也不分离 / 550

作者附记 / 553
2022年中文版修订后记 / 555
附录1：梵高年表 / 560
附录2：他们都爱梵高 / 563
附录3：图说梵高 / 567

v

导读

梁永安
复旦大学中文系教授

    1890年7月27日午后,法国巴黎郊外的奥维尔小镇,一个面色严峻的男子走上小山,坐在一棵树下,遥遥地望着阳光灿灿的麦田,满眼惜别的伤痛。一会儿他走下山坡,踏进热气腾腾的耕地,渐渐举起一把左轮手枪,压向胸部,决然扣动扳机,轰然倒下。四个小时后,他从昏迷中醒来,带着浑身血迹,摇摇坠坠地走回了暂住的旅馆。三天之后,他握着弟弟的手,黯然去世。

    他就是温森特·梵高,一个视艺术为信仰,以生命为火把,在暗影重重的人世间负重前行的探寻者。

    他去世于最不该陨落的时刻,他正处于艺术的新起点,他死在三十七岁,绘画生涯仅仅十年,画了864张油画,1037张素描,150张水彩画,其中有36幅自画像,11幅向日葵。终其一生,除了少数绘画圈里的人,公众对他一无所知。然而也正是在1890年初,他卖出了有生以来的第一幅画,得到四百法郎。青年美术评论家奥里埃在《法兰西信使》杂志发表了一篇评价梵高油画的文章,热烈赞扬梵高的画作具有"非同寻常的力量和强烈的表现力"。同时奥里埃也痛感惋惜地长叹:"这位有着一颗发光的灵魂的坚强而真诚的艺术家,他是否会享受到被观众赏识的快乐呢?我想是不会的,与我们当代资产阶级的脾性相比,他太单纯了,同时也太微妙了。除了得到与他志同道合的艺术家的理解,他将永远不能为人所完全接受。"

奥里埃完全没有预计到，梵高身后的艺术生命如悄然掀动的海啸，初始水波不兴，渐渐波浪涌起，迅疾惊涛拍岸，一百余年间冰火两重天。梵高去世后刚刚半年，1891年1月25日，他最亲密的弟弟提奥也黯然离世。弟媳妇乔安娜继承了梵高的大部分画作，她深深沉浸于梵高画作中的熊熊激情，立志一生推广梵高的作品。她在提奥去世后的十年间，举办了七次梵高画展。尽管展览门庭冷落，她依然不改初心。直到第七次，马蒂斯等一众巴黎的绘画大咖前来观瞻，引起公众的瞩目，终于将梵高的泣血之作推向了艺术圈的视觉焦点。1915年之后，梵高的单幅画作售价达到三十万法郎。

要追溯真正将梵高的文化影响力放大到整个社会的原因，就不得不提到我们眼前的这本《渴望生活：梵高传》。

那是在1927年春，年轻的美国人欧文·斯通（Irving Stone，1903—1989）来到法国，经友人的推荐，去巴黎的卢森堡画廊参观梵高的画展。画廊展出了梵高的70余张油画，欧文·斯通仿佛踏入灼日之下的宇宙幻境，完全被震撼了。五十五年之后，他还惊叹不已地回忆："在色彩的辉映下，就像阳光透过彩绘玻璃照进大教堂一样，波光流泻，色彩斑斓。对于受过意大利宗教画和巴黎寓意画过多熏陶的我来讲，绘画已经成了一种不能令人激动的艺术。然而，此刻，突然间面对着温森特的这个由色彩、阳光和运动组成的骚动不安的世界，我的确惊呆了。当我惊诧不已地徘徊于一幅又一幅壮丽辉煌的油画前时，我进入了一个新的境界，整个世界豁然开朗：在人、植物、动物从那富有生命感的大地升向富有生命感的天空和太阳，然后又向下汇聚到同一中心的运动中，一切生命的有机成分都融合在一起，成为一个伟大崇高的统一体。"

也就从这一天开始，欧文·斯通心潮奔流，越来越克制不住一个澎湃的心愿：要为梵高写一本传记。三年后，他毅然决定动笔虽然他深知自己面对梵高"最为悲惨然而成就辉煌"的一生,有太多需要探索的生命秘境,但他无法离开被梵高"迷住了"的心境,在"几近发狂"的高亢激情中,不分昼夜地写了半年,最后写出了这本42万字的厚重之作。这本书费尽周折出版后,长销不衰,在全球售出各种语言版本将近三千万册。

笔者是在1985年第一次读到欧文·斯通的这本传记,几乎是通宵读完,从此难忘。这次重读这一新版《渴望生活:梵高传》,恍然三十七年过去,竟然正好与梵高的生命长度相等,感叹不已。怀着深深的敬意,细细又读了三遍,书页上画满了橘色的记号,时时感觉以前没有读过这本书,一个全新的梵高从文字的斑驳中忽明忽暗地跋涉,恍若一个不羁的旅者在时光中奋力地寻找,寻找那朵夜空下熠熠闪烁的大葵花,寻找金色麦田中嬉戏的精灵。他一生在探寻什么?他如何拨开世俗的烟尘,衣衫褴褛而又精神丰足地前行?他如何经受了生存的碾压而不变形?……一切的一切都是巨大的追问,催促着荡人心魄的阅读——不,不是阅读,是对一个滚烫的纯粹灵魂的抚摸,是一次于无声处的漫长修炼!

最动人心魄的是,梵高坎坷情路上的颠沛流离。

按理说,撰写梵高这位经典大师的生平,应该从荷兰南部的小镇松丹特写起,这是梵高的家乡。然而欧文·斯通并没有沿着这条从小到大的时间线顺向描写,一开篇设置了一个"序幕",写的是伦敦时期的梵高,那是1874年,他二十一岁,正在这座大城的古比尔公司伦敦分公司工作,专职推销绘画和艺术品。他虽然年轻,却已经在画商的行业里历练了五年,每个月能为公司卖出去50张画片,是一个颇有商业能力的推销者。但他生活的中心却不在商业,而是爱情——他爱上了自己房东的女儿乌苏拉。她十九岁,芳华四溢,"一触及她那光滑细腻的肌肤,他就心慌意乱"。这太正常了,爱情往往是青年成长的第一课,也是独立体会人性、人情冷暖的修罗场。欧文·斯通从梵高的爱情入笔，奠定了这本传记的基本逻辑：全书起步于梵高的情感与精神发展，而不是日常人生的流水账。在这部传记的"序幕"中，欧文·斯通把梵高写成一个非常阳光、非常纯粹、非常单纯的青年。他对爱情满怀信心，抓紧时间向乌苏拉表白。他觉得自己每个月能挣五个英镑，在当时的青年中属于收入很不错的人群，能够给乌苏拉一个像样的生活，所以他信心十足地向乌苏拉表白："只有你做了我的妻子我才能幸福。"他万万没有想到，乌苏拉断然拒绝了他，还说"我订婚已经一年了"。

这时候，梵高才发现自己是一个彻底的傻瓜。他愤愤问乌苏拉："在知道我爱上你的情况下，你为什么居然整整一年都不告诉我？"而乌苏拉理直气壮地回答："你爱上我难道是我的过失？我无非是想与你做个朋友。"

乌苏拉如此这般的拒绝，对梵高来说是特别沉重的打击。他非常不喜欢自己的画商生涯，因为那些购买复制画片的人都毫无艺术的理解力，只不过是附庸风雅而已。他在伦敦的生活里，真正感到幸福的是每天能看到乌苏拉。他这种儿童般的天性，总是把一切人、一切事都想得非常美好，这使他对乌苏拉的认识失去了真实性，陷入爱与被爱的错觉中。所以在被乌苏拉拒绝之后，他觉得整个世界都变得非常灰暗，郁郁愁结。

欧文·斯通用这个"序幕"，拉开了梵高一生的悲剧：他太无邪，把一切人和事都往好里想，不适合活在这个复杂的社会。他就像一个全部打开的大葵花，裸露在世俗社会的霜风雪雨中。这个世界总是让他感到非常意外，当然也非常地失望。梵高面对乌苏拉的手足无措，实际上是给全书的一个象征性的基调，预示着他这一生会非常坎坷，像一个孩子，奔跑在起伏不平的未知世界。

七年以后，梵高又恋爱了，这事儿发生在这本传记的第二卷，他爱上的是自己的表姐凯·沃斯。表姐的丈夫死去不久，梵高感觉自己是"能使凯把那个属于过去的男人忘掉"的不二人选,他"爱凯身上的一切:那紧裹在黑色长裙中的苗条纤细的身材,她到田野上时戴的那顶漂亮的黑色女帽,当她在他跟前弯下腰时他闻见她身上散发出来的肉体的芬芳,当她说话很快时嘴巴蹙起来的样子,闪动在她深邃的蓝眼睛中探询的一瞥"。这和他当年爱上乌苏拉的情形是何等的相似!可是这相似中又有内涵的不同。在这七年里,梵高曾经到矿区担任牧师,在几百米深的矿井下亲身体尝过最底层劳动者的悲苦与绝望。他渴望人间温暖明亮的那一面,而表姐凯是一个失去了丈夫的女人,生活的沧桑使她多了几分沉静,举手投足间散发着成熟女性的从容和暖馨,如一轮明月温柔地滋润着他。这是七年前的乌苏拉完全不具备的气质,"他现在庆幸乌苏拉那时没有爱他。他当时的爱情是何等浅薄,现在又是何等深刻而丰富。要是他和乌苏拉结了婚,他就永远不会知道真正爱情的含义。啊,那他也就永远不能爱凯了!他头一次认识到,乌苏拉只不过是个头脑空虚的孩子,既不优雅,亦无个性。他痛苦了那么些年月竟是为了这样一个小娃娃!而同凯一起过一个钟头,胜过与乌苏拉厮守一辈子"。

  梵高对表姐凯的迷恋有一个致命的盲区:凯的成长是优雅的、淑女化的,"她一向着意保护自己的皮肤不受日晒风吹"。就像梵高的妈妈所说:"凯可是生在富贵人家,她一向是养尊处优惯了的。"在表姐凯的眼中,梵高是个始终长不大的野孩子,"当他沉浸在自己对事物的体会之中时,他就失去了自我控制,又恢复了往日那种激动不安、癫狂可笑的举止。下午那个彬彬有礼的绅士不见了,这个粗野的乡巴佬使她大为惊骇。她只觉得他的感情的迸发是那样缺乏教养,那样幼稚可笑"。所以,在梵高突然"发狂地把她搂到怀里"的瞬间,她因为"恐惧和反感"而说不出话来,立刻用"那双蓝得发黑的眼睛冷冷地瞪着他",斩钉截铁地说:"不,决不,决不!"

  这是女性对梵高关上的第二扇门,这意味着对梵高人生选择的否定。梵高的家族颇为可观,他的父亲虽不富裕,却也是体面的牧师。几个叔伯中有人是荷兰海军司令,也有人掌管着资本雄厚的艺术公司。欧文·斯通在"序幕"中就刻意写过这样一段公司伙计的对话:

"他有什么可发愁的呀?巴黎、柏林、布鲁塞尔、海牙和阿姆斯特丹的古比尔分公司,有一半儿是属于他的伯父温森特·梵高的哪!老头子有病,而且没有亲生子女,人人都说他得把产业分一半儿给这个小伙子哩!"

"有的人就是样样走运。"

"这才说了一半儿。他的另一位伯父,亨德利克·梵高,拥有布鲁塞尔和阿姆斯特丹的大画店;还有一位叔叔,科尼利厄斯·梵高,是荷兰最大的商号的经理。啊呀,梵高家在欧洲可称是首屈一指的经营美术品的大家族哪!有朝一日,咱们隔壁那位红头发的朋友,要掌管几乎全欧洲大陆的艺术哩!"

这"红头发的朋友"正是梵高,多么令人羡慕,前程花团锦绣。他可以文质彬彬,可以衣冠楚楚,可以日进百金,可这个从小就宁愿离群独处的红发少年,偏偏背离了自己的阶层,日益下沉到劳苦大众之中,在英国最荒凉的矿区拿起了画笔,走上了孤独的贫寒之路。他没有任何收入,靠家人的接济维生,而且难以让人看到光明的前景。这样的男人,怎能不让表姐"使劲挣脱身子",赶紧逃开。

失恋的捶击使梵高夜不能眠、辗转反侧,痛切中他直觉地发现,"自己对绘画的爱远远超过了对凯的爱"。这个二十八岁的苦行者做出了新的选择,去荷兰西海岸的大城海牙,租下一间画室,从此专心绘画。这听上去自由浪漫,但每一分钟都饥寒交迫。弟弟提奥每个月寄给他一百法郎,这些钱他大多用来买画布、买颜料,经常囊空如洗，几天吃不上一口饭。他最大的享受，是去底层工人聚集的小酒吧喝一杯，在酸葡萄酒的滋润中获得慰藉。正是在小酒吧里，他遇上了生命中最接近于爱情的女人，她叫克里斯汀——一个三十二岁的洗衣妇、站街女，有五个说不清父亲是谁的孩子，而且还怀着孕。与梵高相遇的时候，她正准备喝一杯，"歇一歇就去拉客"。梵高当晚就跟她回家，第二天醒来，"发现自己已不是只身一人，朦胧的晨曦中有个和自己一样的人在身旁，这使世界显得亲切多了。痛苦和孤独离开了他，取而代之的是一片深沉的宁静"。

同是天涯沦落人啊，彼此握住了伤痕累累的手。克里斯汀开始给梵高当模特儿，给他铺床、打扫房间、煮咖啡，简陋的小屋顿时有了家的感觉。克里斯汀强化了梵高与劳苦大众的共情，他在商店的橱窗玻璃上看到了自己："蓬头垢面、无所归属、没人需要、病弱而粗野、被本阶级所摈弃的流浪汉。"可他毫不自惭，甚至直接驳斥那些劝他"回归正道"的"体面人"：

"像这样在码头、小巷和集市，在候车室以至酒吧间四处奔波，除了艺术家，谁也不会把它当作是什么愉快的消遣啊！艺术家是宁可到那些有东西可画的最肮脏的地方去，也不愿去出席茶会陪伴可爱的太太小姐的。寻觅绘画对象，在劳动人民中间生活，到现场去写生，那时常是辛苦的，甚至是肮脏的工作。商人的举止穿戴，对于我这样的人，或是任何一个无须同贵妇富绅交谈以便向他们兜售昂贵物品赚钱牟利的人来讲，都是不合适的。

"我只适合在格斯特画那些在阴暗的矿井中从事开采的挖掘工，就像我一直整天在做的那样。在那里，我丑陋的脸、褴褛的衣衫，与周围的环境十分和谐，而我自己也感到无拘无束，工作得很愉快。要是我穿上华美的外衣，就会使那些我要画的工人对我持一种畏惧、不信任的态度。我作画的目的，是要让人们看到那些值得一看但并非人人都懂的东西。如果有时为了完成我的作品而不得不舍弃上流社会的繁文缛节，这难道就算做得不对吗？同我所画的人在一起生活，难道就降低了我自己的品格了吗？如果我到劳动者和穷人家里去拜访，或在自己的画室接待了他们，难道就是有失身份了吗？我认为这是我职业的需要。"

这当然不可能是梵高的原话，欧文·斯通在这本传记中开宗明义：他是以"小说的形式"来写梵高。这段话自然是欧文·斯通的想象，但绝不是凭空而起。世人敬仰梵高的伟大原创力，赞扬他"吸收了乔治·修拉的点绘技法、日本木刻水印原始的简洁、象征派对梦境般的图像的信奉"。然而，在艰难前行的短短一生中，他最真挚的追求是什么？为什么他在给弟弟提奥的信中会这样写，"当我付出时，我付出我的全部"（When I give, I give myself）？这句话被镌刻在阿姆斯特丹梵高博物馆的门口，给世人一个巨大的追问：在爱情、绘画背后，他最虔诚的奉献都给了谁？欧文·斯通将自己对梵高的深刻理解都写到了这番话中，他没有身份焦虑，只有朴素的情怀，认定"我只适合在格斯特画那些在阴暗的矿井中从事开采的挖掘工，就像我一直整天在做的那样。在那里，我丑陋的脸、褴褛的衣衫，与周围的环境十分和谐，而我自己也感到无拘无束，工作得很愉快"。这清晰的选择，使他对上流社会敬而远之，与克里斯汀亲密无间。

如果梵高和克里斯汀一直走了下去，世上还会不会出现天才梵高，那还真是个问题。苦难仿若他的天命伴侣，不允许任何其他人靠得太近。就在梵高决定要与克里斯汀结婚的时候，两个人的裂隙却一天天扩大了。克里斯汀准备生养孩子，而梵高将仅有的一点点钱都用来买"贵得吓人"的油画颜料,生存与艺术越来越对立,两个人的选择南辕北辙。克里斯汀的抱怨可想而知:"对于他在做的事情,克里斯汀是很不理解的。她把他对绘画的渴望看作是一种代价昂贵的着魔。她知道这是他赖以生存的根本。虽然她并不想反对他的做法,但是他工作的意义、缓慢的进展和对哀痛的表现,她却完全不能体会。她在家庭生活中是一个很好的伴侣,然而温森特的生活却只有很小的一部分是和家庭生活有关的。如果他希望用语言表示自己的看法,他便不得不采取给提奥写信的方式,他几乎每天晚上都要给提奥写一封充满激情的长信,把他日间所见到的、所描绘的和所想到的一切都倾吐在信纸上。如果他想要欣赏一下别人的思想和表达方式,他就看小说——法文的、英文的、德文的和荷兰文的小说。克里斯汀只能和他共享生活中的一小部分。但他对此已经很知足了,所以他既不后悔娶克里斯汀为妻的决定,也不想以那些需用智力的事情为难她。"

他们两个人终于走到了岔路口:克里斯汀这个曾经被人遗弃、绝望、濒临死亡的女人,"由于有好的食物,有医药和悉心的照料变得丰腴起来"。不知不觉间,"她早年的想法和习性也慢慢地回来了。她曾经过着放荡不羁的生活,曾经沦落街头,整整十四年她是在酒、黑雪茄,污言秽语和粗野的男人中间度过的。随着她体力的恢复,十四年的懒惰习惯,与这一年所受到的照料和温柔的爱相比,还是占了压倒的优势"。她"把手放到他的手上",平静地说:"我们正该把这件事结束了……"

爱情有一个最基本的要诀:两个人一定要在精神上门当户对。而在这个世界上,有谁能和梵高心灵上息息相通呢?这是一个绝大的难题,绝非素朴的阶层感情所能覆盖。爱情是每个人都希冀的,但不是所有的人都适合结婚。梵高对绘画太投入了,绘画中有他神圣而神秘的世界,那是他永恒的伴侣,也是他的终极。前方还有很多麦田、葵花与夜空等待他，还有底层深邃的生活吸引着他，他要义无反顾地前去。

在火车站，他和克里斯汀道别了，他望着她，"直到火车离站进入到一片炫目的阳光之中，然后，这个女人便永远地消失在车站烟尘滚滚的黑暗里了"。

离开海牙，梵高回到了自己的父母身边。这是 1883 年的冬季，此时他父母搬到了纽恩南，荷兰南部偏东的一个小镇，两千多人。在这里，他又遇上了一位神出鬼没的白裙女子：每当他去田野画画，总是感觉有人在窥视。甚至在他离开画架去池塘喝水时，回来会发现"未干的油画上留下了一些手指印"。不久她就现身了，原来是梵高家的邻居，名叫玛高特。她三十九岁，有一双"漂亮的眼睛，深褐色，善良温柔，几乎带着一点儿神秘的意味"。她第一次走近梵高，就"蓦地用手臂攀住他的脖颈，把嘴唇贴到了他的胡子上"。而且，她告诉他，这是"我第一次亲吻一个男人"。她还说："二十多年来，我一直在渴望着爱上什么人，然而却一直没能如愿。"梵高在她眼中十分美好，"你多么强健啊，你所有的一切，你的臂膀、你的下巴和你的胡须。我以前从没见过像你这样强健的男人"。更为重要的是，她渴望的爱与绝大部分女性不同，她的爱是单行道，不需要回报："我只想祈求上帝让我爱。我甚至做梦也不曾想过会有被人爱上的可能。要紧的是爱，而不是被爱。"

欧文·斯通在这里为梵高设置了一道复杂的思考题：大为惊异的他连连问玛高特："你爱上我了？你真的爱上我了？然而为什么呢？"已经三次爱情失败的他，丝毫不觉得自己是个能被女人喜爱的人。而眼前这个女人爱得如此主动、如此夸张，究竟来自什么样的动力呢？很显然，绝不是因为梵高如她所说的那样"强健"，事实上梵高漂流的生活使他备显疲惫和单薄。真正的缘由只能是玛高特自身，她太盼望爱情了，她们家的五姐妹都渴望爱情，但都是单身。能不能打破这"母胎单身"的困境？她每天早上醒来，都对自己说："今天，我准会找到我要爱的人！别的女人都做到了，我为什么做不到呢？"她兴奋地对梵高说："我的生日一个接一个地过去了，三十七、三十八、三十九。我不能眼看到了四十岁还没有恋爱过。后来，你出现了，温森特。现在我也终于爱上了！"

这突如其来的爱情使梵高"颤抖了"，他情不自禁，"把这跪着的女子搂过来，被她汹涌澎湃的热情吞没了"。他没有想到，玛高特的"爱"背后其实是一个"何时出嫁"的人生问题，而不是单纯的感情。梵高的出现，是她的一个崭新的选项，但不是爱情的唯一。"爱情"使她成为一个"完整"的女人，不再是惊心触目的空白，但是，如果这种爱带来了更大的问题，打开了更大的困境，这"爱情"便不得不放弃了。

进程果然如此，他们的恋情激起两边家庭的强烈反对。玛高特的"姐妹五个全不结婚，比奇曼家就能够严阵以待共同面对外界。玛高特的结婚对村里人来讲，将是她那些姐妹嫁不出去的有力证明"。她们的母亲认为，为使自己的其他四个女儿免遭更大的不幸，玛高特的幸福就变得无关紧要了。在家人无比沉重的压力之下，玛高特"眼睛哭肿了"，给了三十一岁的梵高一个"绝望的拥抱"，筋疲力尽，"皱纹爬上了她的面颊，往日的忧郁重新回到她的眼睛里，她的皮肤变得灰黄、粗糙，她右嘴角的那条纹路更深了"。

眼望此时的玛高特，梵高豁然意识到，"他从没有真正爱过她，也未曾真正想娶她"。玛高特也幡然明白："我生在纽恩南……最远就到过埃因霍温。"她知道自己的限度："我这一生从来也没有和任何人为任何事情闹翻过。"最后，她告诉梵高："我爱你！永远不要忘记，在你一生中，我爱你超过了任何别的女人。"

随后，她服毒自尽，但被救回。

经历了这场情殇，梵高不宜久留，前往比利时的安特卫普，在皇家美术学院短暂地学习了几个星期，1886年3月，他来到巴黎。面对这座塞纳河畔的艺术之都，他深深地吸了一口气，德加、莫奈、修拉等人崭新的画风，让他浑身颤动：在这些新艺术家的画作中，"平涂的、薄薄的表面没有了，情感上的节制不见了，欧洲几个世纪以来把绘画浸泡在里面的那种'褐色肉汁'也荡然无存了。这些画表现了对太阳的狂热崇拜，充满着光、空气和颤动的生命感。……在温森特见过的上百幅油画中，没有一幅在明亮、空灵和芬芳上，可以比得过这些富有光彩的画。莫奈用的最暗的颜色，也要比在荷兰所有美术馆中能找到的最明亮的颜色亮许多倍。他的笔法独特，无所顾忌，每一笔触都清晰可见，每一笔触都是大自然韵律的组成部分。一大团一大团鲜艳而温暖的颜色，使画面显得厚重、强烈，而且富于跳跃感"。

犹如进入另一个失去往日根基的世界，他梦幻般地问："我难道是在疯人院里吗？"一瞬间，他发现了其中的奥秘："这些画家使他们的画上充满了空气！正是这有生命的、流动的、充实的空气，对画面中的物体起了作用！……他们发现了光和风、空气和太阳；他们是透过存在于这震颤的流体中的各种数不清的力来看事物的。温森特醒悟到，绘画再也不会是原来的样子了。"随之而来的是他对自己的绘画的失望："天哪，它们实在是笨拙、乏味而又死气沉沉。他一直在一个早已成为过去的世纪中绘画，而对此他竟全然不知。"

一切必须从头学起——梵高与巴黎的对撞，使他启动了自我革命之旅，他结识了高更、劳特累克、莫奈、修拉、塞尚、左拉等等个性飞扬的画家、作家，灵魂与画笔都飞舞起来，无论是印象派还是日本浮世绘，都是他大口汲取的能量。"他屡屡感到自己正在摸索出一种绘画的语言，这种语言不仅是独特的，而且能使他表达出他想要表达的一切。然而他尚未完全掌握它。"他需要更猛烈的阳光，点燃画布上的色彩，终于，他决定离开巴黎，去法国南部的普罗旺斯，那儿有个叫阿尔的小城，是法国南部"烈日酷晒，狂风鞭挞最凶的地区"，据说阳光足够把人"晒疯"。而这正是梵高需要的温度和亮度，1888年2月20日，他来到了阿尔。

他不知道，两年半后，1890年的7月29日，他将开枪自尽于这个小城。他也许预感到自己来日不多，在阿尔狂热地创作了300多张油画，还有更多的素描，几乎是一天一张的速度。在他的画笔下，星空在旋转，丝柏在飞腾，麦田在奔涌，"在白热化的碧蓝带绿的天空覆盖下，从浅黄到浅橄榄棕色、青铜和黄铜的颜色。凡是阳光照到之处，都带着一种像硫黄那样的黄色。在他的画上是一片明亮的、燃烧的黄颜色。他知道，自文艺复兴以来，欧洲绘画中是从来不用黄色的，但这也阻止不住他。颜料管中的黄色颜料流到画布上，在那儿停留下来。他的画上面浸透了阳光，呈现出经过火辣辣的太阳照晒而变成黄褐色和有风掠过的样子"。

欧文·斯通此时才彻底解开了梵高的生命符咒，水落石出般地揭开梵高来到这个世界的唯一使命："他作画是因为他不得不画，因为作画可以使他精神上免受太多的痛苦，因为作画使他内心感到轻松。他可以没有妻子、家庭和子女，他可以没有爱情、友谊和健康，他可以没有可靠而舒适的物质生活，他甚至可以没有上帝，但是，他不能没有这种比他自身更伟大的东西——创造的力量和才能，那才是他的生命。"整整一本《渴望生活：梵高传》，这是点睛画魂的关键之笔。

也许梵高没有想到，命运还要给他最后的一击。这还是来自一个女性，她叫拉舍尔，是一个十六岁的妓女。她初见梵高，就惊讶道："你有一对多可笑的小耳朵呀！"梵高轻松地说，可以把一只耳朵给她。拉舍尔顽皮地捏着他的耳朵，开心地应着："我想要它。我要把它放到我的柜橱上，每天晚上跟它玩儿。"

拉舍尔是个活泼的女孩，她太小，不能体察梵高眼神中的危机和焦虑。他盛情邀请崇尚的大师高更来阿尔同住，引导自己深入绘画的更高境界。1888年10月23日，盼望已久的高更来了，两个人迅速发现，他们的冲突是如此的不可调和，"高更崇拜的那些画家，温森特看不起；被温森特奉若神明的人，却为高更所嫌恶"。高更断言："你永远成不了艺术家，温森特，除非你能在看过大自然后，回到画室再冷静地把它画出来。"而梵高怒气冲冲地驳斥："我不愿意冷静地画，你这个白痴。我要热血沸腾地画！这就是我来阿尔的原因。……我画太阳时，我希望使人们感觉到它是在以一种惊人的速度旋转着，正在发出威力巨大的光和热的浪。当我画一块麦田时，我希望人们感觉到麦粒内部的原子正朝着它们最后的成熟和绽开而努力。当我画一个苹果时，我希望人们能感觉到苹果里面的果汁正把苹果皮撑开，果核中的种子正在为结出自己的果实而努力！"与高更的对抗，让梵高心烦意乱，与拉舍尔的交往，变成他备受压抑的生活的安慰。他想向拉舍尔抒发自己的苦闷，但拉舍尔却只是责怪他"好多星期都没来看我"，娇嗔地抱怨"你不再爱我了"。她要梵高证明一下爱的真实，经常提醒他"把你可笑的小耳朵给我"。

这一天，玩笑终于变成了现实，在受到高更尖刻的嘲笑后，梵高再次来到拉舍尔所在的妓院。拉舍尔又一次提起想要他的耳朵，这回他兑现了：他回到家里，飞快地又回到妓院，交给拉舍尔一个"礼物"。拉舍尔打开纸包一看，"惊恐地望着那只耳朵，晕倒在石板地上"。

这一天是1888年的12月23日，在阿尔十个月的生活，使他"感觉到他的艺术已经达到了顶点。这是他一生的最高点。这是所有这些年来他努力奋斗、孜孜以求的时刻"。然而，这又是个极为孤独的时刻，没有人能理解他，高更不能，拉舍尔更不能，这世界太"正常"、太"冷静"、太"合理",他割下的不是一只右耳,而是对这硬化的世间的弃绝。

阿尔尽管阳光灿烂,但是人的生活很保守,梵高割下耳朵的骇人之举,使他顿时变成众人眼中的疯子,"阿尔人坚信,画画能叫人发疯"。房东想方设法赶走他,孩子们成群聚集在他的窗下,大声喊着:"把你另一只耳朵也割掉吧!"城里没有一家餐馆让他进去,最后,小城里的九十个男人和女人联合签了一份请愿书,请求市长将这个"危险的精神失常之人"逮捕起来。

梵高从此走入生命的最后阶段。重压之下,他患上了类癫痫病,间歇性地发作。1889年5月,他住进距离阿尔二十五公里的圣雷米精神病院,几次要喝下油画颜料。1890年5月,在弟弟提奥的帮助下,他迁居巴黎附近的小镇奥维尔,接受伽赛医生的治疗。他似乎感觉来日不多,疯狂绘画,"我要画出一百年后,在那时的人们面前像幽灵般现身的肖像",写出这句话后的第五十二天,梵高在农田中举枪自尽。

看梵高三十七岁的一生,每次与一个女性相爱之后,总是走入悲伤的结局。悲伤之后他总是发生重要的转折:离开一个地方,前往下一个未知。神奇的是,他每次到一个新的地方,总是有新的艺术生命打开,似乎冥冥中有一种诡异的决定性力量,不停地割断他俗世的幸福,让他在迷宫中处处碰壁,最后找到伟大艺术创造的出口,变成了一个独一无二的艺术神灵。如果二十一岁时他与乌苏拉喜结连理,他会不会成为一个器宇轩昂的画商?如果二十八岁时表姐凯·沃斯答应了他的求婚,他会不会坦然安居在上流社会的精致生活中?如果二十九岁时他与海牙底层女人克里斯汀生活了下去,他会不会粗茶淡饭地承担起一大家人的生存重量,成为胖手胖足的劳力者?如果三十二岁时家乡的玛高特毅然与他成婚,他会不会在小镇的日常中渐渐平衡喧嚣的心境?如果他三十六岁时与十六岁的拉舍尔成为童话般的伴侣，他会不会在阿尔灼热的阳光下回归自然，在那座被他涂成金黄色的房子里享受人间的安宁？这一切都是虚设，真实发生的故事既偶然又必然，在极度的艺术清晰与失控的生活混乱碰撞中，幼稚的拉舍尔是压垮他的最后一根稻草，他割下了右耳，把自己划入了现实世界的彼岸。他终于抵达了自己的自由王国，在他最后时而疯狂时而清醒的十九个月，画出了 300 余幅油画。他如火山，如一夜绽放的葵花，如一瞬降临的满天星斗，化入无垠的宇宙运行。

1990 年 7 月，梵高去世一百年的时刻，十万余人前往巴黎附近的奥维尔小镇，追念他汹涌起伏的一生。巴黎举办了大规模的梵高画展，展出了他的大量名作：《吃土豆的人》《阿戈斯蒂娜·塞加托里》《唐古伊老爹》《花瓶里的矢车菊和罂粟花》《阿尔吊桥》《收获景象》《夜间的露天咖啡馆》《向日葵》……在欧文·斯通的这本传记中，对这些绘画的创作背景、缘由、艺术气质都有细致的描述，需要读者层层体会。艺术是无尽的，正如"诗无达诂"，每个人都有自己的认知，而有趣的灵魂是无法复制的。读梵高，最大的意义是解放自己，在他画出的向日葵的金色光芒中，我们都要想一想：如果遇上他那样的困厄，我们将如何开辟人生？

这问题如同莎士比亚的追问："生存，还是死亡？"这不是一个逻辑推理，是精神深处永恒的脉动。

2022 年 10 月 10 日

前言[1]

  1927年春,我在巴黎偶然地接触到温森特·梵高的绘画。当时索邦大学有个年轻学生,怂恿我去参观卢森堡画廊,"……去看看温森特的画展吧,这是自从1890年他的小型画展以来第一次较大的展览。1890年那次画展,是他的弟弟提奥在他去世数月之后举办的,后来没有几个月,提奥也与世长辞了。"

  画廊的墙上,并排悬挂了大约七十到八十幅光辉灿烂的油画,都是温森特在阿尔、圣雷米和瓦兹河边的奥维尔画的。这间稍微小了一点的沙龙,在色彩的辉映下,就像阳光透过彩绘玻璃照进大教堂一样,波光流泻、色彩斑斓。对于受过意大利宗教画和巴黎寓意画过多熏陶的我来讲,绘画已经成了一种不能令人激动的艺术。然而,此刻,突然间面对着温森特的这个由色彩、阳光和运动组成的骚动不安的世界,我的确惊呆了。当我惊诧不已地徘徊于一幅又一幅壮丽辉煌的油画前时,我进入了一个新的境界,整个世界豁然开朗:在人、植物、动物从那富有生命感的大地升向富有生命感的天空和太阳,然后又向下汇聚到同一中心的运动中,一切生命的有机成分都融合在一起,成为一个伟大崇高的统一体。

---

[1] 本文系欧文·斯通先生为1983年本书中文译本初版所写。(本书脚注如无特别说明,均为译者注。)

这个如此深切、如此感人地打动了我的心，为我拨开了眼中的迷雾，使我能够把生命作为一个整体来认识的人，是个什么人呢？

详述温森特的生活经历是困难的，因为关于他的文字记载寥寥无几。资料的主要来源就是他写给他弟弟提奥，又由提奥的遗孀乔安娜翻译出版的那些信件。

为温森特的一生找到史实依据的唯一途径，就是追随他的踪迹遍访英国、比利时、荷兰和法国。这是一段值得纪念而又有益的经历，因为当时距温森特三十七岁早逝才过去四十年，他的绝大多数亲友和曾与他有过交往的人依然健在。我肩背旅行袋，走遍了欧洲，住在温森特曾经居住和作画的每一处房屋，跋涉在布拉邦特和法国南部的田野上，寻觅温森特曾经安插画架、把大自然变成不朽艺术的确切地点。

回到纽约格林尼治村我的单身公寓，我意识到这样两个实际情况：其一，温森特的一生，是人所经历过的最为悲惨然而成就辉煌的一生；其二，年仅二十六岁、毫无写作经验的我，对于胜任写作温森特的故事来说，是太年轻了。

但是……没人愿意做这件事，我不能拒绝这个艰巨的工作。我已经被温森特的生活经历迷住了，尽管能力有限，我知道，我将会忠实地表现他那非凡的才能，并且设身处地地去写，那就能使读者读来如历其境，深入温森特的心灵之中。

我是用六个月的时间四易其稿写成《渴望生活》的。不知怎么，就在几近发狂的状态下，我居然完成了写作，并写得让人尚能看懂。在此后三年中，这部手稿被美国的十七家大出版社一一拒绝，其理由则总是如出一辙：

"您怎么可以要求我们，让正处于萧条时期的美国公众，接受这么一位默默无闻的荷兰画家（在1930年至1933年期间，美国人尚不知有温森特其人）的故事呢？"

1934年1月1日，手稿终于在删减了十分之一，并由我当时的未婚妻、现在的妻子琼重新打字之后，为英国一家老牌出版社的小分社朗曼格林出版社所接受。出版即日，我曾试向该社负责人表示谢意，他神情阴郁地回答：

"我们印了五千册，我们还在求神保佑。"

他求的那个神算是求对了。据最近的统计，《渴望生活》已经被翻译成八十种文字，现已销出大约两千五百万册，想必也有这么多的书被人读过吧。

不过，永远要记住，是温森特的身世打动了读者，我只不过是以小说的形式再现了它。

欧文·斯通

1982年于贝弗利山

纪念我的母亲宝琳·斯通

序幕 伦敦

[Prologue] London

[1] 娃娃的天使

"梵高先生,该醒醒啦!"

温森特即使在睡梦中,也一直在期待着乌苏拉的声音。

"我醒着哪,乌苏拉小姐!"他大声答应着。

"不,你刚才就没醒着,"姑娘咯咯笑着,"你是这会儿才醒来的。"他听见她下楼到厨房里去了。

温森特把手放在身下,用劲儿一撑,从床上跳下来。他的肩膀和胸部肌肉发达,两臂粗壮有力。他敏捷地穿上衣服,从水罐里倒出一点冷水磨起剃刀来。

温森特兴致勃勃地开始了每日必行的刮脸仪式——从右腮,经过右颊,直抵那丰厚嘴唇的右嘴角;接下来是鼻子下面、上唇上面的右半边;然后就轮到左边;最后,仪式在下巴处收尾。他的下巴,简直就是一大块有热度的圆形花岗岩。

他把脸贴近摆在梳妆台上的那只用布拉邦特草和橡树叶子编就的花环。这花环是弟弟提奥从松丹特[1]附近荒原上采来,给他带到伦敦来的。他嗅着荷兰老家的乡土气息,开始了一天的生活。

"梵高先生,"乌苏拉又来敲门了,她叫着,"邮差刚送来一封

---

[1] 松丹特:荷兰布拉邦特省的一个村镇,温森特·梵高于1853年在那里出生。

你的信。"

温森特撕开信封，认出了母亲的笔迹。"亲爱的温森特，"他读着，"我这会儿就要在纸上给你写几句话……"

他觉得脸上又冷又湿，便把信放进裤袋，准备带到古比尔公司再抽空看，在那里他有的是闲工夫。他朝后梳理了一下长而密、间杂有黄发的红发，穿上一件硬挺的低领白衬衫，系上一条黑色活结大领带，下楼去享受他的早餐和乌苏拉的笑容了。

乌苏拉·罗伊尔和她的母亲（一个普罗旺斯副牧师的遗孀）在后花园的一间小房子里，开办了一个只接收男孩的幼儿园。乌苏拉今年十九岁，大大的眼睛含着笑意，细嫩的鹅蛋脸，柔和的肤色，娇小苗条的身材。温森特爱看她笑，那笑的容光在她那活泼可爱的面庞上铺展开来，就像打开了一柄色泽绚丽的阳伞一样光彩四射。

乌苏拉一面动作麻利地照料他吃饭，一面愉快地和他聊天。他二十一岁了，这是他第一次恋爱。生活在他面前展现了美好的前景。他以为，如果以后能够一辈子都这样坐在乌苏拉对面吃早餐，他就是个幸运的人了。

乌苏拉拿来咸肉片、一个鸡蛋和一杯浓浓的红茶，跳跳蹦蹦地坐到桌子另一端的一把椅子上，抚弄着脑后的褐色鬓发，朝他笑微微地把盐、胡椒粉、牛油和烤面包接二连三地递过来。

"你那棵木樨草出芽了，"她用舌头舔了一下嘴唇，说，"你愿意去画廊上班前先去看看吗？"

"好的，"他答道，"你能否，也就是，你愿不愿……带我去看看呢？"

"他真逗！自己种下的木樨草，现在倒不知道到哪儿去找啦！"她说人时有个习惯，那口气就像被说的人不在跟前。

温森特顿时语塞，似乎找不出恰当的词句应对乌苏拉。他的言谈举止就像他的身体一样笨拙。他们走到院子里。这是四月里的一个早晨,虽然有些凉意,但苹果树已缀满花朵。罗伊尔家的房子和幼儿园之间被一座小花园隔开来,温森特几天前刚在这里种下罂粟和香豌豆花。木樨草已从土中冒出了小芽。温森特和乌苏拉蹲在幼苗的两侧,两人的头几乎碰到一起。从乌苏拉的褐色秀发上飘逸出阵阵浓郁而天然的头发香味。

"乌苏拉小姐。"他说。

"嗯?"她把头移开,但仍然带着询问的神情朝他微笑着。

"我……我……就是……"

"天哪!你怎么结巴啦?"她边问边跳起身来。他跟随她走到幼儿园门前。"娃娃们[1]就要来了,"她说,"你去画廊该不会晚吧?"

"还有时间,四十五分钟就够我走到河滨路了。"

她想不出再说什么好,于是抬起两手理理脑后散落下来的一小绺发丝。她那苗条的身材竟如此富于曲线美,真令人惊异。

"你答应给我们幼儿园的那幅布拉邦特风景画究竟怎么样啦?"

"我已经把凯撒·德考克那幅素描的复制品寄往巴黎了,他预备在上面为你题字。"

"啊,太妙啦!"她拍起手来,稍稍扭动了一下腰肢,说,"有时候,先生,有的时候,你也能很讨人喜欢。"

她嫣然一笑,准备离开。温森特抓住她的手臂。"我昨晚上床后给你想出了一个名字,"他说,"我给你取名叫作娃娃的天使。"

乌苏拉仰起脸开心地大声笑起来。"娃娃的天使!"她高声嚷着,"我应当把这个名字告诉妈妈!"

她挣脱他的手,回头一笑,跑过小花园,跑进房子里去了。

---

[1] 本书楷体字词如无特别说明,原文均为法语。

[2] 古比尔公司

温森特戴上大礼帽和手套，走到克莱普安街上。这里远离伦敦中心，住宅稀稀拉拉的。家家花园里盛开着丁香花、山楂花和金链花。

这会儿是八点十五分，他只要在九点钟走到古比尔公司就行。他精力充沛，健步如飞。一路上，只见住宅渐渐增多，去上班的人也多了起来。他从这些人身旁走过时，心中对他们每个人都怀有特别的好感，因为他们也知道恋爱是多么美妙！

他沿泰晤士河堤岸走，穿过威斯敏斯特桥，途经威斯敏斯特大教堂和议会大厦，拐弯走进了河滨路南安普敦17号，经营艺术品和版画出版的古比尔公司的伦敦分公司。

当他从铺着厚厚的地毯、悬挂着华丽帷幔的主陈列厅穿过时，看见那里挂着一幅油画，画面上有一只约六码[1]长的、不知是鱼还是龙的怪物，一个小人在它上方翱翔。画的标题是《天使长米迦勒杀死撒旦》。

"版画柜台上有你的一个邮包。"温森特走过大厅时有个店员告诉他。

穿过陈列着密莱斯[2]、鲍顿[3]和透纳[4]作品的绘画陈列厅之后，就来到了第二个房间，这里专门陈列蚀刻铜版画和石版画。第三个房间比起上述房间则更富商业色彩，大部分交易是在这里进行的。温森特回忆起头天晚上的最后一个女顾客，禁不住笑起来——

"我真没法儿欣赏这一幅，亨利，你呢？"她问她的丈夫，"那条狗活像去年夏天在布莱顿咬过我的那一条。"

1　1码约合0.9144米。——编者注
2　密莱斯：1829—1896，英国画家。
3　鲍顿：1833—1905，英国画家。
4　透纳：1775—1851，英国水彩画家。

"瞧，老兄，"亨利开口了，"难道咱们的画上非得有条狗不可吗？它们多半会惹得太太们不愉快的。"

温森特清楚，他所卖的东西确实很拙劣。不过多数到这里来买画的人根本不识货。他们付出高昂的代价买到的都是些劣等画。然而这和他有什么关系？他只消做好买卖就可以了。

他打开从巴黎的古比尔分公司寄来的邮包。这是凯撒·德考克寄来的，画上写着："给温森特和乌苏拉·罗伊尔：我朋友的朋友也是我的朋友。"

"我今晚给乌苏拉送画的时候要向她提出来。"他喃喃自语着，"再过些日子我就二十二岁了，每个月又有五英镑的收入，不必再等下去了。"

在古比尔这间尽里边的安静房间里，时间一晃就过去了。他平均每天要为古比尔美术公司出售五十张画片，尽管实际上他倒更乐意去和油画或版画打交道，然而能给公司赚进这么多钱，他还是挺高兴。他喜欢他的同事们，同事们也喜欢他。他们一起谈论欧洲的事情，愉快地消磨了许多时光。

他从少年时代就有点性格乖僻，不大合群。人们曾经认为他有点古怪，也有点偏执。但是，乌苏拉彻底改变了他的性格。为了她，他变得随和起来了。她把他从个人的狭小天地中引出来，使他看到了普通日常生活中美好的方面。

六点钟，公司关门了。奥巴赫先生喊住正要出门的温森特，"我收到了你伯父温森特·梵高的信，他说他想知道你的情况。我已经愉快地告诉他，你是本分公司最优秀的职员之一。"

"感谢您为我美言，先生。"

"没什么。等你夏天度完假，我准备把你由后面房间调到前面的铜版画和石版画陈列室去。"

"这对我来讲太重要了，特别是在这个时候，先生，因为我……"

我就要结婚了。"

"真的吗？这可是新闻。什么时候举行婚礼？"

"大概在……今年夏天吧！"他从前还真没考虑过结婚日期这个问题哩。

"好吧，我的孩子，那好极啦！你在今年初已经提升一次了，不过，等你新婚旅行归来，我想咱们还可以再争取提一次。"

[3] 爱萌生于爱的幻觉

"我去给你拿来那幅画，乌苏拉小姐。"晚餐后，温森特一面把椅子推回原处，一面说。

乌苏拉穿一件时髦的铜锈绿色绣花连衣裙，"那位艺术家为我写了什么有趣的题词了吗？"

"写啦！如果你把灯拿来，我就去给你把它挂到幼儿园里。"

她拿眼瞟着他，把嘴巴挺好看地噘起来，说："可我还得先帮妈妈干活儿哪！咱俩过半个小时再去挂画好吗？"

温森特两肘支在自己房里的梳妆台上，审视着镜子里的自己。他以往很少关心自己的外貌，这在荷兰是无足轻重的小事。但是现在，他发现自己的脸和头与英国人相比，显得过于笨重了。他的眼睛就像深陷在石板缝里一样；鼻梁高高隆起，又宽又直，好像小腿骨错长到了脸上；圆而凸起的额头很高，高度和那浓重的眉毛与敏感的嘴巴之间的距离相等；宽而结实的大腮帮；有点短粗的脖颈；还有一个带有荷兰人特征的坚定有力的大下巴。

他从镜子前走开，无所事事地坐到床沿上。自幼生长在一个淳朴的家庭环境中的他，在这之前还从未爱上过哪个姑娘，就连正眼瞅她们一眼也没有过，更不用说参与两性间逢场作戏那样的事了。

在他对乌苏拉的爱情中没有掺杂丝毫情欲的成分。他年轻,是个理想主义者,这是他的初恋。

他瞧一眼手表,刚过去五分钟!啊,剩下的二十五分钟仿佛永无穷尽。他从母亲的信中抽出弟弟提奥写的信读起来。提奥比他小四岁,现在顶替了温森特原来在海牙古比尔分公司的位置。提奥和温森特就像他们的父亲提奥多鲁斯和温森特伯父一样,从小就是关系亲密的兄弟。

温森特拿起一本书,在上面铺上几张纸,给提奥写起信来。他从梳妆台上面的一只抽屉里抽出几张粗拙的素描习作,装入给提奥的信封中,这都是他在泰晤士河堤岸画的。在信封里,他还放进去一帧雅凯[1]所作《佩剑少女》的画片。

"哎呀!"他不禁喊出声来,"我把乌苏拉的事全忘啦!"看看表,已经超过了一刻钟,他抓起梳子,竭力想把纷乱、弯曲的红发梳顺,然后匆匆拿起桌上的凯撒·德考克的画,冲出门外。

"我以为你把我忘了哪!"他来到客厅时,乌苏拉对他说。她在用纸给她的娃娃们粘贴一些纸质玩具,"你把我的画带来了吧?能看看吗?"

"我想挂起来后再请你看。你拿来灯了吗?"

"妈妈那里有。"

他从厨房取来灯,她递给他一条绘有蓝色海景图案的披肩,他为她裹住肩膀。一触及她那光滑细腻的肌肤,他就心慌意乱,浑身发起抖来。花园中洋溢着苹果花的芬芳。路很黑,乌苏拉轻轻地把指尖搁在他那粗糙的黑色外衣的袖子上。她脚下绊了一下,连忙紧紧地抓住了他的胳膊,同时因为自己的笨拙而放声大笑着。温森特虽然不懂她为什么觉得绊一下就那么好笑,但他爱看她那载着笑声

---

[1] 雅凯:1846—1909,法国巴比松派画家。

的身影沿着黑夜笼罩下的小路走。他为她打开幼儿园的门。她进门时，那张柔软、娇嫩的脸几乎碰到了他的脸。她看了他一眼，是那样深沉的一瞥，好像回答了他尚未提出的问题。

他把灯放在桌上。"你愿意让我把它挂在哪里呢？"他问道。

"挂在我书桌上方吧。你看呢？"

这间房子原本是度夏用的，现在里面放了大约十五套小桌椅。房间一头有个小小的讲台，上面放着乌苏拉的书桌。他和乌苏拉并肩站着，寻找着挂画的最佳位置。温森特很紧张，他刚要往墙上钉钉子，钉子就掉了。她用一种温和、亲昵的口气嘲笑着他。

"喂，笨家伙！让我来吧！"

她双臂高举，熟练灵巧地干着，全身肌肉随着一起颤动。她动作敏捷，姿态优美。温森特真想把她揽到怀里，就在这昏暗的灯光下，用毫不犹豫的拥抱彻底解决这件使他备受折磨的事情。尽管乌苏拉在黑暗中不时碰到他的身子，但似乎从不给他这样做的机会。他把灯举高，好让她看清那位艺术家的题词。她快活极了，拍着手，朝后仰着身子。她总在不停地动，他怎么也抓不住她。

"这么说，他也就是我的朋友啰，是吗？"她问道，"我总是盼着结识一位艺术家。"

温森特准备说几句温存的、可以作为他那篇"宣言"的引子的话。乌苏拉朝他转过头来，脸儿一半被阴影遮着。微弱的灯光映在她的眸子上，闪烁着小小的亮点。黑暗中浮现出她那张鹅蛋形的面庞，看到她那在光滑、洁白的皮肤衬托下引人注目的湿润的红唇，一种不可名状的感觉在他心中骚动起来。

一阵意味深长的停顿。他觉得她在向他靠过来，似乎是在等待他做出已不必要的爱情的表白。他舔了几次嘴唇。乌苏拉转过头，从微微耸起的一只肩膀上与他相对而视，然后跑出门去了。

担心错过机会的恐惧袭来,他追了出去。她在苹果树下停住脚。

"乌苏拉,请等一会儿。"

她回过头瞧他一眼,打了个冷噤。寒星点点,夜色漆黑。灯留在幼儿园,他忘了带出来。唯一的光亮来自厨房窗子透出的微光。乌苏拉头发上的香味飘进他的鼻孔。她裹紧披肩,双臂抱在胸前。

"你冷了吗?"他问。

"是呀,咱们还是进屋好。"

"噢,不,就在这儿好,我……"他挡住她的去路。

她低下头,把下巴颏儿藏进温暖的披肩里,抬起那双大眼睛,诧异地注视着他,"怎么啦?梵高先生,我不懂你的意思。"

"我只想和你谈谈,你知道……我……就是说……"

"对不起,这会儿可不行,我冷得直发抖哩!"

"我想,你应当知道,我今天提升了……我就要调到版画室了……这将是我一年中的第二次晋级……"

乌苏拉朝后退了退,松开披肩。夜色中,她一动也不动地站在那里,忘记了寒冷。

"你到底想告诉我什么呢,梵高先生?"

他觉察出她语调中的冷淡,暗暗责骂自己愚蠢,内心沸腾的激情突然平静下来。他定定神,拿几种声音在心里做着比较,终于选择了一种他自己最喜欢的。

"我是要告诉你一件其实你早就知道的事情,乌苏拉。我真诚地爱着你,只有你做了我的妻子我才能幸福。"

他看到她由于自己的突然恢复镇定而感到大为惊愕的模样,拿不准是否应当去拥抱她。

"你的妻子?!"她调门高起来,"哎哟,梵高先生,那可不行!"

他从突兀如山崖的额下望着她,黑暗之中她可以清晰地看见他的眼睛。"那么，恐怕就是我没……"

"真是怪事！你竟会不知道我订婚已经一年了。"

他不知道在那里站了多久，也不知道自己想了些什么或感觉到什么。"那个人是谁？"他呆呆地问。

"咳，你难道从没有见过我的未婚夫？你来我家之前，就是他住在你现在的房间里呀，我以为你是知道的。"

"我怎么会知道？"

她踮起脚，朝厨房那边张望，"唉，我……我……以为会有人告诉你的。"

"在知道我爱上你的情况下，你为什么居然整整一年都不告诉我？"此刻，他的声音中已没有犹豫和慌乱了。

"你爱上我难道是我的过失？我无非是想与你做个朋友。"

"我住到你家以后，他来看过你吗？"

"没有，他在威尔士。他就要来和我一起度暑假了。"

"你一年多没有见到他了吗？那么，你肯定已经把他忘了。我才是你现在所爱的人。"

理智和谨慎全被他抛到了九霄云外，他一把抱住她，在她那抗拒的唇上粗鲁地吻着，尽情品味着那湿润的唇上的温馨和那柔软的发丝上的芬芳，潜伏在他心中的强烈的爱彻底醒来了。

"乌苏拉，你并不爱他，我也不能让你去爱他。你将成为我的妻子，没有你，我受不了。我不会罢休的，除非你把他忘掉并且和我结婚！"

"和你结婚？"她叫起来，"难道谁爱上我，我就得和谁结婚吗？放我走！你听见没有？不然我喊救命啦！"

她挣脱身子，上气不接下气地沿着那条黑魆魆的小路跑掉了。她跑上台阶，转身低声骂道："红头发的傻瓜！"

那声低语竟像一声呼喊，传进他的耳膜，震撼着他的心灵。

[4]"让我们把这事忘了吧,好不好?"

次日清晨,没有人来唤他起床了。他懒洋洋地从床上爬起来,走过场似的草草刮了脸,留下一块块没有剃净的胡子楂儿。早餐时乌苏拉也没有露面。

他朝古比尔走去。当他经过头天早上碰见过的那些人身边时,他觉得他们全变了样。在他眼里,他们显得那么寂寞孤单,就像在被迫匆匆赶去承受苦役的折磨。

他既没有看见如云似锦的金链花,也没有理会路旁可爱的栗子树。太阳比头天早上要明媚得多,他也不知道。

这一天他售出了二十张安格尔[1]《海中升起的维纳斯》的彩印画。这些画对古比尔来讲大有赚头,然而温森特对于为画廊赚钱的事已失去兴趣,因而对那些前来买画的顾客没有一点耐心。他们不仅分不清艺术的优劣,而且倒似乎有偏挑仿造品和那些低级浮浅作品的特长。

他的同事们虽然从不认为他是个生性快活的小伙子,然而他毕竟曾经努力做到随和、讨人喜欢。

"你说大名鼎鼎的梵高家的这位成员在为什么烦恼呢?"一个店员问另一个同事。

"我敢说他今天一大早就不痛快。"

"他有什么可发愁的呀?巴黎、柏林、布鲁塞尔、海牙和阿姆斯特丹的古比尔分公司,有一半儿是属于他的伯父温森特·梵高的哪!老头子有病,而且没有亲生子女,人人都说他得把产业分一半儿给这个小伙子哩!"

"有的人就是样样走运。"

---

1 安格尔:1780—1867,法国新古典派画家。

"这才说了一半儿。他的另一位伯父,亨德利克·梵高,拥有布鲁塞尔和阿姆斯特丹的大画店;还有一位叔叔,科尼利厄斯·梵高,是荷兰最大的商号的经理。啊呀,梵高家在欧洲可称是首屈一指的经营美术品的大家族哪!有朝一日,咱们隔壁那位红头发的朋友,要掌管几乎全欧洲大陆的艺术哩!"

当晚,温森特走进罗伊尔家的餐厅时,发觉乌苏拉正和她的母亲低声谈话。她们瞧见他进门便闭了嘴,那句话说了半截就打住了。

乌苏拉跑到厨房里去了。"晚安!"罗伊尔太太眼神有些异样。

温森特独自一人在那张大桌子旁进餐。乌苏拉给他的打击使他受到震动,但并未把他打垮。他不会轻易接受这个否定的答复的。他要把另一个人从乌苏拉心中赶走。

几乎过了一个星期,他才得以使她肯站住听他讲话。一个星期来,他茶饭不思,夜不成寐,神经质代替了昔日的迟钝。他在画廊的销售额大幅度下降。他眼睛里原来的那股天真劲儿没有了,留下的是痛苦郁悒。他说话时寻找字眼也比以往更加费力。

星期日的正餐之后,他尾随她来到花园。"乌苏拉小姐,真对不住,那天晚上我让你受惊了。"他说。

她抬起头来,用大眼睛淡淡地瞥了他一眼,似乎对他跟踪而来感到惊奇。

"啊,没关系。那没什么。让我们把这事忘了吧,好不好?"

"我很愿意忘掉我对你的唐突,不过当时我说的可是真心话。"

他朝前迈了一步。她闪开了。

"干吗再提它呢?"乌苏拉问道,"所有那些话我都不记得了。"

她转身沿小路走开。他追了上去。

"我一定得再对你说一遍。乌苏拉,你不知道我多么爱你!你不知道,这一个星期我多么痛苦!你为什么见了我就跑开呢?"

"咱们进去吧!我想妈妈是愿意有人去陪她的。"

"你说你爱那个人,这不可能是真的。如果你爱他,我应当看得出来呀!"

"我想我没闲空跟你聊。你本来说你什么时候要回家度假?"

他嗫嚅着:"七月。"

"巧得很,我的未婚夫七月要来和我同度假期,那时我们正好要用他原来住的房间。"

"我绝不会把你让给他的,乌苏拉。"

"你必须停止搞这一套!不然,母亲说你可以另找住处。"

这以后的两个月,他一直试图说服她。他旧有的脾气故态复萌。既然不能与乌苏拉在一起,他就宁愿离群独处,省得旁人打扰他对她的思念。他在公司对人们采取不友好的态度。那个被乌苏拉的爱所唤醒的世界又迅速入睡了,他又变回了松丹特那个为他的双亲所熟悉的、性格乖僻、郁郁寡欢的少年。

七月来临,他的假期也到了。他并不愿意离开伦敦去度这两周的假。他以为只要自己留在这所房子里,乌苏拉就不能去爱任何其他人。

温森特下楼走进客厅,乌苏拉和她的母亲都坐在那里,她们意味深长地互相递了个眼色。

"我只带走一只手提包,罗伊尔太太,其余的物件全部原封不动留在我房中了。这是我离开两周应付的房租。"温森特说。

"我想,你还是把东西都带走的好,梵高先生。"罗伊尔太太说。

"为什么?"

"自下星期一起,你的房间另有人租住了。我们认为你到别处去住更合适些。"

"我们?"

他转过脸,从隆起的浓眉下盯着乌苏拉。那目光并未表示任何看法,它只是询问。

"是的,我们。"她的母亲回答了这个问题,"我女儿的未婚夫写信来说,他要你离开这所房子。我想你倒不如压根儿就没来过这儿更好,梵高先生。"

[5] 梵高家族

提奥多鲁斯·梵高驾着马车到布雷达车站接儿子。他穿着牧师庄重的黑色外衣、大翻领的背心、浆过的白衬衫。由于黑色蝴蝶结领结太大,衬衫的高领几乎全被遮住,只露出了窄窄的一条边。温森特一眼就看到父亲的面部有两个特征:右眼皮耷拉着,比左眼皮低,差不多遮住了眼睛的大部分;嘴唇的左半边很薄,像绷紧的一条线,右边却显得饱满,给人以美感。他的眼睛是温顺的,那神气只是说:"这就是我。"

松丹特的居民常常看到这位提奥多鲁斯牧师戴着高高的缎子帽四处行善。

他至死也没明白,究竟自己为什么没有获得更大成功。他觉得上面本应在多年前就派自己去阿姆斯特丹或海牙担任更重要的教职了。他被他教区的教民们赞为宽大仁厚的牧师,他禀性善良、有教养、道德高尚,而且一向勤于职守。然而二十五年来,他被埋没、遗忘在松丹特这个小小的村镇上。他是梵高家六兄弟中唯一没有在全国范围取得重要地位的一个。

松丹特教区牧师的住宅是座木结构的房子,与市场和镇公所隔着一条马路。温森特就出生在这所住宅里。他家厨房后面有个园子,园内栽着刺槐,几条小径穿过精心培育的花圃。教堂坐落在园子后面的树丛中。那是一座小小的木头房子,两侧各有两扇哥特式的小玻璃窗，地板上放着十来条硬板凳，几只取暖用的炭火盆固定在地板上。后部的楼梯通向一架老式风琴。这是座简朴的礼拜堂，属于加尔文教派。

温森特的母亲安娜·科尼莉亚正在前窗观望。没等马车停稳，她就把门打开了。甚至在她不胜怜爱地把儿子搂在她宽大的胸脯上时，她就觉察出这孩子有点不对头。

"我亲爱的儿子[1]，"她喃喃地叨念着，"我的温森特。"

她的眼睛总像在温和地询问什么，睁得大大的，时而呈蓝色，时而呈绿色。她从不用过于苛刻的目光看人。随着岁月流逝，她脸上从鼻翼到嘴角的两条浅浅的皱纹逐渐加深，这使她的面容更给人一个总在微笑的强烈印象。

安娜·科尼莉亚·卡本特斯是海牙人。她的父亲是海牙有名的"皇家书籍装订工"。威廉·卡本特斯的生意兴隆，尤其在他被选去装订荷兰的第一部宪法之后，就更成了全国的知名人士。他的女儿们都很有教养，其中一个嫁了温森特·梵高伯父，第三个则成了阿姆斯特丹有名的斯特里克牧师的妻子。

安娜·科尼莉亚是个心地善良的女人，她看不到人世间的罪恶，也根本不理解。她只知道世上存在弱点、诱惑、艰难和痛苦。提奥多鲁斯·梵高也是个善良的人，但是他对罪恶了解得十分透彻，而且总是不留情地加以谴责。

饭厅是梵高家房子的中心，晚餐的盘子撤下去后，那张大桌子便成了他们家庭生活的中心了。全家人都聚在那盏令人感觉亲切的油灯周围，一同度过夜晚的时光。安娜·科尼莉亚在为温森特焦虑，他消瘦了，举止变得神经质。

"哪儿不舒服，温森特？"晚饭后她问儿子，"我看你脸色不大

---

[1] 原文为荷兰语。

好呢！"

温森特瞥一眼桌子周围，三个碰巧做了他妹妹的陌生的年轻姑娘安娜、伊丽莎白和维莱米恩在那儿坐着。

"不，"他说，"没什么不好。"

"你觉得在伦敦生活如意吗？"提奥多鲁斯问，"如果你不喜欢那儿，我就和你温森特伯父说。我想他准会把你调往巴黎的店里去的。"

温森特激动起来。"不，不，您千万别那样做！"他喊着，"我不愿离开伦敦，我……"他强使自己平静下来，"温森特伯父要是想调我，相信他自己会考虑的。"

"随你吧！"提奥多鲁斯说。

"准是那个姑娘，"安娜·科尼莉亚暗自思忖，"现在我可明白他那些信是怎么回事了。"

松丹特附近荒原上有松树林和一丛丛的橡树。温森特终日独自在田野中徘徊，凝视着点缀在荒原上的无数水塘。对他来讲，唯一的消遣就是绘画。他为自家的园子，为从家里窗户看到的星期六下午的集市景象，为家里房子的前门，画了不少写生。绘画可以使他暂时把占据心头的乌苏拉摆脱开。

提奥多鲁斯总是为长子没有选择继承自己的事业而不胜懊丧。一天黄昏，他们父子探望一位生病的农民后驱车回家。归途中路过荒原时，两人下车步行了一程。夕阳红彤彤的，就要沉没到松树林后面。傍晚的天空倒映在水塘明镜似的水面上，绿色的原野和黄色的沙土地互相衬托，构成一幅色调和谐的优美画面。

"我的父亲就是牧师，温森特，我一向盼望你会继承这个事业。"

"什么原因使您认为我想改换职业呢？"

"我只不过说说。如果你想要……可以住到阿姆斯特丹你约翰伯父那里，在那儿上大学。斯特里克牧师也曾主动提出要指导你受教育。"

"您是在劝我离开古比尔吗？"

"噢，不，当然不。但是，如果在那里不快活……人有时候就换换……"

"我知道，但是我并没有想离开古比尔的意思。"

他离家重返伦敦的那天，双亲驾车送他到布雷达车站。

"温森特，给你写信是不是还用原来的地址呢？"安娜·科尼莉亚问。

"不，我打算搬家。"

"我真高兴你离开罗伊尔家，"他的父亲说，"我从来就不喜欢这家人，她们总是鬼鬼祟祟的。"

温森特板着脸听着。他母亲把自己温暖的手放在他手上，用提奥多鲁斯听不到的声音温存地说："别难受，亲爱的。将来，将来你的生活和工作安定下来了，娶上一个可爱的荷兰姑娘，你就会快乐起来的。那个乌苏拉姑娘，她和你不般配，她不是你所需要的那种女人。"

他真纳闷母亲是怎么知道的。

[6]"哼，你不过是个乡巴佬！"

回到伦敦，他租了肯辛顿新路一套带家具的房间。房东是个小个子老妇人，每晚一到八点就歇息，因而房子里总是寂静无声。每到晚间，他都要进行一番激烈的自我斗争。虽然他渴望奔向罗伊尔家，却总是把自己锁在房里，并且发誓一定上床睡觉。然而，一刻钟后他又总是身不由己地来到街上，匆匆奔往乌苏拉家。

每当走进她家所在的街区，他就觉得自己进入了她的温馨气息的包围之中。感觉到她的存在却无法接近她,这使他如受酷刑;然而,比这要痛苦千万倍的刑罚,却是留在自己的青藤屋里,远离日食的半影区域[1],不仅见不到自己朝思暮想的人儿,而且感觉不到她的存在。

痛苦对他起到一种奇特的作用。这使他对旁人的痛苦变得敏感起来,还使他对周围一切廉价的、哗众取宠的东西变得无法忍耐。他对画廊已不具有任何价值了。当顾客征询他对某幅画的看法时,他会毫不迟疑地说出那幅画是如何如何糟糕。而顾客呢,自然就不买了。温森特觉得,只有表现出艺术家的痛苦的作品,才算得上是真实、深刻的。

十月,一位肥胖的太太来到店里。她胸部高耸,身着一件黑貂皮大衣,高高的衣领镶着花边,头戴一顶插着蓝色羽毛的丝绒圆帽。她要为她城里的新居选购一些画。她来到温森特跟前。

"我要你们现存的最佳作品。"她说,"你不必考虑价钱。喏,这是尺寸,客厅里有两面十五英尺[2]长的墙壁,可以整个儿用来挂画,还有一面墙中间有两扇窗,两窗之间的距离是……"

他用了大半个下午,想把一些伦勃朗[3]的版画、透纳的威尼斯水彩风景画中一幅出色的复制品、赛·马里斯[4]的一些石版画以及柯罗[5]与杜比尼[6]珍藏品的照片卖给她。那妇人在选画上具有一种"才能",她可以凭直觉就万无一失地把温森特所出示的每批画中最不能代表艺术家的艺术水准的那一幅作品挑中。另外她还有一种与此不相上下的本领,那就是在看第一眼时,便可断然拒绝据温森特所

---

1 半影区域:发生日食时,只能见到部分太阳的区域。
2 1 英尺 =0.3048 米。——编者注
3 伦勃朗:1606—1669,荷兰著名画家。
4 赛·马里斯:19 世纪中叶荷兰著名的三兄弟画家之一。
5 柯罗:1796—1875,法国巴比松派画家。
6 杜比尼:1817—1878,法国巴比松派画家。

知已被肯定的作品。一个小时又一个小时过去了，那妇人又矮又胖的模样，那些目空一切、十分幼稚的议论，在温森特看来正好代表了中产阶级的浅薄无知和商贾习气。

"瞧，我选得挺不错吧！"她自鸣得意地大声说。

"您即使闭上眼挑，也不会比现在挑得更糟了。"温森特说。

那妇人怒不可遏地站起身，把她那宽大的天鹅绒裙子拂向一侧。温森特可以看见她镶边衣领底下从托起的胸脯直到脖子上暴起的条条青筋。

"天哪！"她喊起来，"哼，你不过是……是个乡巴佬！"

她暴跳如雷，丝绒帽上的那支长羽毛随着前摇后摆。

奥巴赫先生发火了。"我亲爱的温森特，"他高声说，"你究竟是怎么回事？你断送了这个星期最大的一宗买卖不算，你还侮辱了那位太太！"

"奥巴赫先生，您是否愿意回答我一个问题？"

"好吧，什么问题？不过，我自己还有几个问题要问你哩！"

温森特把那女人挑出来的画推开，两只手撑着桌边，"那么，请问，一个人怎么能认为用他的一生——他只能度过一次的一生——来从事这种向极为愚蠢的人出售极为拙劣的画品生意是正当的呢？"

奥巴赫并不想答复他的问题。"如果再有这类事情发生，"他说，"我只得写信给你伯父，让他把你调到别的分公司去。我不能让你毁了我的生意。"

温森特做了个手势，打断奥巴赫的话，"我们怎么可以靠出售这些无聊的玩意儿牟取如此之高的利润呢，奥巴赫先生？再者，为什么只有那些与真正的艺术格格不入的人才够资格到这里来？是不是他们的金钱使他们变得麻木不仁了？可那些对优秀的艺术真正具有鉴赏力的穷人，却拿不出一个子儿去买张画挂在自己的墙上，这又是为什么呢？"

奥巴赫困惑莫解地瞪着他,"这是什么?社会主义吗?"

他回到家,拿起桌上那卷《勒南[1]文集》,翻开他做有记号的那一页读道:"人须克制私欲、贬抑自我,才能品行端方。人生在世不可只图享乐,为人诚实亦不应是唯一目的。人生在世应对人类有重大贡献,超脱于几乎一切世人均在其中苟且偷安的粗俗,以求达到崇高的境界。"

离圣诞节还有一个多星期了,罗伊尔家的前窗里已竖起点缀得很漂亮的圣诞树。又过了两晚,温森特经过她家时,看到房子里灯火辉煌,街坊四邻纷纷登门。他听见里面响起阵阵笑声。罗伊尔家在举行圣诞节晚宴。温森特跑回家,匆匆刮了脸,换上新衬衫和领带,然后飞快地赶回克莱普安街。他跑得上气不接下气,只得在台阶下面停住脚缓缓气。

这是圣诞节,空气中洋溢着一派仁慈和宽容的气息。他走上台阶,敲了门。一阵熟悉的脚步声穿过门厅朝门口走来,一个熟悉的声音答应着客厅里人们的什么话。门开了,灯光照在他脸上。他看见了乌苏拉,她穿一件绿色无袖连衣裙,上面缀着大大的蝴蝶结和波浪形的花边。他从未见过她如此美丽动人。

"乌苏拉。"他说。

她脸上的表情分明在重复那天她在花园里对他说过的话。一看见她,他就又想起了那些话。

"走开!"乌苏拉说。

她冲着他的脸,砰的一声关上了门。

第二天,他一早就乘船去了荷兰。

---

1 勒南:1823—1892,法国语文学家、批评家及历史学家。

对古比尔公司来讲，最忙碌的季节莫过于圣诞节期间了。奥巴赫先生写信给温森特伯父，告诉他，他的侄子竟连招呼也不打就擅自离职去休假了。温森特伯父决定把他的侄子安插到巴黎夏普塔尔街的中心陈列馆。

温森特居然声称，他和这种美术商业的缘分就此了结，这叫温森特伯父大吃一惊，伤透了心。他也声称从此再不过问温森特的事情。然而，假期过后，他还是作保，给这个与他同名的侄儿在多德雷赫特的布鲁热与布拉姆书店谋到个店员差事。这便是这两位温森特·梵高最后一次打交道。

他在多德雷赫特待了将近四个月。在那里的生活无所谓快乐或不快乐，工作也无所谓成功或不成功，一句话，他的心不在那里。有个星期六晚上，他乘末班车从多德雷赫特到奥登博斯，然后徒步回到松丹特家里。石楠丛生的荒原上，夜晚的景色美妙动人，空气中飘来一缕缕凉爽的、沁人心脾的香气。夜色虽黑，他仍能辨认出松树林和伸展得无边无际的荒原。这使他想起父亲书房中挂的那幅博德默[1]的画。天空浓云密布，但星星依然透过夜晚的层云闪烁着。他到达松丹特教堂院子时天色尚早，听得见远处黑黝黝的麦苗地里云雀在婉转歌唱。

双亲知道儿子正在度过一个艰难时期。夏季过后，他们全家迁往小集镇埃顿，这个地方距离松丹特只有几公里远。提奥多鲁斯被任命为这里的牧师。埃顿镇上有一个四周环绕着榆树的大广场，一列蒸汽火车把这儿同重要城市布雷达连接起来。对提奥多鲁斯来讲，这是一次小小的提升。

初秋时节来临，现在应当重新做出决定了。乌苏拉还没有结婚。

---

[1] 博德默：1809—1893，瑞士画家。

"这些营生对你都不合适，温森特。"他的父亲说，"你的心在把你引向侍奉上帝的事业。"

"我知道，父亲。"

"那么，为什么不到阿姆斯特丹去学习呢？"

"我是愿意去的，不过……"

"你还在犹豫吗？"

"是的，可我现在不能解释。请再容我考虑考虑吧！"

约翰伯父路过埃顿。"温森特，我在阿姆斯特丹家里已经预备好一个房间，等你去哪！"他说。

"斯特里克牧师来信说，他保证可以给你请到优秀的私人教师。"母亲补充道。

当他接受了乌苏拉馈赠他的礼物——痛苦——之时，他所得到的是世间不能继承得来的东西。他知道，在阿姆斯特丹的大学学习，是他所能受到的最好的教育了。梵高和斯特里克两家都愿意接待他，愿意用金钱、书籍和同情鼓励他，帮助他。但是，他没法把缠绕在心头的缕缕情丝一刀斩断。乌苏拉还在英国，尚未婚嫁。在荷兰，他已经和她接触不上了。他设法托人买到一些英国报纸，在回应了数则招聘广告之后，终于找到了一个在拉姆斯盖特当教师的工作。那是个离伦敦只有四个半小时火车行程的港口城市。

[7] 拉姆斯盖特和伊斯莱沃思

斯托克先生的校舍坐落在一个广场上，广场中央是一大片围着铁栏杆的草坪。学校收了二十四个十到十四岁的男孩子。温森特既要教他们法文、德文和荷兰文，又要在课后照料他们，到了星期六还得帮他们洗澡。但斯托克先生却只管他膳宿，不给工资。

拉姆斯盖特是个偏僻荒凉的地方，但这正合温森特之意。他不知不觉地把痛苦当作亲密的伙伴，通过痛苦才使他在精神上时时与乌苏拉保持着联系。要是他不能和这个他热爱着的姑娘在一起，那么待在哪里对他都无所谓。他唯一希求的是，不要有人来妨碍他从对乌苏拉的苦苦思念中得到身心的极大满足。

"斯托克先生，您是否能付给我一点点钱呢？"温森特问，"只要够买烟草和衣服就行了。"

"那不成，绝对办不到。我可以找到足够的只要求膳宿的教师。"

第一周的星期六一早，温森特就从拉姆斯盖特出发去伦敦了。虽然这是一次长途步行，傍晚之前的天气又一直很热，但他终于走到了坎特伯雷。他在颇具中世纪风格的大教堂周围的绿树荫下稍事休息，而后继续前行。就这样，他一直走到靠近一片小水塘的几株高大的山毛榉树和榆树底下才收住脚步。他在树下一觉睡到次日凌晨四点，鸟儿拂晓时的啼鸣将他唤醒。中午，他来到了查塔姆，从这里可以远眺泰晤士河，只见河流在部分被淹没的低草地间蜿蜒前行，河面上无数船只往来如梭。傍晚，温森特到达了他所熟悉的伦敦郊区，顾不得长途跋涉的劳累，就抖擞精神径直向罗伊尔家奔去。

就是为了同乌苏拉接近，他才又回到英国。此刻，一瞧见她的家，这种愿望顿时就像伸出的手臂，紧紧地抓住了他。在这儿——英国，她依然是他的，因为他又能感觉到她了。

他按捺不住心头的剧跳，靠在一棵树上。一种无法用言语表达的思念，使他的心隐隐作痛。过了好长时间，乌苏拉家客厅的灯熄了，接着她卧室的灯也熄了，整幢房子陷入一片黑暗中。温森特这才依依不舍地离开，沿着克莱普安街跟跟跄跄、精疲力竭地往回走。那所房子退出了他的视野。他知道，他又把她失去了。

在他对未来婚姻的憧憬中，乌苏拉已不复是一个生意兴隆的画商的妻子了。出现在他脑海中的乌苏拉，此时已是一个福音传教士的忠实妻子，她协助丈夫为贫民区的穷人服务而毫无怨言。

几乎每个周末，他都力争能徒步到伦敦去一趟。但他发现，要在回来时赶上星期一的早课是很难的。有时，就为了星期天早晨能在乌苏拉去教堂的路上看见她，他竟在星期五和星期六连夜赶路。他没有买饭和住店的钱，随着冬季的来临，他忍受着严寒的折磨。每当星期一拂晓回到拉姆斯盖特时，他往往浑身颤抖、饥肠辘辘、疲惫不堪，要用一个星期的时间才能完全恢复过来。

过了几个月，他在琼斯先生的卫理公会学校找到一个好一些的工作。学校在伊斯莱沃思，琼斯先生是位大教区的牧师。他雇用温森特做教师，然而不久就把他调去当乡村副牧师了。

温森特只好把原来的设想做了修改，乌苏拉不再是工作在贫民区的福音传教士之妻了，她又成了乡村牧师之妻，她协助丈夫做教区的工作，就像他的母亲帮助他的父亲一样。浮现在他眼前的乌苏拉，在一旁用赞许的目光注视着他，为他脱离了在古比尔那种狭隘、庸俗的经商生活，改而从事慈善事业而欣喜。

乌苏拉的婚期渐渐临近，对这个事实，他采取一种不承认的态度。在他的脑子里，那另外的一个人压根儿就不曾存在过。对于乌苏拉的拒绝，他总是归因于自己这方面的某个缺点，因而他应当努力纠正它，而纠正的方式有哪一种能比侍奉上帝更好些呢？

琼斯先生的穷学生们来自伦敦。校长把学生家长的地址交给温森特，派他步行去收学费。在怀特夏普的中心地区，他找到了他们。那地区的街道臭气熏天，人口众多的家庭挤在不御风寒的简陋住房里。人们个个面带病容、眼露饥色。许多学生的父亲买卖政府禁售的病畜肉。温森特来到那些在破烂衣衫的遮掩下冻得瑟瑟发抖的人家，他们的餐桌上只有索然无味的稀汤、干面包皮和腐败的臭肉。他倾听他们诉说自己贫困痛苦的生活处境,直至深夜。

他本来很高兴有这样一次伦敦之行,因为他可以趁机在返回时经过乌苏拉的家。然而,怀特夏普的贫民窟却使他把乌苏拉全忘在了脑后头,也忘记了去走那条经过克莱普安的路。他回到伊斯莱沃思,一个子儿也没有给琼斯先生收来。

一个星期二的晚上,做礼拜时,牧师装作很疲乏的样子靠近他的副牧师,"我今晚累得很,温森特。你不是一直在写讲道稿吗?就让我们来听听其中的一篇吧!我想要知道,你将成为一个什么样的牧师。"

温森特登上讲坛,紧张得直哆嗦。他的脸涨得通红,手也不知搁在哪儿才好。他声音嘶哑而又结巴。他只得凭着记忆把自己曾仔细修饰过的、在纸上又那么工整地抄下来的句子背出来。但是,通过这些断断续续的话语和笨拙的手势,他觉得自己心中的热情迸发了。

"讲得好,温森特。"琼斯先生说,"我下周将派你去里士满。"

这是一个秋高气爽的日子,从伊斯莱沃思沿泰晤士河到里士满,一路上风景优美,水面上倒映着蔚蓝的天空和挂满黄叶的粗壮的栗子树。里士满的人们写信给琼斯先生,表示他们喜爱这位年轻的荷兰传教士,因此好心的琼斯先生决定给温森特一个机会。他在特恩海姆格林的教堂,是个重要的教堂,那里教徒众多,又爱挑剔。要是温森特能在那里宣讲成功,就具有到任何一个讲坛上布道的资格了。

温森特挑选了《圣经·诗篇》第一百一十九章十九节"我寄居世间如客旅,求你不要向我隐瞒你的诫命"来进行宣讲。他热情洋溢地讲述着。他的年轻,他的激情,他那蕴含在笨拙举止中的力量,他那饱满的天庭和那双聪明的眼睛,给教徒们留下极好的印象。

人们纷纷上前感谢他的启示。他和他们握手，双眼泪蒙蒙地向他们惶惑地微笑。等到人们全离去了，他就溜出教堂后门，走上了去伦敦的路。

暴风雨来临。他刚才忘了戴帽子，也忘了穿外衣。泰晤士河的水，尤其是近岸的水变成了黄色。远处的地平线上有一抹亮光，亮光之上是巨大的灰色云层，瓢泼大雨犹如一道道倾斜的水线，自云际落到地面。他浑身被雨淋得湿透，但兴奋的心情促使他更加快了脚步。

啊，他终于成功了！他明白了自己的使命。他胜利了，他要把这个胜利奉献于乌苏拉脚下，让她同自己分享这份快乐。

大雨敲打着有点发白的小路上的尘土，摇撼着山楂树的枝条。远处，一座有角塔、磨坊、石板屋顶和哥特式房屋的小镇，宛若一幅丢勒[1]的版画。

他迎着风雨，挣扎着走向伦敦。雨水顺着他的脸淌下来，靴子里浸透了水。他来到罗伊尔家时，已是傍晚。灰蒙蒙、阴沉沉的暮色已然降临大地。他听到不远的地方传来音乐，还有提琴的声响，他不知道那里在干什么。罗伊尔家灯火通明。许多马车停在雨地里。温森特看见她家客厅里人们正在跳舞。雨中，一个老年车夫撑着一把大伞，蜷缩着身子，坐在马车夫的座位上。

"这儿在干什么？"他问。

"我想，是举行婚礼吧。"

温森特倚在马车旁，雨水像一道道小溪，顺着他的红头发流到脸上。过了一会儿，大门开了，乌苏拉和一个细高身材的男子出现在门口。客厅里的人群蜂拥而出，笑着，嚷着，抛撒着大米。

温森特悄悄转到马车在暗处的一侧。乌苏拉和她的丈夫上了

1　丢勒：1471—1528，德国画家。

车。马车夫扬起鞭子轻轻抽了一下马,车身缓缓启动。温森特紧赶一步,把脸贴到淌着水的玻璃窗上。乌苏拉被那男子紧紧抱在怀里,她的嘴唇与他的嘴唇吻合在一起。马车往前走了。

温森特觉得心中有一根很细、很细的东西折断了,断得干净利落。魔力消散了。出乎他的意料,这竟如此简单。

他冒着暴雨,拖着沉重的脚步回到伊斯莱沃思,收拾行装,永远地离开了英国。

第一卷 博里纳日

[Book One] The Borinage

[1] 阿姆斯特丹

　　荷兰海军最高首脑约翰尼斯·梵高中将[1]那所宽敞的官邸，坐落在海军造船厂后面。此刻，约翰尼斯正站在门廊前，为了表示对侄子的欢迎，他穿上了漂亮的礼服，佩戴着金色的肩章。在他那具有梵高世家特色的沉重的下巴之上，伸出一个笔直的大鼻子，连着突兀如悬崖的前额。

　　"你来这儿我很高兴，温森特，"他说，"这房子很清静，如今我的孩子们都结婚搬出去了。"

　　他们爬上一段宽楼梯，约翰伯父推开一扇门。温森特走进去，放下行囊。房间里有个宽大的窗户，可以俯瞰造船厂的风光。约翰伯父在床边坐下，虽然穿着饰有金色穗带的将官制服，他仍竭力想显得随便一些。

　　"听说你已经决定学习当牧师啦，这真叫我欢喜，"他说，"梵高家每一代总是有个从事神职的人。"

　　温森特掏出烟斗，细心地把烟草装进去，这是他在需要时间思考问题时常做的动作，"我想做个福音传教士，您知道，我希望马上就开始工作。"

---

[1] 约翰尼斯·梵高中将：即前文所说的"约翰伯父"。"约翰"是"约翰尼斯"的简称。

"你千万别去当什么福音传教士，温森特。他们全是没有受过教育的人，天晓得他们传的是哪一门子的教！不，我的孩子，梵高家出来的牧师都是大学毕业的。你此刻一定很想先把你的行李打开吧。晚饭八点钟开。"

海军中将的宽阔背影刚刚在门边消失，一缕淡淡的忧郁便降临到温森特心间。环视四周，宽大舒适的床、高大的衣柜、光洁平滑的矮书桌，似乎都在邀他留下。但他感到不自在，就像他在生人面前总是局促不安一样。他抓起帽子，快步穿过东市大广场，在那儿，他看见一个犹太书商正在出售摆在一只敞开着的箱子里面的精美画片。温森特翻找了好一阵，选中十三张，夹在腋下，呼吸着刺鼻的柏油味，沿着河边回到伯父家。

为了不把贴墙布弄坏，他小心翼翼地朝墙上轻轻钉着画。一阵敲门声传来，斯特里克牧师走进来。他是温森特的姨夫，阿姆斯特丹的著名牧师，众所公认的好人。他穿了一套质地精良、裁剪合体的黑色礼服。

寒暄过后，牧师说："我已经聘请曼德斯·德科斯塔做你的拉丁文和希腊文教师，他是我们这里精通古典语言的最优秀的学者之一。他家住在犹太区，你星期一下午三点就去上第一堂课。不过，我今天来，是请你明天到我家共进星期天正餐的。你威廉明娜姨妈和你表姐凯，都盼着见到你哩！"

"那太好了，我什么时间去呢？"

"我们的正餐定在中午，在我做完上午的礼拜之后。"

斯特里克牧师拿起他的黑帽子和文件夹。温森特说："代我向您全家问好！"

"明天见。"他的姨夫说着，离开了房间。

[2] 凯

斯特里克一家住在海泽运河畔的街上,这是阿姆斯特丹最豪华的街道之一。它是从港口南边起,经市中心又返回港口北边的第四条马蹄形运河旁的林荫大道。运河的河水清澈见底,与贫民区那些数百年来水面上一直覆盖着厚厚一层神秘浮萍[1]的运河截然不同。

沿街的建筑是清一色的佛拉芒式:狭窄、结实、鳞次栉比,仿佛长长一列规规矩矩、纪律严明的士兵肃立道旁。

第二天,聆听了斯特里克姨夫的布道演说之后,温森特便朝牧师家走去。明媚的阳光驱散了终日飘浮在荷兰天空中的灰云,一会儿天气便晴朗起来。温森特见时间还早,便不慌不忙地漫步走去,一边观看运河上的船只逆流而上。

这些船大多是沙船,船身呈长方形,船的两端是尖的;经过河水侵蚀,船身颜色已经变黑;船中央有个凹进去的地方是装货的。从船头到船尾,拴着一根长长的晾衣绳,上面挂着船夫一家人洗濯的衣物。那位父亲把船篙插入淤泥中,用肩顶住,吃力地在窄窄的过道上迂回地移动着脚步,船在他脚下离了岸。他的妻子是个健壮丰满、面色红润的妇人,她一动不动地坐在船尾,掌着简陋的木质舵柄。孩子们在逗一条狗,他们不时跑进船舱,那里就是他们的家。

斯特里克牧师的房子是典型的佛拉芒式建筑:狭窄的三层楼,长方形的顶楼,顶楼上有个窗户,楼房装饰着树叶飘逸的阿拉伯图案。顶楼窗里伸出一根梁木,顶端有个长长的铁钩。

威廉明娜姨妈把温森特迎入饭厅。墙上挂着一幅阿里·谢菲尔[2]

---

1 原文为荷兰语。
2 阿里·谢菲尔:1795—1858,法国画家。

画的加尔文肖像。餐具柜上银质餐具闪闪发光。室内墙壁由乌木镶嵌而成。

没等温森特的眼睛适应房间里的黑暗，从阴影中就走出来一个身材修长、体态轻盈的姑娘。她热情地同他打着招呼。

"你准不认识我，"她用圆润的嗓音说，"我是你的表姐凯。"

温森特握住她伸过来的手。好几个月了，这还是他第一次又接触到年轻女性柔软、温暖的肌肤。

"咱们从来没有见过面，"姑娘继续用亲昵的语气说道，"我想这真是少有的事儿，因为我都二十六岁啦，想必你也……"

温森特默默地凝视着她，半天才明白过来应当回答她的询问。为了掩饰自己的迟钝，他突然生硬地大声说："二十四，比你小些。"

"是呀，咳，其实也难怪，因为你从没来过阿姆斯特丹，我也从没去过布拉邦特呀！哦，我恐怕失礼啦，快请坐下吧！"

他在一把硬椅子的椅边儿上坐下来。一股不可思议的力量，转眼间把他从一个乡巴佬变成了有教养的绅士，他说："母亲常盼你到我们那儿做客。我想，布拉邦特会让你喜欢，乡间的风景是很迷人的。"

"我知道，安娜姨妈几次来信邀我去，我应当尽快去那儿看看。"

"是的，"温森特答道，"你应当去。"

他此刻只是心不在焉地倾听并回答姑娘的话，心中怀着久未接触异性的男人那种强烈的渴望，他为她的美丽陶醉了。凯像一般荷兰女子那样长得结实、健壮，但更秀丽，像经过精雕细刻似的。她的一头秀发既不是淡黄的亚麻色，也不是她本国女子那单纯的红色，而是两者奇妙的混合，亚麻色的发丝闪烁着赤色的光泽，带着微妙的暖意。她一向着意保护自己的皮肤不受日晒风吹，因而像荷兰"小画家"[1]笔下的人物一样，下巴颏儿的白皙很自然地逐渐变成

---

1 荷兰在艺术大师伦勃朗之后出现的一些风俗画画家，在美术史上被称为荷兰的"小画家"。

了双颊的绯红。她那深蓝色的眸子,透着青春的喜悦,丰满的嘴唇微微开启,仿佛在期待着什么。

她发现温森特默默不语,于是问道:"你在想些什么呢?表弟,你好像有什么心事。"

"我正在想,伦勃朗准会喜欢画你的。"

凯低声笑了,那是成熟女性的甜润的嗓音,"伦勃朗只爱画又老又丑的女人,是不是?"

"不,"温森特答道,"他画的是美丽的老年妇女,是那种经历过贫穷或不幸,然而就因为这种悲惨遭遇而获得了美丽灵魂的妇女。"

凯这才头一次认真看了温森特一眼。他刚进房间时,她只是不经意地瞟了他一下,仅看到了他那铁锈色的乱蓬蓬的头发和显得呆笨的面庞。现在,她注意到了他那饱满的嘴唇、深陷的炯炯发光的眼睛、梵高家成员所共有的那种匀称的天庭以及向她稍微伸了过来的显得性格倔强的下巴。

"请原谅我的无知,"她几乎像自语似的低声说,"我明白你对伦勃朗的理解了。当他画那些脸上刻下了痛苦与挫折痕迹的饱经风霜的老人时,他抓住了美的真正的本质,对不对?"

"你们这两个孩子在谈什么事,谈得这样投机?"从门厅传来斯特里克牧师的问话。

"我们已经熟悉啦,"凯回答着,"您为什么没有告诉过我,我还有一位这样可爱的表弟呢?"

另一个男人走进来,这是个细高身材的小伙子,他文雅大方地笑着,举止招人喜欢。凯起身热烈地吻了他。"这是温森特表弟。"她给他们介绍,"这是我丈夫,沃斯先生。"

一会儿,她又领来一个亚麻色头发的两岁男孩,小孩样子很活泼,有一张充满渴望神情的脸,一对淡蓝色的眸子像他妈妈的一样。凯弯身抱起孩子。沃斯张开双臂,把这母子俩一起搂住。

"你在桌子这边,同我挨着坐好吗,温森特?"姨妈问道。

凯坐在温森特对面,夹在沃斯和儿子简当中。此刻因为丈夫在身边,她已把温森特忘在脑后。凯双颊上的红晕更加深了。有一回,她丈夫用谨慎的语气低声说什么事情时,她迅速俯过身去听他说话,并且吻了他一下。

他们之间的爱情犹如颤动的水波朝温森特涌来,把他吞没了。自从那个决定命运的星期天以来,过去那种因乌苏拉而产生的痛苦,又一次从他心中一个神秘的地方冒出来,如汹涌的洪流般冲决着他身心的外层堤坝。眼前这相互依恋的小家庭的恩爱和欢乐终于使他明白了,在他烦恼不堪的那几个月里,他一直在渴望的,极度渴望的,原来就是爱情。而对爱情的渴望,可不是轻易能消除的。

[3] 古板的乡下教士

每日清晨,温森特天不亮就起身读《圣经》。五时左右,太阳刚刚露面,他走到窗前俯瞰下面的海军造船厂,观看成群结队的工人走进厂门,那是长长一行参差不齐的黑影。小汽船在须德海上往来如梭。从造船厂看过去,远处一个小村落附近,褐色的帆船疾驶而过。

太阳完全升起来了,阳光吸干了木材堆上的潮气。温森特离开窗口去吃早餐,那是一片干面包和一杯啤酒。接着,他便坐下来攻读七个钟头的拉丁文和希腊文。

不过,这样专心致志地读上四五个钟头,他的头就沉重起来,时常像火烧一样,头脑一片混乱。经过这几年情感上的波澜,他已不知道如何去进行这种简单而正规的学习了。他往脑袋里塞着种种语法规则，直至太阳偏西，于是又到了去曼德斯·德科斯塔那里上课的时间。他总是走布伊顿康特大街，途经奥代齐兹小教堂和从前的南教堂，从沿街排列着铁匠铺、桶铺和销售平版画的画店的曲折街道中间穿过去。

曼德斯使温森特想起吕波莱兹笔下的耶稣基督画像。他是个典型的犹太人，深陷的眼眶，一张超凡脱俗的清癯凹陷的面孔，留着早期拉比常留的那种柔软的尖形胡须。午后三四点钟的犹太区又闷又热，啃完七个小时的希腊文和拉丁文书本，又用了更多的时间学习荷兰史和荷兰文法之后，温森特往往要同曼德斯谈论一番版画。一天，他带了一幅马里斯的习作《洗礼》给他的老师。

曼德斯用他骨瘦如柴的手指捏着那画，拿到从高处窗户射进来的一道阳光下。那束阳光明亮得把飘浮在空中的灰尘都照得一清二楚。

"画得好！"他用犹太人的喉音称赞着，"他捕捉到了那普照宇宙的宗教的精神。"

温森特疲劳顿消。他开始热情地描述马里斯的艺术。曼德斯微微地摇了摇头。斯特里克牧师为了让他辅导温森特学习拉丁文和希腊文，在支付着很高的聘金呢！

"温森特，"他温和地说，"马里斯的确不错，但是时间不多了，咱们还是得继续上课，是吧？"

温森特领会了老师的意思。上完两小时的课，归途中他总爱在伐木工、工匠或为船上供应食物的商贩的门前停下来，看他们干活儿。大酒窖的门敞开着，人们拿着油灯在窖里跑来跑去。

约翰伯父到赫尔福特去了一个星期。得知温森特独自一人住在海军造船厂后面空荡荡的大房子里，凯和沃斯有天傍晚来邀温森特到家里吃晚饭。

"约翰伯父回来之前，你一定要天天晚上都到我们家来。"凯告诉他,"妈妈还问你是不是能在每个星期天做完礼拜后来与我们一起吃饭呢!"

饭后,凯一家围坐打牌,而温森特因不擅此道,就躲到一个安静的角落里读奥古斯特·古鲁森的《十字军史》。从他坐的地方可以看到凯千娇百媚的笑容。她离开桌子走到他身旁。

"你读什么书呢,温森特表弟?"她问。

他告诉她书名,又说:"这是一本很好的书,简直可以说是用赛·马里斯的感觉写的。"

凯笑了。他总爱使用这种古怪的文学比喻。"为什么是赛·马里斯的呢?"她追问一句。

"请你读读这段,你看它是不是让你联想到马里斯的一幅油画?作家在这里描绘的是一座屹立于山顶之上的古堡,朦胧中隐隐呈现出秋日的丛林,前景是一片黑色的原野,一个农夫赶着一匹白马在耕地。"

凯读起来。温森特拉过一把椅子让她坐下。她若有所思地凝视着他,眸子的蓝色变得更深了。

"是的,"她说,"这段描述确实像一幅马里斯的画。这位作家和这位画家用他们各自的手段表达了同样的思想。"

温森特接过那本书,急切地用手指画过书页上的一行,"这一行,也许就是直接引用的米什莱[1]或卡莱尔[2]著作中的话。"

"你知道,温森特表弟,对于一个没有在课堂里读过几天书的人来讲,像你这样具有如此的文化修养是令人吃惊的。你仍然在读很多书吗?"

---

1 米什莱:1798—1874,法国作家、浪漫派历史学家,著有《法国史》和一系列描绘大自然的散文,以及抒发其社会思想、伦理思想的说理散文。他的写作就像德拉克罗瓦的描绘和多拉的构图一样,具有绘画的价值。

2 卡莱尔:1795—1881,英国作家。

"哪里,读倒是很想读的,不过也可以不读。实际上没有必要渴望读那么多书,因为耶稣基督的《圣经》中无所不有,比任何别的书都更加完美。"

"哎呀,温森特,"凯跳起身,惊讶得叫起来,"这真不像你说的话!"

温森特诧异地望着她。

"虽然父亲说你应该精力集中,不要去想这样的事情,可我还是认为,在《十字军史》中看到了赛·马里斯的你,要比像个古板的乡下教士在那儿高谈阔论的你可爱得多。"

沃斯漫步过来,说:"我们给你发完牌了,凯。"

凯目不转睛地对着温森特那双隆起的眉峰下像煤一样炽燃的眼睛注视了一会儿,然后挽起丈夫的手臂,加入到打牌的圈子里去了。

[4] 拉丁文和希腊文

曼德斯·德科斯塔知道,温森特喜欢同自己谈谈生活中那些更寻常的事情,因而每周都有几次在课后借故送他回城。

一天,他领温森特走过一个很有趣的地方。那是冯代尔公园附近,从莱伊德施门外直到荷兰火车站的一个远郊地区。这一带到处是锯木厂和周围种着花草的工人小屋,人口十分稠密。许多小水渠把这地区分割成一块块的。

"要在这样的地方担任牧师,一定是很不错的!"温森特说。

"是呀,"曼德斯边回答边把烟斗装满,接着又把那只圆锥形烟草袋递给温森特,"这里的百姓比咱们城区的朋友们更需要上帝和宗教哩!"

他们正从一座小巧的、颇有日本风格的木桥上经过，温森特停住脚，问："您为什么这么说呢，先生？"

"这些工人，"曼德斯挥挥手，"日子过得十分艰难，生病无钱医治，吃饭有上顿没下顿，工作又是如此繁重；他们的住房，你瞧，全是又小又破的；贫困永远伴随着他们，他们身陷逆境而无力自拔，因而他们需要上帝来抚慰自己的灵魂。"

温森特点燃了烟斗，把火柴棍儿扔进脚下的小水渠。"那么，城区的人呢？"他问。

"他们衣饰讲究，吃喝不愁，有可靠的地位，有大量的金钱足以应付任何天灾人祸。他们心目中的上帝是个富裕的老绅士，这老头儿对人间欣欣向荣的一切都挺自鸣得意。"

"总而言之，"温森特说，"他们有点儿乏味无聊。"

"天哪！"曼德斯叫起来，"我可没那么说。"

"对，您没这么说，是我说的。"

当晚，他在面前摊开希腊文课本，然而却久久地朝着对面的墙发呆。他想起伦敦的贫民区，想到那里的贫困与苦难，他记起自己想当一名福音传教士去帮助那些人的夙愿。他的脑际又出现了斯特里克姨夫的教堂，那儿的会众诸事顺遂，受过良好教育，对生活中的好东西既敏感也有能力获取。斯特里克姨夫的布道演讲是精彩的，能使人得到慰藉，但是，会众中有哪个是需要安慰的呢？

到阿姆斯特丹来已有六个月了，他终于清醒过来，用功是代替不了天赋的才能的。他推开语法书，翻开了代数书。半夜时，约翰伯父来了。

"我瞧见门缝里有亮光，温森特，"海军中将说，"而且守夜人告诉我，你今天早上四点钟就在院子里走动了。你每天学习多少个小时呢？"

"不一定，在十八到二十个小时之间吧。"

"二十个小时！"约翰伯父摇了摇头，脸上明显露出忧虑之色。对这位海军中将来讲，他难以想象梵高家的人还能有不成功的，"你不必学习这么长时间嘛！"

"我得把功课做完啊，约翰伯父。"

约翰伯父的两道浓眉朝上挑了挑。"即使这样，"他说，"你也还是先睡吧，往后也不要学到这么晚，因为我答应你的双亲一定把你照顾好。"

温森特把作业推开。他需要的不是睡眠，不是爱情，不是怜悯，也不是享乐；他需要的是学会拉丁文和希腊文，学会代数和语法，这样才能通过入学考试，进入大学，成为一名牧师，从而在世间为上帝做实际的工作。

[5] 曼德斯·德科斯塔

五月，他到阿姆斯特丹已经整整一年了。他开始意识到由于对这种正规教育不适应，自己最终得吃败仗。这并非只是宣布一件事实，而是承认失败。每想到这儿，他就用使自己疲顿不堪的功课驱开这不得不认输的念头。

假如问题单单在于学习困难，或者是明显的不适应，倒还不至于使他这样心烦。那扰得他日夜不得安宁的烦恼是：他是否想做一名像斯特里克姨夫那样又精明又有教养的牧师呢？要是他花费五年多的工夫整日去琢磨词尾的变化和数学公式，那么他所向往的亲身去为穷人、病人和受压迫的人服务的理想又怎样去实现呢？

五月下旬的一个下午，上完曼德斯的课，温森特提出："德科斯塔先生，您能抽空同我一起散散步吗？"

曼德斯对温森特内心的斗争已经有所察觉，他预感到这个年轻人已到了应当马上做出抉择的时刻。

"好的,我本来也打算出去走走哩!雨后的空气真是清新得很,我倒乐于陪你走一程。"他往脖子上围了一条毛围巾,穿起高领的黑色外衣。两人来到街上,从那座两百多年前曾把巴鲁赫·斯宾诺莎[1]驱逐出去的犹太教堂旁经过,又穿过几条街道,走过伦勃朗在齐斯特拉特的故居。

"他是在贫困和屈辱中死去的。"当他们从那幢旧房子旁边过去时,曼德斯淡淡地说。

温森特迅速抬头望了他一眼。曼德斯习惯于在别人尚未提出问题之时,就把问题一语道破。此人思想深沉、心胸豁达。对别人说的事情,他总是经过深思熟虑之后再做回答。而在约翰伯父和斯特里克姨夫那里呢?别人的话就像撞在硬邦邦的墙上,很快就反弹回来一个"是"或"不是"的答复。在曼德斯那里,你的想法总要先被他放进他那蕴含着丰富学识的深井中浸一浸,才奉还给你。

"但是,他死的时候并没有感到不幸。"温森特说。

"是的,"曼德斯答道,"他已经充分表达了他内心的一切,他知道自己所作所为的价值。在他的时代,他是唯一明白这一点的人。"

"那么,了解到这个事实就使他完全满足了吗?假如他一向做的都错了呢?假如社会对他所持的冷落态度是对的呢?"

"至于社会如何对待他,那是无所谓的。伦勃朗不得不画。他画得好坏是无关紧要的,有了绘画他才成为一个人。艺术的主要价值,温森特,在于艺术家把自己的内心表达得怎样。伦勃朗实现了他所认定的生活目的,而这就使他感到欣慰。即使他的作品毫无价值,他作为画家所取得的成就,也远比他放弃自己的愿望去做阿姆斯特丹最富有的商人要高出千百倍。"

---

1 巴鲁赫·斯宾诺莎:1632—1677,荷兰哲学家。

"我懂了。"

"今天，伦勃朗的作品给全世界带来的艺术享受全部都是无偿的。"曼德斯仿佛在沿着自己的思路自言自语，"他死去时，他的一生堪称完美成功的一生，尽管他是惨遭迫害离开人世的。他生命的史册就这样合上了，然而这却是制作完美的一部书。重要的是他忠实于自己的理想并且始终如一地坚持下去的品质，而不是他作品的优劣。"

他们停下来，观看正在造船厂附近装卸沙车的人们工作，然后又穿过许多两旁有爬满青藤的小花园的狭窄街道。

"但是，一个年轻人怎么能知道自己的抉择是不是正确呢，先生？譬如他认为应当用自己的一生，去从事某项特别值得做的工作，而后却又发现自己根本就不适合这种工作，那怎么办呢？"

曼德斯的下巴颏儿从大衣领子里伸出来，黑眼睛一亮。"看哪，温森特，"他喊叫起来，"夕阳给那些灰色的云块儿抹上了一层红色！"

他们已来到港口旁。船只的桅杆、滨水的一排古老房屋和树木，在天色衬托下显得分外醒目，这一切都倒映在须德海的海面上。曼德斯把烟斗填满，再把烟口袋递给温森特。

"我已经在抽着烟啦，先生。"温森特说。

"嗯，是的，是的。咱们顺水堤到须德堡去，好吗？那里有犹太教堂的墓园，我们家的人就埋在那儿，咱们可以在那地方坐一会儿。"

他们在友好的气氛中默默无言地走着，风把他们喷吐的烟雾吹向身后。"你永远不可能总是对任何事情都做到确有把握。你所能做到的就是用你的勇气和力量去做你认为是正确的事。结果也许会证明你的所作所为是错误的，然而至少你是去做了，这才是重要的。我们应当按照理智的最佳指令行事，然后任凭上帝对它的价值做出最终的判断。如果你此刻已经决定要以某种方式为我们的造物主服务，那么，这个信念就是指引你今后行动的唯一指南。不要胆怯，要相信你的信念。"曼德斯说。

"假设我是不适合的呢？"

"侍奉上帝吗？"曼德斯迟疑地笑着，望望温森特。

"不，我的意思是说，不适合去做那种大学里培养出来的学者式牧师。"

曼德斯无意就温森特的具体问题发表什么意见，他只愿就问题的一般方面进行讨论，然后让这个小伙子自己做出决定。这时，他们走到了犹太教堂的墓园。这是个十分朴素的墓园，刻着希伯来文的墓碑和接骨木的树丛比比皆是，深绿的草长得老高，东一片、西一片。德科斯塔家的那块小小的墓地旁有一条石凳，两人在上面坐下来。温森特把烟斗从嘴上拿开。傍晚时分，教堂墓园中已不见人影，四下里听不到半点声响。

"人人都有自己的品性特点，温森特，"曼德斯一面说，一面凝神望着他父母的坟墓——他们肩并肩地长眠在那里，"如果他们顺应这种品性，那无论做什么，最终都会有好结果的。如果你还在做画商，那么，那种把你造就成这种人的品性，就会使你成为一名成功的画商。这也适用于你正在接受的教育。不论你选择哪种途径，总有一天，你会把你内心的一切都充分地表现出来。"

"但是，假如我不留在阿姆斯特丹成为职业的牧师呢？"

"这没关系。你可以返回伦敦去做福音传教士或者到店铺工作，不然就到布拉邦特去当个农民。无论你做什么都会做好的。你本身所具备的素质，我是了解的，我知道你的素质是好的。你在一生中也许会时常觉得自己不行，然而你最终一定会表现出你内心的一切，而那就是你一生成就的证明。"

"谢谢您，德科斯塔先生。您的话对我很有启发。"

曼德斯打了个冷战,他觉得石凳有些凉。太阳已经落下去,沉没在大海的尽头。他站了起来。"咱们走吧,温森特。"他说。

[6] 长处在哪里?

次日,薄暮初降,温森特伫立窗前,望着下面的造船厂。一条栽着白杨树的林荫小路,苗条挺拔的树干伸展出纤细的枝丫,在傍晚灰色天空的衬托下愈发显得秀美。

"难道因为我不能胜任正规的学习,"温森特自言自语,"就意味着我在世上是一无用处了吗?拉丁文和希腊文究竟与基督教义中对人类的博爱有什么相干呢?"

约翰伯父在下面的造船厂散步。温森特可以望见远处船坞里的船桅,前面是通体黑色的"亚齐号"和围绕在它四周的红灰相间的低舷铁甲舰。

"我的夙愿是为上帝做些实际的工作,而不是去画那些三角形和圆形。我从来没想过要到一座宏伟的教堂里去做那种辞藻华丽的布道讲演。我属于那些正在——而不是五年之后——受屈辱和痛苦折磨的人!"

正在这时,钟声响了,工人们像潮水般涌向厂门。点灯人把厂里的灯点燃。温森特转身离开了窗口。

他明白,一年来约翰伯父和斯特里克姨夫为自己花费了大量的金钱和时间,要是自己放弃了学业,他们肯定会认为他们替他所做的一切都白费了。

唉,他曾经真诚地努力过。每天学习的时间还能比二十个小时再多吗?他不适合过这种学习的生活,这是显而易见的。他开始得太晚了。要是明天他就出去做福音传教士,为上帝的子民工作,那算不算失败呢？要是他去帮助人们治愈病痛、解除忧虑，使有罪的人得到安慰，使异教徒皈依基督，那还算是失败吗？

家里的人肯定要把这些都视为失败的。他们会说他是永远不可能成功的，会说他无能、忘恩负义，是梵高家的败家子。

曼德斯说过，"无论你做什么都会做好的。你最终一定会表现出你内心的一切，而那就是你一生成就的证明。"

什么都能理解的凯，已经对他身上萌生的那种眼界褊狭的学究式牧师苗头大感惊讶了。是的，如果留在阿姆斯特丹，他就会变成这样的人，因为在这种地方，反映真理的声音正日益微弱。他清楚自己在这个世界上应去的地方，曼德斯已经给了他勇气。他的家庭会看不起他，然而这似乎已无所谓了。自己的地位是微不足道的，为了上帝，他完全可以把它放弃。

他匆匆打点了行装，没有告辞就离开了这幢房子。

[7] 福音传道学校

由范登布林克、德容和皮特森牧师组织的比利时福音传道委员会，在布鲁塞尔开办了一所新学校。这个学校是免收学费的，学生只需交纳很少的食宿费。温森特拜访了传道委员会，被接纳为学员。

"等三个月学业修满，"皮特森牧师说，"我们将任命你到比利时的一个地方去工作。"

"除非他及格。"德容牧师转身对皮特森牧师粗声粗气地说。德容年轻时干机械活儿丢了大拇指，所以才转向神学方面。

"传播福音工作所要求的是，梵高先生，"范登布林克牧师说，"具有当众进行通俗而又感人的演讲的那种才能。"

皮特森牧师同他一起步出刚才举行会议的教堂，当他们走到布鲁塞尔那令人炫目的阳光下时，他挽起了温森特的手臂。"我很高兴你和我们一起，我的孩子，"他说，"在比利时有很多高尚的工作等待咱们去做，从你的热情可以看出，你很有资格来承担这样的工作。"

温森特真不知道，是炎炎烈日还是这个人出人意料的和善，使他觉得更温暖。他们沿着街道走下去，一座座六层的石砌楼房有如陡立的悬崖耸立道旁。温森特边走边搜肠刮肚地想找话回应。皮特森牧师停了下来。

"我在这儿拐弯儿。"他说，"喏，把我的名片拿去吧！晚间有空的时候请到舍下来，我很愿意和你交谈。"

在这所福音传道学校里，算上温森特只有三个学生。博克玛先生负责他们的学习，他是个矮小的、肌肉发达的人，一张倭瓜脸，如果从他的眉心吊一根垂直的线，可以不碰他的鼻子和嘴唇，直垂到下巴上。

温森特的两个同伴都是十九岁的农村小伙子，他俩马上成了好朋友，而且为了加强他们之间的友谊，竟拿温森特做他们合伙嘲弄的对象。

"我的意愿是贬抑自我，也就是使内心的我死去。"开始，温森特没有戒心，就把这想法告诉了那两人中的一个。从此，每当温森特在努力熟记法文的演说词，或是在苦苦钻研书本时，他们就准会问："您在干什么呢，梵高？您内心的我正在死去吗？"

对温森特来讲，最难熬的是同博克玛在一块儿的时候。这位教师希望把他们训练成出色的演说家，所以要他们每天晚上在家准备好一篇次日在课堂上宣讲的演说词。那两个小伙子杜撰出一些通顺但幼稚的福音，然后流利地背出来。温森特的布道演说写得很慢，每一行都是他呕心沥血写成的。他所要讲的都是自己深有体会的问题。然而当他在课堂上起身宣讲时，却讲得磕磕巴巴。

"你连话都讲不好，还有什么希望去做一名福音传教士呢？"博克玛问道，"谁愿意听你的呢？"

当温森特断然拒绝即席演讲时，博克玛的愤怒达到了顶点。温森特为使自己的讲稿含义深刻，他苦心斟酌着每个字眼，用正确的法文写下来，直写到深更半夜。第二天课上，那两个青年装腔作势地谈论着耶稣基督和灵魂的拯救，眼睛还不时瞟一眼笔记，而博克玛却在一旁赞许地点着头。后来，轮到温森特讲了。他在面前展开讲稿，念起来。博克玛竟连听都不愿意听。

"难道他们在阿姆斯特丹就是这样教你的吗？梵高，从我的课堂里出去的人，没有一个是不能即席发表一篇打动人心的演说的。"

于是，温森特试着不用讲稿，但他却把头天晚上写的这篇讲稿的前后顺序忘记了。那两个同学公然笑话他结结巴巴的讲演，博克玛也和他们一起从中取乐。从在阿姆斯特丹那年开始，温森特的神经已经受到严重损害。

"博克玛先生！"他声明，"我要按照我自己认为适当的方式宣讲教义。我做得并不坏，所以我不能忍受您对我的无礼！"

博克玛勃然大怒。"你必须照我的话办！"他喊叫着，"不然，我就不许你再来上课！"

从此，两个人之间的冲突就公开化了。温森特因为夜间失眠，躺在床上也是徒然，便写下了四倍于规定篇数的布道讲演稿。他食欲大减，身体消瘦，动不动就发火。

十一月，他受召来到教堂参见委员会，以便取得对他的任命。前进路上的障碍终于除掉了，温森特感到疲乏，同时也感到喜悦。他到达时，那两个同学已经先到了。他走进教堂，皮特森牧师没有看他,但是博克玛看了他一眼,一道亮光在眼中一闪。

德容牧师祝贺那两个小伙子学业成绩及格,并委派他们分别去胡格斯特拉埃顿和埃蒂艾奥夫工作。他俩手挽手地出去了。

"梵高先生,"德容说,"委员会认为你不够资格去给百姓宣讲福音。我遗憾地通知你,我们不能给你任命。"

似乎过了好久,温森特才发问:"我的学习怎么不好?"

"你拒绝服从学校当局。我们教会的头一条规矩就是绝对服从。另外,你没有学会即席演讲。你的老师认为你去传教还不合格。"

温森特朝皮特森牧师望去,他的这位朋友正瞪着窗外什么地方。"我怎么办呢?"他并非在特别问哪个人。

"如果你愿意,你可以回学校再学六个月嘛!"范登布林克回答道,"也许下一次……"

温森特低头盯着自己那双做工粗糙的方头靴子,发现上面的皮子已经开裂,然后,因为他根本想不起有什么话可说,就转身默默地走了出去。

他快步穿过城区的街道,发觉自己来到了莱肯。他漫无目的地走着,沿着拖船路,走过敲打声不断的作坊。很快,那些房屋就落到他身后了,他来到一片旷地上。一匹瘦骨嶙峋的老白马站在那里,憔悴不堪,一生的沉重劳役快把它累死了。这是个荒凉偏僻的地方。地上扔着一具马头盖骨,隔开一点,在剥马皮的人住的小屋附近,有一副马的骨架扔在地上,那堆骨头已经风化成了白色。

一线油然升起的同情使他从麻木状态中清醒,温森特伸手取出烟斗,点燃烟草,但烟的味道苦得出奇。他在一个树墩上坐下来,那匹老马凑过来,用鼻子在他的后背上蹭着。他转身抚摸着那牲畜消瘦的脖颈。

过了一会儿,他心中开始想到上帝,这使他感到安慰。"耶稣在狂风暴雨面前是镇定从容的,"他自言自语地说,"我并不孤单,因为上帝没有遗弃我。总有一天,我会设法找到一种方式去侍奉他的。"

他回到自己住的房间,发现皮特森牧师正在等他。"我是来请你到我家吃晚饭的,温森特。"他说。

他们从挤满赶回家吃晚饭的工人的街上走过。皮特森随便地谈着话,仿佛什么事都没有发生过。温森特非常仔细地听着他说的每一句话。皮特森把他让进前厅。这里已被当作画室用了。墙上有几幅水彩画,屋角摆着一个画架。"哦,"温森特说,"您会画画。我倒还不知道。"

皮特森有些困窘。"我只是个业余爱好者。"他回答道,"空闲时间画一点儿,作为一种消遣。不过,我要是你,就不会把这件事告诉我那些同事。"

他们坐下吃饭了。皮特森有个女儿,她是个怕羞的、沉默寡言的十五岁女孩子。饭间,她自始至终都没把眼皮从盘子上抬起过。皮特森继续谈些无关紧要的事情,温森特只是出于礼貌才勉强吃了一点。突然,他的心被皮特森正谈的事情吸引住了,他不知道这位牧师是怎么把话题转到这上面的。

"博里纳日是个产煤的矿区。在这个地区,几乎所有的男人都下矿井。他们在不断发生事故的危险中干活儿,但工资却低得难以糊口。他们住的是破烂的棚屋,他们的妻子儿女几乎一年到头都在里面忍受着寒冷、热病和饥饿的煎熬。"

温森特不明白他为什么要告诉自己这些事情。"博里纳日在什么地方?"他问。

"在比利时南部,离蒙斯很近。前不久我在那里待了一段时间。温森特,如果有一个地方的人民需要有人向他们布道,使他们得到安慰的话,那就是博里纳日的人民。"一口饭滚进温森特的嗓子眼,把他噎了一下。他放下餐叉。为什么皮特森要这样折磨他呢?

"温森特,"牧师说,"你为什么不去博里纳日呢?以你的精力和热情,你可以做许多工作,并且能做得很好。"

"但是我怎么能?委员会……"

"是的,我知道。几天前我写信向你父亲说明了情况。今天下午他的回信来了,信里说他将负担你在博里纳日的生活费用,直到我替你弄到固定的职位为止。"

温森特跳起来,"那么,您将来会给我一个职位啦?!"

"是的,不过你必须再稍等些时间。一旦委员会看到你做的工作卓有成效,肯定会软下来。即使不软下来……德容和范登布林克也总有一天会对我有所求的,而作为对我的报答……这一地区的贫苦百姓需要你这样的人,温森特。既然只有上帝才是我的最高审判者,为了能使你到他们中间去工作,任何手段都是正当的!"

[8]"煤黑子"

火车驶近南方,地平线上出现了群山的身影,温森特欢喜地注视着,佛兰德斯地区单调沉闷的平川掠过车身不见了,这使他心里颇感轻松。经过几分钟的仔细观察,他发现这些山古怪得很,它们每一座都是完全孤立的,平地拔起,陡坡突兀。

"黑埃及。"他凝视着窗外那一长溜奇异的金字塔似的山,喃喃自语着。然后,他转过脸询问坐在身旁的人,"您能告诉我这些山是怎么变成那个样子的吗?"

"可以啊!"他的邻座回答,"这些山是由矸石堆成的,那是些从地底下同煤一起挖出来的废石。您看见那辆就要到达山顶的小车了吗?您盯着看。"

他的话音刚落,那小车就朝一侧倾翻,一股黑烟顺山坡飞泻而下。"看哪!"那人说,"这些山就是这么形成的。五十年来,我是天天看着它们一英寸[1]、一英寸地堆起来的。"

火车在瓦姆镇停下来,温森特跳下车。这个镇坐落在阴冷的山谷之间,虽然苍白的太阳斜照山谷,但是飘浮在天地之间的一层煤烟把阳光遮住了。瓦姆镇上两排肮脏的红砖房子顺着山坡蜿蜒而上,不过这样的红砖房子还没到山顶就看不到了,于是,小瓦姆村便出现在面前。

温森特向山上走着,他对村子里为什么这样荒凉感到纳闷。任何地方也见不到男人的影子,只能偶尔看到一个女人,带着呆滞、麻木的表情站在家门口。

小瓦姆村是个矿工村。全村绝无仅有的一所砖房坐落在山顶上,这是面包师约翰-巴普蒂斯特·丹尼斯的家。温森特要去的便是这所房子,因为丹尼斯已经写信给皮特森牧师,表示愿为派到这座镇上来的下一位福音传教士提供食宿。

丹尼斯太太亲切地接待了温森特,领他穿过暖和的、飘着发酵面团气味的厨房,把他的房间指给他。这是屋檐下的一个小房间,房中有个窗户对着小瓦姆的街道,橡木在房间后部突然向下倾斜。这地方已被丹尼斯太太那双粗壮能干的手刷洗一新。温森特一下子就爱上了这里。他兴奋得连行李都顾不上打开,就急忙跑下非常简陋的木楼梯,到厨房告诉丹尼斯太太他要出去。

"您不会忘了回来吃晚饭吧?"她问道,"我们五点钟吃饭。"

温森特喜欢丹尼斯太太,他觉得她具有一种无须费心思索就能理解事情的天性。"我会回来的,太太。"他说,"我只想到周围看看。"

"今晚我们家有个朋友要来,您应当见见他。他是马卡塞矿井

---

[1] 1英寸=2.54厘米。——编者注

的一名监工，他可以告诉您许多您想要知道的与您的工作有关的事情。"

外面大雪纷飞，温森特沿路走下去，只见围着带刺树篱的院子和田地都被矿上烟囱里冒出的烟熏成了黑色。丹尼斯家的东边有一道峡谷，大多数矿工的小屋都建在两边陡立的斜坡上；西边是一大片旷地，那儿有一座黑黝黝的矸石山，还有马卡塞煤矿的烟囱，这便是小瓦姆村多数矿工下井的地方。一条荆棘丛生、被盘错虬结的树根弄得坎坷不平的路，从这片旷地上穿过。

虽然马卡塞只是比利时煤矿下属七个矿中的一个，但它是博里纳日最老、最危险的矿井。它的名声很不好，因为有那样多的人在下井或上井时被毒瓦斯、爆炸或坍塌的旧巷道夺去了生命。地面上有两座矮粗的砖砌井楼，煤就是在这里被运转的机械带上来，再经过筛分后装入车中的。一度曾是黄砖砌就的高大烟囱，一天二十四小时昼夜不停地把黑色的烟尘撒落到附近地区。马卡塞周围便是穷矿工们的小屋，屋旁仅有的几株死树，也全被烟尘染成了黑色；还有带刺的树篱、粪堆、灰堆、废煤堆；而高耸于这一切之上的，便是那座黑色的山。这是个阴沉沉的地方，在初来乍到的温森特看起来，每一样东西都显得悲惨而凄凉。

"怪不得人们叫它黑乡呢！"他喃喃地说。

他在那儿站了一会儿，只见矿工们开始拥出矿井大门。他们穿着破烂的粗布衣衫，头戴皮革缝成的帽子。女人们的穿着也一样。所有的人都是浑身乌黑，活像扫烟囱的人，他们的眼白和满是煤灰的脸形成了奇特的对比。人们称他们为"煤黑子"并不是没有道理的。这些人天不亮就下井，在暗无天日的地下干了一天活儿之后回到地面上，连下午微弱的阳光也使他们感到刺目。他们摇摇晃晃地走出门来，眼睛处于半盲的状态，相互间用语速快而难懂的土话交谈着。他们个子矮小，窄窄的肩膀缩作一团，骨瘦如柴。

温森特此时才明白为什么村子里下午不见人影，原来真正的小瓦姆村并不是峡谷中间的那一小片棚屋，而是七百米深处那迷宫似的地下城，全村居民几乎有一大半醒着的时间都是在那里度过的。

[9] 矿工的棚屋

"雅克·维尼是个靠个人奋斗发迹的人。"丹尼斯太太晚饭时在饭桌对面告诉温森特，"不过，他仍然是矿工们的朋友。"

"是不是所有得到提升的人都仍然是工人们的朋友呢？"

"哪里，温森特先生，并不都是这样。他们一旦从小瓦姆村搬到瓦姆镇，眼光就不同啰。为了金钱，他们站到了矿主那边，全忘了他们也曾在井下卖过命。然而雅克为人诚实正直。我们举行罢工的时候，他是唯一可以对矿工施加影响的人。矿工们除了听从他的劝告外，不听任何人的话。可是，真可怜哪，他活不了多久了。"

"他怎么啦？"温森特问。

"肺病——常见的事情啦！每个下过矿井的人都要得的病。他大概过不去这个冬天了。"

雅克·维尼来迟了一点。他是个矮个子，身躯佝偻，有一双博里纳日人那种眼窝深陷、神色忧郁的眼睛。他的鼻孔、耳朵以及眉梢上的须毛都朝外竖着，头上却光秃秃的。一听说温森特是来改善矿工命运的福音传教士，他便深深地叹了口气，"咳，先生，那么多人都曾尝试过帮助我们，然而这里的生活还是老样子。"

"您认为博里纳日的景况不好吗？"温森特问道。

雅克沉默片刻，然后说："就我个人来讲，不是。我的母亲教我读了一点儿书，因此我当上了监工。在通往瓦姆镇的道路边上，我有一所砖砌的小房子，而且我们家也从不愁吃喝。就我个人而言，是没什么可抱怨的……"

一阵剧烈的咳嗽使他不得不中断了谈话，温森特觉得他那扁平的胸膛就要胀破了。雅克走到前门，朝外面路上吐了几口痰，回到暖和的厨房坐下来，轻轻扯着耳朵里、鼻孔里和眉梢上的须毛。

"您看，先生，我当上监工的时候已经二十九岁了。我的肺那时候就坏了。尽管我这些年过得还算不错，可那些矿工……"他看了丹尼斯太太一眼，问："你说呢？我带他下去看看亨利·德克鲁克行吧？"

"怎么不行？让他了解全部实情，对他没有坏处嘛！"

雅克·维尼转身对着温森特，有点抱歉地说："先生，我毕竟是个监工，而且我还得给'他们'尽几分忠心。可是亨利，他会把一切都告诉您的。"

温森特跟着雅克出来，迎着夜间的寒冷来到矿工们住的峡谷。矿工们的小屋都是只有一间房的简陋的木板房。这些小屋初盖时没有任何规划，只是无目的地顺着山坡盖，也没有一定的方位，结果形成了由泥泞的小路组成的一座迷宫，只有熟悉这里的人才能在里面找到路。温森特在雅克后面磕磕绊绊地走着，不时被石块、树桩或垃圾堆绊住。他们在那条路上大约走到一半时，便到了德克鲁克的棚屋。小屋背后的小窗里透出一线光亮。德克鲁克太太听到敲门声，过来打开门。他家的房屋和峡谷中其他工人住的完全一样：泥土地；房顶上生满青苔；为了挡风，木板的缝隙间塞着粗麻布条。他家靠后墙的两个屋角各放一张床，其中一张床上睡着三个孩子。屋里的家具只有一个圆形火炉、一张连着板凳的木桌、一把椅子和一个钉在墙上装锅碗盘碟的箱子。像大多数博里纳日人一样，他家也养了一只山羊和几只兔子，以便偶尔能吃上一点肉。山羊就睡在孩子们的床下，兔子则在炉子后面安了窝。

德克鲁克太太先把上半截门拉开看看谁来了，然后才请他俩进屋。她在结婚前曾与德克鲁克在一个矿层里工作了许多年，同男人一样，顺着轨道把装煤的小车推到记账牌跟前。她的大部分精力都耗尽了。虽然二十六岁生日还没过，她却已经衰弱、憔悴、显老了。

德克鲁克正靠在炉子后面的椅子上，一看到雅克，他连忙跳起来。"嘿！"他喊道，"好久没到我家来了，你来我们很高兴。我们也欢迎你的朋友。"

德克鲁克夸口说，他是博里纳日唯一叫煤矿杀不死的人。"我将来的结局无非是老死，"他常说，"'他们'杀不死我，我不能让'他们'杀死我！"

他头顶右侧露出一大块红红的头皮，就像在他浓密的头发中间开了个窗户。这是一个纪念，纪念那次下井时他所乘的罐笼像块投进井里的石头，突然掉到了一百米深处，他的二十九个同伴因此遇难。他走路时有一条腿拖在后头，这条腿曾有四处骨折，全是在他所在巷道的支架坍塌时砸的，当时他被堵在里面五天。他那黑粗布衬衫的右襟，由于有三根折断的肋骨支棱着而鼓起来，这是一次瓦斯着火爆炸，把他猛掷在一辆煤车上的结果。这三根凸出来的肋骨从此就没能复原。但是，他是个勇士，是个勇敢好斗的人，什么也打不垮他。由于他一向激烈地带头反对公司，所以总是被分配到最差的矿层，这种矿层挖掘起来非常困难，工作条件也最为艰苦。他受的苦越多，反对"他们"——那些他既不认识也未曾见过，但一直存在的敌人——就越激烈。他短短的下巴上的小坑，不在正中而是偏在一边，这使那张短小紧凑的脸看起来有些歪斜。

"梵高先生，"他说，"您来这个地方来对了，在博里纳日我们连奴隶都不如，我们是牲口。早上三点钟我们就从马卡塞下井了，中间吃饭的时间只有十五分钟，然后就一直干到下午四点钟。地底下又黑又热，先生，我们不得不光着身子干活儿，空气里又充满煤尘和毒瓦斯，我们都没法儿呼吸！人们在矿床上挖煤的时候，连站起身子的地方都没有，只能跪在那里，弯着身子干。我们这里不分男孩儿、女孩儿，都是从八九岁就开始下井，不满二十岁就开始发烧，害上了肺病。要是没有死于瓦斯爆炸或罐笼事故（他敲了敲头上那块发红的头皮），我们可以活到四十岁，然后就死于肺结核病！我说得不假吧，维尼？"

他那样激动地用土话讲着，温森特觉得很难跟上他的话。下巴上那个偏到一边的小坑，使他的脸显得有些滑稽，尽管实际上他眼睛里含着怒气。

"确实如此，德克鲁克。"雅克说。

德克鲁克太太已经走到远处屋角的床上坐下了，微弱的煤油灯光照着她半个身子。她听着丈夫讲话，虽然这些话她听了不下一千次了。推煤车的那些年月、三个孩子的出世，以及在这间用破麻布条堵着漏缝的小屋中度过的一个又一个严冬，已经把她的斗志全磨没了。德克鲁克拖着一条残废的腿，从雅克那儿走到温森特面前。

"但是我们所得到的报偿是什么呢，先生？一间小棚屋和仅够糊口的一点儿食物。我们吃的是什么？面包、变味儿的奶酪和清咖啡。肉嘛，一年兴许能吃上一两次！他们要是把一天五十个生丁的工钱也取消不给的话，我们就得饿死！但那样我们也就没法儿去给他们挖煤了，这就是他们不能把报酬减得再少的唯一原因。我们这辈子，天天都在死亡线上挣扎，先生。病了就给撵出来，一个子儿也不给；死了就像条狗被埋掉，扔下老婆孩子靠街坊邻居接济。从八岁到四十岁，先生，要在不见天日的地底下熬三十二年哪！然后就躺进路对面那座山上的一个墓穴里，那样就好把这里的一切都忘掉了。"

[10] 成功了!

温森特发现矿工们都很无知，也没有受过教育，他们大多不识字，可是在他们所从事的艰苦的工作中，却显得机智敏捷。他们勇敢、坦率，并且非常易受感动。由于发烧，他们瘦弱而苍白，疲惫不堪，形容枯槁。他们皮肤发青，没有血色（他们只能在星期天见到太阳），身上的汗毛孔变成了无数的小黑点。他们眼窝深陷，目光忧郁，那是一种无力反抗命运的受压抑者才有的眼神。

他觉得他们很吸引人，就像松丹特和埃顿的布拉邦特人一样淳朴而温厚。这里的景象给予温森特的寂寥之感也消失了，因为他感到博里纳日人是富有个性的，并且对他来说这儿的事情是好理解的。

温森特到这里不几天，就在丹尼斯面包房后面一间简陋的小棚屋中举行了第一次布道会。他把这块地方打扫得干干净净，并为人们搬来了板凳。五点钟，矿工们就携带家人来了。为了防寒，他们的脖子上都围着长围巾，头上戴着小帽。会场上只有温森特借来的一盏煤油灯发出亮光。矿工们摸黑坐在制作粗糙的板凳上，他们一边望着温森特翻动《圣经》，注意地听他讲话，一边把手放在腋下取暖。

温森特煞费苦心地为他的初次布道寻找着最适当的启示，最后他选中了《使徒行传》第十六章第九段："在夜间有异象现于保罗：有一个马其顿人站着求他说，'请你到马其顿来帮助我们。'"

"我的朋友们，我们可以把那个马其顿人看作一个工人，"温森特说，"那是一个愁容满面、神色疲乏的工人。他并非没有聪明才智和魅力，由于他有一颗不朽的灵魂。他需要永不腐烂的食粮，那就是上帝的教导。上帝希望人类都像耶稣基督那样谦恭地做人，终生不可追逐大而不当的志向，而要让自己去顺应低下的环境，学习福音书中的教义，做到心地温厚而淳朴，这样，在选定的日子他就可以进入天国，在那里得到安息。"

村子里生病的人很多，他每天都像医生一样到各处巡视，只要有可能，他就给他们带去一点牛奶、面包，或一双暖和的袜子，要不就是床上铺盖的东西。伤寒和一种被矿工们称作"昏迷热"的恶性高烧，突然袭向工人们的小屋，疾病使人们做着噩梦，陷入谵妄状态。卧床不起的矿工一天比一天多，他们消瘦、衰弱，痛苦不堪。

整个小瓦姆村的人都爱戴地称他"温森特先生"，虽然他们在感情上对他还是相当有保留的。村里没有一间小屋未曾留下他的足迹，他把食物和安慰送上门；他在那里照料病人，为不幸者祈祷，用上帝的光辉去温暖他们的心。圣诞节的前几天，他在马卡塞附近发现了一座弃置不用的马厩，那里足可以坐下一百个人。马厩里面空空的，寒冷而荒凉，可是小瓦姆村的矿工们把里面挤得满满当当。他们倾听温森特讲述伯利恒[1]和天下太平的故事。他来博里纳日只有六个星期，眼看着这里的情况一天比一天悲惨。可是现在，在这间只点着几盏边冒烟边发光的小灯的简陋马厩中，温森特竟能把耶稣基督带给这些满面煤灰、冻得发抖的人，用将来能进入天国的允诺温暖他们的心。

生活中唯一美中不足并使温森特不得安宁的事，就是他依然要靠父亲供养。每天晚上，他都祈祷以求他能挣钱满足自己微薄需要的那个时刻快快到来。

天气变得恶劣起来。空中乌云翻滚，滂沱大雨倾盆而下，把凸凹不平的道路冲成了一条条污水沟，把峡谷中小屋里的泥土地面变得一片泥泞。元旦那天，面包师去了一趟瓦姆镇，返回时给温森特

---

[1] 伯利恒：耶稣的降生地。

带来一封信。信封左上角写有皮特森牧师的名字。温森特跑进他那间房檐下的小屋,兴奋得直哆嗦。雨猛烈地拍打着房顶,但他没听见。他用粗笨的手指撕开信封,信上写着——

亲爱的温森特:

  福音传道委员会得知你工作出色,决定授予你一项临时任命,自今年年初起,期限半年。

  如果在六月底之前一切进展顺利,你的职务将成为永久性的。试用期间月薪为五十法郎。

  常来信,望你保持信心。

爱你的皮特森

  他仰面躺到床上,手中紧攥着那封信,欣喜若狂。他终于成功啦!他找到了自己一生想要从事的工作!这正是他一直在盼望得到的,只不过以前没有勇气和力量去努力争取得到它。他以后每个月都可以得到五十个法郎,这大大超过了他食宿所需的数目,因而再也不用依靠任何人来养活自己了。

  他在桌旁坐下来,给父亲写了一封情绪激动、得意扬扬的信。告诉他,自己再不需要他的资助了。那就是说,从此后他将使家人满意,并为他们增光了。写完信,天色已近黄昏,马卡塞的上空雷电交加,他跑下楼梯,穿过厨房,兴奋地跑进雨里。

  丹尼斯太太追在他后面,"温森特先生,您上哪儿去呀?您忘了您的帽子和外衣啦!"

  温森特没有停下来回答她。他跑上附近的山冈,从这里望去,博里纳日的风光几乎尽收眼底:高高挺立的烟囱、巍峨的矸石山、矿工的小屋,还有刚从矿坑里出来的黑色人影,像蚁穴里的蚂蚁般过往匆匆;远处,黑压压的松林中隐约现出白色小房子的轮廓;更远的地方，可以看到一座教堂的尖顶和一座古老的磨坊。一切都笼罩在蒙蒙烟雨中，云的影子又使它们呈现出奇妙的明暗效果。到博里纳日以来，这地方还是第一次让他想起了米歇尔[1]和雷斯达尔[2]的绘画。

[11] 矸石山

温森特如今是受委任的福音传教士了，他应当有个举行集会的永久场所。经过一番寻找，他发现峡谷的最下头，在穿过松林的小路边，有一所挺大的房子，这里原来是儿童社团学跳舞的地方，人们叫它"儿童沙龙"。温森特把他所有的画片都挂到里面之后，这房子居然变得很有吸引力了。每天下午，他把四至八岁的小孩招集到这儿，教他们念书，给他们讲一些最简单的圣经故事。对他们之中的多数人来讲，这是他们一生中所受到的仅有的教育。

"咱们怎么才能弄点儿煤来，把屋子烧热呢？"温森特问帮他搞到这间房子的雅克·维尼，"孩子们不能冻着呀！况且要是生上炉子，晚上的祈祷会也可以开得长一些。"

雅克思忖片刻，说："明天中午您到这儿来，那时候我就告诉您怎么去弄煤。"

第二天温森特来到"沙龙"时，看到一群矿工的妻子和女儿在那里等着他。她们穿着黑色罩衫和黑色衣裙，头上包着蓝色头帕，每个人都带着麻袋。

"温森特先生，我给您带来了一条麻袋，"维尼的小女儿喊着，

---

1 米歇尔：1763—1843，法国画家。
2 雷斯达尔：1628—1682，荷兰著名风景画家。

"您也得装一袋呀!"

他们顺着矿工小屋之间迂回曲折的小路向上爬,经过山顶丹尼斯的面包房,穿过中间是马卡塞矿井的那片旷地,沿着建筑物的围墙,走到黑色矸石堆成的金字塔背后。在那儿他们散开来,每人选择了不同的角度向山顶攀登。他们攀登的样子,就像小虫子往死树桩上爬。

"您必须爬到顶上才能找到煤,温森特先生,"维尼小姐说,"我们几年前就把下面的煤捡光啦!快来,我告诉您什么是煤。"

她像只小山羊似的攀上黑色的山坡,温森特却因为他脚下的石块老是滑落,而不得不靠手和膝盖爬完大部分路程。维尼小姐先爬了上去,她坐下来,戏弄地拿小土块砍温森特。她长得很好看,双颊红红的,动作灵敏活泼,因为维尼在她七岁时就当了监工,所以她从未下过矿井。

"快来呀,温森特先生,"她呼喊着,"不然您就得最后一个装满麻袋啦!"对她来讲,这是一次远足旅行,因为公司以低价把好煤出售给维尼,她家是不用到这儿来捡矸石的。

他们不能全部登上山顶,因为小车正在机械而有规律地先倒向一侧,然后又倒向另一侧,倾卸着所载的废石。在这座金字塔上找煤可不是件轻而易举的事情。维尼小姐教给温森特怎样把矸石挖出来放在手上,让泥巴、石块和其他杂质从指缝间滑掉。从公司那里外流的煤是很少很少的。矿工的妻子们所找到的不过是一种在市场上卖不出去的页岩混合物。矸石被雪和雨浸湿了,温森特的手虽然很快就被擦伤扎破了,但他还是把希望是煤的东西往袋子里装着,在妇女们的袋子快要装满的时候,他的袋子才装了四分之一。

每个妇女都把自己的口袋留在"沙龙"后,才急忙赶回家做晚饭,但是不到规定时间,她们就又携家人来参加当天晚上的礼拜了。维尼小姐邀温森特到她家吃晚饭,他欣然同意前往。维尼家有整整两间住房，一间房摆着炉子、炊具和餐具，另一间放他们一家人的床。尽管雅克境况不错，他家还是没有肥皂。据温森特所知，肥皂在博里纳日人的心目中简直就是一种不可企及的奢侈品。从男孩子开始下矿井、女孩子开始爬矸石山之日起，直到他们死，博里纳日人就从来没有把他们脸上的煤灰完全洗净过。

维尼小姐把一盆冷水端到门外，给温森特用。他竭尽全力擦洗着，也不知道自己到底洗得怎么样，但当他在那年轻女孩子对面坐下来，看见她脸上一道道的煤灰和烟尘并未完全洗净时，他就知道自己的模样一定和她一样。维尼小姐在吃饭时一直快活地聊着天。

"您知道，温森特先生，"雅克说，"您如今到小瓦姆已经差不多两个月了，但您还没有真正了解博里纳日的人民。"

"是的，维尼先生。"温森特十分谦恭地回答，"不过，我想我正在逐渐地了解他们。"

"我不是这个意思，"雅克边说边从鼻孔里扯下一根长长的鼻毛，蛮有兴味地看着它，"我的意思是说，您只看到了我们在地面上的生活，这并不是很重要的。在地面上，我们只是睡觉罢了。如果您想要了解我们的生活是什么样子，您必须下到一个矿井底下，看看我们是怎样从早上三点钟一直干到下午四点钟的。"

"我非常想下去看看，"温森特说，"不过，公司能许可我去吗？"

"我已经替您问过了，"雅克回答，他嘴里含了一块方糖，好让那微温的墨汁似的苦咖啡从糖上流过后再咽下去，"我明天要下马卡塞矿井去做安全检查。早上差一刻三点钟的时候，您在丹尼斯家门前等着，我带您一起去。"

他们全家和温森特一起去"沙龙"，然而快走到时，刚才还在自己暖和的家里滔滔不绝地说话、看起来还挺健康的雅克，突然剧烈地咳嗽起来。他全身咳成了一团，不得不返回家去。温森特进

"沙龙"时,发现亨利·德克鲁克已经在那里了,他拖着一条残腿正在修补炉子。

"啊!晚安,温森特先生,"他喊道,脸上泛起笑容,嘴巴咧到那张结实的小脸所能允许的最大限度,"我是小瓦姆村唯一能够点着这炉子的人。老早我就熟悉它了,那时我们常在这里举办舞会。这东西调皮得很,不过它的鬼把戏我全知道。"

虽然麻袋里装的只有一小部分是煤,而且很湿,可德克鲁克很快就让这个鼓肚的圆形火炉散发出热气来。他兴奋地围着火炉一跛一跛地走着,血液涌到他头顶光溜溜的疤痕上,使那块头皮呈现出发乌的红菜头的颜色。

几乎小瓦姆的所有矿工家庭,当晚都聚到"沙龙",聆听温森特在这个教堂里做第一次布道。条凳坐满了,住在附近的人把自家的箱子和椅子搬来。"沙龙"挤得满满的,人数超过了三百。想到下午矿工妻子们的好心帮忙,想到终于能在自己的教堂里登上讲坛,温森特不禁热血沸腾。他的讲道是那样诚挚而又充满信心,竟使得这些博里纳日人脸上的忧郁神情渐渐消退了。

"这是个古老而神圣的信念。"温森特对他那些满面煤黑的听众讲着,"我们都是寄居世间的旅客,但是我们并不孤独,因为上帝与我们同在。我们是朝圣者,我们的一生就是从人世到天堂的漫长旅程。

"悲哀胜过欢乐,因为即使在欢乐的时刻,内心也是悲伤的。到居丧的人家去吊唁胜过去赴宴席,因为悲痛使心地变得更加美好。

"对于信奉耶稣基督的人们,没有完全绝望的忧伤,只有不断地获得新生,不断地从黑暗走向光明。

"父啊,求你保佑我们免遭灾祸。不要赐贫穷,也不要赐富贵于我们,唯求一饱足矣。

"阿门！"

第一个走到他身旁来的是德克鲁克太太，她眼中含着泪花，嘴角颤抖。"温森特先生，"她说，"我的生活这样艰难，使得我失去了对上帝的信仰，但是您又把上帝还给了我，所以，我要为此而谢谢您。"

人们全走了，温森特锁上了"沙龙"，沉思着朝丹尼斯家的山顶走去。从今晚所受到的欢迎来看，博里纳日的人民对他的态度已经没有任何保留了，他们终于相信他了。作为上帝的牧师，他现在已经得到了这些满脸煤黑的人的充分认可。是什么原因引起这样的变化呢？不会是由于他有了一座新教堂，因为这对于矿工们来讲压根儿不算什么；他们也不会知道对他的传教士职务的任命，因为他并没有告诉过他们在原先那个地方他是没有正式任命的；而且虽然他刚才讲道时热情洋溢、措辞优美，但在原来那间简陋的小棚屋里和那座弃置不用的马厩里，他也是这样讲的啊！

丹尼斯家的人已经到他们那间与厨房隔开的舒适的小屋睡觉去了，可是烘烤面包的地方仍然飘散着新鲜面包的香味。温森特在厨房里打开深水井的盖，用桶取了一些水倒进钵里，然后上楼拿来肥皂和镜子。他把镜子靠在墙上，照着自己。是啊，果然猜得不错！他脸上的煤灰在维尼家只洗掉了一小部分，眼皮上和下巴上仍然是黑的。他想到自己带着一脸煤灰在新教堂举行仪式的情形，又想到父亲和斯特里克姨夫要是目睹此景将会如何震惊，竟忍不住笑了。

他把手伸到冷水中浸了浸，用从布鲁塞尔带来的肥皂搓出些泡沫。他刚把沾满肥皂沫的手举起来，想痛痛快快地往脸上涂时，脑海中突然闪过一个念头。他又朝镜子望了望，看见前额上的皱纹里、眼皮上、面颊两边和圆圆的大下巴上，都沾着矸石山上的黑煤灰。

"当然！"他大声说，"这就是他们对我认可的原因所在，我终于成了他们的自己人了！"

他把手在水里涮了涮，脸连碰都没碰就去睡了。留在博里纳日的日子里，他每天都往脸上涂煤灰，从而使自己看上去和其他人没有两样。

[12] 马卡塞

次日凌晨，温森特两点半就起了床，在丹尼斯家的厨房吃了一片干面包，差一刻三点就到门口与雅克碰头了。夜里下了大雪，通往马卡塞矿井的道路已然看不出来。当他们向着黑乎乎的烟囱和矸石山方向穿过旷地时，温森特看到矿工们从各个方向踏雪而来。这些小小的黑色生灵，正从家里奔向他们的矿巢。天寒刺骨，工人们穿着单薄的黑色外衣，衣领裹得紧紧的，直拉到下巴上，肩背瑟缩着，似乎这样就能暖和一点。

雅克先把他带进一个房间，架子上挂着许多煤油灯，每盏灯都挂在不同的编号下面。"如果下面发生事故，"雅克说，"我们可以从谁的灯不在就知道谁出了事。"

矿工们匆匆取下自己的灯，然后穿过白雪覆盖的院子直奔砖楼，矿井提升机就安装在那里面。温森特和雅克加入了他们的行列。下降的罐笼隔成上下六间，每间里都有一辆煤车可以带往地面。虽然下降时一间正好够两个人舒适地蹲在里面，但实际上每间都得塞进去五个矿工，像一堆煤一样给送下去。

因为雅克是监工，所以只有他、温森特和他的一名助手三个人挤进最上层的一间。他们低头蹲着，脚尖靠着笼壁，头顶着上面的铁丝。

"您要把手始终放在身体前面，温森特先生，"雅克告诫他，"若是碰到井壁上,您就甭想再要那只手了。"

发信号了。罐笼飞也似的顺着两条钢轨向下降落。罐笼在岩石间所穿过的通道,只比罐笼周遭宽出一英寸。温森特想到脚下半英里[1]深的黑洞,想到稍有失误就会掉下去摔个粉身碎骨,不由得毛骨悚然。猛然从一个黑洞里掉进这个无底的深渊,他心里虽然也知道没有什么可怕,因为提升机已有两个月以上没有出事故了,但那煤油灯像鬼火一般摇曳不定的亮光,却让人放心不下。

他把自己出于本能而感到的忧虑告诉了雅克,雅克同情地笑了。"每个矿工都有这种感觉。"他说。

"不过他们对下井肯定已经习惯了吧?"

"不!永远不会!那种对罐笼的无法克制的恐惧和厌恶会时刻伴随着他们,直到他们死去。"

"那么,你呢?……"

没等温森特说完,雅克就回答:"跟您一样啊!我心里也在发抖,可我已经下了三十三年的井啦!"

半路上,在三百五十米深处,罐笼停了一下,然后接着下降。温森特看见井壁向外冒着一股一股的水,于是他又战栗起来,抬头望去,只见井口的亮光小得像天穹上的一颗星星。在六百五十米深处,他们出了罐笼,而矿工们还要继续向下降。温森特发觉自己站在一条从岩石和黏土层中间穿过的铺有钢轨的宽宽的巷道里。他本以为要掉进一个热得像地狱似的地方,没想到这里的通道凉飕飕的。

"这里并不太糟嘛,维尼先生!"他大声说。

"是啊!不过没人在这一层干活儿,这里的煤早就挖完了。虽然这里可以和上面通气,可这对下面的矿工没有什么用。"

---

[1] 1英里=1609.344米。——编者注

他们沿着巷道走了大约四分之一英里后,雅克改变了前进的方向。"跟着我,温森特先生,"他说,"但是要小心!小心!您要是一滑倒,咱俩都得完蛋。"

他就在温森特眼前钻进地里不见了。温森特跌跌绊绊地朝前走了几步,发现地上有一个洞口,他摸到梯子。洞的大小只能容一个瘦子通过。下面的头五米并不很艰难,但走到一半时温森特必须得在半空中转一百八十度,然后再朝相反的方向继续向下爬。岩壁上开始往外渗水,梯子上沾满黏糊糊的污泥,温森特觉出有水滴在身上。

他们终于到了洞底,从那儿又四肢着地爬过一条长长的巷道,这条巷道把他们带到离出口最远的煤窑。那儿有一长排像拱顶墓穴隔开的墓室一样的采煤掌子面,用粗糙的木头支撑着。每个掌子面有五个工人在干活儿,两个人用手镐采掘,第三个人把他们脚下的煤铲开,第四个人装车,第五个人沿着狭窄的轨道把煤车推走。

采煤工穿着又脏又黑的粗麻布衣裳干活儿。铲煤的通常都是小男孩,浑身除了一块缠在腰间遮羞的麻袋片,一丝不挂,裸露的身体完全是黑的;在三英尺高的巷道中推车的多半是女孩,她们也黑得像男人一样,用件粗布衫遮住自己的上身。水从顶板上滴落下来,形成一个个"钟乳石"。唯一的光亮来自他们那些为了节省煤油而捻小了灯芯的灯。这里没有通风设备,空气污浊不堪,煤尘飞扬。天然的地热使工人们终日泡在混着黑色煤尘的汗水中。在前头第一个掌子面,温森特看到人们尚可直着身子挥动手镐,然而沿着巷道越往里走,掌子面就变得越小,到后来,地方小得只能容矿工们躺在地上用前臂挥镐了。随着时间的延长,工人们的体热使掌子面的温度不断升高,空气中弥漫的煤尘也更加浓重,到后来,他们呼吸的已经完全是大口大口、又热又黑的煤尘了。

"这些人一天挣两个半法郎,"雅克告诉温森特,"不过还得在检验站的检验员对煤的质量满意后才能领到。五年前他们能挣到三个法郎,以后的工资就越来越少啦。"

雅克把关系到工人生死的木支柱检查了一遍,转身对那些采煤工人说:"你们这儿的防护支柱不行啦!已经松动了,要知道,顶板会先塌下来的。"

采煤工人中的一个——这帮人的头头,连声大骂起来。他骂得那么快,温森特只能听懂几个词儿。

"他们雇人加固支柱的时候,"这男人嚷着,"我们就得停工,我们停工了,怎么挖出煤来呢?让石头砸死和在家里饿死还不是一样!"

过了最后一个掌子面,地上又出现了一个洞。这回,连下洞的梯子也没有了。为了防止因煤屑倾落而把下面的工人埋在里头,每隔不远就打个木桩。雅克把温森特的灯要去,拴在自己的裤带上。"小心,温森特先生,"他一再叮咛,"别踩到我头上,不然你得送了我的命。"他们向下走了五米多,就一步步进入到黑暗之中了。为了不致失足掉下去,他们一边摸索着脚下的木桩,一边用手抓着井壁。

下面是又一层矿床了,可这里矿工干活儿的地方连掌子面也没有,工人只能从壁上一个尖角中刨出煤来。他们双膝跪地,后背抵着岩顶,朝能采到煤的那个角落挥动着手中的镐。温森特这会儿才明白,上面的那层掌子面原来还算凉快舒服呢!底下的这一层,温度高得就像在一只烧得正旺的火炉里面,浓浓的热气几乎像是能用钝刀子切开的固体。那些干活儿的人就像受伤的动物一样,气喘吁吁地伸出又厚又干的舌头。他们浑身赤裸,沾满烟尘和污垢。连没干活儿的温森特都觉得再多一分钟他就忍受不住这里的酷热和粉尘了,何况工人们还干着极重的体力劳动呢!尽管他们对这个环境的厌恶要超出温森特千百倍,但他们不能停下来休息,或者出去凉快一分钟。假如他们这样做，就凑不够规定的煤车数，因此就拿不到干一天活儿所应得的五十生丁了。

温森特和雅克手脚并用，爬过了把那些蜂窝般的小掌子面串在一起的巷道，隔不几秒就得把身体贴在巷壁上，让煤车顺着小轨道通过。这条通道比上面那层的通道狭窄，推车的女孩也比上面的年龄小，她们没有一个超过十岁的。这些煤车重得很，女孩子们只好拼足全身力气顺着轨道往前推。

通道尽头是一条金属的溜槽，煤车从这儿沿缆索滑下去。"来呀，温森特先生，"雅克说，"我要带您去最下面一层，七百米深，您在那里可以看到在世界上任何地方都见不到的东西！"

他们顺金属斜面滑了有三十米，温森特发觉自己站在一条很宽的巷道里，这里有两条轨道。他们顺巷道往回走了半英里，到头后又艰难地爬上一条矿脉，从一条通道中爬过，从另一边下去，进入一个新掘开的洞穴。"这是新开的矿层，"雅克说，"这里算得上是全世界采煤最艰苦的地方了。"

在这新掘开的洞里，有一排十二个小而黑的洞穴。雅克费力地挤进其中一个洞口，同时招呼着："跟我来。"洞口的大小刚够温森特的身子通过。他挤进去，像蛇似的将腹部贴在地面往前爬，一路上用手指和脚趾开道。虽然雅克的靴子在前面离他的头只有三英寸远，他却一点也看不见。这条从岩石中穿过的巷道，只有一英尺半高、二英尺半宽。通道从洞口处起就几乎没有新鲜空气流通了，但与这里的采场相比却还算凉快的。

爬到最后，温森特来到一个圆顶小洞里。这洞只有一人高，周围一片漆黑。起初温森特什么也看不见，后来才看到沿洞壁闪着四颗微小的蓝色火光。温森特汗水淋漓，眉毛上流下的汗水把煤灰带进眼里，杀得眼睛生疼生疼的。因为肚皮贴地爬了好久，他直想喘口气，于是站起身来，本以为这样便可以舒畅地呼吸了，但吸进来的竟是火。液态的火进了他的肺部。这火烧灼着他，使他窒息。这是全马卡塞条件最差的一个洞，堪称中世纪的刑讯室！

"啊，啊！"一个熟悉的声音叫起来，"这是温森特先生。您是来瞧我们怎么挣这一天的五十生丁的吗？"

雅克快步走到灯前查看那些矿灯。灯光已被蓝色的弧光所取代。

"他不该下到这底下来！"德克鲁克附在温森特耳边低声说，他的眼白在黑暗中一闪一闪的，"他会在巷道里吐起血来，然后咱们就得用木滑车把他送出去。"

"德克鲁克，"雅克喊他，"这些灯一早上都是像这样燃烧的吗？"

"是呀，"德克鲁克满不在乎地回答，"瓦斯一天比一天多。有朝一日它得爆炸，到那会儿，咱们的烦恼就都解决了！"

"这些掌子面上星期日已经抽过气了呀！"雅克说。

"可是它又卷土重来、恢复原状了。"德克鲁克一面说，一面挠着头上那块已成黑色的伤疤，由于解了痒而露出满足的神色。

"那么这星期你们一定得停一天工，好让我们把它再清除一次。"

矿工中掀起一片抗议的骚动，"我们现在就没有足够的面包让孩子们吃饱！这点儿工资本来就不够过日子的，甭说再停工一整天啦！让他们趁我们不上工的日子来清除吧，我们要和其他所有的人一样吃饭。"

"没有关系，"德克鲁克大笑，"煤矿杀不死我，以前不就试过了吗？我一定会老死在床上的。说起食物，几点啦，维尼？"

雅克把表凑近那蓝色的火焰，"九点。"

"好！我们可以吃饭了。"

一个个浑身汗水、唯有眼球发白的黑色身躯，停下手中的活儿，靠洞壁坐下，打开他们的袋子。他们不能爬到稍微凉快一点的洞穴里去吃饭，因为他们只允许自己休息十五分钟，光是爬个来回差不多就得用这么长时间，所以他们只好坐在这污浊闷热的地方，拿出夹着酸乳酪的两片厚厚的粗面包，狼吞虎咽地吃起来。手上的煤灰在白色的面包上留下一道道黑印子。每人都带着一个啤酒瓶，里面装着微热的咖啡，用来把面包冲下肚子。这咖啡、这面包和这酸乳酪，就是他们一天十三个小时劳动挣到的东西。

温森特到井下已有六个小时了。由于空气稀薄、闷热和粉尘，他感到窒息，浑身无力。他觉得自己再也忍受不了这样的折磨了，所以当雅克说他俩应该离开时，他欣然同意了。

"注意瓦斯，德克鲁克！"雅克在钻入洞穴之前嘱咐着，"如果情况不妙，你还是带着你这帮人出去才好。"

德克鲁克发出一阵刺耳的笑声，"那么，要是我们这天不给他们出煤，他们是不是能付给我们五十生丁呢？"

没人回答这个问题。德克鲁克和雅克一样清楚这个问题的答案。后者耸耸肩膀，腹部贴着地面，爬过通道。温森特跟在后面，眼睛由于被不断淌下来的混着煤灰的汗水遮住，什么也看不见。

走了半个小时，他们来到搭车的地点，罐笼从这儿把煤和人带往地面。雅克走进一个堆放矸石的岩洞，咳出许多黑痰。

罐笼像井中的提桶般迅速上升，温森特在里面转向他的朋友说："先生，告诉我，为什么你们这里的人还要继续下井干活儿呢？为什么你们不远走他乡去寻找别的工作？"

"啊，我亲爱的温森特先生，没有什么别的工作，而且我们也不能到别的地方去，因为我们没有路费。整个博里纳日找不到一家矿工能拿得出十个法郎的。不过即使能走，我们也不愿意走。水手明知在船上会遇到种种危险，可是上了岸还是像思念家乡似的思念海洋，我们也是同样，先生，我们爱我们的煤矿，比起地上，我们更愿意在地下。我们所要求的无非是能够维持生活的工资、合理的工作时间和安全保护。"

罐笼到达地面了。温森特穿过覆盖着白雪的院子，连暗淡的阳光也使他头晕目眩。从盥洗室的镜子里他看到自己黢黑的脸。他没有等候洗脸，就急匆匆地横穿过原野。他脑子里迷迷糊糊的，一面贪婪地吸着新鲜空气，一面疑惑自己是否突然患了"昏迷热"，或是做了一场噩梦。上帝真会让他的子民从事这种可恶的、苦役般的劳动吗？他一定是在梦里看到这一切的吧？

他走过丹尼斯家那所买卖兴隆的、相比之下颇为富有的房子，想都没想就摇晃着走下峡谷中那条曲折而污秽不堪的小路，来到德克鲁克家的小屋。起初的敲门声没人答应，停了片刻，那个六岁的大男孩出来了。他面色苍白，贫血，比同龄的孩子个子矮，但是在他身上却有着像德克鲁克那样的勇于斗争的精神。再过两年，他就得每天三点钟起来，到马卡塞下井，往车上装煤了。

"母亲去矸石山了，"男孩子用又高又细的嗓音说，"您得等一会儿，温森特先生；我在照看小家伙们呢！"

德克鲁克的两个幼小的孩子，正在地上玩一些棍儿和一根绳子。他们身上除了短小的女式衬衫什么都没有穿，脸色冻得发青。大男孩往炉子里添着煤矸石，但是那炉子只冒出很少的一点点热气。温森特看着他们，不禁打了个冷战，于是他把那两个幼小的孩子放到床上，把被子一直盖到他们的下巴。他不知道自己为什么要到这间悲惨的小棚屋里来。他觉得自己应当为德克鲁克一家做点什么、说点什么，给他们一些帮助。他必须让他们明白，对于他们的悲惨处境，他至少是能充分理解的。

德克鲁克太太回家来了，她的手和脸全成了黑色。温森特满身煤灰和污秽的样子，竟使她一时认不出是谁。她跑到存放食物的小箱子那儿，取出些咖啡放到炉子上煮，当她把咖啡递给温森特时，那东西只不过比凉水稍热一点而已。咖啡又黑又苦，带着木头的味道。然而为了让这个善良的女人欢喜，他还是把它喝了下去。

"这些日子矸石也差了，温森特先生，"她抱怨着，"公司把得很严，什么也不放过，哪怕一粒煤屑都不放过。我可怎么让我的孩子们暖和点儿呢？没有衣服给他们穿，只有这些小衬衫和粗麻布。这种粗麻布把他们的皮肤都擦破了。可如果不穿上，整天让他们躺在床上，他们又怎么能长个儿呢？"

温森特含泪哽咽着，说不出一句话来。他从未目睹过有人处于这样凄惨的境地。他生平第一次怀疑祷告和福音书能给这个眼看自己孩子就要冻死的女人带来好处。当这一切正在发生的时候，上帝在哪里呢？他口袋里还有几个法郎，他把这些钱给了德克鲁克太太。

"给孩子们买毛裤用吧！"他说。

他知道，这样做其实无济于事。在博里纳日，挨冻的婴儿有上百个，而且等到这几条毛裤穿烂了，德克鲁克的孩子照样还要受冻。

他上山回到丹尼斯家里。烘烤面包的厨房里又暖和又舒适。丹尼斯太太给他热了洗澡水，还为他准备了美味的午餐，餐桌上摆着头天晚上剩下的烧兔肉。她看他由于下了这趟井而弄得又疲乏又紧张，便又摆出一些黄油让他抹面包。

温森特上楼回到自己的房间。他吃饱饭，身上觉得热乎乎的。床宽大又舒适，床单干干净净，枕头上包着白色的枕套。墙上挂着世界各国艺术大师的作品画片。他打开衣柜清点着一排排的衬衣、内衣、袜子和背心。他走近大衣柜，看到自己富余的两双鞋以及挂在里面的暖和大衣和成套的礼服。他终于醒悟到自己其实是个骗子和懦夫。他向矿工们宣扬贫困的好处，自己却过着不愁吃穿的安逸生活。他不过是个说大话的伪善者。他的宗教毫无用处。矿工们应当鄙视他,把他撵出博里纳日。他假装要分担他们的命运,可是在这里他有暖和、漂亮的衣服穿,有舒服的床睡,他的一顿饭比矿工们一个星期的食物还多。他不用干活儿就可以过得安闲舒适。他只要到处用花言巧语去骗人,装出一副好心人的样子就成。博里纳日人本该一句话都不要信他的,他们不该来听他的布道或接受他的教导。他的全部安逸生活拆穿了他的谎言。他又失败了,而且比以往任何一次都败得更惨!

唉,他只有两种选择,一是在他们尚未知晓自己是个说谎的胆小鬼之时,就趁夜黑逃出博里纳日;二是利用他在这一天所觉悟到的一切,使自己真正成为一名教士。

他从衣柜里取出所有的衣服,匆匆装进提包,又把礼服、鞋、书和画片也装了进去。他把提包暂时放在椅子上,便迈着轻快的步子跑出了大门。

谷底有一条小河。小河对面的山坡上有一片松林。松林里零零散散有几家矿工的小屋,经过打听,温森特找到了一间无人居住的棚屋。这木板棚屋建在一处相当陡的斜坡上,一扇窗户也没有。地面是因长年住人而踩实的泥土地,融化的雪水顺着高处的木板往下流,简陋的梁木勉强支撑着上面的屋顶。由于入冬以来无人居住,飕飕的冷风从木板上的裂缝和节孔中长驱直入。

"这地方是谁的?"温森特问陪他来的那位妇女。

"是瓦姆一个商人的。"

"你知道租金多少吗?"

"五法郎一个月。"

"好,我要租下它来。"

"可是,温森特先生,您不能住在这儿。"

"为什么不能?"

"不行……不行……太破烂了,比我住的地方还要糟糕。这是小瓦姆最破的一间棚屋呀！"

"正因为如此，我才要租它哪！"

他又朝山上丹尼斯家走去，心中感到一种从未有过的坦然。当他不在时丹尼斯太太曾因事到他的房间去过，看见了他那只收拾好的提包。

"温森特先生，"瞥见他进来，她大声说，"出了什么事啦？怎么突然要回荷兰呢？"

"我不是要走，丹尼斯太太。我要留在博里纳日。"

"那为什么……"她脸上露出迷惑不解的神情。

温森特解释了一番原因。她温和地说："相信我，温森特先生，您不能那样生活，那种生活您不习惯。从耶稣基督出世以来，时代一直在变化，如今我们大家都应当尽我们的所能去过最好的生活。人们从您做的工作就知道您是个好人。"

温森特不为她的劝阻所动。他去拜访了瓦姆的那个商人，租下那间小棚屋，搬了进去。不多久，他第一个月的薪金——五十法郎的汇款单——寄来了。他买了一张小木床和一只旧火炉。除了这笔花销，剩下的法郎正好够他买一个月吃的面包、酸乳酪和咖啡。他用泥堵住墙壁上头漏水的地方，用麻布把裂缝和节孔塞上。现在，他住的是和矿工们一样的住房，吃的是和他们一样的食物，睡的是和他们一样的床。他成了他们中间的一个，他有资格给他们宣讲《圣经》了。

[13] 一堂经济学课

掌管着瓦姆附近四个矿井的这位比利时的煤矿经理，完全不是温森特想象中那种贪得无厌的畜生。他的确有点发福，但却有一双和蔼而流露着同情心的眼睛,举止态度像是那种能主动吃点亏的人。

"我明白了,梵高先生,"在仔细听了温森特对矿工们悲惨境况的描述之后,他说,"这是司空见惯的事啊!人们以为我们是为了牟取更大的利润,有意把他们饿死。但是,相信我,先生,那可是天大的冤枉。喏,让我给您看看巴黎国际煤矿局的一些图表吧!"

他在桌上铺开一张大表,手指着下面一条蓝线。

"瞧,先生,"他说,"比利时的煤矿是世界上最贫的矿,在这里采煤困难得很,我们拿到公开市场去出售的煤,简直就得不到利润。我们的业务费用是欧洲所有煤矿中最高的,而所提取的利润却最低!因为,您要知道,我们得按以最低成本生产每吨煤的那些煤矿的价格出售我们的煤。我们天天都处在破产的边缘上啊!您听懂我说的了吗?"

"我想我懂了。"

"如果我们付给矿工的日工资超出一个法郎,我们的生产成本就要高出煤的市场价格,我们的煤矿就得倒闭。到那时,矿工们就真的要饿死了。"

"矿主能不能少抽取点儿利润呢?那样,工人就能多得些钱了。"

经理悲哀地摇摇头,"不行啊!先生,您知道,煤矿是靠什么维持的吗?是资本,像别的工业一样。但资本是必须营利的,不然它就会转到别的工业部门去了。比利时煤矿的股息如今只有百分之三。只要股息下降百分之零点五,矿主就会抽回他们的资金。要是他们那样做了,我们的煤矿就只得倒闭,因为没有资本就没法开工,而工人就得挨饿了。所以,您看,先生,博里纳日的可怕状况并非矿主或经理一手造成的,而是由于矿藏不足呀!依我看,咱们只有归罪于上帝!"

对这种亵渎神明的言论，温森特本应感到惊骇，然而他并没有。他在思考这位经理刚刚说的话。

"但是，你们起码可以改变一下工作时间吧？一天十三个小时待在井下，会使全村的人都因此而死掉的！"

"不行啊，先生，不能缩短工时，因为这无异于提高工资。他们的采煤量会因此大大少于他们一天五十生丁的工资的价值，从而使我们每吨煤的生产成本提高。"

"那么，还有一点是肯定可以改善的吧？"

"您指的是危险的工作条件吗？"

"是的，你们至少要减少矿上的事故和死亡人数吧？"

经理颇有耐心地摇了摇头，"不行呀，先生，我们办不到。因为股息太低，我们在市场上卖不出去新的股份，所以我们压根儿就没有剩余的利润去改善设施——啊，先生，这是一种毫无办法的恶性循环。我到那一带去过不知多少回啦！就因为这些，我才由一个坚定而虔诚的天主教徒变成了冷酷的无神论者。我也无法理解在天堂里的上帝怎么能有意制造这样一种环境，驱使一个民族世代受苦受难，而从不发一点儿慈悲。"

温森特无言以对，昏昏沉沉地回去了。

[14] "易碎品"

二月是一年之中天气最恶劣的月份。肆无忌惮的狂风席卷峡谷和山冈，刮得人几乎无法在街上行走。矿工的小屋比以往任何时候都更需要靠矸石来取暖了，但寒风刮得这样凶猛，女人们无法出外到矸石山上去捡矸石，她们除了用粗布衫裙、棉布袜子和头帕来抵御刺骨的冷风，别的什么也没有。

为了不把孩子们冻着,大人只好让他们天天待在床上。因为没有煤生火,想吃些热食几乎就不可能。人们从热得能烫起泡的地底深处出来,毫无准备就骤然置身于温度在零下的天气里,而且还得在刺骨寒风中穿过冰雪覆盖的原野挣扎着回家。一周来,每天都有人死于肺结核和肺炎。温森特在这个月里主持了多次葬礼。

他已经不再继续教那些脸色发青的孩子读书了,而是成天到马卡塞的山上去尽量多捡点煤,分送到那些境况最凄惨的小屋里去。这些天,他已不用再往脸上涂煤灰,因为他已经摆脱不掉这种矿工们才有的标记了。到小瓦姆来的陌生人会说他:"……又一个煤黑子!"

他在"金字塔"上下奔波了好几个钟头,才收集到不满半口袋矸石。他手上发青的皮肤被挂着冰碴儿的岩石扎破了。将近四点,他决定不再捡,就把已捡到的背回了村子,至少这能让几家矿工的妻子为她们的丈夫准备上热咖啡。他走到马卡塞矿井的门口时,适逢矿工们开始朝外拥。有些人认出他,朝他咕哝着问了好;有些人双手插在兜里,缩着肩,眼睛盯着脚下走过去了。

最后一个走出大门的是个小老头,剧烈的咳嗽使他浑身震颤得无法行走。他的两膝瑟瑟发抖,雪地里卷起的一阵冷风朝他身上刮来,他就像挨了重重一击似的打着晃,几乎跌倒在冰雪地上。过了一会儿,他鼓起勇气,侧身顶风慢慢地穿过原野。他的背上裹着一条粗麻袋,这大概是他从瓦姆的一个仓库里弄来的。温森特看见上面印着字。他睁大眼睛,竭力想看清楚上面写的是什么,他终于认出那原来是"易碎品"几个字。

温森特把矸石送到矿工们的小屋后又回到自己的棚屋。他把自己所有的衣服都摆到床上,总共还有五件衬衫、三套内衣、四双袜子、两双鞋、两身礼服,外加一件军大衣。他在床上留下一件衬衫、一双袜子和一套内衣,把其余的都装进了提包。

他把一身礼服给了那位背上写着"易碎品"的老人；把内衣和衬衫留给孩子们，那可以拆改成他们穿的小外衣；袜子则分发给那些还得下马卡塞矿井的肺病患者；那件暖和的大衣给了一个孕妇，她的丈夫几天前刚死于一次塌方，而为了养活她的两个幼儿，她只好顶替了丈夫在井下的位置。

"儿童沙龙"关了门，因为温森特不愿意夺去家庭主妇们的矸石，加之人们也恐怕穿过烂泥地把脚弄湿，于是温森特改变办法，到各家巡回举行小型的礼拜仪式。随着时间的推移，他更加感到致力于实际工作的必要，这些工作包括给矿工治病、洗衣、按摩、煮热饮料和熬药。最后，他竟把《圣经》留在家里了，因为他总也抽不出工夫去翻它。《圣经》已成了矿工们无力负担的一件奢侈品。

三月份的天气虽不那么冷了，但是热病开始蔓延。温森特自己忍着饥饿，把二月份薪金中的四十法郎用来为病人买食物和药品。由于缺少食物，他越来越瘦，他那好激动和神经质的毛病也更严重了。寒冷消耗着他的生命力。他开始发着烧四处巡视。他的眼睛陷进眼窝，就像两个喷着烈焰的洞穴。他那硕大的梵高式头颅似乎也缩小了，两颊和眼窝凹陷下去，不过下巴却依然顽强地向前伸着。

德克鲁克家最大的男孩染上了伤寒，床位的安排遇上了困难。他家只有两张床：一张父母睡，一张三个孩子睡。如果让那两个幼小的孩子仍和这男孩子一起睡，他们就可能染上病；而如果把他们放在地上睡，他们又准会得肺炎；可如果让父母睡到地上，那他们第二天就不能干活儿了。温森特马上意识到自己应当做些什么。

"德克鲁克，"他对刚下工回来的矿工说，"你能不能在晚饭前花一会儿工夫帮我一个忙？"

德克鲁克累得很，而且由于头上的伤疤疼痛苦不堪言，但他二话没说就拖着一条残废的腿跟着温森特去了。他们来到温森特的棚屋，温森特从床上撤下一条毯子，说："你抬那头，咱们把床搬到你家,让你的大男孩儿睡。"

德克鲁克咬咬牙,坚决地说:"我们有三个孩子,如果上帝有意要这样,我们可以失去他们之中的一个。但是这里只有一位温森特先生,全村人都要他来照顾。我决不能让他送掉自己的性命。"

他疲惫地、一瘸一拐地走出了小屋。温森特把床拆开,扛在肩上,步履艰难地到了德克鲁克家,自己把那床架好。德克鲁克和妻子从只放有干面包、咖啡的餐桌那边望着他。温森特把病孩子抱到那张床上,细心看护着。

当晚,他来到丹尼斯家,问他们是否有干草可以让他拿到小屋垫着睡觉。丹尼斯太太听他说了他刚才所做的一切,不禁惊呆了。

"温森特先生,"她叫起来,"您原来的房间仍然空着,您应当回这儿来住!"

"您是一片好心,丹尼斯太太,但是我不能这样。"

"我知道,您是在担心钱不够。可这不要紧,约翰-巴普蒂斯特和我日子过得不错。您可以像亲兄弟一样免费和我们同住。您不是一向告诉我们,上帝所有的子民都是兄弟吗?"

温森特觉得冷,冷得直发抖。他饿。他发烧几个星期了,发烧使他昏昏沉沉。他由于营养不良、睡眠不足而衰弱不堪。村子里接踵而至的灾难和不幸,使他筋疲力尽,他急得快疯了。楼上的床又暖和又柔软又干净;丹尼斯太太会给他食物,使他不再饥肠辘辘;她会护理患热病的他,给他喝热乎乎的烈性饮料,驱散那渗入骨髓的寒冷。他浑身发抖、虚弱不堪,但当他就要倒在面包房的红砖地上时,却及时地控制住了自己。

这是上帝的最后考验。如果此时经受不住考验,他以前所做的一切就会前功尽弃。现在村子正经历着空前的苦难和损失,难道在这样的时刻,他竟能只顾贪图眼前的安逸和享受,而甘心堕落成一个软弱、卑鄙的懦夫吗?

"上帝知道您的仁慈，丹尼斯太太，"他说，"他将因此而赐福于您。但是您千万不要诱我步入歧途，使我忘记自己应尽的责任。要是这里没有干草，我恐怕只好睡在地上了。不过，请求您不要拿别的东西来，因为我是不能接受的。"

他把干草倒在屋子的一个角落，铺在湿泥地上，身上盖的是那条薄毯子。这一夜他通宵未眠。早上他咳嗽了，眼眶似乎陷得更深，热度继续上升，到了最后，他只是在半清醒状态下行动着。小屋里没有生炉子的矸石，他认为，让矿工们哪怕少用一捧这种他从黑山上采集到的东西都是不应当的。他艰难地咽下几口硬邦邦的干面包，就出去开始做一天的工作了。

[15] 黑埃及

令人厌倦的三月总算过去，四月来临了。情况稍稍有了好转。风不刮了，太阳也不像原来那样偏斜，解冻的日子终于来到了。冰雪消融，黑色的原野露了出来；云雀呖呖啼唽地唱起了歌；树林里的老树绽出了嫩绿的枝芽。猖獗一时的热病平息下来。随着天气转暖，村里的妇女已可以云集在马卡塞的"金字塔"上捡矸石了。小屋里很快就都燃起了暖融融的炉火，孩子们白天也可以下床玩了。温森特打开了"沙龙"的门，全村人聚集在这里做了第一次礼拜。矿工们忧郁的眼里出现了一点点笑意，人们又重新打起精神。德克鲁克自封为"沙龙"的正式火夫和看门人，他取笑那火炉，起劲地搔着头皮。

"好日子就要到来，"温森特欣喜若狂，在讲坛上大声讲着，"经过考验，上帝看到了你们的一片真心。最艰难的时刻已经过去；田里的五谷将会成熟；你们在劳累了一整天之后，坐在家门前时可以享受到太阳的温暖；孩子们可以跑出家门到林中采摘浆果，像云雀一般快活戏耍。抬起你们的双眼仰望上帝，美好的生活就在前面。上帝是仁慈的，上帝是公正的，他将因为你们的忠诚和日夜的祈祷而降恩于你们。感谢上帝吧，因为好日子就要到来，好日子就要到来了！"

矿工们热诚地感谢上帝，欢愉的声音充满整个房间，人们纷纷点头称是，不住地向邻近的人表示："温森特先生说得对，咱们的苦难熬到头了。寒冬过去，好日子就要来啰！"

过了没有几天，正当温森特和一群孩子在马卡塞后面捡矸石的时候，他们看到从安装提升机的井楼里跑出了许多小小的人影，这些人穿过旷地朝四面八方狂奔着。

"出什么事了？"温森特惊叫起来，"现在还没到三点，太阳还没到头顶呢！"

"出事故啦！"一个孩子喊起来，"以前我看见他们就是这样跑开的！下面有什么地方坍塌了！"

他们顾不得岩石剐破手臂和衣裳，以最快的速度冲下了这座黑山。马卡塞周围的旷地上密密麻麻布满了奔跑的黑色蚂蚁，等温森特他们跑下山时，人流已经发生了变化。女人们带着孩子从村子的四面八方跑来，她们怀里抱着婴儿，幼儿紧跟在身后，以惊人的速度穿过旷地赶来了。

温森特跑到门边时，听到人们正在激动地高声叫喊："瓦斯！瓦斯！新开的矿层！他们给堵在里面了，他们给封住了！"

严寒天气下一直卧病在床的雅克·维尼，也穿过旷地飞奔过来。他更瘦了，胸部愈发塌陷得厉害。温森特一把拦住他，说："这是怎么回事？告诉我！"

"德克鲁克的矿层！不记得那冒着蓝火苗的灯啦？我知道那东西得要他们的命！"

"多少人？多少人在里面？可以够得着他们吗？"

"十二个掌子面。您见过的。每个五个人。"

"咱们能救出他们吗？"

"不知道，我马上带一批志愿人员下去。"

"让我跟着去吧！让我也去帮帮忙吧！"

"不行！我需要的是有经验的人。"他穿过院子奔向提升机。

白马拉的小车靠近门口，就是这辆两轮轻便马车，曾经把那么多在事故中死亡和受伤的人运送到山坡上的小屋。那些跑散开的矿工开始带着家人返回来，有的女人歇斯底里地大哭起来，孩子们抽抽噎噎地哭着，其他的人瞪大眼睛凝视着前面。监工们跑前跑后高声叫喊，组织着抢救人员。

突然间，一切声音都静下来。提升机房里缓缓走出一小群人，他们走下阶梯，抬着一些用毯子裹着的东西。可怕的沉寂只持续了片刻工夫，接着，人们同时号啕大哭起来。

"这是谁？他们是死了还是活着？""看在上帝的面上，把他们的名字告诉我们吧！""让我们看看他们！""我的丈夫在下面！""我的孩子啊！噢，我的两个孩子在那层矿里！"

那群人在白马拉的车前停住了。他们之中的一个人说："救出了三个在外面卸煤和推煤车的人，可是他们的烧伤极为严重。"

"他们是谁？看在上帝面上，告诉我们他们是谁吧！""让我们看看！让我们看看吧！""我的孩子在井下！我的孩子，我的孩子！"

那人把两个大约九岁的女孩和一个十岁的男孩烧焦的脸上盖着的毯子掀开，只见三个人都失去了知觉。孩子们的家人扑倒在他们身上，悲喜交集地哭着。人们把裹着毯子的三个伤者放进白马拉的车里，车顺着坑坑洼洼的路走了。温森特和伤者的家人跟在后面气喘吁吁地跑着。他听到身后传来极度恐惧和悲痛的恸哭，那声浪一阵高过一阵。他边跑边回首望去,只见一座座矸石山在地平线上排成了长长的一溜儿"金字塔"。

"黑埃及啊!"他高声呼喊着,倾吐着内心的悲痛,"黑埃及啊,上帝的特选子民[1]又在遭难了。噢,上帝,你怎么能这样?你怎么能这样呀?"

孩子们被烧得体无完肤、濒临死亡,凡是原来暴露出来的皮肤和毛发都被烧光了。温森特走进了头一家小屋。那做母亲的正绞扭着自己的双手,悲痛欲绝。温森特给孩子脱下衣服,叫着:"拿油来,油!快些!"那女人家中有一点油。温森特把油涂在烧伤的地方,接着叫道:"快拿绷带来!"

那女人站在那里,神色惶恐地望着他。温森特火了,大声嚷道:"绷带!你难道想让你的孩子死掉吗?"

"我们什么也没有啊!"她放声大哭,"家里一条白布也没有,整个冬天都没有啊!"

孩子受了惊动,呻吟着。温森特急忙脱下外衣和衬衫,把最里面的内衣从身上脱下来,又穿好外衣,将脱下的衣服迅速地撕成条,把孩子从头到脚包扎起来。他拿着盛油的罐子跑到第二个孩子那里,像对第一个孩子那样,把她包扎好。当他奔到第三个孩子那儿时,衬衫和内衣都用完了。这个十岁的男孩已经奄奄一息。温森特把裤子和羊毛内裤脱下来,再穿上裤子,把内裤剪成绷带。

他用外衣裹紧赤裸的胸膛,穿过旷地跑回马卡塞,老远就能听到矿工的妻子们和母亲们无尽无休的恸哭。

矿工们围在门口。通往那条矿脉的路很窄,一次只能下一个人进去抢救。人们在等待轮到自己。温森特和一个助理监工攀谈

---

[1] 上帝的特选子民:原指犹太人,这里指博里纳日的人民。

起来——

"有希望吗?"

"他们已经死了。"

"咱们能把他们弄出来吗?"

"他们在岩石下面埋着。"

"要多久才能挖到他们那儿呢?"

"几个星期,也许几个月。"

"怎么要这么久呢?为什么?"

"以前就是用这么长时间才挖到的呀!"

"这么说,他们是没救了吗?"

"男男女女有五十七个人哪!"

"他们全都回不来了吗?"

"你再也见不到他们了。"

抢救人员交替在井下干了三十六个钟头。那些自己的丈夫和孩子被埋在里面的女人一直守在那里,赶也赶不走。井上面的人告诉她们,一定能把埋在里头的人救出来,但女人们知道他们是在说谎。没有失去亲人的矿工妻子们穿过旷地送来了热咖啡和面包,可那些受到沉重打击的女人连碰也不愿碰一下。半夜,雅克·维尼被人们用毯子裹着送上来,他吐血了。第二天他就离开了人世。

四十个小时过去了,温森特说服德克鲁克太太回家去陪伴孩子们。志愿抢救人员昼夜不停地干了十二天。采煤的工作停顿下来,既然煤采不上来,工资也就没有了。村里剩下的一点钱很快就用完了。丹尼斯太太继续烤着面包,赊给大家。她在把本钱全用完之后只好关了门。公司一个子儿也拿不出来。到第十二天末尾,他们通知抢救人员停止抢救,要人们回去干活儿。小瓦姆村一贫如洗,饥饿笼罩着全村。

矿工们罢工了。

温森特四月份的薪金一寄来,他就到瓦姆镇买了五十法郎的食物,分发给每个家庭。村里人靠这些食物维持了六天。后来他们就到树林中采集浆果、树叶和草。男人们出外搜寻活物,什么兔子、地鼠、蜗牛、癞蛤蟆、蜥蜴以及猫和狗,只要吃下去能止住饥饿引起的阵痛就成。最后,连这些东西也逮完了,温森特只好写信给布鲁塞尔,请求援助,但没有回音。矿工们只得束手待毙,坐视自己的妻子和孩子饿死。

他们请求温森特为葬身矿下的五十七名死者——那些先走一步的人——举行安魂仪式。一百个男人、女人和小孩挤到他的小屋里。许多天,温森特除了咖啡没进过任何东西。出事以来,他几乎没吃过面包一类的固体食物,所以虚弱得站不起身。他的内心又开始时而感到兴奋,时而陷入绝望。他的眼睛就像两个针扎出来的黑洞,他的双颊凹陷,眼睛底下本来圆圆的颧骨这会儿明显地凸出来,脸上肮脏的红胡子缠结成团。粗糙的麻袋布裹在他身上,代替了原来的内衣。小屋里只有一盏灯,挂在一根折断了的橡木上,发出闪烁不定的光。温森特靠在屋角的干草上躺着,用肘部支撑着抬起头来。灯把怪异的、摇曳不定的阴影投在粗糙的木板墙和这一百个默默地忍受着痛苦的人身上。

他开始用焦干嘶哑、狂热兴奋的嗓音讲话了,每一句话都在这静默的房间中轰响着。受着饥饿和挫折摧残的人们骨瘦如柴、憔悴不堪,他们目不转睛地望着他,就像望着上帝一样。真正的上帝离他们太遥远了。

屋子外面传来一阵陌生的、由于激愤而提高了嗓门的吵嚷声。门砰地打开了,一个小孩叫着:"温森特先生在这儿,先生们!"

温森特住了口,那一百个博里纳日人把头转向门口。两个衣冠楚楚的人走进来。油灯骤然亮了一下。温森特瞥见陌生人脸上显露出的惊骇神色。

"欢迎你们,德容牧师和范登布林克牧师。"他躺在那里说,"我们正在为五十七名被活埋在马卡塞矿井里的矿工举行丧礼。也许你们愿意对这里的人们讲一些宽慰的话吧?"

这使牧师们好半天说不出话来。

"令人震惊!简直令人震惊!"德容一面大叫,一面重重地拍了拍他隆起的腹部。

"你会以为这是在非洲的丛林中呢!"范登布林克说。

"天知道他的作为危害有多大呀!"

"那要用好多年才能引导这些人皈依基督啊!"

德容两手交叉在他的大肚皮上,喊道:"我原先告诉过你,不要任命他!"

"我知道……不过皮特森……谁能想象得到啊!这家伙真疯啦!"

"我怀疑他的神经一直就不正常。我从来就信不过他。"

这两位牧师用熟练的法语快速地交谈着,博里纳日人一个字也听不懂。温森特因为太虚弱,又患着病,也没有听懂他们话里的含意。

德容挺着肚子穿过人群,不动声色但十分严厉地对温森特说:"让这些肮脏的狗回家去!"

"但是,丧礼呢?我们还没有结束……"

"丧礼没关系。让他们走!"

矿工们缓缓地鱼贯而出,并不明白是怎么回事。两位牧师把脸对着温森特,"你到底是怎么搞的嘛!在这样一个又肮脏又狭窄的地方举行仪式,你这是什么意思?你所开创的是怎样一种新式的野蛮祭礼呢?难道你不知道什么是礼仪、什么是体面吗?这样的行为难道与一位基督教牧师的身份相称吗？你是不是真疯了，所以才这么干？你不是存心要让我们的教会丢脸吧？"

德容牧师停顿了一会儿，环视着这间简陋而污秽的小屋和温森特躺在上面的那层干草、裹在他身上的粗麻布，以及他那双深陷的、狂热的眼睛。

"对教会来讲，值得庆幸的是，梵高先生，"他说，"我们只是给了你一项临时任命。你现在可以认为对你的任命解除了。你今后将永远不会再受到我们的任用。我觉得你的行为是令人作呕、极不光彩的。你的薪水就此停发，马上会派一个新人来顶替你。要不是我宽大为怀，认为你完全是个疯子，我就会把你称作比利时福音传教会有史以来最凶恶的反基督的敌人！"

长久的沉默。

"喂，梵高先生，你没有什么替自己辩护的吗？"

温森特想起在布鲁塞尔他们拒绝给他任命的那一天。此刻，他连感觉都没有了，更不用说讲话了。

"咱们还是走吧，德容兄弟，"停了一会儿，范登布林克说，"我们已经无能为力啦。他已经是无可救药了。咱们要是在瓦姆找不到好旅馆，今晚就得乘车赶回蒙斯。"

[16] 上帝退场

次日清晨，一群老矿工来到温森特跟前。"先生，"他们说，"雅克·维尼死了，现在只有您一个人是我们能信得过的人。您应当告诉我们怎么办。除非不得已，我们是不愿意饿死的。您或许能让'他们'答应我们的请求。在您去见过'他们'以后，如果您叫我们复工，我们就复工；如果您叫我们饿死，那我们也照您的吩咐做。我们谁的也不听，只听您的，先生。"

比利时煤矿公司办公室里的气氛就像在办丧事。经理很乐意看到温森特，他同情地听着温森特讲话。"我知道，梵高先生，"他说，"我们没有挖出尸体这件事，引起了矿工的义愤。然而即便挖出来了，又有什么用处呢？公司决定不再打开那个矿层，是因为这样做毫无意义。我们也许得挖上一个月，结果又会如何呢？只不过是把那些人从一个坟墓挪到另一个坟墓里罢了。"

"那么，活着的人怎么办？你们就不能采取一点点措施来改善下面的工作条件吗？难道他们这一辈子天天都得在死亡的威胁下干活儿吗？"

"是的，先生，他们就得这么着，他们就得这么着。公司没有资金去购买防护设备。在这场争执中，矿工们看来是要输掉的一方，他们不能取胜的原因，就在于铁的经济法则是不利于他们的。更糟糕的是，要是他们再有一个星期不去上工，马卡塞的矿井就将永久关闭。那时，天知道他们会落个什么结果。"

温森特失败了，他走上通往小瓦姆的那条漫长而弯曲的路。"大概上帝是知道的，"他痛苦地自言自语，"或者，他也可能并不知道。"

事情很明显，对矿工们来讲，他再也没有什么用了。他不得不让他们回到那要命的矿井中，为了那点不足以糊口的吃食而一天劳动十三个小时。他们之中的一半人随时都有意外死亡的危险，而其他的人也都逃脱不了死于长期肺病的厄运。他帮不了他们什么忙，甚至上帝也帮不了他们的忙。他到博里纳日来传布福音，使《圣经》深入他们心中，但是不断给矿工们以打击的敌人并不是矿产主，而是全能的上帝自己。面对这样的事实，他还能再说什么呢？

从他告诉矿工们回去上工、继续接受苦役的磨难那一时刻起，他对他们就不再具有任何价值了。即使福音传道委员会认可，他也不会去做那种说教了,此时此刻,福音书还有什么用处呢?上帝对矿工们的苦难置若罔闻,温森特的虔诚也不能打动他的心。

于是,他突然明白了自己长期以来就隐隐知道的事情。他明白了,有关上帝的那些话,其实全是幼稚的借口和托词,是一个吓坏了的孤独的人在寒冷、漫长的黑夜中,由于绝望而编造、散布的谎言。没有什么上帝,事情就是这样简单。压根儿就没有上帝,只有混乱——悲惨的、痛苦的、残酷的、莫名其妙的、无尽无休的混乱。

[17] 破产

工人们回去上工了。提奥多鲁斯·梵高从福音传道委员会那里得到音信后,就给温森特来信并附寄了钱,要他回埃顿。温森特没有回埃顿,而是回到丹尼斯家。他到"沙龙"去了最后一次,取下墙上的画片,挂回到他那屋檐下的小房间里。

又到了山穷水尽的地步,应当进行一番清理了。但是,他的一切都丧失殆尽了。没有工作,没有金钱,没有健康的身体,没有力量,没有思想,没有热情,没有愿望,没有抱负,没有理想,而最糟的是失去了赖以维系生命的支点。他二十六岁年纪,而五次失败已使他没有勇气再开始新的生活了。

他望着镜子里的自己——红胡须围着脸长了一圈,头发越来越稀疏了,那曾经丰满红润的嘴唇瘪缩成一条线,一双眼睛不知掉到了那两个黑暗洞穴里的什么地方。温森特整个人看起来,内部已经在枯萎、变冷、死亡。

他从丹尼斯太太那里借了一小块肥皂,站在一盆水中从头到脚搓起来。他低头望着那一度强健有力而如今已变得瘦弱憔悴的身体。他小心翼翼地刮着胡子,奇怪脸上怎么一下子凸起那么些看着陌生的骨头。几个月来,他第一次把头发梳成了他原来的发式。丹尼斯太太给他送来她丈夫的一件衬衫和一套内衣裤。他穿好衣服,下楼走到那使人愉快的烘烤面包的厨房。温森特坐下来同丹尼斯全家一起进餐,自从矿上那桩祸事发生以来,这是他头一次把经过烹调的固体食物送入口中。他似乎觉得荒谬,自己怎么居然吃得下去?尽管食物在他嘴里味同嚼蜡。

他没有再去告诉矿工们他已被禁止讲道,他们也并不要求他讲,而且似乎压根儿就不关心这件事。温森特难得再和他们交谈了。对任何人他都很少开口,路上碰见也不过是问一声好。他再也不到他们的小屋里去,也不去关心他们的日常生活与思想了。出于某种深刻的理解和心照不宣的默契,矿工们也绝口不议论他。他们接受了他严守礼节的态度,但对他的一反常态从不责难。他们对他是理解的,但是不说出来。博里纳日的生活一如往常地继续着。

家里来信告诉他,表姐凯·沃斯的丈夫猝然亡故。温森特处在情感耗尽、一蹶不振的状态下,对于这件事反应迟钝,知道以后竟没有任何表示。

数周过去了。温森特除了吃饭、睡觉和坐着发呆,什么也没干。他身上的热度渐渐退了,力气和体重都增加了,但是他的眼睛却毫无生气。夏季到了,黑色的原野、烟囱和矸石山,在太阳的照射下闪闪发光。温森特在乡间散步。他这样做既非锻炼亦非消遣。他根本不知道自己在朝哪里走,也不知道自己沿途经过了哪里。他走路是因为厌倦了躺着、坐着或站着。而当他厌倦了走路时,他就坐下、躺下或站着。

他的钱用完不久就收到了弟弟提奥从巴黎寄来的信,信上恳求他不要在博里纳日浪费时间,而要利用信中寄去的钞票采取决定性的步骤另谋生路。温森特转手把钱交给丹尼斯太太。他留在博里纳日并非因为喜欢它，而是因为无处可去，况且要去别的地方还得费力气。

他失去了上帝，同时也失去了自己。现在他失掉的却是世界上最重要的东西，失掉了唯一真心同情他，又能像他所希望的那样去理解他的人。提奥抛弃了他的哥哥。整个冬天提奥每周都要写一两封充满友爱和关切的长信，现在这些信都不来了。提奥也失去了信心，不再抱什么希望。所以，温森特成了孤零零的一个，彻底的孤零零，就连他的上帝也不复存在。他成了一具行尸，在这荒漠的世界上徘徊，奇怪自己为什么依然还活着。

[18] 微不足道的小事件

夏去秋来。随着枝叶本不繁茂的花草日益枯萎，生命却回到了温森特心中。他仍然没有力量正视自己的生活，所以他转而面向别人的生活。他重新埋头于书籍之中。阅读对于他，始终是一种最美好的、持续不断的享受。如今，在别人交织着成功与失败、悲哀与欢乐的故事中，他知道了如何克制那总是纠缠着自己的对于失败的忧惧。

如果天气允许，他就到野外读一整天书；下雨天，他或者躺在屋檐下的床上，或者靠在丹尼斯厨房墙边的椅子上，一坐就是几个小时，全神贯注于书本之中。几个礼拜过去了，他沉浸在许多像自己一样的普通人的生活故事里面，他们努力奋斗，成功那样渺小，失败却是大量的。他们的命运使他慢慢地对自己有了正确的看法。回旋于他脑中的念头不再是"我失败了，我失败了，我失败了"，而是"我现在应当尝试些什么？什么是最适合我的？哪里是我在人世上恰当的位置？"他在所读的每本书中寻觅着可以重新指引他生活下去的目标。

家里来信说像他这样生活令人感到震惊，他的父亲坚称，他这种游手好闲的生活是对一切高尚的社会传统的冒犯。信上问他打算什么时候再去找个工作来养活自己，使自己成为对社会有益的人，为这个世界贡献一份力量。

温森特自己何尝不想知道这个问题的答案呢？

最后，他的书都读完了，再也找不到一本可看的书了。在灾祸突然发生以后的那几个星期，由于受到过度的刺激，也由于生病，他对一切事情都感觉麻木。后来他转向文学以求排遣感情，而他居然做到了这一点。如今他几乎完全恢复正常了，但积存了几个月的痛苦如汹涌澎湃的洪水泛滥起来，使他陷于凄惨绝望的境地。思想上有了正确的认识，看来对他没有用处。

他知道，他已经到达了一生的最低点。

他觉得自己身上是有些长处的，并不完全是傻瓜和饭桶。他是能够对这个世界做出一些贡献的。然而贡献什么呢？他不适于做商业性的工作，他已经试过其他种种他原以为能胜任的工作。难道他注定是要失败、要受苦的吗？对他来说，难道生活就真的没有希望了吗？

问题的答案无处可寻。日子就这样不知不觉地打发掉了，转眼到了冬天。他父亲一不耐烦就不给他寄钱，所以他只得放弃在丹尼斯家寄食而勒紧肚皮。然后是提奥因为良心发现而通过埃顿给他寄来一点钱。等到提奥失去耐心之时，他父亲又重新萌生了责任感。就这样，温森特在他们的交替供应下维持着半饱的生活。

十一月的一天，天气晴朗，温森特空着手漫步到马卡塞，漫不经心地坐在墙外一只生锈的铁轮子上面。一个老年矿工走出门来，黑帽子靠前戴着，压在眉毛上；双肩耸起，两手揣在兜里，瘦巴巴的膝盖颤巍巍地抖动着。这个人身上有一种什么东西吸引着温森特，但他无法说清那到底是什么。他懒洋洋地，并不很热心地把手伸进兜里，抽出一截铅笔和一封家信，就在信封背面，很快地把那迈着缓慢沉重的步子穿过黑色原野的小小身影画了下来。

温森特打开父亲的信,发现信纸只有一面有字。一会儿,又有一个矿工走出门来,这是个年纪大约十七岁的小伙子。他的身材高一些,也挺拔一些,他沿着马卡塞高高的石头墙向铁轨走去,步伐刚劲有力、朝气蓬勃。在他的身影消失之前,温森特有整整几分钟的时间把他画下来。

[19] 艺术家对艺术家

温森特在丹尼斯家里找到几张干净的白纸和一支粗铅笔。他把他的两幅速写放在桌上,开始照初稿重画。他用笔笨拙生硬,因而不能把他心里想的线条画到纸上。虽然他用橡皮的时候比用铅笔的时候多得多,但还是不厌其烦地反复描绘着他的人物。他这样专心致志地画着,竟没有注意到暮色已经悄悄来到他的房间。丹尼斯太太的敲门声把他吓了一跳。

"温森特先生,"她叫道,"晚饭已经在桌上摆好啦!"

"晚饭!"温森特惊讶地喊起来,"啊,怎么已经这么晚了呀!"

在餐桌上,他兴致勃勃地同丹尼斯一家人聊着天,眼睛隐约闪着光。丹尼斯一家人互相交换着意味深长的眼色。吃完这顿简便的晚餐,温森特起身告辞,并立即回到他的房间。他点亮小灯,把那两张素描钉到墙上,站在尽可能远的地方反复观察。

"画得不好,"他脸上带着古怪的微笑自言自语,"很不好。不过明天也许能画得稍微好一点儿。"

他上了床,煤油灯就放在身边的地上。他两眼直瞪瞪地望着他的两幅素描,一无所思。接着,他看见自己钉在墙上的其他画片。自从七个月前他把它们由"沙龙"的墙上取下的那天以来,这是他第一次正眼看它们。他突然醒悟到自己是在怀念那艺术的世界了。曾几何时，他是多么熟悉伦勃朗、米勒[1]、朱尔·迪普雷[2]、德拉克罗瓦[3]和马里斯！他想起自己曾一度拥有的所有那些可爱的画片以及他寄给提奥的石版画和铜版画，他也想起在伦敦和阿姆斯特丹的美术馆里曾经看到过的每一幅美丽的油画。他这样想着想着，忘掉了心头的悲愁，渐渐安然沉入梦乡。煤油灯哔剥作响，燃起发蓝的火光，熄灭了。

第二天早晨，他两点半就醒了，觉得精神已完全恢复。他轻轻跳下床，穿好衣服，拿起那支粗铅笔和信纸，在面包房找了一块薄木板，就出发去马卡塞了。夜色中，他还是坐在那个生锈的铁轮上，等待着矿工们到来。

他画得仓促而潦草，因为他只想把自己对每个人物的第一印象画下来。一个小时过后，所有的矿工都下井去了，他已经画了五个没勾面部的人物。他轻快地穿过旷地，到厨房拿了一杯咖啡回到他的房间，等到天终于大亮时，就把速写草稿誊画下来。他试图把自己心中早已了如指掌，但在黑暗中没能捕捉到的博里纳日人外貌上所有那些奇特的曲线都画到他笔下的模特儿身上。

他的解剖学概念全都不对头，比例也不协调，他的画法古怪得令人发笑，但他笔下的人物就是博里纳日人，这是无论谁也不会弄错的。温森特对自己的愚笨觉得好笑，就扯掉了那些素描，坐到床边，面对着阿里贝[4]的那幅画着一个矮小老妇人端着热水和煤走在风雪交加的街上的画，打算临摹下来。他努力描绘着那老妇人的形象，但掌握不好她与背景中街道和房子的关系。于是他把纸揉成一

---

[1] 米勒：1814—1875，法国画家，代表作有《播种者》《晚钟》等。
[2] 朱尔·迪普雷：1811—1889，法国画家。
[3] 德拉克罗瓦：1798—1863，法国画家，代表作有《希阿岛的屠杀》《自由引导人民》等。
[4] 阿里贝：1838—1927，荷兰画家。

团扔到屋角,坐到椅子上。面前是包斯布姆[1]的一幅描绘一棵孤零零的树和多云天空的习作。整个画面看起来那样简单,只是一棵树、一片沃土和天上的云。但包斯布姆的作品在明暗处理上既准确又雅致。温森特明白了,那种对素材经过最严格的剔除提炼而产生的最简洁的艺术作品,总是最难临摹的。

上午的时间过得异乎寻常地快。温森特用完了他的最后一张纸,他把自己所有的财物里里外外清点了一遍,好看看还有多少钱。他发现自己还有两个法郎。这可以到蒙斯买些好纸,也许还能买上一支炭笔哪!于是他动身步行十二公里去买。当他沿着小瓦姆和瓦姆镇之间绵延不断的山坡走下去时,他看到几个矿工的妻子站在自家门前。这次,他除了平常的机械的问候外,又真心实意地添上一句"你好啊?"在去蒙斯的途中,经过小镇帕图拉盖斯时,一家面包房窗子后面有个漂亮的姑娘引起了他的注意。为了看看她,他特意进去买了五个生丁的甜面包。

大雨过后,帕图拉盖斯和奎斯迈斯之间的原野一碧如洗。温森特决定,倘若他能买到绿颜色的笔的话,回来时就在那里画一幅写生。在蒙斯,他买到一沓光滑的黄纸、一些炭笔和一支重铅铅笔。商店前面摆着一箱旧画片,尽管知道自己一张也买不起,温森特还是仔细观看了几个小时。店主人和他一起看,他们品评完一幅又一幅,就像两个老朋友在参观一座美术馆。

"我应当向您道歉,我可一张画片也买不起。"他们花了很长时间欣赏过这些画之后,温森特才说。

店主摆出高卢人那种表情丰富的派头,摊开两手耸了耸肩说:"没关系,先生,下次再来吧,就是没有钱也不要紧。"

回家路上,温森特迈着从容的步子走着这十二公里的路程。太

---

1 包斯布姆:1817—1891,荷兰画家。

阳悬在点缀着一座座"金字塔"的地平线上,阳光照着几朵浮云,使云彩的边缘呈现出美丽的银粉红色。温森特爬上山顶,他看到奎斯迈斯的石头小房子那么像一幅天然的蚀刻版画,脚下的绿色山谷又是那么宁静安谧。他感到愉快,但不知道为什么。

第二天,他到马卡塞后面的矸石山上,对着那些弯着腰在山坡上挖着星星点点的黑金子的女孩和妇人画速写。

饭后,他请求道:"丹尼斯先生和太太,您二位先不要离开桌子,稍待一会儿,我有点儿事要做。"

他跑到他房里拿来那沓画纸和炭笔,然后迅速地把他朋友们的容貌画在纸上。丹尼斯太太走过来从他的肩上望去,不禁叫起来:"这么说,温森特先生,您是个艺术家啦!"

温森特不好意思了。"不,"他说,"我只是自己画着玩儿。"

"但是画得挺好嘛,"丹尼斯太太说,"看起来真有点儿像我。"

"真有点儿像,"温森特大笑起来,"而不是完全像。"

他没有写信告诉家里他在干什么,因为他知道他们肯定得说,而且说得也不错:"噢,温森特又在搞新花样了。什么时候他能定下心来做些有益的事情呢?"

此外,这项活动性质奇特:这是他个人的事,和别人全不相干。对他的这些素描,他既不能用交谈的方式,也不能用写信的方式抒发看法。他以前对任何东西都不像对它们这样感到应当保持缄默,也不喜欢自己的作品被外人的眼睛看到。虽然它们从每一处细节来看,都是不成熟到了让人泄气的地步,然而从它们所具有的某种质朴自然同时又难以捉摸之处看来,却是神圣的。

他又到矿工们的小屋里去访问了,但这一次他拿着的不是《圣经》,而是画纸和颜色笔。矿工们仍旧很高兴看见他。他勾画在地上玩耍的孩子们、弯腰俯向椭圆形火炉的主妇以及工作一天后在吃晚饭的家庭。他画着烟囱高耸的马卡塞、黑色的原野、峡谷那边的松树林和在帕图拉盖斯一带耕地的农夫。天气恶劣,他就留在房间里临摹墙上的画片或重画前一天画的草稿。晚上睡到床上,他会觉得那天也许有一两件东西他画得不算坏。而第二天,睡眠又使他从对创作成果的自我陶醉中清醒过来,他发觉那些画不对头,完全不对头,于是便毫不犹豫地把它们扔到一边。

他制伏了心中那令他痛苦的猛兽。他不再去想他的不幸,他觉得快乐、幸福。他明知道不努力设法养活自己,只是仰仗父亲和弟弟的钱生活是应当感到羞愧的,但这似乎无关紧要,他只管继续画下去。

过了几个星期,他已经把墙上的每张画片都临摹了许多遍。他认识到,要想再提高就得多临摹,而且得临摹大师的作品。他不顾提奥已经一年不来信,以画画的需要作为借口,藏起了自己的自尊心,主动写信给他的弟弟——

亲爱的提奥:

如果我没有记错,你一定还有米勒的那些《田间劳作》的素描。请你寄来暂时借我用用好吗?

我应当告诉你,我正在临摹包斯布姆和阿里贝的画。啊,要是你看到它们,你也许不会很感失望的。

尽你所能给我寄些画来。不要为我担忧,只要我能继续干下去,就有希望重新走上正轨。

我是在画画中间抽空给你写这封信的,现在我还要赶紧回头画画。祝晚安,尽快把画片寄给我。

热烈地握手,

温森特

一种新的渴望在他心头萌生,渴望和某个艺术家谈谈自己的作品，弄清到底哪里做得对、哪里做得不对。他知道自己画得不好，但是，由于是自己亲手所画，敝帚自珍，竟不能准确地指出它们不好的原因所在。他需要的是外人毫不留情的评判，他们的眼睛不像作者会因为对自己作品感到自豪而带有盲目性。

他去向谁求助呢？这种急切的心情比入冬以前他靠干面包度日时的任何渴望都更加强烈。他只是想知道和感觉到世上还有其他的艺术家，这些艺术家和他一样面临着相同的技巧问题，想法也类似；他们会以他们自己对于画家技能的基本原理的认真思考，来证实他的努力是正确的。世上是大有人在的，他想起来，像马里斯和毛威[1]那样献身于绘画的人是有的，但去找他们，置身在博里纳日这样的地方，这简直是异想天开。

一天下午，外面下着雨，温森特正在室内临摹，眼前突然闪过布鲁塞尔的皮特森牧师站在他书房里的情景，仿佛听见他说："不过，可别把这告诉我的同事们！"他立刻明白，他所要的这个人终于找到了。他把自己画的素描原稿看了一遍，选出描绘矿工、弯腰俯身在椭圆形火炉上的妇女和拾矸石的老妇人那三幅，就出发去布鲁塞尔了。

他口袋里只有三个多法郎，坐不起火车。步行的路程大约有八十公里。温森特走了一个下午、一个通宵和次日的大半天时间，来到离布鲁塞尔三十公里的地方。要不是单薄的鞋已经磨破，有一只鞋上面都露出了脚趾，他会一直不停地走到底的。那件过去一年在小瓦姆一直穿着的外衣上蒙了一层灰尘，但因为他连梳子和替换的衣衫都没带，所以第二天早晨只能用冷水抹一把脸了事。

温森特把卡片纸垫在鞋里，很早就上了路。鞋上紧夹着脚趾破口处的皮子开始磨他的脚，不久，脚上就鲜血淋漓了。卡片纸磨烂

---

[1] 安东·毛威：1838—1888，荷兰画家，梵高家的亲戚。

了，脚底起了水泡，继而变成了血泡，最后血泡又破了。他虽然又饥又渴、疲顿不堪，心中却极为快乐。

他竟然就要和另一位艺术家见面并交谈啦！

当天下午，他一文不名地来到了布鲁塞尔城外。他清楚地记得皮特森的住处，于是急急地穿过一条条街道直奔其家。当他从人们身旁走过时，那些人都赶快躲开，睁大眼睛目送他走过，同时不住地摇头。温森特甚至都没有注意到他们，他只是以他磨破的脚所允许的速度一瘸一拐地走着。

牧师的小女儿听到铃声走来开门，她惊恐地看了温森特一眼，被他那让汗水冲得一道道的脏脸，未经梳理、缠成一团的头发，满是污垢的外衣，粘着泥块的裤子和一双黑乎乎、血淋淋的脚吓得尖叫着跑进前厅。皮特森牧师来到门口，半天才认出温森特来，脸上突然露出发自内心的微笑。

"哎呀，温森特，我的孩子，"他叫起来，"又看到你了，太好啦！快请进，请进！"

他带温森特进了书房，拉过一把舒适的椅子给他坐。此刻，温森特的目的既已达到，本来紧紧绷着的弦顿时放松了。两天来，靠着面包和一点乳酪步行了八十公里的困乏袭向全身。他后背的肌肉松弛下来，肩膀像散了架，浑身瘫软无力，他感到呼吸变得异常困难。

"我的一个住在附近的朋友有个空房间，温森特，"皮特森说，"一路劳顿之后，你要不要洗个澡，先歇一歇呢？"

"好的，我没想到会这样疲乏。"

牧师拿起帽子，同温森特一起沿着街道走去，并不顾忌邻居们的注视。

"你今晚大概得睡一觉了，"他说，"不过，明天中午十二点一定要来吃饭啊！咱们有许多话要谈呢！"

温森特洗过澡,从铁盆里站起来,此时,虽然刚六点,他就空着肚子去睡觉了。这一觉睡到了第二天上午十点钟,要不是因为辘辘饥肠在体内不依不饶,他还不会醒的。把房间出租给皮特森牧师的那个人,借给温森特一把剃刀、一把梳子和一把衣服刷。温森特尽量把自己的样子弄得整齐一些,最后发现一切都能补救,唯独那双鞋子无可救药。

温森特饿极了,在皮特森牧师轻松地谈着布鲁塞尔近来的大事时,他不顾体面地狼吞虎咽着。饭后,两人走进了书房。

"啊,"温森特说,"您作了不少画,是不是?墙上的素描全是新的嘛!"

"是的!"皮特森答道,"我刚开始体会到,绘画中的乐趣远远超过了去布道。"

温森特笑着说:"从本职工作中抽出那么多时间作画,您难道不会因此偶尔受到良心的责备吗?"

皮特森大声笑着说:"你知道鲁本斯的这件逸事吗?他担任荷兰驻西班牙大使期间,经常把下午的时光消磨在女王花园里他的画架跟前。一天,西班牙宫廷一个自以为是的家伙从旁经过时说:'我发现外交官有时用绘画来消遣。'鲁本斯回答道:'不,应该说是画家有时要用外交事务来消遣才对!'"

皮特森和温森特彼此会心地大笑起来。温森特打开他的袋子,"我自己也画了几张素描,这次随身带了三张人物给您看。也许您不会拒绝把您对它们的看法告诉我吧?"

皮特森推辞着,因为他知道,对初学者的作品进行批评是件费力不讨好的事。然而他还是把这三张习作放在画架上,站到远处观看起来。温森特忽然以他朋友的眼光看见了自己的画,他意识到它们是多么的不成熟。

"我的初步印象是,"牧师过了一阵才开口,"你作画时一定离模特儿很近,是不是?"

"是的。我不得不这样,因为我的多数作品是在拥挤、狭小的矿工屋里画的。"

"我知道。这说明你缺乏透视。你不能设法找个能站得离你的对象远点儿的地方吗?我相信,那样你就能更清楚地观察他们了。"

"那里倒有几间相当宽敞的矿工屋。我可以用不多的钱租下来,把它布置成一间画室。"

"挺不错的主意嘛!"

牧师又沉默下来,憋了半天才问:"你学过画画吗?你画面部时在纸上打格吗?你进行测量吗?"

温森特脸红了,"我不知道怎么做这些事。您知道,我从来没有学过。我以为只要不断画下去就行了。"

"啊,不,"皮特森认真地说,"你必须首先学习基本技巧,然后再慢慢画出画来。喏,让我来指给你看这张妇女人像的毛病。"

他拿起尺子,给人物的头部和身体打上格,让温森特看他的比例多么错误,然后又着手重新画人物的头部,边画边做解释。他画了将近一个小时之后,退后几步,审视着这张图,说道:"看!我认为现在我们才把这个人物画对了。"

温森特和他一起站到房间对面一端,望着那张纸。毫无疑问,那个妇女从比例上看现在是完美无缺了,但是她已经不再是个矿工的妻子,不再是在矸石山的山坡上捡矸石的博里纳日女人了。她只是世间随便一个被准确描画出来的弯着腰的妇女。温森特不声不响地走到画架前,把那幅画着一个妇人弯腰俯身在火炉上的素描放在这幅重新画过的画旁边,然后返身站到皮特森旁边。

皮特森牧师用鼻子哼了几声:"是啦,我明白你的意思了。我赋予她比例,却抽掉了她的个性。"

他俩久久地站在那里望着画架。皮特森不由自主地说:"你也知道,温森特,那个站在炉前的妇女并不坏,她一点儿也不坏。画法固然糟得很,你的明暗处理全不对,她的面部更让人失望,实际上你压根儿就没画面部;但是这幅素描上有点儿什么。你捕捉到了一种我说不上来是什么的东西。它是什么呢,温森特?"

"我还真不知道。我只是照我所看到的样子把她画下来罢了。"

这一回,是皮特森快步走到画架前。他一边嘴里说着"请你不要介意,横竖我已经把它画坏了",一边把那幅经他"改良"过的素描扔进了废纸篓,留下那第二张妇人像单独摆在画架上,又回到温森特那里。他们坐下来,牧师几次欲言又止,最后还是说出来了:"温森特,我虽然不愿意承认这点,但是我的确真有点儿喜欢这个妇人像了。起初我觉得她糟透了,但是她让人越看越爱看。"

"为什么您不愿意承认这点呢?"温森特问。

"因为我本不该喜欢它的。整个儿都不对,完全不对嘛!随便在哪个美术学校的初级班里,老师都会让你把它撕掉重画的。可是不知她身上的什么东西打动了我。我几乎可以发誓,我以前肯定在什么地方见过她。"

"也许您在博里纳日见过她吧?"温森特天真地说。

皮特森瞟了他一眼,看他是否在讥讽自己,然后说:"你说得对。她的面部没有画出来,她不是某一个特定的人。不知怎么搞的,她竟是博里纳日所有矿工妻子的概括。温森特,这一点才是重要的,比起画得正确这一点,要重要一千倍。是的,我喜欢你画的这个妇人。她直截了当地在向我表明什么。"

温森特激动得发抖了,但是他不敢说话。皮特森是个经验丰富的艺术家,是个行家,他是否会向自己提出要下这幅画,是否真的喜欢这幅画,以至于……

"你能把她让给我吗,温森特?我非常想把她挂在我的墙上。我想她和我会成为极好的朋友。"

[20] 提奥上场

当温森特决定他最好还是回小瓦姆去的时候,皮特森牧师把自己的一双旧鞋送给了他,替换了那双破烂的鞋子,并为他买了回博里纳日的车票。温森特完全出于友情接受了他的馈赠,就友谊的真义而言,认为给予和接受两者之间有所区别纯属世俗短见。

在火车上,温森特领悟到有两件事是很重要的:首先,皮特森牧师一次也没有提到他做福音传教士不成功的事,这回是把他当作一个艺术上的同行,以平等的态度来接待的;其次,牧师喜欢他的一幅素描,竟然到了想要占有它的程度,这是一次具有决定意义的测验。

"他为我开了一个头,"温森特暗自思忖,"如果他喜爱我的作品,别人也会喜欢的。"

在丹尼斯家,他发现提奥还是寄来了《田间劳作》,尽管随同这些画并没有信一起寄来。他同皮特森的接触使他精神面貌焕然一新,因而他兴致勃勃地深入研究着米勒老爹的作品。提奥寄来了一些大张的素描纸,温森特几天就临摹了十页《劳作》,完成了第一册。接下来,他感到自己需要画些裸体素描,但又十分清楚,在博里纳日这儿谁都不会为他摆出这样的姿势,所以他写信给他的老朋友——海牙古比尔画廊的经理特斯提格,问他能否把巴格[1]的《素描练习》借给自己。

同时,他记起皮特森的劝告,就在靠近小瓦姆街的上头,以每月九法郎的租金租下了一间矿工屋。这一回,这房子是他所能找到的最好的一间,而不是最坏的了。房子里的地面是厚厚的地板,两扇宽大的窗户可以让阳光照进来,房间里有一张床、一张桌

---

[1] 巴格:1825—1883,法国画家。

子、一把椅子和一只火炉。房间之大足以供温森特从远处用透视法对安置在另一头的模特儿进行全面的观察。头年冬天，小瓦姆村没有一个矿工的妻子儿女不曾得到过温森特的某些帮助，所以对温森特要他们来摆个姿势的请求从不拒绝。到了星期日，矿工们也会蜂拥而来，到他的房子里，让他为他们画张速写。他们觉得这非常有趣。这里总是挤满了人，他们兴趣盎然地在温森特身后看着，惊异不已。

从海牙寄来的《素描练习》收到了，温森特用了两个星期，起早贪黑地临摹着这六十幅素描。特斯提格还寄来了巴格的《绘画技术探索》，温森特简直如获至宝。

过去五次失败的痕迹已通通从他的心上抹去，甚至连侍奉上帝，也没有像创造性的艺术那样，使他进入到如此心醉神迷并感到无限满足的境界。当他十一天身无分文，不得不靠丹尼斯太太赊给他的一点点面包维持生命的时候，他一次也没有抱怨过饿——甚至也不对自己抱怨。要是他在精神上可以享受到这样丰富的营养，肚子饿一饿有什么关系呢？

为了画一幅大张的矿工群像，他花了一周的时间，每天早上两点半就到马卡塞矿井门口作画。他描绘了沿着栽有荆棘树篱的小路穿过雪地去上班的男男女女，那是些在拂晓的朦胧中走过去的隐约可见的影子。画的背景是矿井的庞大建筑和天际依稀可见的成堆的废石。整张画完成后，他誊画了一幅，把它夹在信里寄给了提奥。

两个月的时间就这样过去了，他从晨曦初起画到夜幕降临，然后就在灯下誊画。那种想和别的艺术家见面并交谈的愿望又向他袭来，他盼望在旁人的帮助下对自己的进展有个正确的认识，因为他虽然认为自己是有进步的，画起来也比以前得心应手了，但对此他还没有把握。不过这次他所需要的是一位老师，是一位愿意把他置于自己的羽翼之下，慢慢地、详细地把这一崇高行业的基本技能教给他的人。为能得到这样的指导，他愿意付出任何代价，他可以去给对方擦靴子，可以给对方的画室一天擦十次地板。

朱尔斯·布雷顿[1]的作品是他很早就崇拜的，他住在一百七十公里外的库里尔。温森特乘上火车，一直坐到再也买不起下一段路程的车票，便下车步行前进。他走了五天，一路上，困了睡在干草堆里，饿了就画一两张画换点面包吃。当他站在库里尔的树林中望见布雷顿刚刚兴建起来的红砖结构、豪华体面的新画室之时，他的勇气消失了。他在城里徘徊了两天，最后还是被那画室冷冰冰的外表所慑服。他又走上了返回博里纳日的一百七十公里的漫长道路，筋疲力尽、极度饥饿并且一文不名，脚上穿的是皮特森那双薄得快要磨穿的鞋。

他带着病，垂头丧气地回到自己那间矿工屋里。没有他所期待的钱或邮件等他。他躺到了床上。矿工的妻子们纷纷来照料他，把从她们的丈夫和孩子口中尽可能省出来的一点点食物送到他嘴边。

长途跋涉使他消瘦了许多，面颊又凹陷进去，那双深绿色的眼睛像两口深不见底的水潭，由于高烧而发着亮光。他虽然病成这个样子，内心却清醒得很，他知道，他已到了应当做出抉择的关键时刻。

他应当在自己的一生中做些什么？做个学校教师？书商？画商？商店的店员？他到哪里去生活？埃顿，同父母住在一起？巴黎，同提奥住在一起？阿姆斯特丹，同他的伯父、姨夫住在一起？或者干脆就在这广袤无垠的天地之间听任命运的抛掷？

一天，他觉得精力有所恢复，便坐起身，一边靠在床上临摹台奥多·卢梭[2]的《朗德省的窑炉》，一边想着不知道自己在绘画这

---

1 朱尔斯·布雷顿：1827—1906，法国画家。
2 台奥多·卢梭：1812—1867，法国巴比松派画家。

个无害的小小消遣之中还能纵情享受多久。这时,有人没敲门就进来了。

啊,是他的弟弟,提奥。

[21] 莱斯维克老磨坊

过去的几年里提奥大有长进。才二十三岁,他已是巴黎一个出色的画商,颇受他的同行和家人的尊重。他谙熟社交上有关服饰、举止和谈吐方面的种种礼仪。他身穿做工精致的黑色外套,镶绲着缎子边的翻领在胸前八字展开,高高的硬领下系着一条领结挺大的白色领带。

提奥也有着梵高家的饱满天庭。他的头发呈深褐色,五官清秀,几乎有些女性气。他的眼睛温柔沉静,下巴稍尖,脸庞椭圆形,十分俊美。

提奥倚在房门上,吃惊地望着温森特。他几小时前刚离开巴黎。在他公寓的房间里有惹人喜爱的路易·菲利普式的座椅,有洗脸盆、毛巾和肥皂,窗上挂着窗帘,地上铺着地毯,还有写字台和书架,以及柔和的灯光、悦目的壁纸。而温森特此时却躺在一张肮脏的光秃秃的床垫上,身上盖着一条旧毯子;墙壁和地板都是粗糙的木板钉成的,室内仅有的家具是一张歪歪斜斜的桌子和一把椅子。温森特脸没洗、头没梳,粗硬的红胡子长了满脸满脖子。

"啊,提奥!"温森特说。

提奥急忙走过来,俯身床侧,"温森特,到底是怎么回事?你怎么把自己弄成了这个样子?"

"没什么,我现在完全好了。我刚生过一场病。"

"可是这……这……破屋子!你肯定不住在这儿……这儿不是

你的家吧?"

"是我的家。这有什么关系?我一直把它当一间画室用。"

"唉,温森特!"他用手抚摩着哥哥的头发,哽咽着说不出话来。

"你到这里来看我太好了,提奥。"

"温森特,把你的情况都告诉我。你是怎么得的病?得了什么病?"

温森特把自己的库里尔之行告诉了他。

"你是把自己累坏了,所以才病倒的。你回来后正经吃过东西了吗?是不是很注意保养?"

"矿工们的妻子一直在照料我。"

"是的,不过你吃的是什么呢?"提奥环顾四周,"哪里是你存放食物的地方?我怎么看不见啊?"

"那些妇女每天给我带一点儿东西来,那是她们能省下来的面包、咖啡、一小块儿奶酪或者兔肉。"

"可是,温森特,你一定知道,光靠面包和咖啡,你的身体是不可能恢复的!你为什么不给自己买些鸡蛋、蔬菜和肉呢?"

"那些东西在博里纳日也是要用钱买的,这和别的地方没有两样。"

提奥在床上坐下来。

"温森特,看在上帝的面上,饶恕我吧!我原先不知道,我不了解你的情况。"

"行啦,兄弟,你已经尽了力。我快要好了。过不了几天,我就又可以起床下地活动了。"

提奥用手揉了一下眼睛,仿佛在把迷住眼睛的蛛丝擦掉,"不,我没想到。我以为你……我不知道,温森特,我真是不知道你的处境啊!"

"噢，得啦，得啦！没事啦！巴黎的情况怎么样？你上哪儿去了？去埃顿了吗？"

提奥猛地站起来，"这座荒凉的小村镇里有没有商店？这儿买得到东西吗？"

"有，在山下瓦姆镇有这样的地方。不过，还是把椅子拉过来，我要跟你谈谈。我的天，提奥，将近两年没见啦！"

提奥用手指轻轻地抚摩着哥哥的脸，说："首先，我要用在比利时能找得到的最好的食物把你填饱。你一直在挨饿，这就是你的症结所在。然后我得给你吃退烧药，再让你枕上一只软软的枕头，舒舒服服睡一觉。幸亏我来得及时。啊！哪怕我稍微知道一点儿……在我回来之前你不要动。"

他跑出门去。温森特拾起铅笔，注视着那幅《朗德省的窑炉》继续临摹着。半小时后，提奥回来了，身后还跟着两个男孩。他买了两条被单、一只枕头、一包炊具和餐具，还有一包食品。提奥把一条洁白的被单给温森特铺在床上，让他躺下，又给他盖上一条。

"好了，你这炉子怎么生火呢？"他边问边脱下他那件漂亮的外衣，卷起了袖子。

"那边有些纸和树枝。先把它们点着，再把煤放进去。"

提奥盯着那堆矸石说："煤？你管这叫煤吗？"

"这就是我们用的。来，我教给你怎么生火。"

他想要下床，可是提奥抢先一步跳到他跟前。

"躺下！傻子！"他喊道，"不许再动了，要不然我就揍你。"

温森特咧开嘴笑了，这是他多少个月来第一次开心地笑。他眼睛里的笑意几乎把热病都赶跑了。提奥把两个鸡蛋放进一个新买的锅里，又把菜豆切碎放进另一个锅里。他用第三个锅把鲜牛奶热好，再把扁平的烤面包器放到火上烘烤白面包。温森特注视着提奥卷起袖子围着炉子团团转，看到自己的弟弟近在身边，这比任何食物都更使他愉快。

饭终于做好了。提奥把桌子拉到床边，从袋里取出一条清洁的白毛巾铺在桌上，把一大块黄油放进菜豆里，剥开煮得嫩嫩的鸡蛋，放进盘子，拿起一把勺子。

"好了，老兄，"他说，"张开嘴，这回可要饱饱吃顿饭啦！天知道你有多久没吃过饱饭了。"

"哦，不用这样，提奥，"温森特说，"我自己能吃。"

提奥盛了一勺鸡蛋送到温森特口边。

"张开嘴！小伙子，不然我就把它倒进你的眼睛里。"

温森特吃了饭，心满意足地把头又靠到枕头上。"食物的滋味儿真好，"他说，"我本来已经忘了。"

"你不会很快再忘的。"

"现在告诉我，提奥，把发生的一切都告诉我。古比尔的情况如何？我极需要知道外面世界的消息。"

"那你只好再忍耐一会儿了。现在得先让你睡一觉。你得平静平静，让你肚子里的食物消化一下。"

"但是，提奥，我不想睡觉。我要讲话。什么时候我都可以睡。"

"没有人征求你的意见。你得服从命令，乖乖地把这个喝下去。等你醒了，还有美味的肉排和土豆等着你，吃了那些东西，你就有劲儿站起来了。"

温森特直睡到太阳落山，醒来之后觉得身上轻爽了许多。提奥正坐在窗下看温森特的画。温森特长时间地望着他，一声不出，内心一片安宁。提奥一看到他已醒来，马上满脸堆笑地跳起来。

"嘿！你现在感觉如何？好些了吗？你显然是睡着了。"

"你觉得那些画稿怎么样？你喜欢它们吗？"

"等我把肉排做好再说。土豆都削好皮了，就等着煮了。"他料理好炉前的事情,又把一盆温水端到床边,"用我的刮脸刀还是用你的,温森特?"

"不刮脸就不能吃肉排了吗?"

"当然,先生。不仅如此,不把你的脖子和耳朵洗净,不把头发梳整齐,也不能吃。喏,把这条毛巾围在你下巴底下。"

提奥给温森特把脸刮净,彻底地给他洗了一下,梳了头,又把提包里装着的一件新内衣给他穿上。

"看哪!"他大声嚷着,退后几步打量着自己的"作品","你这会儿看起来才像梵高家的人了。"

"提奥,快!肉排要烧煳啦!"

提奥摆好桌子,把黄油烧土豆、一块厚厚的嫩肉排和牛奶放到桌子上。

"哎呀,提奥,你没指望我把这一整块肉排都吃下去吧?"

"当然不啦,有半块是属于我的。好,开始吃吧!我们应当闭上眼睛,这样就可以想象我们是在埃顿的家里了。"

饭后,提奥给温森特的烟斗里装上他从巴黎带来的烟丝。"抽吧!"他说,"我本不该让你抽烟,不过,我想上等烟丝对你来讲是利多于弊的。"

温森特满意地抽着烟,不时用发热的、微微有些潮的烟斗柄在他那光滑的面颊上擦擦。提奥的眼睛顺着唇边的烟斗上方凝神望着前面,透过粗陋的木板墙,仿佛又回到了遥远的、在布拉邦特度过的童年时代。温森特在他的心目中,一向是个顶顶重要的人物,比母亲或父亲都重要得多。有了温森特,他的童年才过得那样甜蜜美好,可是在巴黎的最近这一年,他却把这些都忘了。他以后再也不应当忘记了。没有温森特,他的生活不知怎么就显得不完整。他觉得,他是温森特的一部分,温森特也是他的一部分。他们只要在一起就总能把这个世界看得清清楚楚;而剩下他孤身一人时,不知怎么,这个世界就总使他感到迷惘。在一起,他们的生活就有意义、有目的,也就知道珍惜生活;孤身一人,他常常奇怪自己工作是为了什么,成功又有什么价值。要使他的生活充实完美,就必须得有温森特。而温森特需要他,则是因为温森特实际上还只是个孩子。温森特需要有人帮他摆脱当前的困境,使他重新站稳脚跟。他需要有人使他觉悟,他是在糟蹋自己。他也需要有人敦促他赶紧行动,重新恢复青春活力。

"温森特,"他说,"我打算让你在这一两天就恢复体力,然后就带你回埃顿家里去。"

温森特喷吐着烟雾,半天没吭声。他知道,全部事情得讨论解决,不幸的是,他们除了争论没有别的解决办法。好吧,他一定得让提奥明白过来,然后,事情就都好办了——

"提奥,我回家去有什么好处呢?虽然我自己是不情愿的,但是我在家里已经成了一个令人无法忍受的、值得怀疑的人,起码是他们不相信的人。因此,我相信,最明智的办法莫过于远走他乡,那样,我对他们就是不存在的了。

"我是个爱动感情的人,什么傻事都干得出来。本来应当耐心等待的事,我却操之过急。情况既然如此,我是否该把自己视为一个危险人物、一个无能的人呢?我并不这样认为。但是,问题却在于要设法把这些感情用在有益的事情上。比如,我对绘画和书籍就有一种难以遏制的热情,而且,就像每天都要吃面包一样,我希望不断地自我教育。这一点,你肯定是可以理解的。"

"我的确理解,温森特。然而,在你这种年纪,欣赏图画和读书只应当是一种消遣。它们和人生的主要职业毫不相干。快五年了,你没有职业,时而想干这个,时而想干那个。而这期间,你一直在走下坡路,变得越来越堕落了。"

温森特往手上倒了一些烟丝,在手心里搓得潮乎乎的,然后装进了烟斗，但是却忘了点火。

"这是真的，"他说，"我有时候自己挣面包，有时候却靠朋友发善心资助。确实，我已经失去了多数人的信任，我的经济状况糟得很，前途也十分暗淡。难道那就一定是在堕落吗？提奥，我一定要沿着我所选择的路继续走下去。如果我不学习，也不再继续探索，那我就完了。"

"你想告诉我什么呢，老伙计？可我要是听得懂那才怪呢！"

温森特用火柴点燃烟斗，吸了一口。"我还记得那时候，"他说，"咱们一起在莱斯维克的老磨坊附近散步，当时咱们对许多事情的看法都是一致的。"

"温森特，但你的变化却那么大。"

"这并不很正确。那个时候，我的生活倒不像现在这样艰难，但就我观察事物和思考问题的方式而言，我完全没有改变。"

"因为是你，我才愿意相信。"

"提奥，你千万不要以为我是否认一切。我的确也有前后不一致的地方，然而唯一让我不安的是：怎样才能成为一个有益于社会的人？难道我就一无可取，不能有任何作为了吗？"

提奥站起来，费了半天劲才点着了那盏油灯，他倒了一杯牛奶，"来，喝下去，我可不想让你把自己弄得精疲力竭。"

温森特喝得太猛，几乎呛住了，他甚至等不及把粘在唇上的奶沫揩掉就接着说下去："我们内心的思想，它们表露出来过吗？也许在我们的灵魂中有一团烈火，但没有一个人前来取暖。过路人只看见烟囱中冒出的一缕青烟，便接着走自己的路去了。那么，听我说，应该怎么办呢？难道不应该守护着心中的这团火，保持自己的热情，耐心等待着有人前来取暖的时刻吗？"

提奥起身坐到床边。"你知道刚才我脑子里闪过什么景象吗？"他问。

"不知道。"

"莱斯维克的老磨坊。"

"那是个可爱的古老磨坊,不是吗?"

"而且咱们的童年也很可爱。"

"是你使我的童年过得快乐,温森特。我最初的记忆都是和你有关的。"

久久的沉默。

"温森特,我真希望你能明白,我那些责备你的话并非出自我本心,那都是家里的意思,是他们劝我来你这儿,看我能不能使你回心转意,重返荷兰找个工作。"

"这些话都不错,提奥,他们说的话完全正确。他们不理解我的动机,也不知道眼前这一步关系着我的终生,这是理所当然的。但是,如果我的社会地位下降了,你的地位反而上升;如果我失去了他们的同情,你却得到了他们的厚爱,那会使我十分快乐。我是真心实意这样说的,并且永远不会改变。不过,如果你能不把我视为那种最没出息的懒汉,我是会非常高兴的。"

"咱们把那些话都忘掉吧。尽管我整整一年没有给你写信,可那是因为懒,而不是对你不满。我一直是信赖你的,而且从童年,咱们手拉着手走遍松丹特绿草如茵的高地时候起,我就毫无保留地信任着你。如今,我的信任丝毫未减。我需要的只是到你身边来,弄清楚你所做的一切到头来是正确的就行了。"

温森特笑了,那是布拉邦特人特有的宽厚而满足的笑,"你真好,提奥。"

提奥突然间变成了实干家。

"喂,温森特,咱们此时此地就把整个事情定下来。通过你那些让人难以理解的话,我怀疑有一件你希望做的事情,那是一件你觉得对你最适合不过,而且最终会带给你幸福和成功的事情。那好，老伙计，你就说出来吧！古比尔公司在这一年半给我提过两次工资，我的钱超出了我的需要。如今要是你希望做什么事，而在最初又正好需要帮助，你就直截了当地把你终于发现的真正的终身事业告诉我，然后，咱们可以建立一种合作关系。你去经营，而我则提供经费。等到你有了偿付的基础，你就可以把钱连本带利都还给我。现在，直说吧，你心里到底怎么打算的？你是不是早已确定了今后一生想要从事的事业了呢？"

温森特扫了一眼提奥刚才在窗前仔细看过的那一摞画稿，一种由惊奇到怀疑终至恍然大悟的笑容在他脸上绽开。他的眼睛睁得大大的，嘴巴张开着，整个人犹如一株向日葵，在阳光下骤然绽开了花朵。

"哦，我真该死！"他喃喃地说，"那——就是我一直努力想要说的，可我过去却不知道。"

提奥的目光随着他的视线落在那些画稿上。"我以前想到过。"他说。

温森特由于激动和喜悦而全身颤抖，他仿佛突然从沉沉的梦境中醒来了。

"提奥，你在我明白之前就知道啦！我不允许自己去想这件事。我是害怕呀。当然，我必须得做成一件事。这是我毕生的向往，而且我从未产生过怀疑。我在阿姆斯特丹和布鲁塞尔学习期间，就曾有一种要画、要把我所看到的东西画在纸上的强烈冲动，但我不许自己那么做。我担心那会干扰我的真正的工作。**我的真正的工作！**我真糊涂！这些年来，有东西一直在拼命从我身上冒出来，我却不让它出来。我把它挡回去。我现在呢，二十七岁，一事无成。我多么愚蠢，真是个糊涂透顶的大傻瓜！"

"没关系的，温森特。以你的精力和决心，是能够取得比任何别的初学者都要强一千倍的成就的，何况你面前的生活道路还很长。"

"不管怎么说，我应该还有十年的时间。在这期间我是可以创作出一些好作品的。"

"你当然能啦！而且，你愿意住在哪儿都行，巴黎、布鲁塞尔、阿姆斯特丹或者海牙，全都可以。你自己挑吧，我会按月寄给你生活费。即使你需要花费许多年时间，我也不在乎。温森特，只要你不丧失信心，我也永远不会。"

"咳，提奥，在这些痛苦的日子里，我一直在努力寻求，试图发掘出我生活的真正目的和意义，可是我竟不知道就是这个。现在我可明白了，我永远不会再失去信心了。提奥，你懂得这意味着什么吗？在虚度了这许多岁月之后，**我终于发现了自己的能力！**我准备做个艺术家。我一定要成为一个艺术家。我必须得做。我之所以在别的工作上一再失败，其原因就在于我天生就不适合干那些事。现在我可找到了这件永远不会失败的工作。啊，提奥，牢门总算打开了，你就是这个来为我打开大门的人！"

"任凭什么都拆不散我们了！我们又在一起了，是不是，温森特？"

"是啊，提奥，一辈子也不分开了。"

"现在，你只管休息，养好身体。过几天，你好些了，我就带你回荷兰，或者去巴黎，或者任何一个你愿意去的地方。"

温森特腾地跳下床，一下子站到了小屋的中央。

"过几天？老天爷！"他嚷道，"咱们马上就走。九点钟有一趟去布鲁塞尔的火车。"

他开始发疯似的急速穿衣服。

"不过温森特，你今晚还走不了路。你有病。"

"有病！那已经是过去的历史了。我这辈子从来没有像现在感觉这么好过。走吧，提奥，老天，咱们只要十分钟左右就能走到车站。把那些漂亮的白被单塞进你的提包，咱们这就上路吧！"

第二卷　埃顿

[Book Two] Etten

[1]"干这一行是可以谋生的！"

提奥陪温森特在布鲁塞尔消磨了一天之后，就回巴黎去了。春天来临，布拉邦特的乡村风光诱惑着温森特。故乡如同可以庇护他的避风港，是那样富于魔力，令他心驰神往。温森特为自己购置了一身黑色粗绒的工人服，是用那种所谓"棉绒"料子做的，又买了些画速写用的本色平纹安格尔纸，随后便乘下一趟火车回故乡埃顿，奔自家那所牧师住宅去了。

安娜·科尼莉亚不赞成温森特这样打发日子，她觉得这样的生活带给儿子的多半是痛苦而不是欢乐。提奥多鲁斯反对儿子这样生活则是出于客观的原因，如果温森特是旁人的儿子，那对他也就无所谓了。他知道上帝不喜欢温森特这种邪门歪道的生活方式，可又担心上帝更不满意做父亲的对儿子放任自流。

温森特注意到父亲已经白发苍苍，右眼皮更加往下耷拉。他的整个外表都因为年老而显得萎缩了，胡须也越发变得稀疏起来，与此同时，他先前那种"这就是我！"的自信神情，也已变成了"这是我吗？"的困惑窘态。

在母亲身上，温森特却发觉她比以往更刚强、更令人感到亲近了。岁月不是熬煎击垮了她，而是磨炼成全了她。她那从鼻翼到下巴之间的两道沟纹中蕴含着的笑意，仿佛还没等你犯下过错便事先宽恕了你。那流露在她脸上的宽厚、开朗、和善的神情，正是对生活之美的一种永恒的赞许。

几天来，家里人回避谈及温森特穷愁潦倒的境况，只是用食物和亲情使他在身体和精神上得到恢复。他在盖有茅草屋顶的农舍之间的荒地上徘徊，观看樵夫在一片树木被砍倒的松林地上忙碌不休；他在通往罗森达尔的大路上漫步，在耶稣教会的谷仓及其对面磨坊所在的一片草地上和教堂院子里的橡树间穿行。博里纳日的往事渐渐被忘却，他的健康和体力很快恢复过来。不久，他就渴望着手工作了。

一个雨蒙蒙的清晨，安娜·科尼莉亚一早就下了厨房。她发觉炉火已经燃得很旺，温森特坐在炉前，双脚蹬在炉围子上，膝盖上放着临摹了一半的素描《日间》。

"哟，儿子，你早哇！"她显得很惊讶。

"您早，妈妈。"他亲热地吻了一下母亲宽阔的面颊。

"你怎么起这样早，温森特？"

"噢，妈妈，我想干活儿了。"

"干活儿？"

安娜·科尼莉亚看了看他膝上那张草图，又瞧瞧那已生着火的炉子，"噢，你的意思是生火吧？可是你不必为了生火就起这样早呀。"

"不，我是想画画儿了。"

安娜·科尼莉亚又隔着儿子的肩膀瞅了瞅那张画。在她看来，那画就像小孩子照着杂志画着玩的那种东西。

"你打算干画画儿这行了吗，温森特？"

"是呀。"

他解释了自己的决定，并谈到提奥为了帮助他而做的努力。他没有想到，安娜·科尼莉亚居然感到高兴。她快步走进起居室，拿着一封信走回来。

"咱家的一位亲戚安东·毛威就是画家，"她说，"他挣钱可多啦。前几天我刚收到了我姐姐写来的一封信,你知道,毛威娶的就是她的女儿杰特。她信中说,古比尔公司的特斯提格先生能把安东的每件作品都卖上五六百个法郎。"

"是的,毛威正在成为当今的一位了不起的画家。"

"要用多长时间才能画成那样一幅画呢,温森特?"

"那得看情况,妈妈。有的油画几天就画成了,有的则要画几年。"

"几年?啊哟,我的天!"

安娜·科尼莉亚沉思了片刻,又问:"你画人物能画得像吗?"

"噢,我不知道。楼上有些我画的速写。我去拿来给您看。"

他回来时,见母亲戴着她那顶做饭时戴的白帽子,正把一壶水坐到宽宽的炉台上。墙壁上的蓝白瓷砖闪闪发亮,使厨房里充满了欢快的气氛。

"我要做你爱吃的奶酪饼呢,温森特,"安娜·科尼莉亚说,"你还记得不?"

"那还能忘!啊,妈妈!"他粗笨地用手臂搂着她的肩膀。她抬起眼睛,微笑着,若有所思地望着儿子。温森特是她的长子,也是她最心爱的一个孩子,他的不幸成了生活中唯一使她伤心的事。

"回家和妈妈在一起好不好?"她问儿子。

他顽皮地捏了一下妈妈那容光焕发、布满皱纹的面颊。

"好啊,亲爱的。"他回答。

她拿起温森特在博里纳日画的那些速写,仔细端详着。

"可是,温森特,他们的脸怎么啦?"

"没什么,怎么啦?"

"他们的脸一点儿也看不出来呀!"

"我知道,我感兴趣的只是人体。"

"可是你也会画人的脸,对吧?我相信,在埃顿这个地方,会有许多女人乐意让人给她们画肖像。干这一行是可以谋生的。"

"对,我也这么想。不过,那得等到我画好了才行。"

他的母亲把鸡蛋打到一个盛着头天滤好的酸奶油的平底锅里。她把手里的两半蛋壳控了控,然后从炉前转过身来。

"你是说,得画好些才能使肖像够上出售的水平吗?"

"不,"温森特一边回答,一边用铅笔迅速地描着,"我得画好了,这样我的画才好啊。"

安娜·科尼莉亚一边把黄黄的鸡蛋搅和到白色的酸奶油里,一边琢磨儿子的话,然后说:"我好像弄不明白你说的话,儿子。"

"我也不明白,"温森特说,"反正就这么回事儿吧。"

早餐时,吃着酥松焦黄的奶酪饼,安娜·科尼莉亚向丈夫透露了儿子的想法。老两口暗地里不知为温森特伤了多少脑筋。

"干这一行有前途吗,温森特?"父亲问,"你是不是有可能做到自食其力呢?"

"一开始还做不到。提奥打算资助我,一直到我能自立为止。等我能画得不错的时候,就能赚到钱了。在伦敦和巴黎,画匠一天可以挣十到十五个法郎,为杂志画插图的画师挣钱也挺多。"

提奥多鲁斯颇感宽慰,因为他发现温森特脑子里多少有了些打算,不再像前些年那样无所事事、糊里糊涂地过日子了。

"温森特,但愿你着手干这种工作后就一直坚持下去,再不要东游西逛了。"

"这是最后的选择,父亲。我再也不会改变主意了。"

[2] 疯子

不久,雨季过去,天气暖和起来。温森特带上绘画用品和画架出了门，开始在乡间寻觅他要描绘的景物。虽然他时常去帕西瓦特的一片开阔的沼泽地那边画睡莲，但他还是最喜欢在塞佩附近的荒原上作画。埃顿是个相当闭塞的小镇，这里的人都斜楞着眼看他。他们还是头一遭看见他穿的这种黑绒衣服，而且那么大个人成天只拿着铅笔和画纸在旷野里消磨时光，这对当地人来讲也是前所未见的。他对父亲所管辖的教区的居民们并无失礼之处，但总显得有点敬而远之、漠不关心的样子，不过，他们倒也没有要与他交往的意思。在这个偏僻的小地方，他仿佛是个怪物，是个畸形的人，他的一切，诸如服装、举止、红胡须、以往的经历和什么也不干只是没完没了地蹲在野地里瞧着什么东西等，都显得那样古怪、与众不同。尽管他对人们并无妨害，他希望的只是不受别人打扰，但是，由于他的与众不同，人们不免对他怀有猜疑和畏惧的心理。温森特并不知道人们不喜欢他。

他在认认真真地练习画一片正在被砍伐的松林，全神贯注地描绘着被弃置在小河边的一棵孤零零的树。一个伐木的农民不时地溜过来看他画，在温森特身后一边瞧，一边咧着嘴笑，有时还忍不住笑出声来。温森特花了几天时间勾草图，那农民呢，则一天比一天笑得开心。于是，温森特决心问个究竟，想弄明白到底什么事使他如此高兴。

"你觉得我画一棵树可笑吗？"他客气地问。

那人竟捧腹大笑，"是的，是的，太可笑啦！您准是疯啦！"

温森特认真思索了一下，又问："如果我种了一棵树，我是疯子吗？"

那农民顿时严肃起来，"啊，不，当然不是啰！"

"如果我照管那棵树，我是疯子吗？"

"不，当然不。"

"如果我摘下树上的果子，我是疯子吗？"

"您取笑我哪！"

"那么，如果我把那棵树砍倒，就像他们在这儿所做的那样，我该是疯子了吧？"

"噢，不，树是应当砍倒的。"

"好了，我可以种一棵树、照管这棵树、采摘树上的果实，还可以砍倒这棵树；然而，如果我去画这棵树，我便成了疯子。这样说对吗？"

那农民咧开大嘴又笑起来，"可不是，像您那样成天坐在那儿一准儿是发了疯。村里人都这么说。"

晚上，他同家里人一道在起居室里，围坐在那张大木桌旁，大家有的做针线活，有的看书，有的写信。他的弟弟科尔是个沉默寡言的文静孩子。至于他的妹妹们，安娜已经结婚离开了家；伊丽莎白从来就那么讨厌他，以至尽量装作视而不见，只当他根本没回家；维莱米恩是个富于同情心的姑娘，她随时准备满足温森特要她做模特儿的请求，对温森特从不挑眼，只是友善相待。不过，他们的关系也仅限于一般日常小事上。

温森特也坐在桌旁干他的活儿。桌子中间那盏大台灯的黄色灯光令人感到舒适。他做素描练习或把当天在野外的速写稿誊清。提奥多鲁斯看见，仅仅一个人物他就勾画了十来遍，并且总是不满意地把已完成的作品扔掉。这位牧师终于按捺不住了。

"温森特，"他说，俯身靠近那宽阔的桌面，"你难道就没有画好的时候吗？"

"没有。"温森特回答。

"那我就担心了，你是不是在做一件错事呢？"

"我做的错事多得很，父亲。您指的是哪一件呢？"

"依我看，如果你有才能，当真适合做个艺术家的话，那些草图就该一次画成功。"

温森特低头瞥了一眼自己那张习作，那上面画着一个农民跪在一只口袋前面，正往袋里装土豆。他似乎没有把握住这个农夫手臂的线条。

"也许是这样，父亲。"

"我的意思是，你既然画不好，就用不着这样上百次地去画那些玩意儿了。你要是有天分，就不用费这么大劲。"

"大自然总是先跟艺术家作对，父亲。"他没有放下手里的铅笔，说着，"如果我确实严肃认真地对待自己的工作，就绝不让自己因受到那种抗拒而放弃目标。相反，这将更加激励我去争取成功。"

"我可不那么看。"提奥多鲁斯说，"善，不可能出自恶。好作品，也一样不可能出自坏作品。"

"在神学方面也许是那样，在艺术上却不然，事实上非如此不可。"

"你错了，我的孩子。一位艺术家的作品不是好就是坏。但如果是坏的，他就算不上是艺术家。他自己应当一开始就能做出判断，不必浪费时间去尝试。"

"可是，如果他生活得快乐却是得自于坏的艺术呢？那又怎么解释？"

提奥多鲁斯挖空心思地在他的神学知识中搜寻词句，然而到底也没有找到这一问题的答案。

"不，"温森特边说边擦去所画的那一袋土豆，使得那个农夫的左臂僵硬地悬在半空，"实际上，大自然和一个真正的艺术家是一致的。也许你得奋斗上许多年才能使之就范，变得驯服；但是，坏的乃至极坏的作品终究会变成好作品，从而证明多年的奋斗是有意义的。"

"如果到头来你的作品还那么糟呢？你画那个跪在地上的农夫已经好几天了，可他仍然不像个样子。就算你往后再画上几年，但还画不好这个农夫,那该怎么办呢?"

温森特耸了耸肩,"艺术家就得冒这个风险,父亲。"

"那报酬值得冒这个风险吗?"

"报酬?什么报酬?"

"就是所得的钱,还有社会地位。"

温森特这才第一次把视线从画纸上移开,抬头端详着父亲的脸。他看得那样仔细,仿佛在打量一个陌生人。

"我还以为咱们是在讨论艺术的好坏呢!"他说。

[3] 学生

温森特不分昼夜地钻研着绘画技巧。如果说他也考虑过未来的话,那无非是幻想自己尽快自立,从而不再是提奥的一个累赘,那时他的创作成果也就近乎完善了。他画得乏了就看书;他累得既不能画画也不能读书时,就索性去睡觉。

提奥给他寄来安格尔纸,某兽医学校解剖马、牛和羊的图片,霍尔拜因[1]的《艺术家笔下的模特儿》中的一些画片,以及画笔、鹅毛笔、人体骨骼的复制品、乌贼墨颜料和尽力省下来的法郎。此外,他还劝温森特努力工作,叫他不要做那种平庸的艺术家。对提奥的劝告,温森特的答复是:"我将尽力而为,不过我一点儿也不轻视'平庸'这个词中所包含的朴素的意义。一个人不可能因为轻视平庸的东西而变得更高明。不过,你谈到要努力工作,那当然不错。恰如加瓦尼[2]所告诫的,'一天也不要停笔!'"

---

1 霍尔拜因:1497—1543,德国著名画家。
2 加瓦尼:1804—1866,法国画家。

他越来越体会到，画人物是件有益的事。这对于描绘风景有着间接的、良好的影响。如果他把一棵柳树当成一个活物来画——其实它原本就是个活物——只要是把全部注意力集中在这棵树上，并且不把这棵树画活就不罢休，那么，周围的景物随后也就会跟着活起来了。他非常喜欢风景画，但更为酷爱加瓦尼、杜米埃[1]、多雷[2]、德格鲁士[3]和费利西安·罗普斯[4]画的那些生活素描。那些素描是那样出色，有时逼真得令人惊讶。他也练习画各种类型的劳动者，希望日后能为报刊画些插图。他想通过一个长时期的艰苦奋斗，做到完全自食其力，同时也在技巧上达到完善，并探索更高级的表现形式。

有一次，他父亲以为他读书是为了消遣，就对他说："温森特，你总是讲你应当如何如何努力工作，那你干吗要把光阴浪费在那些无聊的法文书籍上呢？"

温森特把手指夹在《高老头》那本书里做标记，然后抬起头来。他始终希望，有一天当谈到严肃的问题时，父亲能够理解他。

"您知道，"他慢条斯理地解释说，"描绘生活中的人物和风景，不仅需要熟知绘画技巧，也需要有深厚的文学素养。"

"我得承认我不懂你的话。如果我要去做一次出色的布道演讲，那我决不把工夫花费在去厨房观看你母亲怎样腌制舌肉上。"

"说起舌肉，"安娜·科尼莉亚开了腔，"新近腌的那些，明天早餐时就可以吃了。"

温森特却不厌其烦地去反驳父亲的那种逻辑："如果不知道人体内的骨骼、肌肉和肌腱，我就画不出人体；如果不了解一个人的思想和灵魂是怎样的，也就无法画好那个人的头。为了描绘生活，

---

1 杜米埃：1808—1879，法国画家。
2 多雷：1832—1883，法国插图画家。
3 德格鲁士：1825—1870，比利时画家。
4 费利西安·罗普斯：1833—1898，比利时画家。

就不仅应当懂得解剖学,而且必须了解人们对他们所生活的那个世界的感受与看法。一个只懂得他自己那套技巧而别无所知的画家,只能算个非常浅薄的艺术家。"

"唉,温森特,"他的父亲深深地叹息着说,"恐怕你要成为理论家了!"

温森特重新读起他的《高老头》来。

还有一次,提奥为帮他解决在透视关系方面遇到的困难,寄来了一些卡萨尼[1]的书。温森特收到书十分激动,爱不释手地翻看着,还拿给维莱米恩看。

"再没有比这更好的药能医治我的病症了,"他对妹妹说,"我的病要是真治好了,那一定得谢谢这些书。"

维莱米恩用和她母亲一样清澈的眼睛笑眯眯地瞅着他。

"温森特,你是说读了书里写的那些艺术观点就能学好绘画了吗?"提奥多鲁斯问,他对来自巴黎的任何一种东西都持怀疑的态度。

"是的。"

"简直是荒唐!"

"我是说,要是我把书中的理论付诸实践的话。可是,实践却是个不能和书本同时买来的东西。如果实践也能买到的话,那种买卖是会大大地兴旺起来的。"

日子过得忙碌而愉快,转眼就到了夏天。这时,妨碍他去野外画画的已不是下雨,而是炎热了。他画了一幅妹妹维莱米恩坐在缝纫机前的素描;第三遍临摹巴格的练习;从不同的角度画一个手拿铁锹的男人,掘地者,他总共画了五遍之多;画一个播种者两遍;画拿扫帚的女孩两遍;后来又画了一个正在削土豆的戴白帽的

---

1 卡萨尼:法国画家,著有《透视学》《论水彩》等绘画教学书。

妇女；画了一个羊倌倚着他的牧羊棍；最后画的是一个年老有病的农夫坐在炉旁椅子上，那农夫双手捧着头，两肘支在膝盖上。掘地的、播种的，男的、女的，他觉得这些人就是他必须不停地描绘的对象；他必须观察乡村中的一切，并把这一切都画下来。在大自然面前，他不再觉得自己是完全无能为力的了，这使他感到一种从未有过的狂喜。

镇上的人仍然认为他古怪，并且跟他保持着一定的距离。尽管他的母亲和维莱米恩给予他大量的温情和爱，就连他的父亲也以自己的方式对他表示关切，然而，在他心灵深处仍然感到一种可怕的孤独，因为，无论在埃顿这个小镇上，还是在他自己家里，谁也不能真正理解他的内心。

农民们终于开始喜欢他，并且信任他了。他也在农民们的淳朴之中，发现了他们与其所耕耘的土地有着某种天然的关系。他努力要把这一点体现到他的素描中去，这使得他家里人时常弄不清他所画的农民和土地之间的分界线在哪里。虽说温森特自己也不明白他怎么画成了这个样子，但他觉得他画得不错，就得这样画。

"农民与土地是不能截然分开的。"一天晚上，当他母亲问及这点时，他解释说，"他们实际上就是两种泥巴，互相融合、互相依存；他们是同一内容的两种形式，原本是不可分的。"

温森特的母亲考虑到儿子没有妻室，决意还是多关照他一些，帮助他取得成功。

"温森特，"有天早晨，她对儿子说，"我想叫你两点之前回家来，你能答应我吗？"

"可以，妈妈。您有事吗？"

"我想让你同我一道去赴茶会。"

温森特愣住了，"可是，妈妈，我不能那样去浪费我的时间啊！"

"那怎么是浪费时间呢，孩子？"

"因为茶会没什么好画的。"

"那你就恰恰错了。埃顿地区所有出众的女人都将出席这个茶会。"

温森特扭头盯着厨房的门。他简直就想一步跨出去，但总算控制住了自己，并且试图向母亲做一番解释。他的话说得既慢又吃力——

"妈妈，我是说茶会上的女人没有个性。"

"瞎说！她们全都有极好的品格[1]，从来就没听说过关于她们当中哪个人的流言蜚语。"

"是呀，亲爱的，"他说，"当然没有。我的意思是她们看上去都差不多。她们的生活方式把她们造就成了一种特定类型。"

"可是，我准能轻而易举地分辨出谁是谁来。"

"是啊，亲爱的妈妈。可是您知道，她们全都过的是那样一种安闲自在的生活，所以在她们的脸上没有刻下丝毫令人感兴趣的印痕。"

"我恐怕无法理解，孩子。可你总在画你在野外看到的每个干力气活儿的工人和农民。"

"啊，是呀。"

"画那些人对你有什么好处呢？他们都很穷，什么也买不起。镇上的那些女人却能出钱叫人给她们画像呀！"

温森特伸出双臂搂住母亲，并用一只手托起她的下巴。母亲那双蓝眼睛是那么清澈，目光是那么深邃，那么善良亲切，可为什么这样的一双眼睛却不能明白自己呢？

"妈妈，"他轻声说道，"求您稍微相信我一点儿吧。我知道事情应当怎么干。只要您肯等待一些时间，我是能够成功的。要是我

---

[1] 在英语中"品格"和"个性"是同一个词（character），所以安娜误解了儿子的意思。

把那些现在您看着毫无用处的事情努力不懈地做下去,那么总有一天我能够出售我的画,到那时生活就会好起来了。"

安娜·科尼莉亚多么渴望自己能像儿子所期待的那样去理解他啊!她的嘴唇触到儿子那粗硬的红胡须,思绪把她带回到在松丹特的住所里度过的那个担惊受怕的日子——那一天,这个如今在自己怀中强壮结实的男子汉,刚刚从她身上生下来。她的头胎婴儿一落生就是死的,后来,当温森特用一声充满渴求的拖长的叫喊宣告自己的降生时,她真说不出心里是怎样的感激和喜悦。在她对他的深情厚爱中,始终掺杂着一点对她的头生子从未睁开眼睛的遗憾,还有为了其他所有相继出世的孩子而对温森特怀有的感激。

"你是个好孩子,温森特,"她说,"走你自己的路吧。你知道什么最好。我只是想帮帮你。"

这天,温森特没去野外,而是请园丁皮特·考夫曼来给他摆姿势。为了说服他,温森特颇费了一番工夫,不过最后他倒是答应了。

"饭后就来,"他同意了,"在花园里。"

后来温森特出去时,发现皮特认认真真地穿起了笔挺的节日盛装,洗净了手脸。"等一会儿,"他兴奋地嚷道,"等我找个凳子来。那时我就全准备好了。"

他摆好小凳子坐在上面,直挺挺的像根木头棍儿,聚精会神,单等人家给他用银版照相法[1]照相了。温森特不禁大笑起来。

"可是,皮特,"他说,"你穿着这样的衣服,我没法儿画呀!"

皮特惊异地低头看着自己的衣服。"衣服怎么啦?"他问,"这身衣服是新的呀,我只在星期天上午做礼拜时穿了几次。"

"我知道,"温森特说,"原因就在这里。我要画你穿着你那身旧

---

[1] 银版照相法:早期的一种照相方法。

工作服弯腰耙草的姿态,那样才能显出你身体的线条来。我要看见你的肘部、膝盖和肩胛骨。可现在呢,除了你那身衣服,我什么都看不见了。"

一听还要看"肩胛骨",皮特拿定了主意。

"我的旧衣服不干净,何况还打了补丁。如果你要我摆姿势,那你就得照我现在这个样子画。"

因而,温森特又回到田野上,去画弯腰挖地的人了。

夏天过去了。他知道,此时至少靠自学是无法再提高了。他又一次产生了同某位艺术家建立联系,并到一间好的画室里继续学习的渴望。他开始感到,去接触一下好的作品,看看别的艺术家怎样工作是绝对必要的,因为那样一来,他就可以看出自己的缺欠,学会怎样才能画得更好。

提奥来信邀他去巴黎,但温森特心里明白,他还没有成熟到可以去冒那样大的风险。他的作品现在还太幼稚、太粗陋、太浅薄。而海牙离这里只有几个小时的路程,在那儿他可以得到古比尔公司经理、他的朋友特斯提格先生和他的亲戚安东·毛威的帮助。他缓慢学步的下一个阶段,也许在海牙定居比较合适。他写信征求提奥的意见,他的弟弟寄来了火车票钱作为对他的答复。

在决定移居之前,温森特希望弄清楚特斯提格和毛威是否愿意支持并帮助他,如果不是这样,他就到别的地方去。他把自己所有的画稿仔细包好——这回里面还放了一身换洗的亚麻布内衣——然后就按照所有年轻的乡下艺术家的传统习惯,出发到这个国家的首都[1]去了。

---

[1] 荷兰的首都是阿姆斯特丹,但中央政府位于海牙,因此后者可以算是荷兰事实上的首都。——编者注

[4] 特斯提格先生

赫尔曼·特斯提格先生是海牙画派的创始人，也是荷兰最著名的画商。全国各地的人在选购画的问题上都要来请教他，要是特斯提格先生说了哪一幅油画好，那他的这个意见便是最后的定论了。

当特斯提格继温森特·梵高伯父之后，担任了古比尔公司的经理时，荷兰那些新进的年轻艺术家还分散在全国各地：安东·毛威和约瑟夫住在阿姆斯特丹，雅各布·马里斯和威廉·马里斯兄弟在外省，而约瑟夫·伊斯雷尔[1]、约翰尼斯·包斯布姆和布洛默斯还在城镇之间到处流浪，没有固定的住处哩。特斯提格依次写信给他们每个人，他写道：

"我们为什么不可以全到海牙来会合，使这里成为荷兰艺术之都呢？我们可以互相帮助，互相学习，而且依靠大家的共同努力，我们可以恢复荷兰绘画在弗朗士·哈尔斯[2]和伦勃朗的时代所曾经享有的世界声誉。"

画家们的反响是迟缓的。但是这几年，每个被特斯提格认为是有才能从而被选中的年轻艺术家，都在海牙定居了。那时他们的油画还压根儿没有人要呢！特斯提格选中他们并非因为他们的作品销路好，而是在他们的作品中，他看到了那种预示着这些人将有可能成为伟大画家的东西。在他说服公众，使他们能够对这些年轻人的作品有所理解之前的六年，他就收购了伊斯雷尔、毛威和雅各布·马里斯的油画。

年复一年，他坚持不懈地买下了包斯布姆、马里斯和纽赫伊斯[3]的一幅幅作品，并把这些油画张挂到他画店后部的墙上。他知道，

1　约瑟夫·伊斯雷尔：1824—1911，荷兰画家。
2　弗朗士·哈尔斯：约1580—1666，荷兰绘画史所记载的最早的画家。
3　纽赫伊斯：1844—1914，荷兰画家。

这些人在向他们自己的成熟期迈进的奋斗中是需要支持的；如果荷兰的公众眼瞎到了认不出他们本国的天才，那么，他，作为批评家和推销商，就有责任照料这些优秀的年轻人，不让他们永远埋没在尘世间经受贫困、冷遇和挫折的煎熬。他买他们的油画，评介他们的作品，把他们引见给他们的画家同行，鼓励他们度过艰苦的岁月。他每天都在努力引导荷兰公众，启发他们看到本国画家作品中所具有的美学价值及其表现手法。

在温森特赴海牙拜访他的时候，特斯提格的努力已经取得了成功。毛威、纽赫伊斯、伊斯雷尔、雅各布·马里斯、威廉·马里斯、包斯布姆和布洛默斯，他们的每件作品不仅能够在古比尔公司高价售出，而且颇有希望成为经典。

特斯提格先生是荷兰传统类型的美男子，他相貌英俊刚毅，天庭饱满，褐色的头发梳向脑后，一口平整美观的大胡子，一双湛蓝的大眼睛就像映在湖水中的蔚蓝色的天空。他穿一件宽大的阿尔伯特王子式的黑色外衣、长到脚面的宽松条纹裤子、高高的单层衣领，系着每日清晨由他妻子替他系上的黑色蝶形领结。

特斯提格一向很喜欢温森特，在温森特调往伦敦的古比尔分公司时，他曾给那位英国经理写过一封热情洋溢的信，推荐这个年轻人。他曾把《素描练习》寄给在博里纳日的温森特，还附上了巴格的《绘画技术探索》，因为他知道这对温森特是很有用的。尽管海牙的古比尔公司确属温森特·梵高伯父所有，但是温森特有充分的理由相信特斯提格喜爱他是因为他本人的缘故。特斯提格不是那种惯于逢迎的人。

古比尔公司坐落在普拉茨 20 号。这里是全海牙最贵族化、最豪华的街区。离这儿不远是圣格雷文·海牙城堡，那就是海牙最早的城址。城堡里面有中世纪风格的庭院，原来环城的壕沟已变成了一座美丽的湖。远处那头是莫里斯大厦，里面悬挂着鲁本斯、哈尔斯、伦勃朗和所有荷兰"小画家"的作品。

温森特从车站沿着狭窄曲折、熙熙攘攘的瓦根大街，横穿广场和宾尼霍夫城堡，发觉自己已来到普拉茨。从他上一次离开古比尔，迄今已有八个年头了。在这短短几年中，他所经受的苦难有如潮水般突然溢满他的身心，使他觉得头晕目眩。

八年前，人人都喜欢他并以他为荣。他曾经是温森特伯父最宠爱的侄儿。大家都知道，他将来不仅是他伯父职位的接替者，而且是伯父的财产继承人。他本来不仅此时应当是个受人尊敬和羡慕的有权有势的富翁，而且有朝一日，他还可以拥有欧洲最重要的一系列艺术画廊。

他是怎么搞的呢？

温森特没有再花时间思索这个问题，而是穿过普拉茨的马路走进了古比尔公司。这是个装点得十分华丽的地方，但他忘记了，所以他蓦地为自己穿一身粗黑绒工作服的样子感到惭愧起来。画廊临街的一楼是一间悬挂着米色窗帘的长沙龙，从这里上去三层台阶，是一间玻璃房顶的小一点的沙龙。它的后部又有几层台阶，上去是一间为新进画家开设的小型内部展室。有一道宽宽的楼梯通往二楼特斯提格的办公室和住房，四壁从上到下挂满了画。

画廊里带有一点巨富与文明兼而有之的意味。店员们服饰整洁、举止文雅。壁上的油画装在华贵的画框中，背后衬着价值高昂的帷幔。厚厚的、柔软的地毯在温森特的脚下低陷，那些放在角落里不惹人注意的椅子，他记得也都是价值连城的古董。他想起自己那些画着下班归来的衣衫褴褛的矿工、俯身在矸石堆上的矿工妻子、布拉邦特耕耘播种的劳动者的素描。他极想知道，这些画着底层穷苦人民的朴素的画，在这高贵的艺术殿堂里是否能卖得出去。

看起来希望并不大。

他站在那里，用不加掩饰的赞赏的目光盯着毛威画的一只羊的头。正在版画柜台后面轻声谈天的店员们，瞟了一眼他的衣着和神态，竟不屑去问他是否有什么事情。刚在内部展室安排完布置展品的特斯提格从台阶上走下这间大沙龙，温森特却没有看见他。

特斯提格在最后一层台阶上停住脚步，打量着他从前的这位店员。映入他眼帘的是一头剪短的头发，满脸的红胡子楂儿，农民的靴子，未系领带、纽扣直扣到脖颈的工人外衣，夹在腋下的土里土气的包袱。温森特浑身上下那副粗笨的样子，在这高雅的画廊里被无情地暴露出来，显得十分扎眼。

"啊，温森特！"特斯提格说着，脚下无声地踩着柔软的地毯朝这边走来，"我看你挺欣赏我们这些油画的。"

温森特转过身，"是的，它们真不错，是不是？特斯提格先生，您好！我的父母让我转达对您的问候。"

两个人在这阔别八年形成的那条不可逾越的鸿沟上握了手。

"您的气色真好，先生，甚至比我上回见到您的时候还好。"

"啊，对，日子过得挺顺心，温森特，这使我显得年轻。上我办公室去好不好？"

温森特尾随他走上那宽阔的楼梯，脚底下磕磕绊绊的，因为他无法把视线从墙上那些画上移开。自那回和提奥在布鲁塞尔一起度过短暂的一天以来，这还是他头一次看到好的作品。他不禁眼花缭乱了。特斯提格打开他办公室的门，躬身请温森特进去。

"请坐，温森特。"他说。

温森特一直在呆呆地看着一幅韦森布鲁赫[1]的油画。他的作品温森特以前还从未见过。他坐下来，刚放下手中的包袱，又拿了起来，然后走到特斯提格那擦得极亮的书桌前。

"我把您慷慨地借给我的那些书带来了，特斯提格先生。"

---

1 韦森布鲁赫：1824—1903，荷兰画家。

他打开包袱，把一件衬衣和一双袜子推到一旁，取出那套《素描练习》，放在桌上。

"在这些画上，我下了不少功夫，承蒙您借给我，这对我的帮助太大了。"

"把你的临摹拿给我看看。"特斯提格直截了当地说。

温森特在那沓纸中翻来翻去，找出他在博里纳日画的第一批临摹稿。特斯提格板着脸缄默不语。接着，温森特又很快拿出他刚在埃顿安居下来时的第二批临摹作品。这组画所引起的反应也仅是偶尔地哼一声。温森特于是出示了第三批，这是他在动身来这里前不久才完成的。这一回，特斯提格感兴趣了。

"这一道线条不错，"他说，"我喜欢这张的阴影处理，"他又给予了这样的评语，"简直可以说是搞对了！"

"我自己也觉得这张画得不坏。"温森特说。

他出示完那一堆画，转向特斯提格，等待他说出看法。

"是的，温森特，"这位长者说，同时把他那双修长、瘦削的手平摊在书桌上，"你取得了一点进步，不多，只一点点。看到你第一批临摹品时，我真有点儿担心……你的作品表明你至少还是努力的。"

"就这些吗？只是努力，没有才能吗？"

他知道自己不应当提出这样的问题，可是他憋不住。

"现在谈这个是否还为时过早呢，温森特？"

"也许是吧。我随身带来一些我自己画的素描，您想看看吗？"

"我倒是乐意看看。"

温森特展示了一些画着矿工和农民的素描。顷刻间，那种可怕的沉默降临了。这种沉默在全荷兰都是有名的，因为它曾向各地数以百计的年轻艺术家透露出一个无可辩驳的信息——他们的作品是拙劣的。特斯提格把所有的素描看过了，但嘴里竟连哼一声也没有。温森特觉得很难受。特斯提格坐回原处,望着窗外普拉茨湖上的天鹅。根据经验,温森特知道,要是自己不先说话,那么这种沉默就会永远继续下去了。

"依您看,是不是连一点儿改进也没有呢,特斯提格先生?"他问道,"您不认为我在布拉邦特画的那些素描,要比在博里纳日时画的那些好一点儿吗?"

"嗯,"正看着窗外风景的特斯提格转过头来,回答道,"是好一点儿,然而那并非就是好的作品,有些地方从根本上就不对头。至于是什么地方,我也不能马上就说出来。我想,你还是继续临摹一段时间为好。你还不够条件去搞你自己的创作。你应当在较好地掌握了基本画法之后,再开始去写生。"

"我很想来海牙学习。您看这主意行不行,先生?"

特斯提格并不想对温森特承担任何责任。整个情况在他看来非同寻常。

"海牙是个可爱的地方,"他说,"我们这里有很好的画廊,有许多年轻的画家。但这里是否会比安特卫普、巴黎或者布鲁塞尔好呢?那我可不敢说。"

温森特告辞了,但并没有完全失去信心。特斯提格也看出他是有些长进的,而这位画商的眼光可是全荷兰最具权威的啊!起码他没有停滞不前。他也看得出自己那些写生并未完全表现出人物的本来面貌,但是他坚信,只要经过长期的努力,他最终会画好的。

[5] 安东·毛威

海牙也许算得上是欧洲最清洁、最文明的城市了。它有着真正的荷兰风格,简单、朴素而又美丽。干净的街道上,枝繁叶茂的树木排列成行，房屋都是用整齐讲究的砖砌造的，房子前面有精心修整的小花园，玫瑰花和天竺葵在园中竞相开放。这里看不到贫街陋巷，也没有任何由于疏忽而留下的难看刺目之物，一切都保持了与荷兰人那种经济而有效的禁欲主义观念相称的样子。

许多年以前，海牙选定鹳作为城市的标志。从此，这里的居民人口就迅速增长起来。

直到次日，温森特才去厄伊莱博曼198号毛威家中拜访。毛威的岳母也是卡本特斯家的人，她是安娜·科尼莉亚的姐妹之一。在这样的家族中，亲戚间的联系是很密切的，因而毛威热情地接待了温森特。

毛威是个体格健壮的男子，肩膀有些溜但非常宽，胸部肌肉十分发达。他的头，像特斯提格和梵高家的大多数人一样，比起他的五官来，是他外表上更加引人注目的部分。他的眼睛很亮，略带些感伤的意味；眉心下面没有凹陷，高耸着笔直坚挺的鼻梁；还有棱角鲜明而突出的额头、扁平的耳朵，灰色的胡须遮盖着一张完全是椭圆形的脸。他的头发梳向最右侧，沿着同前额平行的方向有一大缕头发披在头顶上。

毛威是个精力充沛的人，但他从不滥用自己的精力。他在作画时就是疲劳了也继续画，如果这样做还感到疲劳，他索性就再多画些。到那时，他的精神就能恢复过来，并且又可以重新画下去。

"杰特不在家，温森特，"毛威说，"我们去画室好吗？我想咱们到那儿去会觉得更舒服自在。"

"对，走吧！"他急不可待地想去看看画室。

毛威把他领到花园里那间用木板搭的宽敞的画室。画室的门开在靠近住宅的一面，不过门口和住宅之间还隔着一小段距离。花园四周围着树篱，这使毛威可以与外界完全隔绝地埋头作画。

温森特一走进画室，迎面就扑来一股混杂着烟草、旧烟斗和油漆的好闻气味。画室里面很宽绰，摆着画的画架，散立在一方德文特出产的厚厚的地毯上。满墙都挂着画稿，一个角落里放了一张老式桌子，桌前有一小块波斯地毯。北面的墙有一半是窗户。书籍凌乱地放在各处，所有能放东西的平面上都是画家的画具。尽管这间显露出蓬勃生机的画室摆着满满当当的东西，但温森特可以感觉到其中那种内在的条理，而这来自毛威的个性，它支配着这个地方。

亲戚间的客套寒暄只占去他们几秒钟的工夫，旋即他们就谈起了那个天底下唯一让他俩感兴趣的题目。毛威这些时候一直在竭力避开其他画家（他一向主张，一个人可以作画，或者谈论画，但却无法同时兼顾两方面），一个新的设想占据了他的脑海，那是一幅在薄暮中依稀可见的雾景。他简直不是在同温森特讨论这个设想，而是在向温森特倾吐自己的想法。

毛威夫人回来了，她坚持要留温森特吃晚饭。愉快的晚餐之后，温森特坐在壁炉前同孩子们闲聊。他心中暗自想着，要是自己能有这样一个小家庭，有一位爱他并信任他的妻子，有绕于膝前用"父亲"这个简单的称呼把他视为至尊的孩子们，那该多好啊。这种幸福的日子是不是永远不会降临到自己的头上呢？

两个男人不一会儿又回到了画室，心满意足地抽着各自的烟斗。温森特拿出他那些临摹品。毛威用行家敏捷而锐利的眼光把它们看了一遍。

"画得还不坏，"他说，"作为练习是不错的。可是这些画有什么意义呢？"

"意义？我不……"

"你只是像个小学生在模仿，温森特，真正的创造别人已经做出来了。"

"我本来以为那些画会把画家对事物的感受传授给我。"

"无稽之谈！如果你想要创造，就到生活中去。不要模仿。你有没有自己画的写生？"

温森特想起特斯提格对他那些习作所说的话，盘算着是否把它们拿给毛威看。他来海牙是要请毛威做他的老师，而假若他所能拿给毛威看的全是拙劣的作品……

"是的，"他回答，"我一直在画人物素描。"

"好啊！"

"我画了一些博里纳日的矿工和布拉邦特的农民。画得不太好，不过……"

"那没什么关系。"毛威说，"让我看看。你在那儿应当能捕捉到一些真正的东西的。"

温森特把画稿展开，他的心狂跳不止，几乎提到了嗓子眼儿。毛威坐下来，用左手理着那一大缕披在头顶的头发，一遍又一遍地把它的波纹理顺。隐隐的笑意从他黑白混杂的灰胡须后面消失了。他用手猛击头顶，任头发乱蓬蓬的也不管，又不满地匆匆瞥了温森特一眼。过了一会儿，他拿了一张上面画着一个劳动者形象的习作，站起身，把它与自己新近在画的油画上的一个人物的草图并排放在一起。

"现在我可知道我错在哪里啦！"他嚷着。

他拾起一支画笔，调整了一下光线，眼睛瞄着温森特的画，很快地画了几笔。

"这就好些了，"他说着，往后退了一步，"这下子那穷人看起来就和这块土地相称了。"

他走到温森特身边，把手放在他表弟的肩上。

"没问题，"他说，"你的路子走对了。你那些素描还不成熟，不过是真实的。它们具有某种我很少见到的生命力和节奏感。温森特，把你那些临摹用的书本丢开，去给自己买一只画箱吧！赶紧开始用颜色作画，越早越好。现在你的画还不太好，不过在前进过程中还可以不断地改进。"

温森特觉得，他此刻真是吉星高照了。

"我准备迁居到海牙来继续画画，毛威姐夫，"他说，"请你在有空的时候帮帮我好吗？我需要一个像你这样的人来帮助我。我并不要你费多少事，就像今天下午这样给我看看你的画稿就行。每个年轻的艺术家都需要一位老师，毛威姐夫，如果你允许我在你手下工作，我会非常感激的。"

毛威认真地打量了一下画室里所有那些未完成的油画。无论从工作中抽出多么少的一点时间，他也只愿意同家人一起度过。那种把温森特淹没的、由一片热烈赞扬而造成的气氛消失了。毛威开始退缩。对别人态度的变化一向十分敏感的温森特，马上就意识到了。

"我太忙了，温森特，"毛威说，"我没有时间帮助别人。艺术家只能是自私的，他不得不捍卫自己每一秒钟的工作时间。我怀疑我不能给你很多指教。"

"我并不要求很多。"温森特说，"只要有的时候能让我到这儿来和你一起作画，看看你是怎样画成一幅油画的。你就像今天下午这样同我谈谈你的工作，这样我将会知道一个完整的设想是怎样实施完成的。要是碰巧赶上你休息，你也可以看看我的画，指出我的错误。这就是我所要求的一切。"

"你以为你的要求只是一点点，但是相信我，收徒弟可是件严肃的事情。"

"我不会成为你的累赘的，我可以保证做到这一点。"

毛威考虑了很长时间。他从未想过要收个徒弟，因为他作画时不喜欢有人在他左右。他并不经常有那种想要谈论自己创作的欲望，而对初学者提意见除了惹人骂外，他还从来没有得到过别的什么。但是，温森特是他的表弟，他的油画又是由温森特·梵高伯父和古比尔公司收购的，而且在这个年轻人身上的那种朴实而强烈的激情中——在那些画上他也感到了同样的朴实而强烈的激情——有什么东西吸引着他。

"好吧，温森特，"他说，"咱们先试试看吧！"

"啊，毛威姐夫！"

"你记着，我可什么也没答应你。结果也许很糟糕。不过要是你到海牙定居了，你就到这间画室来，那时再看看咱们是不是能互相帮帮忙。我准备秋天去德伦特，你就在入冬的时候来吧！"

"那正好是我想来的时候。我还需要在布拉邦特再画上几个月。"

"那就这么定了吧！"

在回家的火车上，温森特心中有个声音一直在不停地轻唱着："我找到老师啦，我找到老师啦，几个月之后我就要跟一位大画家一起研习，然后我也将学会作画。我要画，啊，这几个月我一定要好好画！到那时候他就会知道我有了多么大的进步。"

他回到埃顿家里，看见凯·沃斯在那儿。

[6] 凯来到埃顿

巨大的哀痛使凯在精神上得到了一次升华。她曾热诚地爱着自己的丈夫，丈夫的亡故使她内心的某些东西也随之枯萎死去。这个女人旺盛的生命力、她欢快的情绪、她的热情和活力已经踪影全无，甚至连她那头带着温暖光泽的秀发也仿佛失去了光彩。她椭圆形的脸蛋变成了一张细长的苦行者的面孔，她的蓝眼睛像充满无穷忧思的深深的黑色水潭。她那极其娇艳光润的皮肤也变得苍白，毫无血色了。如果说她身上的活力比起温森特在阿姆斯特丹见到她时减少了，那么今天取而代之的是一种更加成熟的美，悲哀使她的美更加深沉而充实。

"太好了，你到底来了，凯。"温森特说。

"谢谢你，温森特。"

这是他们第一次不加"表姐""表弟"，而只是互称教名。两人都不是有意识的，并且都没有去细想这件事。

"你一定把简也带来了吧？"

"是的，他在花园里呢！"

"这可是你头一次来布拉邦特。我很高兴，正好我可以带你去观看此地的风光。咱们一定要到那边石楠丛生的荒原上去远足。"

"我乐意去，温森特。"

她讲话态度温和，但缺乏热情。他感到她的声音更加深沉，喉音更重了。他想起在海泽运河畔的那所房子里，她曾对他抱着那样深的同情。他是否应当同她谈谈她丈夫的去世，表示一下自己的哀悼呢？他知道自己有责任说点什么，却又觉得还是不要当着她面重新提起她的伤心往事更为得体。

她感激温森特对自己的体贴。丈夫在她心目中是神圣的，所以她不能和旁人去谈论他。她也记得在海泽运河畔度过的那些愉快的冬夜，那时她曾同沃斯，还有她的父母，一起在炉旁玩牌，而温森特总是坐在远处角落里的一盏灯下。无言的悲痛涌上心头，她那双如今已变成黑色的眼睛模糊了。温森特把手轻轻放在她的手上，她满心感激地抬头望望他。他看得出，极度的痛苦是怎样改变了她。以前，她只不过是个无忧无虑的女孩子，而现在她成了一个深受痛苦折磨的妇人，具备了感情上的哀痛所赋予她的一切魅力。

那句老话再次从他的脑海中闪过：

"痛苦之中产生了——美。"

"你会喜欢这里的，凯，"他轻声说，"我整天都要外出到田野上去写生，你一定要和我同去，把简也带上。"

"我会妨碍你作画的。"

"啊，不！我喜欢有人做伴。在路上我可以指给你看许多有趣的东西。"

"你这么一说，我真高兴去了。"

"这对简也很有好处，那儿的新鲜空气会使他更健康。"

她轻轻地拉着他的手。

"而且我们会成为好朋友的，是不是，温森特？"

"是啊，凯。"

她松开他的手，眼睛朝着路那边的新教教堂，却又视若无睹。

温森特走进花园，在一旁放好一条板凳让凯坐下，然后就去帮着简用沙土造房子。此刻，他竟把从海牙带回来的重要消息忘在了脑后。

晚饭时，他告诉家里人毛威已同意收他做学生。要在平时，不管是特斯提格还是毛威对他的称赞，他都不会去重复的，可是凯在桌旁，这使他想把自己最好的一面表现出来。他的母亲非常高兴。

"你一定要听毛威姐夫的话啊，"她说，"他可是个有成就的人。"

翌晨，凯、简和温森特很早就动身去利思博施了，温森特打算去那里写生。虽然他从不愿意费事带中午吃的东西，他的母亲还是给他们三人准备了一顿精美的午餐。他们从教堂院子里一株高大的洋槐树下经过，看到树上有个鹊巢，温森特答应那个兴奋不已的小男孩去给他摸一个蛋下来。他们踩着沙沙作响的松针穿过松树林，又走过了布满黄色、白色和灰色沙子的荒地。在途中的一个地方，温森特看到弃置在田野上的一张犁和一辆大车，于是他摆好他的小画架，把简抱到车上画了一幅速写。凯站在旁边不远的地方，看着简在那里乱跑乱叫地玩耍。她始终沉默着。温森特并不想勉强她做什么，因为只要有她的陪伴，他就够快活的了。他从来不知道作画时身边有个女人竟令人如此愉快。

他们走过几处茅草屋顶的农舍,来到通往罗森达尔的大路。凯终于开口了。

"你知道,温森特,"她说,"你在画架前的样子,叫我想起了在阿姆斯特丹的时候我一向对你的看法。"

"什么看法,凯?"

"你保证听了不生气吗?"

"当然。"

"那么我就实话告诉你:我从来就不相信你是做牧师的材料,我一直认为你是在浪费自己的年华。"

"为什么你当时不告诉我呢?"

"那时我没有权利这么做,温森特。"

她把几绺赤金色的发丝塞到黑色的无边女帽里面,路上的一道沟坎绊了她一下,她身子朝温森特肩膀那边倒过去。他伸手托住她的胳膊,扶她站稳,却忘了把手再抽回来。

"我知道你自己也会发现这一点的,"她说,"那时告诉你并没有什么好处。"

"现在我想起来了,"温森特说,"你曾警告我不要变成那种眼界狭窄的教士。牧师的女儿说出这样的话来可真叫人奇怪。"

他热切地朝她笑着,但她的眼睛却又变得悲哀起来。

"我知道。可是你看,要不是有沃斯的教导,我是不会懂得那么多东西的。"

温森特的手缩回来了。提到沃斯的名字,就像在他们之间设置了一道莫名其妙的无形的障碍。

他们走了一个钟头才来到利思博施,温森特又支起了画架。他要把那里的一小片沼泽地画下来。简在沙土地上玩耍,凯在温森特身后,坐在他随身带来的一只小凳上。虽然她手里捧着一本书,她却没有读。温森特怀着一种冲动，迅速画着，一幅比以往更为生动活泼的画面在他笔下出现了。他说不出是由于毛威的鼓励，还是因为凯在身边，反正他对自己所画的每一笔都充满信心。他很快地一连画了好几幅。他没有回头去看凯，她也没有用话语来打扰他，但是她在身边使他感到幸福。他希望自己那天画的画都特别出色，那样凯就会赞赏他的工作。

午饭时，他们走到不远的一片橡树林里。凯在树荫下把篮中的食物摆开。周围没有一丝风。沼泽地里睡莲的清香混合着他们头顶上橡树散发出来的淡淡的香气。凯和简坐在篮子的一边，温森特在另一边。凯照料着他们吃喝。他想起了毛威和他一家人围坐在晚饭桌前的情景。

他看着凯，觉得在自己所见过的人中还没有一个像她这样美的。厚厚的黄色乳酪味道很好，母亲烤制的面包像往常一样散发着浓郁的香味，可他却吃不下去。一种新的、不可遏制的饥渴在他心中苏醒过来。他无法让视线离开凯那娇嫩细腻的皮肤和线条分明的鸭蛋脸，以及那双流露着忧伤与哀痛，像夜晚的水潭那样深沉的大眼睛，还有那虽然暂时失去了红润，然而他相信还会恢复青春活力的丰满可爱的嘴唇。

午饭后，简枕在他妈妈的膝上睡着了。温森特看到她抚摩着孩子浅色的柔发，俯身端详着那张天真无邪的小脸。他知道她是在那孩子的脸上寻找着丈夫的影子。此时，她仿佛是在海泽运河畔的房子里和她所爱的人在一起，而不是在布拉邦特的荒地上和她的表弟温森特在一起。

他画了整整一个下午，其中有一部分时间是把简抱在膝上画的。这男孩子喜欢上他了。温森特给他几张安格尔纸，让他用黑颜色在上面涂抹。他连笑带嚷地在黄沙地上跑着，不断地带着问题，带着他发现的东西，带着他的要求跑来找温森特。温森特也不介意,有这么一个活蹦乱跳、热乎乎的小东西亲切地爬到身上来多好啊!

天已入秋,太阳落山很早。在回家路上,他们在比比皆是的水潭旁边停下脚步,观看色彩斑斓的晚霞像蝴蝶的翅膀落在水面上,并逐渐地暗下来,然后隐没在暮色苍茫之中。温森特把他的画拿给凯看。她只是略微地看了看,而根据她确实看见的那些东西,她认为它们是粗糙难看的。但是温森特一直对简都很和善,而且她太专注于自己内心的痛苦,所以她只是泛泛地说:

"我喜欢你的画,温森特。"

"是吗,凯?"

她的赞扬打开了他心中紧闭的闸门。在阿姆斯特丹时她曾是那样地富于同情心,她完全能理解他正在努力做的事情。不知怎么,她似乎是世界上唯一能做到这一点的人。他无法把自己的设想告诉家里人,因为他们甚至听不懂这方面的语汇;对毛威和特斯提格呢?他不得不表现出初学者的谦卑,然而他并不总是怀有这种心情的。

他匆匆忙忙、语无伦次地向她倾诉衷肠。随着他的热情不断升高,他的话说得也越来越快,而凯要跟上他就很困难。当他沉浸在自己对事物的体会之中时,他就失去了自我控制,又恢复了往日那种激动不安、癫狂可笑的举止。下午那个彬彬有礼的绅士不见了,这个粗野的乡巴佬使她大为惊骇。她只觉得他的感情的迸发是那样缺乏教养,那样幼稚可笑。她不知道,这是他在向她献出男人所能给予女人的那种最为难得、最为珍贵的东西。

他向她诉说了自提奥离开他去巴黎以来他一直埋藏在心底的全部感受,他告诉她自己的志向和抱负以及他正在竭力使自己的作品充满的那种精神。凯对他变得如此兴奋感到困惑不解。她没有去打断他,但也没有去听。她只承认过去的生活,而且始终留恋着过去。她有点讨厌别人这样兴致勃勃地憧憬未来的生活。而温森特只顾陶醉在自己热情的描述中，竟未能觉察凯已不在听他说了。他仍然指手画脚、滔滔不绝地讲着，直到他提及的一个人名引起了凯的注意。

"纽赫伊斯？你指的是住在阿姆斯特丹的那位画家吗？"

"他过去住在那里，可现在住在海牙。"

"对啦。沃斯是他的朋友。他曾几次带他到家里来。"

温森特打断了她的话。

沃斯！老是沃斯！为什么？他死了。他死了都一年多了。她早该把他忘掉了。他属于过去，就像乌苏拉一样。为什么她总是要把谈话引到沃斯身上？甚至还在阿姆斯特丹的时候，温森特就从未喜欢过凯的丈夫。

秋深了。树林里那松针的地毯变成了红褐色，踩上去发出哗啦哗啦的响声。每天，凯和简都要陪同温森特到田野里作画。野外的远足使她双颊有点血色了，她的步伐也变得比原来更坚定自信。她带上了针线筐，一双手也像温森特一样忙个不停。她开始比以前更自由随便地谈起她的童年、她读过的书和她在阿姆斯特丹所认识的有趣的人们。

家里人用赞许的目光注视着他们。有温森特做伴使她对生活重新有了兴趣，而她在这所房子里又使温森特变得温文尔雅多了。安娜·科尼莉亚和提奥多鲁斯感谢上帝的巧妙安排，他们也尽一切努力使这两个年轻人有机会接近。

温森特爱凯身上的一切：那紧裹在黑色长裙中的苗条纤细的身材，她到田野上时戴的那顶漂亮的黑色女帽，当她在他跟前弯下腰时他闻见她身上散发出来的肉体的芬芳，当她说话很快时嘴巴蹙起来的样子，闪动在她深邃的蓝眼睛中探询的一瞥，当她从他手里接过简时她的手在他的肩膀或胳膊上的轻轻一触,她那使他神魂颠倒、夜不成寐的带着喉音的和谐悦耳的嗓音,还有那使他燃起亲吻欲望的温暖晶莹的肌肤。

他如今刚明白,这么多年自己一直在过着一种不完全的生活,蕴藏在他心中的万千柔情一直是干涸的,而纯净清凉的爱的甘霖,始终不愿流进他枯干的喉咙。只有当凯在他近旁时他才感到快乐;她的在场,使他觉得自己仿佛是在她伸出的双臂中享受着温柔的拥抱。当她同他一起去野外作画时,他的观察力就特别敏锐,而且画得也特别快;而当她留在家里时,他就觉得每画一笔都像是在服劳役。晚上,在起居室里,他隔着大木桌坐在她的对面,虽然他在整理、誊清他的草稿,但她的可爱面庞却始终在他和画纸之间晃动。有时他偶尔抬起头来,瞥见坐在那盏大黄灯的微弱光线下的她,并且把她的目光截住时,她总是报以凄婉的一笑。他常常觉得,再这样和她隔开一分钟也不行了,他会当着全家人跳起来,把她猛然搂进自己怀里,把滚烫、焦干的嘴唇贴在她那犹如盛满清凉泉水的嘴唇上。

他不仅爱她的美貌,而且爱她整个的人和她的风度——她从容、沉静的步态,她端庄、娴雅的举止和在举手投足间表现出来的良好教养。

他甚至从未想过,在失去了乌苏拉以后漫长的七年里,自己曾是何等的孤单寂寞。他这一辈子还不曾听到过女人对他讲一句表示爱恋的话语,也没有女人用含情脉脉的目光看过他一眼,或是用手指轻轻抚摩他的脸,又在那手指滑过的地方布满她的亲吻。

没有一个女人爱过他。那怎么能算是生活?那等于死亡。他爱上乌苏拉的时候倒还不那么糟糕,因为那时的他正处于青春期,唯一的愿望只不过是要"给予",也正是这种"给予"遭到了拒绝。但是如今,在他成熟的爱情中,他既要"给予",同样也要"索取"。他觉得他没法活下去，除非他的这种新的饥渴能够得到凯的热烈回应。

一天晚上，他在读米什莱的著作时看到这样一句话："没有女人的帮助，男人就不成其为男子汉。"

米什莱总是对的。他还不能算是个男子汉。虽然他已经二十八岁了，但似乎仍是个未出世的婴儿。凯的美丽及爱情的芬芳气息将他吹醒，他终于变成个男子汉了。

作为男子汉，他需要凯。他需要她是出于一种极度的渴望和情欲的驱使。他也爱简，因为这孩子是他所爱的女人的一部分。但他恨沃斯，简直把他恨透了，因为他似乎没有一点办法能把那死去的男人从凯的心上赶走。他并不懊恼她前一次的恋爱与婚姻，正像他并不懊恼那些年对乌苏拉的恋爱给他带来的痛苦一样。他们都同样经受了痛苦的磨难，他们的爱情一定会因此而更加纯洁。

他认为他是能使凯把那个属于过去的男人忘掉的。他可以让爱情的火焰燃烧得更加炽烈，把过去的一切彻底烧光。他不久就要去海牙，在毛威的手下学画了。他要带凯一起去，他们要建立一个像他在厄伊莱博曼看到的那个家庭一样的家。他要娶凯做妻子，永远把她留在自己身边。他要有个家，他要生出面孔打着他的印记的孩子们。他现在是个男子汉了，不应当再过漂泊不定的日子。他的生活需要爱情，爱情会去掉他作品中粗陋的成分，磨去那些生硬的棱角，并使之由于体悟到了这种一直缺少的现实感而更快地成熟。他以前从来不知道，由于没有爱情他的内心有多大部分一直沉睡。要是他早知道，他一定会热烈地爱上第一个向他走来的女人。爱情是人生的盐，借助于它，人们才体味得出人世间的情趣。

他现在庆幸乌苏拉那时没有爱他。他当时的爱情是何等浅薄，现在又是何等深刻而丰富。要是他和乌苏拉结了婚，他就永远不会知道真正爱情的含义。啊，那他也就永远不能爱凯了！他头一次认识到，乌苏拉只不过是个头脑空虚的孩子，既不优雅，亦无个性。他痛苦了那么些年月竟是为了这样一个小娃娃！而同凯一起过一个钟头，胜过与乌苏拉厮守一辈子。人生的道路尽管艰难曲折，但是它把他带到了凯的面前，这使他感到欣慰。今后的生活一定会好起来的，他将去工作，他将去爱，他将能卖出他的画。他们在一起一定是幸福的。每个人的一生都有各自的样式，要做出最后的结论还需要经历一个缓慢的过程。

尽管他是个感情容易冲动的人，心中又充满了热情，但他竭力控制着自己。多少次，当他单独与凯在田野上一起谈论着无关紧要的事情时，他都险些喊出来："喂！咱们丢开这一套装模作样的应酬吧！我要把你抱在我的怀里，一遍、一遍又一遍地亲吻你的嘴唇！我要你做我的妻子，永远留在我身边！我们彼此相属，在你我孤单的生活中，我们两人是多么迫切地互相需要啊！"

他以非凡的毅力遏制着自己的情感。他不能突然间无缘无故地表白自己的爱情，那样做太粗鲁了。凯从来不给他一点机会。她总是回避谈论爱情与婚姻这个问题。他什么时候开口？怎么开口呢？他深感必须抓紧，冬天临近了，他还得到海牙去呢！

他终于按捺不住了，他的热情冲破了人为的堤坝。那天，他们走的是通往布雷达的大道。温森特用了一个上午的时间画挖地的人。他们在小河旁橡树林荫下吃了午饭。简在草地上睡着了。凯坐在篮子旁，温森特跪在地上拿画给她看。他嘴里讲着话，虽然讲得很快，却并不知道自己在讲些什么，他只觉得凯的一只灼热的肩膀在自己身边燃烧，这突然的接触燃起他的欲念，他控制不住自己了。手中的画稿掉在地上，他突然发狂地把凯搂到怀里，粗鲁而热情的话语如汹涌的海水从他口中奔泻出来：

"凯，我一刻也不能忍耐下去了，我得告诉你。你一定知道，凯，我爱你甚于爱我自己！我始终爱着你，从在阿姆斯特丹看见你的第一眼就开始了！我要你永远在我身旁！凯，我只要你说一句你有一点儿爱我就行。咱们到海牙去生活，就咱们俩。咱们要有一个自己的家，而且一定会生活得很快乐。你爱我，是不是，凯？说你要和我结婚呀，凯，亲爱的……"

凯并没有去挣扎摆脱他的拥抱，恐惧和反感使她说不出话来。她虽然没听清他说什么，却明白他的用意，这使她感到惊恐万分。她用那双蓝得发黑的眼睛冷冷地瞪着他，抬起手捂住要哭出声的嘴。

"不，决不，决不！"她斩钉截铁地表示。

她使劲挣脱身子，抱起熟睡的孩子，疯了似的跑过田野。温森特追着她。恐惧使她愈发跑得快，她在他前面奔逃。温森特对事情的发展感到莫名其妙。

"凯！凯！"他高声呼喊着，"别跑开呀！"

他的喊声使她跑得更快了。温森特跑着，拼命挥着手臂，脑袋在肩膀上摇来晃去。凯绊了一下，跌倒在田野上松软的犁沟里。简哭起来。温森特猛地跪倒在她面前，抓住她的手。

"凯，我这么爱你，你为什么要从我这儿逃开呢？你难道不明白我不能没有你？你也爱我，凯。不要怕，我只是在说我爱你。把过去的事情都忘掉吧，凯，咱们要开始新的生活。"

惊恐的目光在凯的眼睛里变成了仇恨。她把手从他手里抽开。简这时完全醒了。温森特脸上狂热的表情使孩子吃了一惊，从这奇怪的男人口中涌出的那些激情澎湃的话更吓坏了他，他抱住妈妈的脖子，号啕大哭起来。

"凯，亲爱的，你就不能说你有一丁点儿爱我吗？"

"不，决不，决不！"

她又穿过田野朝大路奔去。温森特就势坐在松软的沙土地上，不知所措。凯跑上大路，消失在远处。温森特又起身飞快地追上去,高声唤着她的名字。他跑上大路时看见她已跑得很远,但她还在跑,怀里抱着她的孩子。他停下来,瞧着他们在大路拐弯的地方不见了。他在那里静静地站了好久。后来,他返回到田野里,从地上拾起自己的画。画弄得有点脏了。他把午饭餐具收进篮子,背上画架,拖着疲乏的身子,步履艰难地朝家里走去。

家里气氛很紧张,温森特一进门就感觉到了这一点。凯把自己和简反锁在她的房里。他的父母单独待在起居室。他们刚才正在谈话,可是看见温森特进门就突然住了口。他还能听见他们最后那句未落的话音。温森特把身后的门关好。他能看出父亲刚才一定很生气,因为父亲的右眼皮几乎全都合上了。

"温森特,你怎么能——"他的母亲呜咽着。

"我怎么了?"他还拿不准他们为什么事责备他。

"——这样侮辱你的表姐啊!"

温森特不知道回答什么好。他从背上解下画架放到屋角。他的父亲仍然气得说不出话来。

"凯把发生的事情原原本本告诉你们了吗?"他问。

他的父亲解开了勒进脖颈上涨红的肉里的高领,用右手抓着桌边。

"她说你两手抱住她,像疯子似的胡言乱语。"

"我跟她说我爱她,"温森特平静地说,"我不认为这样做是侮辱人。"

"这就是你跟她说的所有的话吗?"他父亲的口气冷冰冰的。

"不,我还请求她做我的妻子。"

"你的妻子?"

"是呀,这有什么可大惊小怪的?"

"哦,温森特呀温森特,"他的母亲说,"你怎么能想到这上面去了呢?"

"你们肯定也一直是这么想……"

"可我做梦也想不到你会爱上她呀！"

"温森特，"他的父亲说，"你知道不知道凯是你的嫡亲表姐？"

"知道哇。那有什么关系？"

"你不能与你的嫡亲表姐妹结婚。那样就会……那样就会……"

牧师甚至无法把这个字眼说出口。温森特走到窗前，凝视着外面的花园。

"那会怎么样？"

"乱伦！"

温森特好不容易才控制住自己。他们怎么敢用这种下流话来玷污他的爱情！

"这纯属无稽之谈，父亲，而且这话出自您的口，真与您的身份不相称。"

"我告诉你，那是乱伦！"提奥多鲁斯大声嚷着，"我绝不允许在梵高家族中结成这种不道德的婚姻。"

"但愿您不要认为您是在引述《圣经》中的话，父亲！表亲之间从来都是允许通婚的。"

"噢，温森特，我亲爱的，"他的母亲说，"你如果真爱她，你为什么不等等呢？她的丈夫才去世一年，她仍然全心全意地爱着他。而且你知道，你没有钱养活妻子呀！"

"我认为你所做的这件事，"他的父亲说，"显然是草率的，也是下流的。"

温森特不搭腔。他摸出烟斗，在手里拿了一会儿，然后又放回去。

"父亲，我坚决要求您不要再使用这样的语言了。我对凯的爱情是我所遇到的一件最高尚的事情。我不许您把它说成什么'草率'和'下流'。"

他拿起他的画架走向他的房间。他坐在床边向自己发问:"发生了什么事呢?我做了什么?我告诉凯我爱她,可她却跑掉了。为什么?难道她不要我吗?"

"不,决不,决不!"

整整一夜,他辗转反侧,一遍又一遍地重温着当时的场景。每回他都停在同一个地方。回响在他耳边的这短短的一句话,仿佛是为他报丧的钟声和末日的宣判。

第二天早上,他很晚才起床下楼。紧张的气氛消散了。母亲在厨房里,他一进去,她就亲吻了他,并且同情地拍拍他的腮帮。

"你睡着了吗,亲爱的?"她问。

"凯到哪儿去了?"

"你父亲送她去布雷达了。"

"为什么?"

"赶火车呀,她要回家去了。"

"去阿姆斯特丹?"

"对。"

"我知道了。"

"她觉得这样好些,温森特。"

"她没有给我留话吗?"

"没有,亲爱的。你坐下吃早饭好吗?"

"一句话也没有,关于昨天的事?她生我气了吗?"

"没有,她只想回家到她父母那儿去。"

安娜·科尼莉亚决定还是不重复凯说过的那些话为佳,她把一个鸡蛋放到火炉上。

"那趟火车离开布雷达车站的时间是几点?"

"十点二十分。"

温森特瞟一眼厨房里那蓝色的时钟。

"现在已经到时间了。"他说。

"是啊!"

"那就没法子办了。"

"坐到这儿来,亲爱的。今儿早上有好吃的鲜舌肉。"

她在厨房的桌上清理出一块地方,铺上一块餐巾,给他摆好早餐。她在他身边转来转去劝他吃,她认为,只要儿子吃饱喝足了,就会万事大吉。

温森特看出这使她高兴,就把她摆在桌上的食物都吃了下去。但是,那句"不,决不,决不!"使他嘴里每一口香甜的饭食都带着苦涩的味道。

[7]"不,决不,决不!"

温森特知道自己对绘画的爱远远超过了对凯的爱。如果一定要他在两者中间选择一个的话,他是丝毫也不会犹豫的。尽管如此,他觉得作画还是突然间变得乏味起来。他对工作失去了兴趣。他把墙上那些在布拉邦特的写生审视了一番,发现自从他对凯的爱被唤醒后,他在绘画上是有进步的。他清楚自己的画上还有些粗糙刺眼之处,但是他认为凯的爱情会使这些地方变得柔和顺眼起来。他的爱情是严肃的,这种热烈的爱是不会因为许多"不,决不,决不!"而冷淡下去的。他把她的拒绝看成是一块冰,他要用自己的心去融化它。

妨碍他去作画的只是他心上的一点小小的疑问。假如他永远不能使她改变主意呢?看来凯连想一下重获爱情这样一种可能性都要受到良心的谴责。她沉湎于过去不能自拔,他要解救她,使她摆脱这种会把她毁掉的精神桎梏。他要用他那只绘画的手牵起她作为妻子的手，共同去为他们每日的面包、为他们的幸福而工作。

他待在自己的房间里，终日给凯写着苦苦哀求的信。几个星期过去后他才得知，这些信她甚至看也没看。他几乎天天都给提奥——他的知己——写信，使自己更坚定地抵制内心的疑惑以及父母与斯特里克牧师联合起来对他的围攻。他受着痛苦的折磨，而又无法做到时时把内心的痛苦掩饰起来。他的母亲带着满脸的怜爱对待他，并且用许多宽心的话来安慰他。

"温森特，"她说，"你只是在拿你可怜的脑袋往石头上撞。斯特里克姨夫说过，她是决意不肯的。"

"我才不管他怎么说呢。"

"可那是凯告诉他的，亲爱的。"

"凯说她不爱我了吗？"

"是呀，还说她永远不会改变主意。"

"咱们走着瞧吧！"

"一点儿希望都没有啦，温森特！斯特里克姨夫说，即使凯爱你，他也不答应这门亲事，除非你每年收入在一千法郎以上。可是你知道，你差得还远哩！"

"好吧，妈妈，有了爱情才活得下去，活得下去才能工作，有了工作才会有饭吃。"

"说得很好，我亲爱的，不过凯可是生在富贵人家。她一向是养尊处优惯了的。"

"她的优越生活并没有使她幸福。"

"要是你们两个真有了感情，并且结了婚，这只能带来许多痛苦：贫困、饥饿、受冻、生病。因为你知道，家里是不会给你一个子儿的。"

"这些，我以前都经历过，妈妈，这都吓不倒我。对我们来讲，在一起还是比不在一起好。"

"但是我的孩子，要是**凯不爱你呢？**"

"只要我到了阿姆斯特丹，我跟您说，我就能把'不行'变成'行'。"

他认为，自己挣不来一个法郎买车票去看望所爱着的女人，真是最惨的人生烦恼。他恨自己的无能。他二十八岁了，十二年来他一直勤恳地工作，除了维持生命的最低需要，他什么都不奢求，然而如今他竟连买张到阿姆斯特丹的车票那么一点少得可怜的钱都没有。

他也想徒步走这一百公里的路程，但又知道等他走到时一定又脏又饿、筋疲力尽。假如走进斯特里克牧师的家，也像走进皮特森牧师家一样，他倒不在乎这所有的一切！早上他刚给提奥发了一封长信，晚上他又坐下来写了第二封——

亲爱的提奥：

我急需去阿姆斯特丹的路费。只要钱够了我就去。

随信寄去几张画，请告诉我它们卖不出去的原因和怎样才能使它们有销路，因为我必须挣点儿钱买火车票，去弄明白那句"不，决不，决不！"的意思。

日子一天天过去了，他觉得自己身上又开始生出新的旺盛的精力。爱情使他变得不屈不挠。他把心中原来的那一点疑虑也驱散了，而且自以为现在只要能见到凯，帮助她看清他内心实际上是怎样一种人，他就能把"不，决不，决不！"变成"是的！永远爱你，永远爱你！"。他怀着新的热情回到工作中去了，尽管他知道自己这只绘画的手还有些笨拙，他仍然坚信时间会使它改变，正像凯的拒绝也会改变一样。

次日晚间，他给斯特里克牧师发出一封信，清楚地说明了自己的情况，信里的措辞直言不讳，他想到会从他姨夫嘴里脱口而出的咒骂，不禁苦涩地笑了。他的父亲曾禁止他写这封信，牧师住宅里正酝酿着一场真正的战斗。提奥多鲁斯的处世哲学是唯命是从与言行不苟，他一点不知道人的性格是各种各样的。如果他的儿子不能适应这种模式，那么一定是儿子不对，而不是模式有问题。

"全是你读的那些法文书坏的事，"晚饭时提奥多鲁斯在桌对面说，"你要是老和盗贼、杀人犯在一起，怎么能指望你的行为举止像个孝顺儿子和一个有身份的人呢？"

温森特略感吃惊地从他手中米什莱的著作上抬起头来。

"盗贼和杀人犯？难道您把维克多·雨果和米什莱叫作盗贼吗？"

"不，我指的是他们所写的那些人物。他们的书里净写邪恶的事情。"

"胡说，父亲，米什莱的书纯洁得就像《圣经》一样。"

"我不许你在这里亵渎神明，毛孩子！"提奥多鲁斯气急败坏地喊着，"那些书不是正经书。这都是你那些法国人的思想毁了你。"

温森特站起来，绕过桌子把那本《爱情与妇女》放到提奥多鲁斯面前。

"使您相信的唯一办法是请您亲自读上几页。"他说，"您会受感动。米什莱一心要帮助我们，解答我们的疑问，使我们从那些微不足道的痛苦中解脱出来。"

提奥多鲁斯以一种好人祛除邪恶的姿态，把那本《爱情与妇女》推到地板上。

"我用不着读！"他发怒了，"咱们梵高家曾出了个沾染上法国思想的叔祖，结果成了酒鬼！"

"非常抱歉，米什莱神父[1]。"温森特喃喃地说着，把书捡起来。

---

[1] 米什莱曾著《人道的圣经》一书，故温森特这样称呼他。

"我是不是可以问问，为什么你认米什莱作神父？"提奥多鲁斯冷冷地说，"你想要侮辱我吗？"

"我没有这样的想法，"温森特说，"不过，我必须坦率地说，如果我需要请教谁的话，我会先找米什莱而不是您。那或许更能解决问题。"

"哦，温森特，"他的母亲央告着，"为什么你一定要说这些话呢？为什么你非要使得家庭关系破裂不可呢？"

"对，这就是你正在干的事，"提奥多鲁斯高声说，"你在破坏家庭关系。你的行为是不可饶恕的。你最好还是离开这所房子，到别的地方住。"

温森特上楼回到自己的书房，坐在床边。他懒懒地呆坐着，奇怪自己为什么一受到重大打击，就坐到床上而不坐到椅子上。他环顾房间四壁上挖地的人、播种的人、工人、女裁缝、女清洁工、伐木工人以及在海克的写生。是的，他取得了进步。他正向前迈着步子。但是他在这里的工作还没有完成。而且毛威在德伦特，再过一个月也回不来。他不希望离开埃顿。他在这里生活得很舒适，而住到别处花钱会更多。在永远离开这里之前，他需要时间赶快克服自己在表现手法上的笨拙，捕捉到那种真正的布拉邦特精神。他的父亲已经在呵斥他时要他离开这所房子，实际上已是在赶他出门了。不过那都是一时的气话。如果他们真的说"滚！"而且是发自内心的……难道他真有那么恶劣，以至于要被自己的父亲扫地出门了吗？

第二天早上，他一下子就收到了两封信。头一封是斯特里克牧师来的，这是对他那封挂号信的答复，信里还夹了牧师妻子写的一张条子。总的来说他们认为他的前途没有保障，并告诉他凯已经爱上了别人，那个人很有钱，还说他们希望他马上停止那种对他们女儿的野蛮袭击。

"世人之中，再没有比牧师更虚伪、更狠心和更重名利的了！"温森特自言自语地说，气得把这封来自阿姆斯特丹的信攥在手里揉成一团，仿佛这封信就是斯特里克牧师本人。

第二封信是提奥来的——

画画得很好，我一定尽最大力量把它们卖出去。信中附上二十法郎作为去阿姆斯特丹的路费。祝你幸运，老伙计！

[8] 人在有的城市永远不走运

温森特走出中央火车站时，夜幕已开始降临。他快步走上通往东市大广场的达姆大路，经过王宫和邮局，直奔海泽运河。在这个时辰，所有商店的商人和办公室的职员都下班了。

他过了辛格运河，在哈雷格运河桥上逗留了片刻，观看一只运花的驳船，船上的人在露天的桌子上吃着面包就青鱼的晚餐。他向左拐到海泽运河畔，从一长排狭窄的佛拉芒式房屋前走过，发觉自己已站到了斯特里克牧师家短短的石头台阶和黑色栅栏前。他想起了在他的阿姆斯特丹奇遇开始时第一次站在这儿的情景。他发现，人在有的城市永远不走运。

虽然他这一路匆匆忙忙，以最快的速度走过达姆大路，横穿市中心，可是真的到了，他却害怕起来，迟疑着不敢进去。他朝上望望，看到顶楼窗上那触目的铁钩子，不禁想道：这儿倒是个上吊的好地方。

他横穿过铺着红砖的宽马路，站在路边，看着下面的运河。他知道自己正面临着决定一生的生活形式的时刻。只要能见到凯，能跟她谈谈，使她明白过来，一切问题便会迎刃而解。但是大门的钥匙掌握在年轻姑娘的父亲手中，倘若斯特里克牧师不准他进门呢？

一只运沙的驳船缓慢地逆流而上，驶向它夜里停泊的地点。黑色的船舷上，还粘着装载的黄沙铲空后留下的潮湿的沙痕。温森特注意到，从船头到船尾没有拴绳子晾衣服，不禁懒洋洋地想知道这是为什么。一个骨瘦如柴的男人把胸的一侧靠在船篙上，吃力地顶着，在狭窄的过道上朝前推着走，那只笨重简陋的船便在他脚下向上游滑去。一个系着肮脏围裙的女人坐在船尾，像一块水冲成形的石头，一只手在背后操纵着做工很粗的舵柄。船舱顶上站着一个小男孩、一个女孩和一条满身脏污的小白狗，他们忧心忡忡地注视着海泽运河沿岸的房屋。

温森特登上五级石阶，拉响了门铃。一会儿，女仆来开门了，她把站在阴影里的来人仔细打量了一番，认出是温森特，便用她十分肥胖的身子挡在门口。

"斯特里克牧师在家吗？"温森特问。

"没有，他出门了。"她事先已接到了命令。

温森特听见里面有说话声。他粗暴地推开那女仆。

"别挡着我！"他说。

女仆跟上去，想把他拦住。

"他们一家人正在吃晚饭，"她抗议着，"您不能进去！"

温森特穿过长长的门厅闯进饭厅。就在进门的刹那间，他看见他所熟悉的那黑裙的一角消失在另外一扇门里。斯特里克牧师、威廉明娜姨妈和两个小点儿的孩子正在桌前吃饭。那里摆着五个人的位子。有一把空着的椅子，由于是在匆忙间推进去的，因而歪斜着，在那个位置上摆着一盘烤小牛肉、几个完整的土豆和豆角。

"我挡不住他，老爷，"女仆说，"他是自己闯进来的。"

桌上摆着两盏银质烛台，长长的白色蜡烛发出室内唯一的光亮。墙上的加尔文肖像在昏黄的光线中显得有些怪异。餐具柜上的银质餐具在黑暗中闪着光。温森特看见那个小小的天窗,在那窗子下面他第一次和凯交谈。

"呃,温森特,"他的姨夫说,"你可越来越没有礼貌了。"

"我要和凯谈谈。"

"她不在。她去看朋友了。"

"我拉铃的时候她还在这里坐着呢!她刚开始吃饭。"

斯特里克转向他的妻子,"把孩子们带出去。"

"咳,温森特,"他说,"你正在挑起许多麻烦。不仅我,全家人都忍无可忍了。你不单是个浪荡、懒散、粗野的人,而且依我看,也是个忘恩负义的小人。你居然爱上了我的女儿,你好大的胆子!这简直就是对我的侮辱。"

"让我见见凯,斯特里克姨夫。我要跟她说话。"

"她不愿意跟你说话。她再也不想见你了。"

"这是凯说的吗?"

"对。"

"我不信。"

斯特里克吓了一跳。这是他担任神职以来,头一遭被人指责说谎。

"你怎么敢说我讲的不是真话!"

"我绝不信,除非听见她亲口说出来——就算说了我也不相信。"

"一想起当初你刚到阿姆斯特丹这儿来的时候花在你身上的那些时间和金钱,我就觉得后悔。"

温森特疲乏地在凯刚坐过的那把椅子上坐下来,把两只胳膊放在桌子上。

"姨夫,稍微听我说几句。发发慈悲吧,哪怕用三重盔甲武装起来的牧师也有一颗人心呀!我爱您的女儿。我非常、非常地爱她！我无时无刻不在思念她、渴望见到她。您是侍奉上帝的，那么请看在上帝的面上对我发点儿善心吧！别对我这样残忍。我知道我还没有什么成就，但是只要给我一点儿时间，我就会有成就的。给我一个向她表白爱情的机会吧！让我使她明白，为什么她应当爱我。您一定也曾恋爱过的，姨夫，您知道一个男人忍受痛苦能达到什么限度。我已经受够了折磨，这次就让我得到一点儿幸福吧！只给我一个机会，让我去赢得她的爱吧，这是我唯一的要求。啊，这种孤独、这种痛苦，我一天都忍受不下去了。"

斯特里克牧师注视了他一会儿，然后说："你难道是那种连一丁点儿痛苦都忍受不了的懦夫和胆小鬼吗？想必你得为这个哭哭啼啼永远没完没了啦？"

温森特猛地站起来。一切温情的东西顿时都从他身上消失了。只是因为他们分别站在桌子的两边，中间隔着那两支插在银烛台上的长长的蜡烛，这年轻人才没有去打那牧师。房间处在一片可怕的寂静中，两个人站在那里，互相瞪着对方眼睛里闪动的光点。

温森特也不知道过去了多长时间。他抬起手放到蜡烛旁。

"让我跟她说话，"他说，"我的手在火上能烧多久就说多久。"

他把手翻过来，把手背烤在烛火上。室内的光线暗下来。蜡烛上的烟立刻把他的肉熏成了黑色。几秒钟过去后，手背皮色变了，变成了红色。温森特毫不畏缩，眼睛片刻不离地盯着他的姨夫。五秒钟过去了。十秒。手背上的皮开始起泡。斯特里克牧师惊恐地瞪大眼睛，他似乎动弹不得了。几次他想说、想动，都没有成功。他已被温森特那直刺进他内心深处的冷酷无情的目光所慑服。十五秒过去了。起泡的皮肤爆裂开来，但那只手臂却连抖都没抖一下。斯特里克牧师抽搐了一下，终于清醒过来。

"你这个疯子！"他扯着嗓子尖叫着，"你这个呆傻的家伙！"

他扑向桌子对面，夺过温森特手底下的蜡烛，用手把火扑灭，然后又弯腰凑近自己这边的蜡烛，憋足劲噗地吹了一下，把它吹灭了。

房间里顿时一片漆黑。这两个人用手撑着身子站在桌子两边，盯着眼前的黑暗，尽管谁也看不见谁，却都完全想象得出对方的模样。

"你疯了！"牧师吼着，"凯从心底就看不上你！滚出这所房子，永远别想再来！"

温森特在黑咕隆咚的街上慢慢摸索着往前走，不知不觉到了郊外。他站在那儿，茫然凝视着下面一条已废弃不用的微微散发着咸水味的旧运河，停滞不动的水中发出的那股亲切、熟悉的腥味，直钻进他的鼻孔。街角的煤气灯投下的光照在他的左手上，他这才看见那只手的皮肤上有一个焦黑的口子——出于一种根深蒂固的本能，他保留了自己那只拿画笔的右手。他走过了互相连通的许多小水渠，水中散发着淡淡的、久已被他忘怀了的海水气味。最后他发现自己走到了曼德斯·德科斯塔家附近。他在运河岸边蹲下来，往那厚厚的绿地毯似的浮萍[1]上投了一颗石子，那石子沉下去的样子就像下面没有水。

凯从他的生活中消失了。"不，决不，决不！"这是发自她灵魂深处的喊声，而直到现在，他才算真正相信了。这喊声在他脑海中不断敲打、反复轰鸣："不，你永远、永远见不到她了。你永远不会再听到她那轻快而有节奏的哼唱，享受她那深邃的蓝色眸子中的微笑以及她那温暖的肌肤贴近你面颊时的感觉了。你将永远不知道爱情的滋味，因为爱情压根儿不存在。是的，爱情的生命非常、非常短促，甚至还不如你的皮肉在火烧的痛苦中经受考验的时间长！"

---

1 原文为荷兰语。

巨大的、无言的悲哀涌上心头。他抬起左手捂住嘴，不让自己哭出声来，似乎这样一来，阿姆斯特丹以至整个世界就永远不知道他曾被断定是个不配人爱的劣种了。他用嘴唇品尝到了那不能如愿以偿的心愿被烧成灰烬后的苦涩。

第三卷 海牙

[Book Three] The Hague

[1] 第一个画室

毛威还在德伦特。温森特在厄伊莱博曼附近，莱恩车站的后面，找到了栖身之地，每月的租金是十四法郎。这间画室——温森特租下它之前是个普通的房间——相当宽敞，室内有凹进去的地方可以用来做饭，朝南有个大窗户。房间的一角有只矮墩墩的火炉，火炉上的黑色长烟囱通入墙内，直到天花板上。墙纸很素净，从窗户望出去，可以看到房东的那个木材厂、一片碧绿的牧场，然后便是一望无际的沙丘地带。房子坐落在海牙和东南面那些牧场之间的最后一条街——申克维格大街上。莱恩车站来来往往的机车，使这里到处都蒙上了一层黑乎乎的煤灰。

温森特买了一张结实的饭桌、两把椅子和一条毯子，他就裹着这条毯子睡在地板上。这些开销已经把他的那一小笔款子花光了，不过下月初就快到了，提奥会把以前商定好的每月一百法郎的补贴寄来的。一月份的寒冷天气使他无法外出作画，他既然没钱雇模特儿，便只得坐等毛威归来。

毛威回到厄伊莱博曼了，温森特立即前往他的画室。毛威正兴致勃勃地着手画一幅大型油画，一缕头发从他的前额直垂到眼睛上。他正开始实行他这年的宏大计划，那是为沙龙画的一幅油画，并且已经选好主题：马儿正在把一只渔船拖上斯赫维宁根的海岸。

毛威和他的妻子杰特对温森特会来海牙这件事本来是极为怀疑的，他们知道，几乎人人在其一生中都或迟或早会产生想当一名艺术家的那种模糊而又十分强烈的念头。

"这么说，你终于到海牙来了。非常好，温森特，我们会把你培养成画家的，你找到住处了吗？"

"找到了，我住在申克维格大街138号，就在莱恩车站后面。"

"倒还近便。你都买些什么东西了？"

"噢，我没钱买很多东西。我买了一张桌子和一对椅子。"

"还有一张床。"杰特说。

"不，我一直睡在地板上。"

毛威小声对杰特说了点什么，杰特便进屋去了一下，回来时手里拿着钱夹子。毛威从里面取出一张一百法郎的纸币。"这是借给你的，温森特，"他说，"你买张床，夜里得睡好觉才行。你的房租付了吗？"

"还没有。"

"那你就付清吧，要不心里总有个事儿。光线怎么样？"

"光线很充足。窗子只有一个，但是朝南的。"

"这不好。你最好想个办法。阳光会使模特儿身上的光线十分钟变化一次。你买个窗帘吧！"

"我不要跟你借钱，毛威姐夫。你只要愿意教我就行了。"

"别瞎说，温森特。人人都是要成家的，从长远的观点看，用自己的家具终究便宜些。"

"好，那就这样吧。我希望不久后能卖出去一些画，那样我就可以把钱还给你了。"

"特斯提格会帮你忙的。我年轻时候还在学画期间他就买我的东西了。不过，你必须得着手画水彩和油画。单纯的铅笔稿是没人买的。"

第三卷 海牙

191

毛威尽管身躯庞大而笨重，办起事来却雷厉风行。一旦他看清了自己所寻求的东西，就会挺身而上，全力以赴。

"喏，温森特，"他说，"这是只画箱，里头有水彩颜料、画笔、调色板、调色刀、调色油和松节油。我来给你示范一下在画架前怎么拿调色板吧！"

他教给温森特一些基本技术。温森特很快就领会了他的意思。

"好！"毛威说，"我一向以为你是个笨人，现在才知道你并不笨。你可以上午到这儿画水彩。我将提名你为'布尔克利'的临时成员。你每周可以到那里画几个晚上的模特儿。此外，在那里你还能结识一些画家。等你的画能卖出手了，你就可以成为正式成员了。"

"对，我得画模特儿。我应当设法雇一个每天都来的模特儿。只要能把人体画好了，别的一切自然都能画好。"

"此话有理。"毛威表示赞同，"人体是最难掌握的，然而你一旦掌握了人体，再画树木啦、牛啦、落日啦就简单了。有的人不画人体是因为他们觉得太难画了。"

温森特买了床和窗帘，付了房租，又把那些在布拉邦特画的素描钉在墙上。虽然他知道这些画是卖不出去的，而且也不难看出上面的缺陷，但是这些画蕴涵着一种生命力，它们是某种激情的产物。他说不出这种激情究竟在哪里，也讲不清这种激情怎么就融进了画里，他甚至还没有充分认识到这种激情的价值，直到他和德·鲍克成了朋友。

德·鲍克是个很有吸引力的人。他有教养，举止讨人喜欢，有固定收入。他在英国受过教育。温森特是在古比尔公司认识他的。德·鲍克处处与温森特恰成对比：他为人处世很随和，没有什么事能把他激怒或使他兴奋，他的体格纤细，嘴巴很小，和他的鼻子宽窄相同。

"到我家喝茶去好吗?"他问温森特,"我想给你看看我的近作。自从特斯提格能售出我的作品以来,我有了新的进展。"

他的画室坐落在威莱姆斯帕克——海牙的豪华地区。他的墙上挂着灰色丝绒帷幔,房间的各个角落都摆着沙发躺椅,上面有舒适华丽的靠垫。房间里有摆着烟具的小桌、摆满书籍的书柜和东方地毯。温森特想到自己的画室,觉得自己就像个隐士。

德·鲍克把俄式茶炊下面的煤气点着,又吩咐他的管家拿来点心,随后从壁橱里取出一幅油画放到画架上。

"这是我最近画的,"他说,"请你吸上一支雪茄看画,这么着可以加强画的效果;至于为什么这样嘛,你永远也搞不清楚。"

他讲话的语调轻松愉快。从特斯提格发现他以来,他对自己的作品是极有把握的。他肯定温森特会喜欢这画。德·鲍克取出一支俄式长雪茄(他因为吸这种雪茄在海牙很出名),然后紧盯着温森特的脸,等他做出热情的评价。

透过德·鲍克的高级雪茄的蓝色烟雾,温森特细看着这幅油画。一个艺术家初次把自己的作品拿给陌生人评价时,难免紧张不安,温森特觉出德·鲍克此刻也是如此。他应当怎么说呢?这风景画得不坏,可也不好。它太像德·鲍克本人那种随便的性格了。温森特记得,当有新走红的年轻人竟敢持一种屈尊俯就的态度评点其作品时,他曾多么愤怒不满。尽管这画是那种一眼就能辨明优劣的作品,但他还是细细地看着。

"你对风景是有感受的,德·鲍克,"他说,"而且你当然懂得如何使你的画更富于魅力。"

"哦,多谢!"德·鲍克高兴地说,他以为温森特是在赞美他,"喝杯茶好吗?"

温森特双手捧着茶杯,生怕洒到华丽的地毯上。德·鲍克走近茶炊又给自己倒了一杯。温森特本来非常不愿意对德·鲍克的作品表示不同的意见,他喜欢这个人,而且想和他成为朋友。但他那种不愿违背客观事实的艺术家的良心占了上风,这使他无法缄口不予批评。

"这幅油画上只有一样东西我不怎么喜欢。"

德·鲍克从管家手上接过托盘,说:"来一块蛋糕,老朋友。"

温森特拒绝了,因为他不知道怎样才能边吃蛋糕边把一杯茶放在膝上。

"你不大喜欢什么?"德·鲍克满不在乎地问。

"那些人物,他们看起来不真实。"

"你知道,"德·鲍克一边吐露出心中的想法,一边懒洋洋地倒在舒适的躺椅上,"我时常有心要下功夫画画人体,然而似乎永远也实现不了。我找来模特儿刚画几天,就突然又对某一处风景发生了兴趣。毕竟,风景画才真正是我擅长的表现手段,所以,我无须为人体费太多的心,是不是?"

"即使画风景,"温森特说,"我也希望把人的一些特质画进去。你的资历比我长,又是一个得到公众认可的艺术家,不过,是不是能容我提一点完全善意的批评呢?"

"欢迎你提。"

"那好,我应当说,你的画缺少激情。"

"激情?"他俯身在茶炊上,用眼角瞥了一下温森特,询问道,"你指的是许多种激情中的哪一种呢?"

"这很难说得清。不过你的情感好像有些含含糊糊。在我看来,它还可以再强烈一点儿。"

"但是,你看这儿,老朋友,"德·鲍克说着,直起身来凝视着他的那幅油画,"我可不是听人一吩咐就能把感情倾注到画布上的,是不是?我画我看到的并且有所感触的东西。要是我本身无动于衷,那我怎么会让我的画笔带上什么该死的激情呢?这可不是能在菜店里论磅买到的，是不是？"

去过德·鲍克那里以后，温森特的画室看起来简直寒酸得可怜。不过他知道简陋是可以弥补的。他把床推到墙角，藏起烹饪用的东西——他要把这个地方变成画家的工作室而不是住房。提奥这个月还没寄钱来，不过他还有从毛威那儿借来的几个法郎。他用这些钱雇了模特儿。温森特回画室后不多一会儿，毛威就来访了。

"我只用了十分钟就到你这儿了。"他边说边环视四周，"对，这就行了。你应当有从北边照射进来的光线，不过，这也就可以了。这会给那些怀疑你既不懂行又游手好闲的人留下个好印象。我看你今天已经画模特儿了嘛！"

"是的，每天都画，不过很贵。"

"然而到头来却是最便宜的。你缺钱用吗，温森特？"

"谢谢你，毛威姐夫。我还过得下去。"

他不愿意成为毛威的一个经济负担。温森特口袋里只剩了一个法郎，还够他吃一天，但是钱并不是真正要紧的东西，他要的是毛威慷慨的大量指教。

毛威用了一个小时教他如何涂水彩，如何再把颜色洗掉。温森特搞得一塌糊涂。

"你不要为此担忧，"毛威兴致勃勃地说，"在你学会用画笔之前起码得画坏十张画呢！让我看看你在布拉邦特后来画的那些素描吧！"

温森特取出画稿。毛威是这样一类高明的老师，他可以一针见血地指出一件作品的基本弱点。他从不是说完"这不对"就住口了，而总是再附上一句："照这样再试试。"温森特听得很仔细，因为他知道毛威对他谈的看法，就像他在自己的一幅油画画坏时会对自己所说的一样。

"你可以画,"毛威说,"你画了一年的素描对你大有益处。要是特斯提格不久就来买你的水彩画,我绝不会感到惊讶。"

这对温森特是极大的安慰,不过,两天后当他囊空如洗时,这安慰却帮不上他一点忙。这个月已经过去好几天了,可提奥的那一百法郎还不见寄来。出什么差错了呢?难道是提奥生他气了吗?有没有可能是提奥在自己即将有个职业时背弃了自己?他在口袋里找到一枚邮票,这使他得以给弟弟写封信,求他继续寄生活费,至少寄来够他吃饭和必要时雇模特儿所需的那一部分钱。

三天来他虽然没吃一口东西,但继续上午在毛威那里画水彩,下午在施粥所和三等车候车室写生,晚上或去"布尔克利"或去毛威画室作画。他害怕毛威觉察到他的处境从而对他失去信心。温森特明白,尽管毛威开始喜欢他了,但如果他的困难开始干扰毛威作画的话,他的姐夫肯定会毫不犹豫地把他抛开的。所以,当杰特邀他共进晚餐时,他谢绝了。

胃部的隐隐作痛,令他回忆起在博里纳日的那些日子。难道他得终生挨饿吗?难道他永远也得不到片刻的舒适和安宁吗?

第二天,他硬着头皮去见特斯提格。也许他能从这个人那儿借到十个法郎,在海牙有半数的画家都是由他资助的。

特斯提格因事到巴黎去了。

温森特因为发烧,连铅笔都握不住,他躺倒在床上。次日,他拖着病弱的身子又来到普拉茨,这一次那位画商在里头了。因为特斯提格曾答应提奥帮助照顾温森特,温森特得到了他二十五法郎的借款。

"我总想什么时候到你的画室去看看,温森特,"他说,"我不久一定顺便去一趟。"

温森特只能强撑着做了有礼貌的回答。他希望离开这里去吃点东西。在去古比尔公司的路上他曾想:"只要我能有点儿钱,我就会好起来的。"可现在钱有了，他却比以前更加悲惨，一种完全被遗弃的孤独感笼罩着他的心。

"一顿饭就会把这一切都治好的。"他对自己说。

食物虽然解除了他胃中的痛苦，却消除不了他身上那触摸不到的孤独的痛苦。他买了一些廉价的烟草，回到家里伸开两腿，躺在床上吸起他的烟斗来。对凯的渴望又重新强烈地迫上心头。他痛苦得喘不过气，于是跳下床，敞开窗户，把头伸向那一月风雪之夜的凛凛寒风之中。他想起斯特里克牧师，不由得打了个寒噤，就像他在教堂那冰冷的石墙上靠得太久了似的。

温森特关上窗户，抓起帽子和上衣，奔向他在莱恩车站前见过的一个小酒店。

[2] 克里斯汀

酒店门口挂着一盏油灯，另外还有一盏挂在柜台上。酒店中间处在半明半暗之中。靠墙摆着一些长凳，凳前是色彩斑驳的石面桌子；褪色的墙壁，水泥地面。这是工人们常来的小店，与其说是他们寻欢作乐的场所，不如说是寻求慰藉的地方。

温森特坐到一张桌子前面。他疲惫地把身子靠在墙上。当他埋头于工作之中时，当他有钱吃饱肚子和雇模特儿时，他感到日子还不那么难过。然而有谁能带给他真挚的友情，跟他随便谈谈家常呢？毛威是他的老师，特斯提格是个忙碌而有地位的画商，德·鲍克又是个有钱的上流社会人士。一杯酒也许可以帮他度过难挨的时刻，明天他就能投身到工作中去，情况看起来就会好一些。

他慢慢呷着酸葡萄酒。店里没几个人。他对面坐着一个工人模样的人。靠近柜台的一个角落里坐着一对夫妇，那女的穿一身花哨而俗气的衣服。他旁边的一张桌子前孤零零地坐着一个女人。他并没有留心看她。

酒店伙计走过时,粗声粗气地问那个女人:"还要酒吗?"

"一个子儿也没啦!"她回了一句。

温森特转过身。"陪我喝一杯好吗?"他问。

那女人瞧了他一眼,"那敢情好。"

伙计送来一杯酒,拿了二十个生丁走开。两张桌子并在一起了。

"多谢啦!"那女人说。

温森特仔细打量着她。她已经不年轻了,也不美丽,有点憔悴,这是一个经历过生活忧患的女人。她的身材细长,但体形很好。他注意到她那拿着酒杯的手,那是一双辛苦操劳的手,并不像凯那种女性的纤纤素手。在这昏暗的光线下,她使他想起夏尔丹和扬·斯丁[1]笔下的一些古怪人物。她长着一个鹰钩鼻,上唇还有点模模糊糊的小胡子。她的眼神忧郁,但仍然很生动。

"别那么说!"他回答道,"有你作陪,我很高兴。"

"我叫克里斯汀,"她说,"你呢?"

"温森特。"

"你是在海牙工作吗?"

"是的。"

"你做什么工作呢?"

"我是个画家。"

"噢,那也是个苦差事吧,是不是?"

"有时是。"

"我是个洗衣工。在我有劲儿干活儿的时候就干这个;不过,

---

[1] 夏尔丹:1699—1779,法国画家;扬·斯丁:1626—1679,荷兰风俗画家。他们两人均以善画下层劳动人民形象而著称。

也并不是总干。"

"那你还干什么呢？"

"我曾在街头干过很长时间的'那个'。我要是不想干活儿了，就回去干原来的行当。"

"做洗衣工很辛苦吗？"

"是啊，他们叫我们干十二个小时的活儿，付给我们的工钱少得可怜。有时，我洗了一整天衣服后，还得去找个男人为孩子们挣口吃的。"

"你有几个孩子，克里斯汀？"

"五个。现在又怀上了一个。"

"你的丈夫死了吧？"

"这些孩子都是我跟素不相识的人生的。"

"这就难办了，是不是？"

她耸耸肩膀，"我的上帝，矿工不能因为可能会送命就拒绝下井吧，他能吗？"

"是的，不能。孩子们的父亲当中还有你认识的人吗？"

"只认得头一个，是个坏女人的儿子。我甚至从不知道他们的姓名。"

"你现在怀的这个呢？"

"唉，我也说不准。那一阵我病得洗不动衣服，所以接过许多客。其实不知道也没什么。"

"还要一杯酒吗？"

"要点儿杜松子酒吧！"她伸手到手提袋里拿出一支劣等黑雪茄的烟蒂，把它点着了。"你看起来也不像有钱的样子，"她说，"你的画卖得出去吗？"

"不，我刚刚开始画。"

"现在刚开始，你可显得太老了。"

"我三十岁。"

"可你就像四十岁的人。那你怎么生活呢？"

"我弟弟给我寄点儿钱。"

"嘿！那可比洗衣服强多了！"

"你和谁住在一起呢，克里斯汀？"

"我们全住在我母亲家里。"

"她也知道你上街干'那个'吗？"

那个女人哈哈大笑，但并非出于欢乐。

"我的上帝！是她让我去的呀！她这一辈子就是干这个的。她就这么着生下了我和我的兄弟。"

"你兄弟是干什么的呢？"

"他在家里养了个女人。他给她拉皮条。"

"这对你的五个小孩可没什么好影响。"

"没事儿，他们有一天也得干这一行。"

"难办得很，是不是，克里斯汀？"

"就是哭也不顶用啊！再喝一杯杜松子酒行吗？你的手怎么弄的，落下那么一大块黑疤？"

"烧的。"

"啊，一定伤得很厉害吧？"她小心翼翼地把他的手拿起来，生怕碰痛了他。

"不，克里斯汀，没什么，是我故意弄伤的。"

她放下他的手，"你为什么一个人跑到这里来呢？你没有朋友吗？"

"是啊，没有。我弟弟虽然是我的朋友，可他在巴黎呢！"

"挺孤单的，是不是？"

"是呀，克里斯汀，孤单极了。"

"我也是这样。孩子们都在家，还有我的母亲、兄弟和我偶然结识的那些男人。但是不管怎么着,你是一个人生活,是不是?这倒不在人多人少,而要看看有没有一个你真心喜欢的人。"

"难道你就从来没有爱上过什么人吗,克里斯汀?"

"就是那头一个家伙呗。我当时才十六岁。他是个有钱人。他不能娶我是因为门第关系,但是他给婴儿抚养费。后来他死了,没给我留下一个子儿。"

"你多大了?"

"三十二岁。唉,对生孩子来讲是太老喽。免费病房的医生说我会因为这个把命送掉的。"

"如果医疗保健得当,你是不会死的。"

"我哪儿能得到这样的医疗保健呢?一点儿储蓄都没有。免费病房的医生才不在乎我的死活呢,他们接待的女病人太多啦。"

"难道你就没有一点儿办法弄点儿钱来吗?"

"可不,要是我整夜在街上拉客,拉上三两个月那倒能凑够钱了。可这样我会死得更快。"

他们沉默了好一会儿,"你离开这里以后打算去哪儿,克里斯汀?"

"我在洗衣桶前站了一整天了,因为累得要死才来这儿喝一杯。他们应该付给我一个半法郎,可又拖延到星期六才肯给。所以我需要搞两个法郎买食物。我本想歇一歇就去拉客的。"

"你愿意让我跟你去吗,克里斯汀?我非常寂寞,我愿意去。"

"那敢情好,还省了我的事哩。再说,你又挺招人喜欢。"

"我也喜欢你,克里斯汀。你把我烧伤的手拿起来那会儿……我记不得有多久了,这还是女人头一次给我一句好话。"

"这可真奇怪。你看起来也不坏嘛!说话待人都挺好。"

"我就是在爱情上不走运。"

"噢,原来如此,是吗?我能再喝一杯杜松子酒吗?"

"听着，我们不必把自己灌醉来求得彼此间的同情。把我给你的钱装进口袋里吧，很抱歉，就是数目太少了。"

"你看起来比我更需要这点儿钱。不管怎么样，你都可以来。等你走了，我会再找别的家伙挣这两个法郎。"

"不，把钱收下吧。我拿得出这点儿钱，因为有个朋友借给我二十五法郎。"

"那好，咱们出去吧！"

他们穿过幽暗的街巷回家，一边像老朋友似的随便聊天。她向他讲述自己的身世，既不自怜，也不怨天尤人。

"你当过模特儿吗？"温森特问她。

"年轻时当过。"

"那么为什么不来给我当呢？我无力付给你很多钱，一天连一个法郎也到不了。不过，等我的画能卖出去了，我就可以付给你两个法郎。这要比洗衣服强一些。"

"嘿，我愿意干。我可以带上我的男孩儿，你可以白画他。要是画我画腻了，你还可以画我的母亲。她在干打杂女工，有时候赚点儿外快，她可是乐意的。"

他们终于到了她家。这是座十分简陋的一层的石头房子，还有个院子。"你什么人都不会碰上，"克里斯汀说，"我的房间在前面。"

她住的是一间很简朴的小房间，无花纹的素色壁纸使房间的色调显得单调而阴郁。像夏尔丹的画，温森特想。木板地上有一方席垫和一块深红色的旧地毯；一个墙角放着一只普通的烧饭炉，另一个墙角是一个衣柜；房间中央摆了一张大床。劳动妇女的家里往往就是这样布置的。

早上，温森特从睡梦中醒来，发现自己已不是只身一人，朦胧的晨曦中有个和自己一样的人在身旁，这使世界显得亲切多了。痛苦和孤独离开了他，取而代之的是一片深沉的宁静。

[3] 工作取得进展

上午的邮班给他送来了提奥的信，信内附有一百法郎。这个月过去数日之后提奥才把钱寄来。温森特冲出门去，看见附近有个矮小的老妇人正在她门前的花园里挖地，于是就问她是否同意以五十个生丁的报酬来为他做模特儿。这老妇人高兴地答应了。

在画室里，他把这老妇人摆成打盹的样子，让她坐在火炉旁，炉边放着一只小茶壶。他寻找着色调，老妇人的头部光线强烈，显得很有生气，他把水彩画的四分之三涂成带有肥皂质感的绿色。老妇人所坐的那个角落，他用的是轻柔而充满感情的笔触。有一段时间他的画生硬干涩，现在变得润泽流畅了。他一笔一笔地用力在纸上画着，颇感得心应手。他感谢克里斯汀给予他的一切。生活中得不到爱情确实给他带来了无尽无休的痛苦，然而无损于他；而情欲的不足却能使他艺术的源泉枯竭，以致扼杀他的生命。

"情欲的滋润，"他一面流畅自如地画着，一面喃喃自语，"奇怪的是，米什莱怎么就从没提到这一点呢？"

有人敲门。温森特把特斯提格先生让进室内。他的条纹裤子仔细熨过，棕色的圆头皮鞋擦得光可鉴人。他的胡须经过精心修剪，头发整齐地在一边分缝，他的衬领洁白无瑕。

看到温森特有了一间像样的画室，而且工作得很努力，特斯提格感到由衷的喜悦。他愿意看到年轻的艺术家们取得成功，这既是他的癖好，也是他的职业。然而他要求这种成功务必经过系统的、正规的途径来实现。他认为，一个人因袭传统，即使未能获得成功，也比打破传统取得成功的人更可取。对他来讲，比赛场上的规则远比胜利本身更为重要。特斯提格是个善良而高尚的人，他希望其他人也都像他一样善良、高尚。他不承认随着情况的变化，坏的可以转变成好的，罪恶可以得到拯救。那些把油画卖给古比尔的画家都明白，他们必须严守这一规则。如果他们冒犯了上流社会的准则，那么即使他们的画是杰作，特斯提格也会拒之门外。

"我很高兴正赶上你在工作的时候登门拜访，你很意外吧！我就喜欢这样出其不意地拜访我的艺术家。"

"谢谢您远道来看我，特斯提格先生。"

"哪里话，从你一搬来，我就想来看看你的画室了。"

温森特看了看自己房间里的床、桌子、椅子、炉子和画架。

"这里没有很多值得一看的东西。"

"不要紧，你努力画吧，用不了多久你就会拿出一些比较好的东西来的。毛威告诉我，你开始画水彩了，这种画很有市场。将来我可以替你出售一些，你弟弟也会这样做的。"

"我正在朝这个方向努力，先生。"

"你似乎比我昨天看见你的时候精神多了。"

"是的，我本来病了，不过，昨天夜里就恢复了。"

他想起那酸酒、杜松子酒和克里斯汀。如果特斯提格知道了这一切，会怎么说呢？想到这里，温森特不禁哆嗦了一下，"您看看我的画稿好吗，先生？您的意见对我是很宝贵的。"

特斯提格站在那幅以带有肥皂质感的绿颜色为背景的系白围裙的老妇人画像面前。他沉默不语，不过这一回不像温森特记忆中在普拉茨那回那么意味深长。他拄着手杖站了一会儿，又把它拐在胳膊上。

"是的，是的，"他说，"你很有进步。我看得出，毛威会把你造就成一个水彩画家的。这得花些工夫，但是你会成功的。必须赶紧，温森特，这样你就可以自己谋生了。对提奥来讲，一个月寄给你一百法郎是相当沉重的负担啊！这是我在巴黎亲眼见到的。你必须尽快养活自己。现在我应当能很快购买你的一些小件作品了。"

"谢谢，先生，谢谢您的关心。"

"我愿意帮助你取得成功,温森特,也就是说,由古比尔经销你的作品。等到我开始售出你的作品了,你就可以租一间好一点儿的画室,置些好衣服,参加些社交活动。如果你想要卖出你的油画,这一套以后是必不可少的。好啦,我该到毛威那里去了。我要看看他在为沙龙画的那幅关于斯赫维宁根的作品。"

"以后再来呀,先生!"

"当然。过一两个星期再来。好好干吧,让我每次都能看到你的进步。可别让我白来看你啊!"

他握了手就离开了。温森特重新投入工作。要是他能以卖画谋生,维持住最简朴的生活,那该多么好。除此以外,他别无所求。那样他就可以独立了,再也不会是什么人的负担了。而且最重要的是,那样一来他就不用着慌了,他可以慢慢地、踏踏实实地摸索自己的路,成熟起来,找到他正在寻求的表现方式。

下午的邮班送来了德·鲍克用粉红色信笺写的信——

亲爱的梵高:

明天早上我将带阿茨的模特儿前往你的画室,以便同尽画兴。

德·B

阿茨的模特儿确实是个非常美丽的年轻姑娘,她做模特儿要收费一个法郎五十生丁。温森特很高兴,因为他自己是永远不可能雇到她的。小炉子里的火烧得正旺,模特儿为了暖和就在炉边脱衣服。在海牙,只有职业模特儿让人画裸体。温森特对此很是恼火,因为他想要画些老年的男人和女人的人体,画些有特色的人体。

"我带来了烟草袋,"德·鲍克说,"还有我的管家准备的简便午餐。我想这样咱们就不必费事再出去吃了。"

"我来尝尝你的烟草。我的那种早上抽劲儿大了点儿。"

"我准备好了，"模特儿说，"请你们给我摆个姿势吧！"

"先来站着的吧！我这两天在画的风景上有几个站立的人。"他们画了大约一个半钟头，后来模特儿觉得累了。

"让我们画她坐下来的姿势吧，"温森特说，"那样人体会松弛一些。"

他们一直干到中午，各自在画板前埋头作画，只是偶尔叨咕一句关于光线或烟草的话。后来，德·鲍克取出午餐，三人围着炉子吃起来。他们一面大嚼着切得薄薄的面包、冷肉和乳酪，一面研究着他们上午的画稿。

"奇怪，怎么一吃东西就能用客观的眼光来看待自己的作品了呢？"德·鲍克议论着。

"可以让我看看你画的吗？"

"欢迎！"

德·鲍克把这姑娘的面部画得非常逼真，但她身体的特色在他的画面上却连一点痕迹都找不到。它充其量不过是一具完美的人体罢了。

"我说，"德·鲍克一看温森特的画稿就喊起来，"你这是在用什么玩意儿充作她的脸啊？难道这就是你所谓的把激情画进作品里去吗？"

"我们不是在画头像，"温森特回答，"我们是在画人体。"

"我还是头一回听说脸不是人体的一部分哩！"

"看看你画的那肚子。"温森特说。

"怎么啦？"

"里面仿佛装的是热空气！一截儿肠子我也看不见嘛。"

"你怎么能看见？我可没留心这可怜的姑娘还有肠子挂在外

面呢！"

模特儿连笑也不笑地继续吃着。她认为所有的艺术家不管怎么说都有点神经不正常。温森特把他的画同德·鲍克的并排放在一起。

"你要是注意一下就能看到，"他说，"我画的肚子里面可是有肠子的。只要一眼，你就可以看得出有多少食物从那曲曲弯弯的肠道中流过。"

"这和绘画有什么关系呢？"德·鲍克询问道，"我们不是研究内脏的专家，是不是？我要让欣赏我画的人看到树林中的薄雾、云彩背后泛着红光的太阳。我并不想让他们去看什么肠子。"

每天，温森特一早就出去找当天要画的模特儿。他找的模特儿一回是个铁匠的儿子，一回是格斯特精神病院的老妪，一回是泥炭市场上的一个男人，还有一回他找了从帕戴姆斯（即犹太区）来的祖母和孙子两人。雇模特儿费去他很多钱，他知道这些钱本应留到月底买饭吃的，但是在毛威手下学画的他，如果不拼着最大力气全速前进，留在海牙还有什么意义呢？以后等他打好了基础，再考虑吃饭问题吧。

毛威继续耐心地教他。每天晚上温森特都到厄伊莱博曼的那间繁忙而温暖的画室里作画。有时他变得垂头丧气，因为他画的水彩太厚、不干净而且呆板。毛威只是笑他。

"当然啰，你画的水彩还不行，"他说，"要是你的作品现在就很通透，那也只是暂时的，以后也许颜色还会变得厚重起来。现在你勤勤恳恳地画，即使一时画得厚重，以后你的画也会迅速进步，从而变得轻快起来。"

"你说得不错，毛威姐夫，但是如果一个人必须靠他的画来谋生的话，他又该怎么办呢？"

"相信我，温森特，欲速则不达，你想一蹴而就，这只能毁了你的艺术生命。红极一时的人物往往是昙花一现的。谈到艺术，俗语说得好：'诚实方为上策！'不辞劳苦、认真钻研，比那种只图一时哗众取宠的态度要强得多。"

"我要忠实于我自己，毛威姐夫，还要用一种粗犷的方式来表现单纯、质朴和真实的东西。但是，考虑到谋生的需要……我画了一些水彩画，我想特斯提格也许……当然，我明白……"

"让我来看看。"毛威说。

他粗略地把水彩画看了一下，就把它们撕得粉碎，"你要坚持你的本色，温森特，"他说，"不要跟着那些浅薄的人和画商跑。让那些喜欢你的人自己上门来。到时候你自然会有收获。"

温森特看了一眼地上的纸片。"谢谢你，毛威姐夫，"他说，"我需要的就是这样的一击。"

毛威当晚要举行一个小型晚会。许多艺术家闻讯而来，其中有韦森布鲁赫——由于他对别人的作品毫不留情的批评而素有"无情之剑"的称号，还有布赖特纳、德·鲍克、朱理·巴克哈伊赞以及沃斯的朋友纽赫伊斯。

韦森布鲁赫是个精力异常充沛的小个子。没有什么可以把他征服，凡是他不喜欢的东西——而这几乎无所不包——他便用一顿臭骂予以抹杀。他喜欢画什么就画什么，想怎么画就怎么画，并且能让公众喜爱它。特斯提格曾有一次对他一幅油画的某一点表示不赞同，于是他就再不愿意通过古比尔卖画了。然而他仍能售出他所画的每一件作品，谁也不知道他是怎么卖的，也不知道他卖给了谁。他的脸像他那张利嘴一样给人一种尖刻的印象，他的头、鼻子和下巴都是尖尖的，轮廓分明。人人都怕他，同时又都渴望得到他的赞许。他那种对事物不加考虑就立即持鄙视态度的性格，使他成了具有民族特性的人物。他把温森特引到墙角火炉旁，在那里，他用手抚弄着一只石膏脚，不时往火里吐口唾沫，好听听那悦耳的咝咝声。

"听说你是梵高家的一员，"他说，"你画画能像你叔伯们卖画那么成功吗？"

"不，我做什么事都不成功。"

"那对你可再好不过了。艺术家都应当挨饿到六十岁。那时他大概才可以画出几幅好画来。"

"胡说！你还没过四十岁，可已经画出好的作品啦！"

韦森布鲁赫爱听这个"胡说！"，多少年来这还是头一次有人敢对他用这种字眼。他故意对温森特反唇相讥，以表示对他的赏识：

"如果你真认为我的画有什么好的地方，那你最好还是改行去当看门人吧！你想，我为什么要把它卖给那些愚蠢的公众呢？因为那是骗人的玩意儿！它要是有一点儿好，我就会自己保存起来。不，老弟，我现在只不过是在练习罢了。等我到了六十岁，我就要真正开始画了。自那以后的每一件作品，我都要保留在自己身边，等到我死时，就让人把它们和我葬在一起。没有一个艺术家会舍得把他自认为好的作品出手的，梵高。他只把他的下脚料卖给公众。"

德·鲍克从房间另一边给温森特丢了个眼色，于是温森特说："你选错职业啦，韦森布鲁赫。你应当去当个艺术评论家。"

韦森布鲁赫大笑着叫起来："你这个表弟可比他表面上看起来强多了，毛威！他的嘴真够厉害的。"他转身对温森特刻薄地说，"你穿着这身破烂的肮脏衣服到处招摇，究竟是什么意思？为什么你不买件体面的衣服穿？"

温森特穿的是翻改过的提奥的旧衣服，衣服改得不合适，加之他每天画水彩时都穿着它。

"你那些叔伯的钱多得可以供荷兰所有人穿衣服,难道他们就什么都不给你吗?"

"他们干吗要给?他们和你一样,认为艺术家应当挨饿。"

"要是他们信不过你,那肯定是他们对,梵高家的人应该隔着一百公里就能闻出画家的气味儿。你大概是气味儿不对头吧!"

"见你的鬼去吧!"

温森特愤然离去,但是韦森布鲁赫抓住他的胳膊,放声大笑起来。

"这才叫有胆量!"他大声说,"我就是要看看你能忍耐到什么程度。保持你的勇气吧,小伙子,你的素质很好。"

毛威正高兴地在客人面前以模仿别人的样子取乐。他是个牧师的儿子,但在生活中他只有一个信仰,那就是绘画。当杰特把茶、小甜饼和干酪团递给大家时,他便抓住"彼得的小渔船"[1]这个题目讲起道来。这只小船是彼得领来的,还是继承下来的呢?或是他用分期付款的方式买来的呢?或者——哦!可怕的念头——是他偷来的?!他的演讲引起哄堂大笑。画家们吞云吐雾,以惊人的速度把一个个干酪团和一杯杯茶水送进肚里。

"毛威变了。"温森特暗暗地想。

他不知道毛威正经历着艺术家在创作期间的变态。在画一幅油画之初,毛威是冷淡的,工作时几乎毫无兴趣。从一个想法在他心中萌生,进而变得清晰明确起来,他的精神也随之慢慢地振奋起来。他越来越勤奋,画画的时间一天比一天长。当画布上清楚地呈现出他所画的物象时,他对自己的要求就更加明确了。他会把他的家庭、他的朋友和他的其他兴趣全部抛到九霄云外。他会茶饭不思、彻夜不眠地思考自己应做的事情。他的体力衰减

---

[1] 《圣经·约翰福音》第二十一章述及耶稣门徒彼得出海打渔之事。

了，但情绪反而越来越高昂。不久他就只能靠一种精神的力量维持生命了。他身体瘦得只剩下一副宽大的骨架，那双多愁善感的眼睛仿佛蒙上了一层迷雾。越疲劳他越拼命干，他心中充沛的激情也越发高涨。他自知离最终的完成尚需多少时间，于是就控制自己的热情，使之坚持到底。他就像一个着了魔的人，尽管完全可以用几年时间画完这幅画，但是却像有什么东西在赶着他，扰得他昼夜二十四小时片刻不宁。到末了，他竟处于如此狂热的状态——如果什么人妨碍了他，他就会大发雷霆。他竭尽全力地画，无论需要多长时间完成，他总有足够的热情画完最后一笔，什么都不能使他在完成之前停下来。

一旦油画交出去，他就垮了。他病倒在床，虚弱不堪，神志昏迷。杰特要服侍他许多天才能使他的身心恢复健康。他的气力消耗得如此彻底，以至于只要看见画或闻到画的气味，他就感到恶心。他的体力恢复得非常、非常慢。而随着体力的恢复，他的兴趣又来了。他开始到画室去随便打扫打扫卫生。他漫步野外，起初是视而不见，但后来某处风景吸引住他的视线。于是，新的周期就又开始了。

温森特第一次到海牙时，毛威刚开始画这幅关于斯赫维宁根的油画。如今他的兴奋情绪日益高涨，很快，艺术创作过程中的那种狂热、异乎寻常并且最为伤神的精神兴奋症就要开始了。

[4] 男人得有个女人才行

几天以后的一个晚上，克里斯汀来敲温森特的门了。她穿着黑色的裙子和深蓝色的宽外套，头戴一顶黑帽子。她洗了一天衣服。她的嘴微微张着，在极度疲劳时她总是这个样子。她脸上的麻点，仿佛比他记忆中的更深更大。

"你好哇,温森特!"她说,"我琢磨着应当来看看你住的地方。"

"你是来看望我的第一个女人,克里斯汀。欢迎你。我可以替你摘去围巾吗?"

她在火炉旁坐下来取暖。过了一会儿,她把屋子四下里看了看。

"不坏嘛,"她说,"就是空荡荡的。"

"我知道,可是我没有钱添置家具。"

"咳,我想你也够用了。"

"我正准备做晚饭,克里斯汀。你和我一起吃好吗?"

"你为什么不叫我茜恩?大家都这么叫我。"

"好吧,茜恩。"

"你晚饭吃什么呢?"

"土豆和茶。"

"今天我挣了两个法郎。我这就去买一小块儿牛肉来。"

"哎,我有钱。我弟弟给我寄来了一些钱。要用多少?"

"我估摸五十生丁就够咱俩吃的了。"

过了一会儿,她便拿着一包肉回来。温森特从她手里接过肉准备做饭。

"喏,你坐着吧。做饭的事你什么也不懂。我是女人嘛!"

她俯身在火炉上,火把她的面颊烤得泛起了红晕,这使她看起来很漂亮。她把土豆切好放进锅里,又把肉放进去一起煨着。此情此景在他眼里显得那么自然、亲切,他觉得像在家里一样。温森特把椅子靠在墙上,注视着她的一举一动,一股暖流涌进他的心头。这是他的家,一个女人在这儿正用那双可爱的手为他准备晚饭,他曾经多少次梦想着和凯在一起,就是像这样的情景啊!茜恩瞟了他一眼。她看见靠在墙上的椅子倾斜的角度十分危险。

"喂,该死的傻瓜,"她说,"你坐直了好不好?难道你想把脖子摔断吗?"

温森特咧开嘴笑了。曾和他住在同一所房子里的所有女人——他的母亲、姐妹、姨妈和表姐妹,每个人都这样说过:"温森特,在椅子上坐直!你会把脖子摔断的。"

"好吧,茜恩,"他说,"我就坐好。"

可是等她一转身,他马上又把椅子靠在墙上并且还心满意足地抽起烟来。茜恩把饭摆到桌上。她刚才出去时还买回两只面包卷。他们吃完了土豆牛肉,又用面包把肉汁擦得干干净净。

"你瞧,"茜恩说,"我包你做不成这样。"

"是啊,茜恩,我做的饭,连我自己都吃不出是鱼是鸡,还是什么别的鬼东西。"

茶后,茜恩点起了一支黑雪茄。他们热烈地交谈着。温森特觉得和她相处比和毛威或德·鲍克相处更自在,更无拘无束。对于他俩之间的那种平等相待的友情,他并不自认为理解。他们谈论的是些很平常的事情,两人在谈话中既不矫揉造作也不争强好胜。温森特说话时她只管听,并不急着盼他说完以便谈谈自己。她不自负,所以也不想去表现什么。他们俩谁都无意要给对方留下什么印象。茜恩谈到自己的生活,谈到生活中的辛酸血泪,温森特只需把她的经历稍加修改,便完全是他自己的故事了。他们的话语之中没有挑战,沉默之中不装假。这是没有阶级界限,不分贵贱高低,无须施展计谋的两个不戴假面的灵魂的相会。

温森特站起来。

"你去干什么?"她问。

"洗盘子。"

"坐下。你不知道怎么洗盘子。我是女人嘛！"

当她弯腰洗盘子时，他把椅子翘起倚在炉子上，装满烟斗，心满意足地吐着烟雾。她那沾有肥皂沫的手强健有力、青筋暴起，纵横交错的皱纹显示出这双手所经历的辛苦操劳。温森特拿起笔把它们画了下来。

"这儿挺好，"她洗完盘子后说，"要是咱们能有点儿杜松子酒……"

他们呷着苦啤酒消磨着晚上的时光，同时温森特还在给茜恩画素描。她两手放在膝上，恰然自得地在炉旁的一把椅子上静静坐着。炉火的温暖，与知已交谈的愉快，使她显得活泼有生气。

"你什么时候结束洗衣服的工作呢？"他问。

"明天。还算不错，再干下去我可受不了啦！"

"你一直感觉不好吗？"

"不是，但日子越来越近，越来越近了。这该死的小东西不时在我肚子里扭动一下。"

"这么说，你下周就可以给我来做模特儿啰！"

"我是不是只管坐着就行？"

"是的。有时你还得站着或裸着。"

"那倒真不赖。你干活儿，我得报酬。"

她朝窗外望着。下雪了。

"要是在家里就好了，"她说，"外头这么冷，可我只有这条围巾。得走挺长的路哪。"

"明天早晨你是不是还要再来这一带？"

"六点钟就得来，那时辰天还黑着哩！"

"只要你愿意，你可以住下来，茜恩。我很高兴能有个做伴儿的。"

"我不碍你的事吗？"

"一点儿也不。床也挺宽。"

"两个人睡得下吗？"

"没问题。"

"那我就住下了。"

"好吧。"

"谢谢你留我住下来，温森特。"

"谢谢你留下来了。"

早晨，她给他煮好咖啡，铺好床，打扫了房间，然后才去上班。她一走，这地方仿佛顿时又冷清起来。

[5]"你必须得赶快开始卖画"

那天下午特斯提格又来了。在极冷的天气里走路，使得他双颊通红、两眼发亮。

"进展如何，温森特？"

"非常好，特斯提格先生。谢谢您又来看我。"

"也许你能给我看些有意思的东西吧，我来这里为的就是这个。"

"是的，我新画了一些东西。请坐下好吗？"

特斯提格看看椅子，掏出手绢掸了掸灰，后来又好像觉得这样做不大礼貌，就坐了下来。温森特给他拿来三四幅小件水彩作品。特斯提格先是很快浏览了一遍，像在粗读一封长信，然后又回过头来重新仔细琢磨。

"你画得有进步，"过了一会儿他才说，"这些画粗糙了一点儿，还不准确，不过看得出来是有长进的。你应当很快画出一些能让我买的东西，温森特。"

"是的，先生。"

"你必须考虑考虑自谋生计的问题，我的孩子。靠别人的钱养活可不大合适。"

温森特拿起水彩画看。他虽然知道这些画是粗糙了一些，但和别的艺术家一样，他无法看出自己作品的不足。

"我是极想自立的，先生。"

"那你就必须工作得更加努力才行。你必须赶快画出一些我可以买下来的东西。"

"是的，先生。"

"总之，看见你在愉快地工作，我很高兴。提奥托我照顾你。好好干吧，温森特，我要让你在普拉茨立下脚来。"

"我想画好，可就是力不从心。不管怎么说，毛威曾夸奖过这些画中的一幅。"

"他说什么？"

"他说：'这几乎有那么一点儿水彩画的意思了。'"

特斯提格一面大笑一面用毛围巾把脖子围好，口中说着："继续努力，温森特，继续努力，伟大的作品就是这样产生的。"说完就走了。

温森特曾经写信告诉科尔叔叔他在海牙定居下来了，并且邀请他的叔叔来看看。科尔叔叔常来海牙给他的画店——阿姆斯特丹最大的一家画店——买画和其他物品。一个星期天下午，温森特把一些他已经熟悉了的小孩请来。为了让他们在他作画时保持情绪，他买了一袋糖果，并且一面弯腰在画板前作画，一面给他们讲故事。当他听到一阵急促的敲门声和一个低沉的、轰轰作响的嗓音时，他知道，这是自己的叔叔来了。

科尼利厄斯·马里纳斯·梵高素享盛名，既有成就又有钱。尽管如此,他那双睁得很大的黑眼睛仍然带着一丝忧愁。他的嘴唇不如其他的梵高那么丰满。他的头具有其家族的特征:棱角鲜明、又宽又高的额头,方方正正、宽大的下颌骨,以及又大又圆的下巴和一个大鼻子。

科尼利厄斯·马里纳斯把画室的每个小地方都仔细看在眼里,却又给人一种连瞥也没瞥一眼似的印象。他所看过的艺术家的画室,大概比荷兰任何人看过的都多。

温森特把剩下的糖果分给那些小孩就打发他们走了。

"一起喝杯茶好吗,科尔叔叔?外面一定很冷。"

"谢谢你,温森特。"

温森特给他端来茶。他的叔叔把杯子平放在膝头,轻松地谈着时闻,那副泰然自若的样子使温森特颇感惊异。

"这么说,你打算做个艺术家啦,温森特,"他说,"梵高家也到了该出个自己的艺术家的时候啦!海因、温森特和我三十年来一直在买外人的油画,现在我们能留点儿钱在自己的家里了!"

温森特笑了。"我一起步就有三个叔伯和一个兄弟在经营绘画的买卖了。"他说,"您吃点儿奶酪和面包吧,科尔叔叔?您恐怕饿了吧?"

科尼利厄斯知道,侮辱一名穷艺术家最简单的办法莫过于拒绝吃他的食物了。"好,谢谢,"他说,"我早饭吃得很早。"

温森特把几片又厚又黑的面包放进一只有缺口的盘子,又从纸包里取出一些劣质乳酪。科尼利厄斯勉强地吃了一点。

"特斯提格告诉我,提奥每月都给你寄一百法郎,这是确实的吗?"

"是的。"

"提奥年轻,他应当存些钱。你现在应该吃上自己的面包了。"

就在一天前特斯提格还谈过这个问题,这种话温森特已经听厌了。他立即不假思索地回答："吃上自己的面包？科尔叔叔，您这话是什么意思？是说我该去挣……还是该当得到？不该得到就是不配，那当然是种耻辱，而任何一个诚实正直的人都是配吃面包的。遗憾的是，有人虽然当之无愧，但还是挣不来自己的面包，这真是不幸，太不幸了！"

他摆弄着面前的黑面包，把一块面包心揉成了一个圆圆的硬球。

"所以，科尔叔叔，假若您对我说的是'你不配吃面包'，那便是对我的侮辱。可如果您是针对我总挣不来自己的面包而给予公正的批评，那当然不错。不过，这种批评有什么用呢？单是这样批评一番对我无济于事。"

科尼利厄斯不再谈论面包问题了。他们融洽相处，十分愉快，直到温森特在谈到表现手法时很偶然地提及了德格鲁士。

"可是你知道吗，温森特？"科尼利厄斯说，"德格鲁士在私生活方面的名声可不好。"

温森特不能坐视旁人如此议论这位勇敢的德格鲁士老头。他明知在叔叔面前说个"是"字要对自己有利得多，然而，同梵高们在一起他似乎永远也学不会说这个"是"。

"我一向认为，科尔叔叔，在艺术家将其作品公之于众时，他有权不公开他自己在私生活中的内心斗争。这种斗争与他在艺术创作中所特有的困难有着直接的、必然的联系。"

"尽管如此，"科尼利厄斯边啜饮着温森特端来的未加糖的茶边说，"一个人也不能仅仅因为他是个画家而不是务农或经商的人，就有权利过放荡生活。我认为我们不应收购那些行为不端画家的作品。"

"我看，要是一个人的作品无可指摘，那么，那种在人家私生活上做文章的评论家的行为，倒应视为更加不端。艺术家的作品和他的私生活,就像正在分娩的妇女和她的婴儿。你可以看她那孩子,但却不可以掀起她的内衣去看她是否沾满血污。那样的做法是非常下流的。"

科尼利厄斯刚把一小块面包和乳酪放进嘴里,又急忙吐到手中,站起身扔进了火炉。

"好好,"他连声说,"好,好,好,好!"

温森特担心科尼利厄斯要大发雷霆了,但十分庆幸,事情反倒朝有利的方向发生了转折。温森特取来存放小幅速写和习作的夹子,在灯旁放了一把椅子请他叔叔坐下来。科尼利厄斯起初一言不发,但当他看到那幅温森特某日半夜十二点与布雷特纳[1]散步时画的小画——从泥炭市场眺望帕戴姆斯之时,他停了下来。

"这一幅很不错,"他评论道,"你能为我再画些这样的城市风景吗?"

"可以。有时我画模特儿画腻了就换个花样画这些东西。我还有一些哪,您愿意看一看吗?"

他把手伸过叔叔的肩头,在那些参差不齐的画稿中间翻找着,"这幅是弗勒斯提格……这幅是格斯特,这幅是鱼市。"

"你愿意为我凑齐十二幅这样的画吗?"

"行啊!不过这是做买卖,咱们得定个价钱再说。"

"很好,你要多少?"

"我已经定好了,像这种尺寸的小画,无论是铅笔的还是钢笔的,都得要两个法郎五十生丁一幅。您认为这价格合理吗?"

科尼利厄斯不由得暗暗发笑,数目这么小!

"合理啊,不过它们要是销路好,我就再请你画十二幅阿姆斯特丹风景。然后由我来标价,这样你还可以多赚点儿钱。"

---

1 布雷特纳:1857—1923,荷兰画家。

"科尔叔叔，这是我头一次接受订货，我真无法形容这让我多高兴了。"

"我们都想帮助你，温森特。只要你的作品拿得出手，我们几个会把你的每幅作品都买下来的。"他拿起帽子和手套，"给提奥写信时代我问个好。"

为成功的喜悦所陶醉，温森特抓起最近画的水彩，一溜小跑奔向厄伊莱博曼。杰特为他开了门。她面带忧容，焦虑不安。

"我若是你，就不进画室去了，温森特。安东情况很不好。"

"出了什么事？他病了吗？"

杰特叹了一口气，"老毛病啦。"

"那么，我想他是不愿意见我了。"

"你最好等另外的时候，温森特。我会告诉他你来过。等他平静下来，他会去看你的。"

"你不会忘记告诉他吧？"

"忘不了。"

温森特一连等了许多天，但毛威没有来。特斯提格倒来了，而且不止一次，是两次。每次他来说的话都一样。

"是的，是的，你也许有一点点进步，不过画得还不行。我仍然不能把它们拿到普拉茨出售。恐怕你还不够勤奋，也不够快，温森特。"

"我亲爱的先生，每天我都是五点起身，然后就一直干到半夜十一二点钟。只是为了吃口东西，我才有时候停下来一会儿。"

特斯提格不解地摇摇头。他又看了看那幅水彩画，"我不明白，你初来普拉茨时我看到的那种粗糙不雅致，怎么到今天还能在你的作品中看到。你如今本应把那种缺陷克服掉了嘛！要是一个人真有才气，通过艰苦的努力总会做到这一点的。"

"艰苦的努力!"温森特说。

"天晓得我多么想买你的东西,温森特,我盼望看到你开始自谋生计。我认为不该让提奥去……可你的作品不到成熟的时候我是不能收购的,这个样子叫我怎么买呢?你又不是在乞求施舍。"

"对,不是。"

"你必须快一些,一句话,必须快一些。你理应开始卖画自食其力了。"

当特斯提格第四次重复这一套时,温森特发生了怀疑:这个人是否在戏弄自己呢?"你必须自谋生计……但是我一件也不能买!"如果没人买,他温森特将如何谋生呢?

一天,他在街上遇到了毛威。毛威不知要往哪里去,他低着头,迈着飞快的步子与温森特擦肩而过,似乎没有认出他来。

"久违了,毛威姐夫。"

"我一直挺忙。"毛威的声音冷冰冰,显得漠不关心。

"我知道,是在忙着画那幅新油画。进展如何?"

"嗯……"他做了个含意不清的手势。

"我什么时候到你的画室里去一下好吗?我的水彩画恐怕停滞不前啦!"

"现在不行!跟你说我挺忙,我不能浪费时间!"

"你哪天出来散步时来看看我可以吗?你只需寥寥数语,就能解决我的问题。"

"也许,也许,不过我现在挺忙。我得走了。"

他朝前冲去,上身前倾,摇摇晃晃地顺着街道走了。温森特站在那里呆望着他的背影。

到底是怎么回事?难道他把姐夫给得罪了?难道他在哪儿疏远了姐夫?

使他大为吃惊的是,几天后韦森布鲁赫竟走进了他的画室。韦森布鲁赫除了不时地对年轻画家们的作品大肆攻击一通以外,是从不肯劳神去看望他们,或者为了他们的事在家里接待他们的。

"好啊,好啊,"他边朝四处张望边说,"这无疑是座宫殿嘛!不久你就可以在这儿为国王和王后画像啦!"

"要是你不喜欢这里,"温森特咬牙切齿地说,"你可以出去!"

"你为什么不放弃绘画呢,梵高?这可是狗过的日子。"

"你好像对这种生活还挺适应的嘛!"

"是呀,不过我取得了成功,你却永远不会成功。"

"大概是不会喽。但是,我会画出比你的画强得多的画来。"

韦森布鲁赫大笑起来,"你绝对做不到,不过你也许会比海牙的任何一个人都走得更远。如果你的作品像你的性格那样就棒了……"

"你干吗不早这么说?"温森特边问边取出他的画夹,"坐下吗?"

"坐着我就没法看了。"

他嘴里边说着"这不是你的表现手段,水彩与你想要表现的东西相比太没味儿了",边把那些水彩画推到一边,只管聚精会神地看起温森特在博里纳日和布拉邦特画的素描以及他到海牙后画的那些老人素描来。他细细端详着一张张画,高兴得抿着嘴直笑。温森特准备听他狂骂一顿。

"你画得非常好,温森特。"韦森布鲁赫说,他敏锐的眼睛闪闪发光,"我自己都可以根据这些线稿作画。"

温森特本来准备承受沉重的打击,韦森布鲁赫的话如此之轻,简直叫他受不了。他一下子坐了下来。

"我以为你被人称为'无情之剑'。"

"的确如此。要是我认为你的习作不好,我一定会告诉你的。"

"特斯提格因为这些画曾责备过我。他说它们太粗野,太生硬。"

"胡扯!那正是力量的所在。"

"我要继续画那些钢笔素描,可是特斯提格说我一定得学会用水彩画的手段表现事物。"

"那样他们就好卖了,嗯?不,老兄,如果你是照钢笔画的样子理解事物的,你就得按照钢笔画的样子把它们画下来。而且,最重要的是不要听别人的那一套,甚至我的话你也别听,只管走你自己的路。"

"看样子我不得不如此。"

"当毛威说你天生就是个画家时,特斯提格持异议,于是毛威站在你一边反对他。当时我也在场。如果以后再碰上这样的情况,我也要站在你一边,因为我已经看过你的作品了。"

"毛威说我是个天生的画家吗?"

"你别为这个头脑发热。要是你死去时能成为画家,就算你走运!"

"那为什么他现在又对我如此冷淡呢?"

"在他就要完成一幅画时,对谁都是这个样子。温森特,别担心,等他完成了斯赫维宁根那幅油画,他就会来看你的。这之前如果你需要帮助,你可以到我的画室来。"

"可以提个问题吗,韦森布鲁赫?"

"行啊。"

"是毛威叫你到这儿来的吗?"

"是的。"

"他为什么这样做呢?"

"他想听听我对你的作品的意见。"

"但是他要听这个干吗?既然他认为我是个天生的……"

"不知道。也许是特斯提格使他对你有所怀疑吧！"

[6] 善，滋长于出乎意料的地方

虽然特斯提格对他失去了信心，毛威也对他逐日冷落，但是克里斯汀代替了他们，把他所渴望的那种淳朴的友情带进了他的生活。她每天一大早就来到画室，随身还带来一只针线筐，好让自己的手也像他的手一样有事干。她的嗓音不大好听，用词也不恰当，不过，她讲话的声音很轻。温森特觉得，在他想要集中注意力时做到不听她说话是不难的。她大部分时间都是安静而满足地坐在火炉旁边，眼睛凝视窗外，或者给她将要出世的婴儿缝制小衣服。她是个笨拙的模特儿，接受能力差，不过她很努力。她很快就养成了在回家之前为他做好晚饭的习惯。

"你千万不要为我的晚饭操心，茜恩。"他跟她说。

"这有什么？我可以做得比你好。"

"那你当然得和我一起吃啰？"

"好的。有我妈照顾那些孩子，我愿意留在这儿。"

温森特每天付给她一个法郎。他知道这超出了他的支付能力，但是他喜欢她陪伴，想到是自己把她从洗衣桶前解脱出来的，这使他感到快乐。有时他下午因事外出，回来就得画她到深夜，于是她便索性不回家了。他喜欢在新煮的咖啡气味中醒来，喜欢看一个态度亲切的女人在炉子周围忙碌。这是他头一回有个家了，他发现有个家是很惬意的。

克里斯汀有时会无缘无故就留下过夜。"我想今晚在这儿睡了，温森特，"她会说，"行吗？"

"当然行啦，茜恩。你愿意留下来就留下来，你知道我喜欢有你在身边。"

尽管他从不要求她做什么,她却已习惯了为他洗内衣、缝缝补补或上市场买东西。

"你们不懂得照料自己,你们这些男人,"她说,"你身边得有个女人。我敢断定他们在市场上骗你。"

她绝算不上个好管家,在她母亲家里多年形成的懒散习惯,把她爱清洁、讲条理的意愿差不多都磨没了,所以她收拾屋子是一阵一阵的心血来潮。这是她平生第一次为她所喜爱的人管家。她喜欢做这些事,但是要在她想得起来做的时候。温森特看她当真是想干事的,很是高兴,至于去挑她的眼,那他是想也没想过的。她已不再处于白天黑夜都是极度疲劳的状态,因而她的声音也不再像原来那样粗哑,下流字眼也一个一个从她的语汇中消失了。不过,她一点儿不会克制自己的情绪,所以一旦有什么事惹恼了她,她又会暴跳如雷,粗俗刺耳的声音不知不觉又恢复了,而且还会用上温森特从小学生时代起就没听说过的脏字。

在这样的时刻,他觉得克里斯汀的模样就仿佛是他自己的一幅漫画,所以他在一旁静待着风暴的平息。对他,克里斯汀也报以同等的宽容。当他的画全画坏了时,或者她把他教的动作忘得一干二净以致摆出完全不合他意的姿势时,他就会大发雷霆,嗓门大得震撼四壁。这种时候她就由他骂个够,不久他也就恢复了平静。幸好,他们倒不同时发怒。

他画她画到对她身体的线条了如指掌时,就决定画一幅真正的素描了。促使他动笔的是米什莱的一句话:世上怎么会有这样孤独绝望的女人?他让克里斯汀裸体坐在火炉旁的一小段圆木上。他把那段圆木画成一截树墩,又装点了一些草木,把场景改变成在室外的样子。接着他便着手画克里斯汀了。画面上,她那骨节粗大的手放在膝盖上,脸埋在瘦得皮包骨的臂弯中,不长的稀疏的头发披

第三卷 海牙

225

在背后，松弛干瘪的乳房下垂到精瘦的腿上，踩在地上的扁平的双脚给人一种不稳定感。他给这幅画题名为《哀伤》。这是一幅生命力已被榨干的妇女的生动写照。在画的下面，他题上了米什莱的那句话。

这幅素描耗去了他一周的时间，也用完了他的生活费，然而到三月一日还有十天。家中的黑面包只够维持两三天了。他不得不停止画模特儿，尽管这会使他倒退不少。

"茜恩，"他说，"恐怕下月一号以前的这段时间我不能再继续雇用你了。"

"怎么啦？"

"我没钱了。"

"你是说没有付给我的钱了吗？"

"是的。"

"我也找不到别的工作干，不管怎样我还是来吧。"

"可是你要用钱的呀，茜恩！"

"我可以弄到钱。"

"如果你天天到这儿来，你就洗不了衣服了。"

"……嗯……别急……我会弄到一些钱的。"

他又让她来了三天，一直到他的面包也吃光了。离一号还有一个星期。他告诉茜恩，他准备到阿姆斯特丹去看望伯父，又说回来后就去她家看她。其实，他在画室里临摹了三天画，这三天中他靠水充饥，倒不觉得十分痛苦。第三天下午他去德·鲍克家，指望着受到茶点招待。

"嗨，老伙计，"德·鲍克站在画板前说，"你自己坐下吧！我打算一直画到吃晚饭，桌子那边有杂志，你自己看吧！"

可是没有一句话提到吃茶点的事。

他知道毛威不会见他，去求杰特又不好意思。至于特斯提格，他是宁肯饿死也不愿去求他的，因为特斯提格曾到毛威那里说过他的坏话。温森特不管处于怎样的绝境，都从来没有想过去依靠除他本行以外的其他手段赚几个法郎来。他的宿敌——热病又来了。他双膝发软，只得躺到床上。尽管明知不可能，他却仍在执拗地盼望着奇迹出现——提奥的一百法郎能提前几天寄到。其实，提奥的薪金不到一号是拿不到的。

第五天下午，克里斯汀没敲门就进来了。温森特正睡着。她站在他床边，望着他脸上的皱纹、红胡须覆盖下的苍白的脸色和干裂的嘴唇。她把手轻轻放在他的额上，觉出他在发烧。克里斯汀在通常存放食物的架子上搜寻了一番，发现里面连一粒黑面包屑或咖啡粒也没有剩下。她出去了。

大约一小时后，温森特开始梦见埃顿母亲的厨房和她常给他做的菜豆。他醒转过来，看见克里斯汀正在火炉上的锅里搅动着什么。

"茜恩。"他叫着。

她走近床边，用凉丝丝的手摸摸他的面颊，烧得很烫。"别再逞强了，"她说，"也别再说瞎话了。就算咱穷，也不是咱们的过错。咱们应当互相帮助。在那家小酒店咱们初次相识的时候你不是也帮助过我吗？"

"茜恩。"他说。

"你先躺着。我刚才回家取了些土豆和菜豆来，现在全烧好了。"

她在盘子里捣碎土豆，再放上一些菜豆，坐在床边喂他吃，"既然你的钱不够，为什么你还要每天付给我钱呢？把你饿坏了有什么好？"

他本来可以忍饥挨饿坚持到提奥把钱寄来的，哪怕再坚持几个星期也成，但是这突如其来的好心却使他难以承受。他决计去见特斯提格。克里斯汀为他洗了衬衫，但没有烙铁来把它熨平。翌晨，她为他准备了一顿简单的早餐——面包和咖啡，他吃完就动身去普拉茨了。他的泥污的皮靴掉了一个后跟，肮脏的裤了打着补丁。提奥的外衣穿在他身上显然是太小了，而那条旧领带歪到了脖子左边。他头上戴的是他收集来的那些怪里怪气的帽子中的一顶——在收集帽子上，他无疑是个天才，谁也弄不清他从哪儿弄来的那些玩意儿。

温森特沿着莱恩铁道，绕过小树林和车站（蒸汽机车就从这里发往斯赫维宁根），朝城里走去。苍白无力的太阳使他敏锐地联想到自己的贫血。在广场那儿，他从一家商店的橱窗上照见了自己。在这种他难得有的头脑清晰的一瞬，他看到了海牙人眼中的自己：一个蓬头垢面、无所归属、没人需要、病弱而粗野、为本阶级所摈弃的流浪汉。

普拉茨在一个开阔的三角地带，连接着城堡旁的霍夫维弗湖。只有最豪华的商店才有财力在这里开设。温森特害怕进入这神圣的三角。他从未像此刻这样意识到，在阶级地位上他已经和普拉茨隔开了那样遥远的距离。

古比尔的店员们正在清扫灰尘。他们怀着毫不掩饰的好奇盯着他。这个人的家族掌管着欧洲的艺术界，为什么他穷困潦倒至如此地步呢？

特斯提格在楼上办公室的桌前坐着，手里拿着一把玉柄裁纸刀在开启邮件。他看到温森特那低于眉毛线的又小又圆的耳朵，那在颌骨处变尖而在方方的下巴处又展平的椭圆形的脸，那左鬓角头发已快脱光的头，那探究地盯着自己但并无品评之意的蓝绿色的眼睛，还有那在周围胡须的衬托下显得更红的丰满的嘴唇。他从来都拿不准温森特的脸和头究竟是丑还是美。

"你是今晨光临敝店的第一名顾客，温森特。"他说，"我能为你做点儿什么呢?"

温森特说明了自己的困境。

"你拿你的生活费都做什么了?"

"花掉了。"

"你这样不注意节省,别指望我会帮你的忙。每个月都有三十天,你每天花的钱不应当超过每天应花的数额。"

"我没有浪费。我的大部分钱都用在雇模特儿上了。"

"那你就不该雇他们。你可以不雇模特儿自己画。"

"作画不用模特儿,那会把一个人物画家毁掉的。"

"别画人物,去画牛和羊嘛!它们又不用你付钱。"

"要是我对牛羊没有什么感触,先生,我就不能画它们。"

"不管怎么说,你现在不应当画人物,因为你画的那些东西都卖不出去。你应当画水彩,而不是别的什么。"

"水彩不是我的表现手段。"

"我认为你的画,是你用来回避由于画不好水彩而感到痛苦的一种麻醉剂。"

一片沉默。温森特想不出怎样回答他的话。

"德·鲍克就不用模特儿,虽然他是有钱的。而且,我想你也同意他的油画非常出色,所以它们的价钱在稳步上升。我一向期待你能使你的作品带上几分他的魅力,可不知怎么,总也盼不来。我真失望,温森特,你作品上的那种粗野生硬依然如故。有一点我敢断言:你压根儿不是做艺术家的材料。"

温森特五天来饱尝的饥饿之苦,有如利刃般突然切断了他膝部的肌腱,使他衰弱无力地坐在了一把雕花的意大利椅子上。他的声音也不知掉到他那空荡荡的身体内的什么地方去了,他找不到它。

"为什么您要对我说这种话,先生?"过了一会儿他才开口问。

特斯提格掏出一条极干净的手绢擦他的鼻子、嘴角和下巴上的胡子，"因为我应当对你和你的家庭负责。你应当明白这一事实：如果你当机立断，温森特，你还是来得及拯救你自己的。你天生不是做艺术家的，你应当去寻找一个适合于你的工作。我从未看错过一个画家。"

"我明白。"温森特说。

"我认为最主要的问题是你开始得太晚了。假如你自幼就开始画，如今你的作品也许会形成某些特色了。可你已经三十岁了，温森特，你应该获得成功。我在你这个年纪的时候就已经取得了成就。要是你压根儿就没有才能，何以谈得上成功呢？而尤为糟糕的是，你怎能心安理得地依赖提奥的施舍过日子呢？"

"毛威曾对我说：'温森特，只要你画，你就一定可以成为画家。'"

"毛威是你的姐夫，他对你是仁慈的。我是你的朋友，相信我，我的仁慈比他那种更好。放弃绘画吧，别等你发现自己的一生已经在眼皮底下悄悄溜掉了再追悔莫及。总有一天，当你找到了适合于你的职业，取得了成就时，你会来感谢我的。"

"特斯提格先生，我已经五天没有一个生丁可买一片面包了。即便如此，如果只是为我自己，我也绝不会来向您借钱的。我有个模特儿，是个女人，她现在贫病交加。我请求您借给我十法郎，等提奥的钱寄到，我就会还给您。"

特斯提格站起身，凝视着窗外湖中的天鹅。这个湖是过去宫廷供水设施的遗存。他纳闷温森特为什么偏偏在海牙安身，他的叔伯们在阿姆斯特丹、鹿特丹、布鲁塞尔和巴黎都开有画店……

"你以为我要借给你十法郎就是帮助你？"他双手反剪，背在他那阿尔伯特王子式外衣的后面，头也不回地说，"可我认为，拒绝借钱给你，倒也许是对你的更大帮助。"

温森特知道茜恩买土豆和菜豆的钱是怎么挣来的，他不能让她来接济自己。

"特斯提格先生，您无疑是正确的。我天生就当不了艺术家，我缺乏才能。您来资助我当然是很不明智的。我应当马上开始自谋生计，找到自己在社会中的适当位置。不过，看在老朋友的分儿上，求您借给我十法郎吧！"

特斯提格从他那件阿尔伯特王子式的外衣里掏出钱夹，找出十法郎纸币，一声不吭地递给了温森特。

"谢谢您，"温森特说，"您很慷慨。"

他沿着养护得很好的街道回家，街道两旁整齐小巧的砖房给他一种安全、舒适和宁静的深刻印象。他喃喃自语："人们不能永远是朋友，有时他们难免要争吵。不过，那我也要六个月不去看特斯提格，不跟他说话，不给他看我的作品。"

他顺路拐进德·鲍克家，想看看自己所缺乏而德·鲍克却具备的那种畅销的东西，那种魅力究竟是什么。德·鲍克正坐在那里，把脚搁在一把椅子上读着一本英文小说。

"喂，"他说，"我正闷得慌呢！一笔也画不出来了。拉把椅子过来，给我解解闷儿吧！上午吸雪茄是不是为时过早？最近听到什么有趣的传闻没有？"

"让我再看几幅你的油画好不好，德·鲍克？我想知道为什么你的作品卖得出去而我的却不能。"

"天才，老伙计，天才，"德·鲍克一面懒洋洋地站起来一面说，"这是天赋。你要么具备，要么不具备。我自己也没法说清这是怎么回事。反正我画了这些该死的东西。"

他拿来半打还绷在画框中的油画。当他轻描淡写地谈论着这些画时，温森特坐在那儿，用火辣辣的目光穿过那空泛的描绘和浅薄的情趣认真研究着。

"我的更好些,"他暗自思忖,"我的更真实、更深刻。我用一支木工的铅笔所表达的东西,比他用整整一箱颜料所表达的还要丰富。他表现的都是些肤浅、表面的东西。他的作品虽然完成了,但却没有说出什么东西来。为什么他们都吹捧他,给他金钱,而对我的作品却连勉强够买黑面包和咖啡的价钱都拒绝给呢?"

从那儿脱身出来,温森特低声自语:"这所房子里的空气令人窒息,德·鲍克的无聊乏味和虚伪叫我感到压抑。还是米勒说得对:'如果言之无物,倒不如索性不说。'

"让德·鲍克留着他的魅力和金钱吧!我愿选择真实和艰难,走这样的道路,人是不会腐朽的。"

他看见克里斯汀正在用湿抹布擦画室的地板。她的头发用一方黑色头帕包着,脸上的麻坑蒙着一层细小的汗珠,闪着亮光。

"借到钱了吗?"她从地板上抬起头问。

"借到了。喏,十法郎。"

"有几个阔朋友挺不错的吧?!"

"是的。这是我欠你的六法郎。"

茜恩站起来,用黑围裙擦着脸。

"你这会儿什么都不用给我,"她说,"直到你弟弟寄款来之前都不要给我。四法郎帮不了你什么忙。"

"我过得下去,茜恩。你需要这些钱的。"

"你也需要。告诉你咱们怎么办吧!我要留下来直到你弟弟来信。咱们用这十法郎吃饭,就像这笔钱是咱俩共同所有的。我管这些钱比你能维持的日子久些。"

"摆姿势怎么办呢?我没有什么可以付给你的啊!"

"你管我饭、借我床,这还不够吗?能待在这个温暖的地方,不必去干自己腻味的工作,我就很知足啦!"

温森特把她搂到怀里,将她额前稀疏而粗糙的头发拢到脑后。

"茜恩，有时候，你简直创造了奇迹。你几乎使我相信世界上真的有一个上帝了！"

[7] 学会受了痛苦而不抱怨

大约过了一周，他登门拜访了毛威。这一回他的姐夫准许他进画室了，不过，却在温森特看到那幅斯赫维宁根的油画之前，赶紧用布把画蒙上了。

"你有什么事？"他问，仿佛他不知道似的。

"我带了几幅水彩。我想你或许能抽出点儿时间看看。"

毛威正在涮一把画笔，举动有点神经质，似乎心事重重。他三天没进卧室睡觉了。在画室的睡椅上断断续续抽空睡的觉，并没有消除他的疲劳。

"我可不是老有心情欣赏你的东西，温森特。看在老天爷面上，在我疲劳过度时，你应该等个更适当的时候。"

"哦，对不起，毛威姐夫，"温森特边说边朝门口走去，"我无意打扰你。也许明天晚上我可以来吧？"

毛威已经把他画板上的布揭开了，温森特的话他连听都没听到。

第二天晚上，温森特进来时发现韦森布鲁赫也在。毛威精疲力竭，精神上几乎濒临歇斯底里的状态。他抓住温森特进来的机会为自己和朋友寻开心。

"韦森布鲁赫，"他喊着，"你看，他就是这个样子。"

他开始惟妙惟肖地模仿起来。他学着温森特的样儿，把脸歪扭着皱起来，弄得满脸是粗重的皱纹，下巴使劲朝前伸着，俨然是温森特的一幅绝妙的漫画像。他走近韦森布鲁赫，眯起眼睛瞅着他说:"这就是他说话的方式。"然后就开始用温森特惯用的粗嗓门,颠三倒四、唾沫飞溅地大讲一通。韦森布鲁赫狂笑不止。

"嘿,太像啦,太像啦!"他喊着,"你在别人眼里就是这副模样,梵高,你知道自己是一只这么美丽的动物吗?毛威,你再把下巴照这样伸出来,同时搔着胡子。真他妈滑稽!"

温森特不知所措地缩到角落里。从他口中发出的声音连他自己也感到陌生,"如果你们曾在大雨滂沱的夜晚踯躅于伦敦街头,如果你们曾在博里纳日的旷野度过寒冷的夜晚,饥肠辘辘、热病缠身而且无家可归,你们的脸上也一定会留下丑陋的皱纹,你们的声音也一定会变得这样嘶哑难听!"

不一会儿,韦森布鲁赫便告辞而去。他刚离开这房间,毛威就蹒跚着走到椅子旁坐下来。一时的纵乐使他体力消耗,更加虚弱不堪。温森特站在角落里一声不吭,毛威终于注意到他的存在。

"噢,你还在这儿?"他说。

"毛威姐夫,"温森特情绪激动地说,他的脸歪扭得和毛威刚刚模仿的一模一样,"我们之间出了什么事?只请你告诉我,我做了什么对不起你的事?为什么你要这样对待我呢?"

毛威疲惫地站起身,把一缕头发朝后理理。

"我不满意你,温森特。你应当自食其力。你不应当用到处行乞的做法给梵高家丢人现眼。"

温森特思索了一下,说:"特斯提格来看你了吗?"

"没有。"

"那么,你是不愿意再教我了吧?"

"不愿了。"

"很好,咱们握握手吧,不要彼此怀恨。我对你的感激之情是永远不变的。"

毛威久久不做回答。最后他说:"别往心里去,温森特。我累了，还有病。我会尽力帮助你的。你带画来了吗？"

"带来了。不过这似乎不是时候……"

"给我看看。"

他用他那发红的眼睛一边看那些画，一边说："你的画不对头，完全不对头。奇怪的是我以前怎么就没看出来。"

"你曾经告诉我，只要我画就能成为画家。"

"我错把粗野当成了力量。如果你真的想学，就必须一切从头开始。那边煤箱旁的角落里有些石膏模型。如果你愿意，你现在就可以去照着它们画。"

温森特茫然地走到那个角落，坐在一只白色石膏脚前。好久好久，他头脑发木，动弹不得。他从衣袋里掏出几张速写纸，可是一笔也画不出。他转过身，望着站在画架前的毛威。

"你的画进展如何，毛威姐夫？"

毛威朝那张窄小的长沙发一躺，马上合起他那布满血丝的眼睛，"特斯提格今天说，这是我所有作品中最好的一幅。"

过了一会儿，温森特大声说："果然是特斯提格！"

毛威轻轻打起鼾来，并没有听见他的话。

一会儿，痛苦的感觉有点麻木了，温森特开始画那只石膏脚。几个钟头过去了，当他姐夫醒来时他已经完成了七幅。毛威像只猫似的跳起来，仿佛并没有睡过觉一样快步走到温森特身边。

"让我看看，"他说，"让我看看。"

他看着这七幅素描，连声说："不行！不行！不行！"

他把纸撕碎，掷在地板上，"还是那么粗野生硬！难道你就不能照模型的原样画吗？你就不能明确地画好一道线条吗？你这辈子就不能有一次把一样东西画得与原物完全相同吗？"

"你说的话听起来就像美术学校的老师讲的，毛威姐夫。"

"要是你多上点儿学，你现在也许就知道怎么画了。把那只脚重画一遍,看你究竟能不能把它画得像一只脚!"

他穿过花园到厨房去吃了点东西,回来后又继续在灯下画他的油画。夜晚的时光渐渐过去了,温森特照着那脚画了一只又一只。他越画越讨厌面前那令人不快的石膏玩意儿。等到曚昽的曙光悄悄爬上北窗之时,他面前已经画了一大沓。他站起身,心中异常烦闷。毛威又来看他的素描,结果又把它们撕成了碎片。

"它们一无可取,"他说,"绝无可取之处。你违反了绘画的一切基本法则。喏,把这只脚带回去吧!你得一遍又一遍地画它,没画好就甭再来!"

"要是我再画,我就不是人!"温森特嚷着。

他把那只脚扔进煤箱,摔得粉碎,"别再跟我说什么石膏啦!我受不了!除非没有活人的手脚可画了,我才去画模型哪!"

"如果你是这么看这个问题,那就算了。"毛威冷冷地说。

"毛威姐夫,我绝不能忍受冷漠无情的法式约束,不管这法式是你的还是别人的。我必须按我自己的气质和个性去表现事物,我应当按我所看到的样子而不是你所看到的样子画。"

"我不愿再和你有任何关系了。"毛威说,那声调就像一个医生在对一具死尸说话。

温森特中午醒来时看见克里斯汀带着她的长子海尔曼在画室里。海尔曼是个面色苍白的十岁孩子,有一对青绿色的胆怯的眼睛和一个小小的短下巴。为了让他安静,克里斯汀给了他一张纸和一支铅笔。他没学过读书写字,所以羞涩地走近温森特——对生人他是很有戒心的。温森特教给他怎样握笔,并给他画了一头牛。这可把他逗乐了,他的态度很快就变得友好起来。克里斯汀拿出一小块面包和乳酪,三人围在桌前吃起了午餐。

温森特想起凯和漂亮可爱的简,他的喉咙像堵上了什么。

"我今天不舒服,所以把海尔曼带来让你画。"

"你怎么了,茜恩?"

"不知道。我的肚子绞着疼。"

"和以前怀那几个小孩时候的感觉一样吗?"

"我那时候也不舒服,可并不像这回,这回更糟糕。"

"你应当让医生看看。"

"让免费病房的医生看,一点儿用都没有。他只会开点儿药,可药又有什么用处呢?"

"你应当到莱顿的省医院去看。"

"……我想是应当去。"

"只要坐一小段火车就能到那儿了。我明天早上送你去,全荷兰的人都去那个医院看病。"

"听说那个医院很好。"

克里斯汀在床上躺了一整天,温森特就对着那个男孩画素描。晚饭时,他把海尔曼送回了克里斯汀母亲家。第二天一大早,他们就乘上了去莱顿的火车。

"你当然要感觉不舒服啰!"医生在给克里斯汀做了检查,又问了她数不清多少个问题之后说,"这胎儿位置不对。"

"可以治吗,大夫?"温森特问。

"嗯,是的,我们可以手术。"

"情况是不是很严重?"

"现在还不至于,胎儿完全可以用手术钳扭转过来。但是,这要费点儿钱。倒不是手术费,而是住院费。"他转向克里斯汀,"你有积蓄吗?"

"一个法郎也没有。"

医生几乎是叹着气说:"事情往往都是这样。"

"要用多少钱呢,大夫?"温森特问。

"不会高于五十个法郎的。"

"如果不做手术呢？"

"那她根本就熬不过去这一关了。"

温森特思忖了一会儿。为科尔叔叔画的那十二幅水彩画已近完成，而这可以赚到三十个法郎。其他二十法郎，他可以从提奥四月份寄来的生活费中匀出来。

"我将负担这笔费用，大夫。"他说。

"好。星期六一早带她来，我将亲自为她做手术。好啦，还有一件事，我不知道二位是什么关系，你们不告诉我也没什么，这并不属于医生的职责范围。不过，我认为应当告诉你，如果这位可爱的太太再到街头去，她会在半年之内死掉的。"

"她再也不会去过那种生活了，大夫，我向您担保。"

"好极了。那么星期六早上见吧！"

过了几天，特斯提格来了，"我看你还在干呀！"他说。

"是的，我是在工作。"

"我收到了你寄还的十法郎。你至少应当自己来一趟，表示一下对借款的谢意呀！"

"路太远了，先生，而且天气也不好。"

"你需要钱的时候路就不远了吗？嗯？"

温森特没有回答。

"正是这种不礼貌的行为，温森特，使我变得反对你了。这正是我不信任你和不能购买你的作品的原因。"

温森特坐到桌子边上，准备再较量一番。"我觉得您的收购似乎不应与个人之间的争论及分歧混为一谈。"他说，"我认为这似乎不应由我个人的情况，而应由我的作品的情况来定。让个人的意气影响到您的判断，这大概算不上真正光明正大吧！"

"那当然是不对头的。只要你能画出销路好而又有些吸引力的作品来，本人是极乐于在普拉茨出售的。"

"特斯提格先生，那种经过一个人辛勤劳动，渗透着某种个性和感情的作品，既不会没有吸引力，也不会卖不出去。我想，也许我的作品首先还是不要竭力取悦于所有人才好。"

特斯提格坐下来，双手扶着手杖的圆头，既没有解开轻便大衣的扣子，也没有摘手套。

"你知道，温森特，有时候我怀疑你是存心不想卖画，宁可靠别人的施舍过日子了。"

"哪怕能卖出一幅画，我都会非常高兴的。不过，要是有一位像韦森布鲁赫那样真正的艺术家，对于一件被你们斥为没有销路的作品说出'那才是对自然的忠实写照，我自己都可以根据这些线稿作画'那样的话时，我会更加高兴。尽管金钱对我，特别是现在，是那么重要，但我首先要做的，还是创作出一些严肃认真的东西。"

"这样的原则也许适用于像德·鲍克那样的富翁，但对你，无疑是不适用的。"

"我亲爱的先生，绘画的原则与一个人的收入多少是毫不相干的呀。"

特斯提格把手杖横放在膝上，仰身靠着椅背，"你的父母给我来信求我尽力帮助你，温森特。那好，如果我做不到一定买你的画，我至少可以给你进一点儿有益的忠告。你穿着那些破得无法形容的衣服到处跑是在败坏你自己，你应当给自己买些新衣服装装门面。你忘了你是梵高家的一员了。再者，你也该设法结交些海牙的上流人士，不要总是在那些工人和下层人中间混。你对那些你在极成问题的场所和极成问题的伙伴中间见到的污秽丑陋的东西，似乎有一种莫名其妙的爱好。你的行为既然如此不检点，还有什么希望获得成功呢？"

温森特从桌子的一角跳过来，站到特斯提格身旁。如果还有可能赢回这个人的友情的话，此时此地正是机会。他绞尽脑汁，想用一种表示赞同的温和态度讲话——

"先生，您想要帮助我的用意是好的，而我也是竭尽忠诚地愿意顺应您的要求去做。然而处在这种境地，既没有一个法郎可以用来买衣服，又没有办法去挣得这个法郎，我怎能做到穿戴得好一些呢？

"像这样在码头、小巷和集市，在候车室以至酒吧间四处奔波，除了艺术家，谁也不会把它当作是什么愉快的消遣啊！艺术家是宁可到那些有东西可画的最肮脏的地方去，也不愿去出席茶会陪伴可爱的太太小姐。寻觅绘画对象，在劳动人民中间生活，到现场去写生，那时常是辛苦的，甚至是肮脏的工作。商人的举止穿戴，对于我这样的人，或是任何一个无须同贵妇富绅交谈以便向他们兜售昂贵物品赚钱牟利的人来讲，都是不合适的。

"我只适合在格斯特画那些在阴暗的矿井中从事开采的挖掘工，就像我一直整天在做的那样。在那里，我丑陋的脸、褴褛的衣衫，与周围的环境十分和谐，而我自己也感到无拘无束，工作得很愉快。要是我穿上华美的外衣，就会使那些我要画的工人对我持一种畏惧、不信任的态度。我作画的目的，是要让人们看到那些值得一看但并非人人都懂的东西。如果有时为了完成我的作品而不得不舍弃上流社会的繁文缛节，这难道就算做得不对吗？同我所画的人在一起生活，难道就降低了我自己的品格了吗？如果我到劳动者和穷人家里去拜访，或在自己的画室接待了他们，难道就是有失身份了吗？我认为这是我职业的需要。那是不是就是您所说的败坏我自己的名声呢？"

"你太固执了，温森特，你不愿意听从可以给你帮助的长者的劝告。你以前失败过，今后还将再失败，而且将永远失败下去。"

"我有一双绘画的手,特斯提格先生,不管您怎么劝,我是不能不画的!请问,自从我开始绘画以来,我何曾有过犹豫、彷徨和动摇呢?我想您知道得相当清楚,我在奋力前进,在奋斗中我已经逐渐变得坚强起来了。"

"也许是。然而你所为之奋斗的,却是一种必将失败的事业。"

他站起身,扣上他手套腕部的扣子,把高高的缎子帽戴到头上,"毛威和我将设法阻止提奥再寄钱给你,这是唯一能使你清醒过来的办法。"

温森特的心猛地一沉。如果他们从提奥方面发难,那可就没有希望了。

"天哪!"他喊着,"你们为什么这样对待我?我几时得罪了你们,以至于你们非要把我毁掉呢?难道把一个只是见解与您不同的人置于死地才是正当的吗?您就不能容我走自己的路吗?我保证不再去打扰您了。我弟弟是我在这个世界上剩下的唯一知己了。你们怎么可以把他从我身边抢走呢?"

"这是为了你好,温森特。"特斯提格说完就出去了。

温森特抓起钱夹一路小跑,到城里买了一只石膏脚。在厄伊莱博曼,应声出来开门的是杰特。温森特的到来使她感到惊讶。

"安东不在家,"她说,"他非常生你的气。他说他再也不要见你了。唉,温森特,出了这样的事可真叫我难过!"

温森特把那只石膏脚放到她手里。"请交给安东,"他说,"告诉他我很抱歉。"

他转过身刚要下台阶,杰特把一只表示同情的手搭在他肩上——

"斯赫维宁根的油画已经完成了。你想看看吗?"

他默默无言地站在毛威的画前,这是一幅巨型油画,画面描绘的是马在海边拉渔船的景象。他明白自己眼前的这幅画肯定是一幅杰作。画面上的马都是些老马，是些受虐待的、可怜的老马。这些马的皮毛有黑的、白的和褐色的。它们温顺驯服地站在那里，一副心甘情愿听任摆布的神气。那只沉甸甸的船还需要再拉上最后一点路，它们的活儿就快干完了。这些马喘息着，浑身汗水淋漓，却并无怨色。它们在很久以前、多少年前就已经习惯了这些。虽然按理说它们还能活得久些，还能多干些日子的活儿，但是如果明天非让它们上屠宰场，那好吧，它们随时准备前往。

从这幅画里，温森特体会到一条深刻而实用的哲理。它向他表明："学会受了痛苦而不抱怨，这是唯一实际的事情，是一门大学问，是需要学到手的一门课程，是解决生活中一切问题的办法。"

他走出了这幢房子，精神焕然一新，使他感到具有讽刺意味的是，这个给予他极其沉重打击的人，竟又教给了他如何忍受这种打击。

[8] "无情之剑"

克里斯汀的手术是成功的，但这却是要付报酬的。温森特把他的十二幅水彩寄给了科尔叔叔，期待他能寄来三十个法郎的酬金。他等了许多许多天，科尔叔叔才不慌不忙地把钱寄来。

因为莱顿这位医生就是将来要给克里斯汀接生的人，所以他们希望赢得他的好感。虽然离下个月初还有许多天，温森特还是把最后的二十个法郎寄给了医生。于是旧事重演，先是咖啡和黑面包，然后只剩了黑面包，然后就是白水，最后发烧、衰竭和昏迷接踵而至。克里斯汀在她自己家里吃饭，不过却没有一点食物可以剩下来带给他。温森特已到了山穷水尽的地步，他从床上爬起来，神思恍惚、腾云驾雾般地走到了韦森布鲁赫的画室。

韦森布鲁赫很有钱，但他却主张过简朴的生活。他的画室在四层楼上，房间朝北开了一个很大的天窗。在这间工作室里，没有一件能分散他注意力的东西——没有书，没有杂志，没有沙发或舒适的座椅；墙上没有画，也没有可以朝外看的窗户；除了他的职业所需要的器具，他的房间里一无所有，甚至连一只让客人坐的凳子都看不到。这使人们为之却步。

"哦，是你呀！"他吼了一声，并没有放下手中的画笔。他从不在乎到别人的画室去打扰人家，可是如果有人来打扰他，他就会像只落入陷阱的狮子一样对待人家。

温森特说明了自己的来意。

"噢，不，老兄！"韦森布鲁赫叫起来，"你找错人啦，竟找到了世界上最不可能做这事儿的人。我绝不会借给你十个生丁的。"

"你拿不出这笔钱吗？"

"当然我是拿得出的啦！你以为我他妈是和你一样卖不出一张画的外行吗？我现在在银行的存款，哪怕花上三辈子都花不完。"

"那你为什么不愿意借给我二十五个法郎呢？我已经走投无路，家里连一点儿面包渣儿都没有了。"

韦森布鲁赫高兴地搓着手，"好！好！这正是你所需要的！这对你太好了。你也许还是可以成为一名画家的。"

温森特靠在光秃秃的墙上，他已经没有力气站着了，"挨饿有什么好的？"

"对你来讲，这是天底下头一等大好事，梵高。这会让你受苦呀！"

"为什么你这么乐意看我受苦呢？"

韦森布鲁赫坐在室内唯一的凳子上，跷起二郎腿，用一支红头画笔指着温森特的嘴——

"因为那样才能使你成为一名真正的艺术家。你受到的磨难越多，你就越应该感到高兴。一流的画家就是这样造就出来的。空着肚子比脑满肠肥要强。梵高，一颗破碎的心所感受到的不幸，比美满的幸福对你更有好处。永远不要忘记这一点！"

"那是胡说八道，韦森布鲁赫，你自己清楚！"

韦森布鲁赫用画笔冲着温森特点了点，"没有经历过苦难的人就没有东西可画，梵高。幸福麻痹人的感官，它只对牲畜和那些买卖人有益。艺术家靠痛苦滋养，所以，如果你挨饿、沮丧而又十分不幸，你应当高兴。那是上帝在对你发善心啦！"

"贫困会摧毁人。"

"是的，它摧毁的是那些弱者，而不是那些强者！如果贫困能把你摧毁，那么你就是意志薄弱的无能之辈，你本来也是要垮掉的。"

"那么你是不愿意伸出一个手指头帮我一下忙啦？"

"即便我认为你是空前绝后最伟大的画家，我也不会帮你。如果饥饿和痛苦能把一个人扼杀，那么这个人是不值一救的。世界上最好的艺术家是那样一种人——无论上帝还是魔鬼都不能摧毁他们，除非他们已经创作出他们想要创作的一切作品。"

"但是，我已经挨饿多年了，韦森布鲁赫。我无家可归，衣不蔽体地在雨雪中奔波，生着病，发着烧，处于孤立无援的境地。这类事情我已经受够了。"

"你对痛苦的理解还肤浅得很哪！你这才刚刚开始。我告诉你，世界上只有痛苦才是无穷无尽的。现在就跑回家拿起你的铅笔来吧！越是饿，越是苦，你的工作就会干得越好。"

"而我的画也会更快地被否掉。"

韦森布鲁赫开心地大笑起来，"它们当然是会被否掉的，本来就是嘛！这对你也是有好处的。这会使你的境遇更加悲惨，那样你的下一幅油画就会比前一幅画得好些。如果你挨饿、受苦、作品遭辱骂被轻视足够长的时间,那么你也许——注意我说的是'也许',而不是'一定'——最终能画出一幅作品敌得过扬·斯丁或者……"

"……或者韦森布鲁赫!"

"正是,或者韦森布鲁赫。如果我现在给你钱的话,我就是在剥夺你获得不朽名声的机会。"

"什么不朽的名声?去他妈的!我愿意马上就去画画,可是空着肚子画可不行。"

"胡扯,小伙子。所有有价值的画,都是空着肚子画出来的。要是你吃得饱饱的,你的创作一开始就得错。"

"我似乎没听说你也受过那么多苦。"

"我有丰富的想象力。我不用经历痛苦也能理解它。"

"你这个大骗子!"

"根本不骗你。如果我看出自己的作品枯燥乏味得像德·鲍克一样,我准会抛弃我所有的金钱去过乞丐的生活。巧得很,我恰恰不用凭着对苦难经历的完整记忆也能够创作出描绘痛苦的完美画卷。这就是我之所以是个大艺术家的原因。"

"那不过是你之所以是个大骗子的原因罢了。快点儿,韦森布鲁赫,行行好,借给我二十五个法郎吧!"

"二十五个生丁也不借!告诉你,我的确把你看得极高,所以不忍用借给你钱的做法去动摇你的根基。有朝一日你会画出辉煌作品的,温森特,但你首先必须做你自己命运的主宰,毛威的垃圾箱里的那只石膏脚,使我确信你能做到。喂,快走吧,到施粥所去要一碗免费的粥喝吧!"

温森特目不转睛地盯了韦森布鲁赫一会儿,转身把门打开。

"等一下!"

"你该不是想向我证明你是个意志薄弱的懦夫吧?"温森特厉声问道。

"你看,梵高,我不是个吝啬鬼,我是按原则办事。如果我认为你是个傻瓜的话,我就会给你二十五个法郎把你打发走了,可我是把你当作一位同行来尊重的。我准备送给你一件用什么钱也买不到的东西。在海牙,除了毛威,我还从来没给过第二个人呢!过来,你拉一下天窗的窗帘。对,这样好一些。你来看看这幅习作。这就是我准备完成草图和设色的方法。天哪,如果你挡着光,那怎么可能看得清楚呢?"

一个钟头后,温森特精神振奋地离开了。就在这段短短的时间里,他所学到的东西比在美术学校待上一年所学的还要多。他走出好远,才想起自己饿着肚子、发烧生病却又身无分文。

[9] 爱

几天后,他在沙丘地上遇到了毛威。如果说原来他还抱着和解希望的话,这回他是彻底失望了。

"毛威姐夫,我应该为那件在你画室里发生的事情向你道歉。那都怨我太蠢了,你能原谅我吗?什么时候请你来看看我的作品,并且一起讨论讨论好吗?"

毛威直截了当地一口回绝,"我绝不会去看你,一切都结束了。"

"难道你对我完全丧失了信心?"

"是的。你的品行恶劣。"

"如果你愿意告诉我我做了什么坏事,我一定努力改。"

"对你的所作所为,我已经不再有什么兴趣。"

"除了吃饭、睡觉以及像个艺术家那样工作之外,我什么事也没做,难道这就是恶劣吗?"

"你管自己叫作艺术家吗?"

"是的。"

"真是荒唐！你这辈子连一幅画都没卖出过呢！"

"艺术家难道意味着——卖？我认为，艺术家指的是一种始终在寻求，但未必一定有所收获的人；我认为它的含意与'我明白它了，我得到它了'正相反。我说我是艺术家，我的意思是'我在寻求，我在奋斗，我全心全意地投身于艺术中'。"

"不管怎么说，你的品行就是恶劣。"

"你对我有所怀疑——外面有风言风语——你认为我在隐瞒什么：'温森特在隐瞒什么见不得人的勾当。'你疑心什么，毛威？直说出来吧。"

毛威回到画板前开始涂颜色。温森特转过身，慢慢地从沙地上走过去了。

他是对的，外面**确实**是有风言风语。海牙的人知道了他和克里斯汀的关系。透露这个消息的是德·鲍克。德·鲍克突然来访，他那花骨朵似的嘴唇上挂着调皮的微笑。克里斯汀在摆姿势，所以他改用英语讲话。

"哎呀呀，梵高，"他说着，把厚厚的黑大衣脱掉，点起一支俄式长雪茄，"全城都知道你收养了一个情妇。我是从韦森布鲁赫、毛威和特斯提格那里听来的。全海牙都为之震怒了。"

"噢，"温森特说，"原来如此！"

"你应当小心一点儿，老伙计。她是城里的一个模特儿吧？我想我认识城里所有的模特儿。"

温森特瞟一眼正在炉旁织毛衣的克里斯汀。当她坐在那里，眼睛盯着手里的活计缝制她的羊毛衫和围裙时，她身上有一种引人注目的朴实、亲切和自然的风韵。德·鲍克把烟抛到地板上，跳起身来。

"我的上帝！"他喊着，"你该不是要告诉我她就是你的情妇吧？"

"我没有情妇,德·鲍克,但是我想她就是你们在议论的那个女人。"

德·鲍克抹去前额上的虚汗,仔细打量着克里斯汀,"你他妈的怎么能跟她睡觉?"

"你为什么问这个?"

"亲爱的老弟,她是个母夜叉嘛!顶平常的母夜叉!你是怎么想的?怪不得特斯提格那么生气。如果你想要个情妇,为什么不在城里那些长得端正的年轻模特儿里面挑一个呢?那样的模特儿到处都有,多的是嘛!"

"我刚才已经告诉你一次了,德·鲍克,这女人不是我的情妇。"

"那是什么?……"

"她是我的妻子!"

德·鲍克惊愕万分,吸了一口凉气,把小小的嘴唇紧紧抿着,那样子就像一个人正在扣纽扣。

"你的妻子!"

"是的,我打算娶她。"

"天哪!"

德·鲍克惊惶而又厌恶地最后瞅了一眼克里斯汀,连大衣也忘了穿就跑掉了。

"你们说我什么啦?"克里斯汀问。

温森特走过去,低头望了她一会儿,"我告诉德·鲍克,你就要成为我的妻子了。"

克里斯汀沉默了好久,她的手忙个不停,嘴巴微微张着,舌尖像蛇芯子般不时飞快地伸出来,湿润着那很快就变得焦干的嘴唇。

"你真的愿意娶我,温森特?为什么?"

"如果我不娶你,那我还是让你独身一人更好些。我要经历一下家庭生活的忧与喜，这样才能以自己的亲身体会画出关于家庭生活的作品。我曾经爱过一个女人，克里斯汀。当我去她家时，他们告诉我她讨厌我。我的爱情是真挚而强烈的，克里斯汀，而当我离开她家时，我明白这爱情已经被扼杀了。但死亡之后还有复活，你，克里斯汀，就是这爱情的复活。"

"可你不能娶我！孩子们怎么办？而且你的弟弟也许就不给你寄钱了。"

"我尊敬做母亲的妇女，克里斯汀。我们可以把新生的婴儿和海尔曼留在身边，其余的孩子留给你母亲。至于提奥……是的……他也许会砍掉我的头，不过如果我把实情原原本本地写信告诉他，我想他绝不会抛弃我的。"

他坐在她脚旁的地板上。她的样子比起他初次见到她时好多了，那双忧郁的褐色眼睛中带上了一丝喜悦的神色。她的全身显现出从未有过的活力。对她来讲，做模特儿并不容易，但她很努力，很耐心。他第一次见到她时，她举止粗野，而且病恹恹的非常可怜；如今她的言谈举止变得沉静多了，她恢复了健康，得到了新生。他坐在那里，抬头望着那张留有痛苦印痕并且显得粗野的脸上新添的一点妩媚，又一次想起米什莱的那句话："世上怎么会有这样孤独绝望的女人？"

"茜恩，咱们要俭省地过日子，尽量节省一些，是吧？恐怕我要有一段时间没有什么收入。我可以接济你直到你去莱顿住院，不过，就不知道你回来时我的情况会怎么样，有，还是没有面包。然而，只要有一口饭，我就要分给你和那个孩子。"

克里斯汀从椅子上滑下来，坐到他身旁，两手抱着他的脖子，把头靠在他的肩上。

"就让我同你在一起吧，温森特！我要求不多，即使除了面包和咖啡别的什么都没有，我也不抱怨。我爱你，温森特。你是第一个对我好的男人。你要是不愿意,也不必非和我结婚不可。我愿意为你摆姿势,努力干你要我干的活儿,只是求你让我留在你身边!我头一回这么快乐,温森特。我不要别的东西,只要能和你分享你有的那些,我就很快乐了。"

他感觉到了那紧贴着他身体的隆起的胎儿,热乎乎的,活泼有生气。他用手指轻轻抚摩着她那张淳朴的脸,亲吻着那上面一个又一个的疤痕。他让她的头发披在肩上,用手轻轻把她细细的发辫解开抚平。她把那张发红的幸福的脸贴在他的胡须上,温柔地在他粗糙的皮肤上摩擦着。

"你真的爱我,克里斯汀?"

"是的,温森特,真的。"

"被人爱多么幸福啊!就让这个社会说这是道德败坏好了。"

"让这个社会见鬼去吧!"克里斯汀干脆地说。

"我要像个工人那样生活,这样才适合我。你我相互了解,管他旁人怎么说。咱们也不必企求保持什么社会地位,反正我自己的阶级早已把我排斥在外了。不管这个家怎么穷,我宁愿在自己家里靠面包皮糊口,也要和你结婚。"

他们坐在地板上,紧紧搂抱在一起,火炉里熊熊燃烧的火焰温暖着他们。邮差的到来打破了这令人心醉神迷的气氛。他递给温森特一封阿姆斯特丹的来信,上面写着:

温森特:

　　适才得悉你的不名誉行为。敬告原定六幅画的合同已经解除。今后对你的作品我将不再发生兴趣。

科·M. 梵高

他的整个命运全看提奥了。除非让提奥充分理解他和克里斯汀关系的性质，否则提奥也会做出应当断绝这笔每月一百法郎补贴的判断的。只要他能工作，只要他有克里斯汀的陪伴，即便失去了老师毛威，失去了画商特斯提格，失去了家庭亲友和同行，他也还是可以维持下去的，但是如果失去了这每个月的一百法郎，他可就无法维持了。

他给弟弟写了一封充满感情的长信，说明了一切，恳求提奥谅解他，不要抛弃他。每天他都提心吊胆的，唯恐事情落个最坏的结果。他不敢多订购绘画材料，怕将来付不起钱，也不敢着手画水彩，或者加快作画的速度。

提奥提出很多反对的理由，但却没有谴责。他也提出了劝告，但没有暗示如果他的劝告不被接受他就不寄钱。在信尾，他说，尽管他不赞成这件事，但是他请温森特放心，他还会像以前一样帮助他。

已经是五月初了。莱顿的医生告诉过克里斯汀，她的分娩时间是六月。温森特决定最好在她生下孩子之后再让她搬来同住，到那时他希望能把隔壁的一所空房子租下来。如今克里斯汀的大半时间都在画室里度过，但她的东西还留在她母亲那里。他们打算在她的身体复原后正式结婚。

他陪着克里斯汀到莱顿分娩。小孩从晚上九点到半夜一点还没生下来，医生只好动用手术钳。婴儿倒一点儿也没受伤，克里斯汀可受罪不少，但她一见到温森特，就把一切痛苦都忘了。

"咱们很快又可以画了。"她说。

温森特站在那里，含着眼泪低头望着她。孩子是别人的倒不要紧，这是他的妻子和婴儿啊！虽然胸口由于精神紧张而痛楚，他还是感到快乐无比。

他一回到申克维格大街，就看见身为木材厂主的房东站在家门口。

"把另外那所房子租下来怎么样,梵高先生?每周租金才八法郎。我准备为您粉刷一新。要是您愿意,根据您的爱好选定一种壁纸,我可以去给您贴好。"

"不必这么急,"温森特说,"等我妻子回家的时候我才需要这所新房子,不过,我必须先写信告诉我弟弟。"

"好吧,我还是要贴上壁纸,所以请您选定最喜欢的一种,即使您不租这房子也没关系。"

提奥几个月前就听说隔壁的这所房子了。这房子要大得多,有工作室、起居室、厨房、套间和顶楼的卧室。虽然这所房子比旧房子每周要多收四个法郎,但是由于克里斯汀、海尔曼和新生的婴儿全都得来申克维格住,他们是需要扩房的。提奥回信说他又提了薪,所以温森特可望每月收到一百五十个法郎。温森特立即把新房子租了下来。克里斯汀过一个星期就要回家了,他希望她一到家就有一个温暖舒适的住所。木材厂主从厂里抽了两个人借给他,帮助他把家具从隔壁搬入新居。克里斯汀的母亲也来帮忙收拾。

[10] "圣家族"

新画室看起来很像样:朴素的灰褐色壁纸,擦洗过的地板,墙上挂着一些习作,房间两头各放一个画架,还有一张很大的白色松木工作台。克里斯汀的母亲给窗户装上了白色棉布窗帘。画室旁边是个凹室,温森特把他所有的画板、画夹和木版画都保存在里面,角落里还有个柜子,可以放瓶瓶罐罐和书籍。起居室里有一张桌子、几把吃饭坐的椅子和一只煤油炉,窗户旁边放着一把让克里斯汀坐的柳条编成的宽大的安乐椅。椅子旁边他放了一只儿童的铁架摇篮,摇篮外面蒙着绿色的罩子,旁边墙上挂着伦勃朗的蚀刻版画,画面上有两个妇女靠在摇篮旁,其中一个妇女正借着烛光读《圣经》。

他把厨房布置得一应俱全,等克里斯汀回来时只需十分钟就可以做好一顿饭。他多买了一套餐具,准备提奥来做客时给他使用。在顶楼上,他放上了一张给自己和妻子睡的大床,那张旧床及床上收拾得整整齐齐的被褥,是给海尔曼用的。他和克里斯汀的母亲找来了稻草、海草和褥套,两个人亲自动手装好了顶楼里所有的床垫。

克里斯汀出院时,为她治疗的医生和病房的护士、护士长都来向她告别。温森特比以往任何时候都更加强烈地意识到,像她这样的人,是应当得到正派人的同情、怜悯和爱的抚慰感化的。"她从没有见过纯洁美好的事物,"他自言自语,"那她自己怎么能变得纯洁美好呢?"

克里斯汀的母亲和儿子海尔曼,都在申克维格迎接她。关于迁入新居的事,温森特事前纹丝未露,所以当她回家来看到这一切时高兴之极。她跑上跑下把房子里的东西摸了个遍:摇篮啦,安乐椅啦,他放在窗户外面窗台上的花盆啦。她兴致勃勃,精神很好。

"那个教授可笑死啦,"她嚷着,"他说,'喂,你爱喝杜松子酒吗?你会吸雪茄吗?''是呀。'我回答他。'我只是问问,'他说,'告诉你,你不必戒掉。不过你一定要忌食醋、辣椒和芥末。你每周应当最少吃一次肉。'"

卧室的样子很像个船舱,因为四壁都安有壁板。温森特每晚都要把那只铁架摇篮搬上楼,到早晨再搬到下面的起居室里。克里斯汀身体还是很虚弱,不能干家务事,所以温森特不得不把一切都承担起来,铺床、生火、打扫卫生,提啊、搬啊,等等。他觉得仿佛他和克里斯汀以及孩子们已经在一起生活了许久,他已经很习惯这个环境了。虽然手术的创伤尚未痊愈,克里斯汀却已经恢复了元气。

温森特怀着一种从未有过的恬静心情重新回到工作中去了。有个自己的家庭，感觉着身边一个家庭的忙乱与节奏是多么好啊！和克里斯汀在一起生活，给了他继续画下去的勇气和力量。只要提奥不抛弃他，他确信自己能够成为一名优秀的画家。

在博里纳日，他曾为上帝效力尽忠；在这儿，他又有了一个新的更加真实的上帝，那是一种用这样一句话就可以表明的信仰：一个劳动者的形象、一块耕地上的犁沟、一片沙滩、一片大海和一角天空，都是严肃的主题，它们是那么难以表现，同时又是那么优美；为了表现出蕴含于它们之中的诗意而献出自己的生命的确是值得的。

一天下午，从沙丘归来，他在申克维格住宅的门前遇到了特斯提格。

"很高兴看到你，温森特，"特斯提格说，"我想我应当过问一下你的进展情况了。"

温森特担心他所熟悉的那种风暴一俟特斯提格上了楼就会再次掀起。为了积蓄力量，他站在街上同他聊了一会儿。特斯提格的态度友好而且愉快，温森特却不寒而栗。

两人进来时，克里斯汀正坐在柳条椅上给婴儿喂奶。海尔曼在炉边玩着。特斯提格被这一景象惊得目瞪口呆，好一会儿才开腔说话，而且说的是英语。

"这个女人和这个小孩儿是怎么回事？"

"克里斯汀是我的妻子，那孩子是我们俩的。"

"你真和她结婚了？"

"我们还没有举行仪式，如果您指的是这个的话。"

"你怎么能想到与那种女人……和那种孩子……同居呢？"

"男人通常都结婚，是不是？"

"可你没有钱，你是靠你弟弟养活的呀。"

"根本不是这样。提奥付给我薪水，我画的一切都属于他。有朝一日他会把钱赚回来的。"

"你疯了吗？温森特，这种事只有精神不健全的人才做得出。"

"人的行为，先生，非常像画画。整个透视关系随着眼睛位置的变换而变化，起决定作用的并不是被描绘的对象，而是正在看它的人。"

"我要给你父亲写信，温森特。我要写信把这件事原原本本地告诉他。"

"如果他们刚收到您寄去的愤慨不已的信，就又收到我出钱邀请他们来这里做客的信，您不觉得这很滑稽吗？"

"你已经准备写信了吗？"

"这您还用问吗？我当然要写啦！不过应该承认，现在不是时候。父亲正要迁往纽恩南的牧师住宅。我妻子的情况又是这样，任何焦虑和紧张都会要她的命。"

"既然这样，我当然不会再写。我的孩子，你这不是自己往绝路上走吗？我只不过是想把你从这条路上拉回来罢了。"

"我不怀疑您的好意，特斯提格先生，所以我才尽量不去计较您的话。不过这样的谈话使我很不愉快。"

特斯提格走了，脸上一片茫然。

外界第一次真正的打击还是由韦森布鲁赫带来的。一天下午，他若无其事地信步走进来，想看看温森特是否还活着。

"喂，"他说，"我看你没有那二十五个法郎也活下来了嘛！"

"是的。"

"现在对我当初不娇惯你，还觉得不高兴吗？"

"我就相信那天晚上在毛威家我对你说的第一句话,那就是'见你的鬼去吧!'。现在,我再重申一遍。"

"要照这样下去,你就可以成为第二个韦森布鲁赫啦!你已经具备了成为一个真正男子汉的素质。为什么不把我介绍给你的情妇?我从未享受过这种荣幸哩!"

"你怎么折磨我都行,韦森布鲁赫,只是别欺负她。"

克里斯汀正在摇晃那蒙着绿罩子的摇篮。她知道自己正在遭人奚落,于是神色痛苦地抬头望着温森特。温森特走近母亲和孩子,带着保护者的神情站在他们旁边。韦森布鲁赫瞥了他们三人一眼,又瞅瞅摇篮上方的伦勃朗的画。

"我说,"他喊叫起来,"你们仨就是个绝妙的主题嘛,我愿意把你们画下来。我要把它叫作'圣家族'!"

温森特怒骂着扑过去,不过韦森布鲁赫已经安全地夺门而逃。温森特返回家人身边。在伦勃朗画旁的墙上悬着一面镜子,温森特朝上瞟了一眼,瞧见映在镜子里的他们三人,他忽然感到吃惊和沮丧,因为就在这一瞬间,他用韦森布鲁赫的眼睛看到了——一个私生子、一个妓女和一个慈善家。

"他把咱们叫作什么?"克里斯汀问。

"圣家族。"

"那是什么?"

"是一幅画着马利亚、耶稣和约瑟夫的画。"

泪水涌进了她的眼睛,她把头伏在那婴儿的衣服上。温森特挨着摇篮跪下来安慰她。暮色悄悄地溜进北窗,房间暗下来,显得分外幽静。温森特再次让自己超脱出来,他看着他们三人,仿佛自己并不是其中的一员。这回,他是用自己的心灵来观察这一切的。

"别哭了,茜恩,"他说,"别哭了,亲爱的。把头抬起来,擦干你的眼泪。**韦森布鲁赫是对的!**"

[11] 提奥来海牙

温森特几乎是在同时发现了斯赫维宁根和油画。斯赫维宁根是一个小小的渔村,坐落在北部海岸边两座屏障般的沙丘之间。海滩上摆着一排排方形的单桅渔船,饱经风雨侵蚀的船帆颜色暗淡,船尾后面是做工粗糙的方形船舵,渔网铺开准备出海,帆索高处飘扬着铁锈色或海蓝色的小三角旗。往村里运鱼的车子车身是蓝色的,但车轮却是红色的。渔民的妻子们头上戴着白色的油布帽子,帽子前面用两个金色的圆形别针别着。人们聚在潮水边翘首盼望亲人们归航。"库尔扎尔号"彩旗飞舞,这是一艘专供那些希望欣赏一下海上风光而又不愿在海上久留的外来宾客乘坐的宽敞游艇。灰色的大海翻卷着白色的浪花,有节奏地拍击着海岸,海水不断加深的绿色渐渐转成了暗蓝;天空则是纯净的灰色,空中的云彩花样变幻,偶尔露出的一角蓝天,向渔民们暗示太阳依然照耀在荷兰上空。在斯赫维宁根这个地方,男人出海打渔,女人在家料理家务,这里的人民世世代代都在这块土地和大海的哺育下繁衍生息。

温森特用水彩画了大量的街景,他发觉这种绘画手段颇适于表现那种瞬间而生的印象,但是它没有深度和厚度,也不具有表现他需要描绘的事物的那种特性。他向往画油画,可又不敢动手,因为他听说许多画家都是由于事前未经学习就着手去画油画,结果把自己毁了。

这时,提奥到海牙来了。

提奥二十六岁了,现在已成了一名精明强干的画商。他经常为他的画店在外面跑,无论他到哪里都被公认为是这一行的佼佼者之一。巴黎的古比尔公司出售给了布索德和瓦拉东(人称"先生们")。尽管他们仍然留用提奥,但美术品的买卖已和在古比尔及温森特伯父的经营下大不相同了。如今这里的美术品不管有无价值,都按所能获得的最高价格出售，而且只有那些成名的画家才能得到赞助。温森特伯父、特斯提格和古比尔，都曾把发现和鼓励新进的年轻画家列为一个画商首要的职责，然而现在，这里却只向被认可的老画家征购作品。美术界的新人，诸如马奈、莫奈、毕沙罗、西斯莱、雷诺阿、贝尔特·莫里索、塞尚、德加、吉劳曼，以及更年轻的图鲁兹-劳特累克、高更、修拉和西涅克[1]，正在试图另辟蹊径，提出与布格罗[2]和学院派那些陈词滥调截然不同的见解，然而没有人听他们的。在那些革新者中没有一个人的油画曾在"先生们"那里展出或销售过。提奥对布格罗和学院派已经变得深恶痛绝。他天天都在竭尽全力去说服"先生们"展出新画家的作品，并招揽公众来买。"先生们"认为这些革新派的作品疯狂幼稚而且全然不讲技巧，提奥却认为他们是未来的大师。

兄弟俩在画室会面时，克里斯汀一直留在楼上的卧室里。两人寒暄过后，提奥说："我来这里虽然还有公事，但应当声明，我此行来海牙的主要目的，是想同你商量不要同那女人建立永久关系这件事。你先说说她的样子吧！"

"记得咱们在松丹特时候的老保姆莉恩·维曼吗？"

"记得。"

"茜恩就是那种人。她只是个极普通的妇女，然而在我看来她有着令人崇敬的地方。假如一个人爱着一个普通而平凡的人并且为她所爱，那么，尽管在生活中存在着阴暗的一面，他也还是幸福的。就是那种自认为对别人尚有用处的想法使我获得了新生。并不是我去寻求这种幸福，而是这种幸福找到了我。茜恩为我分担了画

---

[1] 马奈（1832—1883）、莫奈（1840—1926）、毕沙罗（1830—1903）、西斯莱（1839—1899）、雷诺阿（1841—1919）、贝尔特·莫里索（1841—1895）、塞尚（1839—1906）、德加（1834—1917）、吉劳曼（1841—1927）、图鲁兹-劳特累克（1864—1901）、高更（1848—1903）、修拉（1859—1891）、西涅克（1863—1935），均为印象派或新印象派、后印象派的著名画家。

[2] 布格罗：1825—1905，法国古典派画家，当时学院派的代表人物。

家生活中的烦恼和困难，何况她又是那么情愿地为我做模特儿，这使我觉得和她在一起要比同凯结婚更有希望成为一名较好的画家。"

提奥在画室里踱来踱去，最后他开口了，同时眼睛却在凝神盯着一幅水彩画，"我不能理解，既然你那样疯狂地爱着凯，怎么还能爱上这个女人呢？"

"我并没有马上就爱上她，提奥。难道由于凯拒绝了我，人皆有之的情感我就全不该有了吗？当你来到这里的时候，你见到的不是失望忧郁的我，而是一间新画室和一个充满生气的家；不是什么故弄玄虚的画室，而是一间根植于现实生活中的画室———间里面放着摇篮和婴儿高脚椅的画室。在这里没有停滞，而是生机勃勃，一切都在发展、在前进。在我看来，有一点是极明白的，那就是画家必须去体会他要画的东西，如果他想要从内部表现家庭生活，那么他必须生活在实际的家庭之中。"

"你知道我从来是不看重阶级差别的，温森特，不过你难道认为这真的明智……"

"不，我认为这并没有降低我的身份或有损我的名誉，"温森特打断他，"我觉得自己的作品应当扎根在人们的心里，所以我需要和这个根基保持着密切联系，深刻地了解生活，通过亲身经历生活中的重重忧虑和苦难，从而在艺术上取得进展。"

"我并不想与你争论这些。"提奥快步走过来，低头瞧着哥哥，"但是你们为什么非要结婚不可呢？"

"在她和我之间有过婚约。我不愿意让你们把她当作一个情妇，或是一个和我私通的无足轻重的女人。这个婚约有两方面的含义：其一，一旦情况允许，就公证结婚；其二，在结婚之前这一时期，我们也要像已婚夫妻那样互相帮助，珍重彼此的感情，同甘苦共患难。"

"不过我想你一定会再稍等一段时间才结婚吧？"

"可以，要是你这么要求的话，我会推迟的。提奥，我可以把婚期推迟到我能靠出售作品挣来这一百五十法郎，而你也不再需要帮助我的时候举行。我答应你，在我的画能使我生活自立之前，我一定不娶她。在我开始挣钱后，你可以每月少寄些钱，逐渐减少，到最后就不必给我寄了。那时咱们再说结婚的事。"

"这看起来倒是最明智的做法。"

"瞧，她来了，提奥。看在我的面上，尽量只把她看作是一个妻子和一个母亲吧！因为她也确实当之无愧。"

克里斯汀走下画室后面的楼梯。她穿着一件简朴雅致的黑色连衣裙，头发细心地梳拢到耳后，淡淡的红晕使她脸上的麻点已不那么显眼。她变得漂亮了，那是一种质朴的美。温森特的爱情使她周身洋溢着自信与幸福之感。她沉静大方地同提奥握了手，问他喝不喝茶，并且坚持要他留下来吃晚饭。她坐到窗边的安乐椅上，一面做针线活儿一面摇着摇篮。温森特兴奋地在画室里跑来跑去，让提奥看自己用炭笔画的人物、水彩画的街景和用木工铅笔苦心绘制的成组的习作。他希望提奥看到他的作品是有进步的。

提奥相信温森特总有一天会成为一位伟大的画家，但至今他也不大肯定他是否喜欢温森特所画的那些东西。提奥是个有识别力的美术爱好者，他在鉴别艺术优劣方面训练有素，但是他一直拿不准究竟应该如何看待他哥哥的作品。在他看来，温森特一直是处于形成的过程之中而从未臻于完成。

"要是你开始感到需要画油画了，"在温森特给提奥看了他所有的习作并且谈到了他的渴望之后，提奥这样说，"为什么你还不动手呢？你还在等什么呢？"

"等到人们确认我的画可以拿得出手之后我再动手，毛威和特斯提格说我都不懂怎样……"

"……而韦森布鲁赫说你懂。你自己才是那个做最后判断的人。

如果你觉得现在有必要用更深沉的色彩来表达你自己了,那么,时机就是成熟了,可以动手了!"

"但是,提奥,要花钱的呀!那些该死的颜料贵得像金子。"

"明天上午十点到旅馆来找我。你早点儿开始给我寄油画,我就能快点儿从这项投资上赚回钱来。"

晚饭时,提奥和克里斯汀谈得很融洽。提奥临走还在台阶上转身对温森特用法语说:"她挺可爱,确实可爱。我原先真没有想到!"

第二天上午,他们沿着瓦根大街走着。兄弟两人中年轻的一个服饰考究,皮靴擦得锃亮,亚麻衬衫新浆洗过,衣装笔挺,领带系得端端正正,黑色的圆顶礼帽歪戴着,显得意气扬扬,柔软的褐色胡须仔细修剪过,走路的姿势潇洒自如,斯斯文文;而另一个恰成奇特的对比,皮靴磨烂了,打补丁的裤子与那件窄小的上衣颇不相称,没系领带,头上是一顶可笑的农民帽子,一脸未经修饰的红胡须乱成一团,走起路来脚步蹒跚、摇摇晃晃,边说话边指手画脚,兴奋异常。

他们谁也没有意识到他们两人组成了这样的画面。

提奥带温森特到古比尔是为了买油画颜料、画笔和画布。特斯提格对提奥既尊重又赞赏,对温森特则是希望做到喜欢他并且了解他。一听说他们的来意,特斯提格就坚持要亲自去查找所有这些材料,并且同温森特就各种颜色的用途交换了意见。

提奥和温森特徒步走了六公里,经过沙丘到了斯赫维宁根。一只渔船正要进港。靠近纪念碑处有一座小木板房,里面有个人正坐在那里瞭望。那船刚进入视野,这个人就拿着一面大旗出来了。他后面跟了一群小孩。在他晃动旗子几分钟后,便有一个人骑着一匹老马过来,准备去接船锚。村里许多男男女女也都翻过小沙丘蜂拥而来,加入到迎接船员归来的队伍中。当那只船靠到最近的地方时，骑在马上的人就下到水里去拖回船锚。随后渔民们就由一些穿着高筒胶靴的人背上岸来，每过来一个人就响起一阵欢呼。等他们全上了岸，而马儿也把渔船拉上海滩之后，整个队伍就像沙漠里的商队，翻过小沙丘朝着家园进发了，那个骑马的人比别人高出一大截来，活像个身躯高大的怪物。

"这就是我想用颜料描绘的东西。"温森特说。

"一旦你对你自己的油画觉得满意了，就给我寄一些来。我也许会在巴黎找到买主的。"

"哦，提奥，你一定要找！你一定要着手卖我的画呀！"

[12] 难以捉摸的父亲

提奥一走，温森特就动手试着用起油画颜料来。他画了三幅油画习作：一幅是格斯特桥后面的一排修剪过的柳树；另一幅是一条煤渣路；第三幅是米尔德福尔特的一片菜地，菜地上有一个穿着蓝色罩衫的人在挖土豆。这是一片白沙地，有一部分已经挖过土豆，其余的地面上依然覆盖着一排排干枯的秧茎，间杂有绿色的野草，远景是深绿色的树和星星点点的屋顶。他在画室里看着自己的作品，心里十分得意，因为他肯定谁也不会相信这些画是他初次尝试的结果。素描，作为绘画的支柱和支撑画面其余部分的骨架，是准确的、逼真的。他感到有点意外，因为他本来以为自己的初次尝试一定是不成功的。

他在忙着画树林中一片覆盖着败落、枯干的山毛榉树叶的坡地。深浅间杂的赭石色的地面，由于树影在地面上洒下道道条纹，甚至有时把地面的一部分完全遮蔽，而愈加显得深浅不一。问题是要掌握颜色的厚度和地面的力量感、坚实感。在作画的过程中，他头一次领悟到暗色中还有多少光亮。他必须同时保留这种亮度和颜色的浓重厚度。

在秋天傍晚阳光的照耀下，地面宛如深赭石色的地毯，树木使它的色调变得柔和。刚长起来的小白桦树被阳光照着的一面闪烁着绿色的光辉，而树干背阴的一面则是温暖的暗绿色。衬在这小树和那带着褐色的红色土地后面的天空，颜色淡淡的，是发蓝的灰色，色调温暖，整个天空由于泛着红光，几乎不像是蓝色了。与天幕交相辉映的，是由细小的叶梗和发黄的叶子交织成的一片溶溶绿色。三三两两拾柴人的身影，犹如朦朦胧胧的一团团神秘的幽灵在四处游荡。一个女人落到后面去捡一根干树枝，她头上的白帽子在深棕红色地面的衬托下十分显眼。树丛之上露出一个男人的黑色剪影，那身影在天空的烘托下显得格外魁伟，充满诗意。

温森特边画边自言自语："在我离开之前，一定要让我的画中带有那种秋日黄昏的情调，有几分神秘又有几分严肃。"但是，阳光在消逝，他只好加快速度，并立刻果断地用画笔重重涂了几笔，就把那些人物画了进去。使他深受感动的是那些如此坚实地扎根于大地的小树。他想把它们也画进去，但是地面已经画得黏糊糊，一笔也抹不上去了。天色愈来愈暗，他竭尽全力地试了又试。最后他认输了，在那浓厚的褐色沃土上已无法再用画笔表现任何东西。凭着一种盲目的直觉，他甩开画笔，从颜料管里往画布上挤出那树根和树干的颜料，再拿起另一支笔，用笔杆把那厚厚的油彩弄成实体的模样。

"对啦！"当夜色终于吞没了树林时，他喊道，"现在它们站在那儿，是从地里长出来的，而且确实是牢牢地扎根在地里的。我已经表达出了我想要表达的东西啦！"

当晚，韦森布鲁赫路过时进来看他，"跟我一同去'布尔克利'

吧！咱们将看到活人画[1]和字谜表演[2]。"

温森特对他的上次来访记忆犹新，"不，多谢，我不想离开我的妻子。"

韦森布鲁赫走近克里斯汀，吻了她的手，问了安，又挺愉快地逗那婴儿玩。他显然已经想不起自己上一次对他们说过的话了。

"让我看看你的新作吧，温森特！"

温森特欣然从命。韦森布鲁赫挑出一幅描绘星期一集市的习作，画面上人们正在收摊；又挑出一幅描绘人们在施粥所前面排队等粥情景的画；第三幅是疯人院里的三个老头；第四幅是一只斯赫维宁根起锚待发的渔船；第五幅则是温森特在狂风暴雨中跪在沙丘的泥泞中画成的一幅。

"这些画卖不卖？我很愿意买下来。"

"你是不是又在开无聊的玩笑啦，韦森布鲁赫？"

"在绘画的问题上我是从来不开玩笑的。这些习作是很出色的，你要价多少吧？"

温森特说："你自己标价好了。"他由于时时恐怕自己会受愚弄而显得有些迟钝。

"很好，五个法郎一件怎么样？总共二十五法郎。"

温森特惊讶得瞪大了眼睛，"那太多啦！我的那位科尔叔叔才给我两个半法郎。"

"他骗你哪，老兄。所有的画商都在骗你。有一天他们会以五千法郎的价格转卖出手的。你怎么说，合算吗？"

"韦森布鲁赫，有时你像个天使，有时却又像个魔鬼！"

"变变花样嘛！免得让我的朋友们觉得腻味。"

1　活人画：由活人扮演的静态画面。
2　字谜表演：用打哑谜的方式暗示一字及其每一音节，令观者猜系何字。

他拿出钱夹,递给温森特二十五个法郎,"现在跟我去'布尔克利'吧!你需要乐一乐。托尼·奥佛曼他们在表演滑稽戏。笑一笑对你有好处。"

温森特就这样跟着去了。俱乐部的大厅里挤满了男人,他们全在抽那种廉价而又呛人的烟草。第一幕的活人画是模仿尼古拉斯·梅斯[1]的一幅版画《伯利恒的马厩》[2],色调和颜色都非常好,但是表情却显然不对头。还有一幕是模仿伦勃朗的《以撒祝福雅各》[3],里面有一个表演出色的利百加在一旁观看她设下的计谋是否会成功。憋闷的空气使温森特头痛。他在滑稽戏开始之前就离开了。回家路上,他边走边打着一封信的腹稿。

他从有利的角度考虑,有保留地把克里斯汀的事情告诉了父亲,信中附上了韦森布鲁赫给的二十五法郎,请提奥多鲁斯来海牙做客。

过了一个星期他父亲就来了。父亲的蓝眼睛越发暗淡无光,他的步履也越发缓慢了。他们上一次在一起生活时,是提奥多鲁斯命其长子离开家的。自那时至今,他们一直友好地互通书信。提奥多鲁斯和安娜·科尼莉亚曾寄来过几包内衣、外衣和雪茄、家制蛋糕,还寄来过一回十法郎的纸币。温森特还摸不清父亲会怎样对待克里斯汀。男人们有时既明智又宽宏大量,有时却既愚昧又刻毒。

他想,父亲是不可能在摇篮旁边还无动于衷并坚持反对的。摇篮可是非同寻常的东西,是不可以随意愚弄的。他的父亲将不得不对克里斯汀过去的所作所为予以宽恕。

---

1 尼古拉斯·梅斯:1634—1693,荷兰画家。
2 这幅画描绘了马利亚生耶稣于伯利恒的马厩之中的故事。
3 据《圣经》载,以撒临死前欲为长子以扫祝福,但以撒妻利百加策划让次子雅各冒充以扫接受了父亲的祝福。此画所描绘的便是这个故事。

提奥多鲁斯胳膊下面夹着一大包东西。温森特打开来,抽出一件给克里斯汀的暖和的外衣,于是他明白一切都已不成问题。在她上楼回顶楼的卧室后,提奥多鲁斯和温森特在画室里并肩坐下来。

"温森特,"他父亲说,"有一件事你的信中没有提。这婴儿是你的吗?"

"不是。我碰到她的时候她正怀着这个孩子。"

"孩子的父亲在哪里呢?"

"他抛弃了她。"他觉得没有必要去说明这孩子父亲的来历和下落。

"但是你一定要娶她的,温森特,是不是?这样生活下去是不行的。"

"我同意。我要尽快举行正式婚礼。不过,提奥和我决定,最好等到我能靠卖画每月挣得一百五十法郎的时候再结婚。"

提奥多鲁斯叹了一口气,"是啊,也许那样办最好。你母亲盼着你们什么时候回家看看。我也希望你们来。你会喜欢纽恩南的,孩子,那是全布拉邦特最可爱的一个村镇了。那小教堂那样小,看起来就像爱斯基摩人的圆顶小屋。想想看,里面的座位连一百个人都坐不下!牧师住宅周围栽着山楂树篱,温森特,教堂后面是一座种满鲜花的墓园,里面有沙土堆的坟丘和年深岁久的木头十字架。"

"有木头十字架!"温森特说,"是白色的吗?"

"是的。死者的姓名是黑色的,不过快要被雨水冲掉了。"

"教堂上有个很高的尖顶吗,父亲?"

"啊,那尖顶造得十分精致,似乎很容易折断,温森特。但是它向天际伸展,伸展,有时我觉得它几乎就要到达上帝那里了。"

"它把纤细的影子投射在墓园里,"温森特的眼睛闪闪发亮,"我可真想把那景象画下来。"

"咱们那儿附近有一大片石楠丛生的荒地和松树林,还有在田里掘地的农夫们。你应当尽快回家来看看，儿子。"

"对，我应当看看纽恩南，看看那小小的十字架和教堂的尖顶，还有在田野里掘地的农夫。我相信在布拉邦特总会找到一些我要描绘的东西的！"

提奥多鲁斯返回家里安慰他的妻子，他们儿子的情形并不像他们想象的那样糟。

温森特潜心研习绘画，热情越发高涨起来。他发现自己越来越经常地回忆起米勒的话："艺术是一场战斗，献身艺术是应当倾注心血、奋力拼搏的。"提奥信赖他，父母并没有对克里斯汀持不赞成的态度，而且海牙这里也不再有人来打扰他，他可以完全自由自在地去画自己的画了。

那位木材厂主把前来求职而没有被录用的人都打发到温森特那儿当模特儿。温森特的小本子用完了，夹子里也都夹满了。他画那炉边摇篮里的婴儿，画了许多许多次。秋雨季节来临，他继续到室外作画，在油画无光纸上绘下他想要得到的效果。他很快就知道了，一个色彩家就是这样一种人，当他在自然中看到一种颜色时，他马上就知道如何分析它并且说明："这种灰绿是黄色加黑色，里面几乎没有蓝色。"

无论是画人物还是画风景，他希望表现的完全不是那种伤感性的忧郁，而是严肃的哀伤。他渴望的是，人们以后在谈及他的作品时会这么说："他的体会是深刻的，感觉是敏锐的。"

他知道自己在世人眼里是个毫无价值、行为古怪、使人讨厌的人，是一个没有社会地位的人。他要在自己的作品中表现的正是这样一个古怪的人、一个无足轻重的人的内心世界。在最穷困的茅屋里，在最肮脏的角落里，他看到了值得描绘的景象。他画得愈多，就愈对其他的活动不感兴趣。他愈是摆脱了其他那些事情，他的眼睛在捕捉生活的可绘性上就愈敏锐。艺术需要坚持不懈地工作，不顾一切地工作，同时也需要持之以恒地观察。

唯一的困难是油画颜料贵得吓人，而他涂颜料又那么厚。从颜料管里往画布上挤出大片大片又浓又厚的颜料，就像把法郎往须德海里撒一样。他画得如此之快，以致光为买画布就开支浩繁，他坐下来一次完成的一幅油画，若由毛威来画，就得画上两个月。唉，他不善于薄施颜料，也无法减慢速度。他的钱花完了，同时他的画室也堆满了画。提奥已经把寄钱的时间进行了调整，他每月一号、十号和二十号分别寄来五十法郎。而只要他的汇款一到，温森特就会匆匆跑到画商那儿去购置大管的赭石、钴蓝和普蓝，还有小管的拿浦黄、土黄、群青和橙黄。随后他就会快乐地画起来，直到颜料和钱都消耗干净为止，而这一般都是在巴黎寄来钱后的第五六天。接着，他的苦难便又重新开始了。

他吃惊地发现，为那婴儿竟需要买那么多东西。克里斯汀还得不断地服药、买新衣服、吃些专为她补养身体的食物。而海尔曼又必须读书、付学费。这个家，简直就是个永远填不满的无底洞，他老得去买灯盏、锅盆、毯子、柴煤、窗帘、地毯、蜡烛、被单、餐具、家具以及源源不断的食物。他几乎不知道究竟如何在绘画与这三个依靠他抚养的人之间分配这五十个法郎。

"你那样子简直像个刚领到工资就往酒馆里跑的工人。"有一次，当温森特抓起提奥信封里的五十个法郎就开始收拢空颜料管时，克里斯汀这样说他。

他做了一种新式的透视取景器，安有两根可以插在沙丘地里的长腿，还让铁匠为框架四角包上了铁皮。斯赫维宁根吸引着他，那海、那沙丘、那渔民、那渔船、那渔网和那些马儿，都极其强烈地吸引着他。为了捕捉大海和天空千变万化的形态，他扛着沉重的画架和取景器，每天不辞劳苦地穿过沙丘去写生。深秋天气，别的画家都回到自己画室的火炉旁工作了,而他却依然在风里、雨里、雾里,甚至在狂风暴雨里外出画画。在恶劣的天气下,他那未干的画时常蒙上海风吹来的沙土和咸味的海水。雨水浸透了他的衣衫,浓雾和秋风使他周身发冷,沙粒刮进他的眼里、鼻孔里……然而他爱这一切,什么也阻挡不住他,除非死神来临。

一天晚上,他给克里斯汀看自己新创作的一幅油画。"可是,温森特,"她惊叫起来,"你怎么能画得那么像呢?"

温森特忘记他是在同一个没有受过教育的女人谈话了。他本应当去同韦森布鲁赫或者毛威谈这些的。

"我自己也不知道,"他说,"我在使我着迷的风景前坐下,手里的画板是空白的,我就对自己说:'这块空白的画板,一定要变成某种东西。'我画了很长时间,画完回到家时心里并不满意,便把它放进了柜子。稍事休息之后,我才怀着几分恐惧去看那画。这回我还是不满意,因为原来的壮丽景色在我心中留下的印象太清晰了,所以,很难使我对那照着它画成的东西感到满足。然而,无论如何,我在作品中找到了那使我激动的东西的回声。我看得出,大自然已经在告诉我,并向我表明了些什么,而我已经把这速记下来了。在我的速记中,有的话也许不好理解,有的地方也许有错误和遗漏,但是那里面包含着某种东西,那是树林,或者海滩,或者人物,向我显示的东西。你懂吗?"

"不懂。"

[13] 艺术是一场战斗

对于他在做的事情,克里斯汀是很不理解的。她把他对绘画的渴望看作是一种代价昂贵的着魔。她知道这是他赖以生存的根本。

虽然她并不想反对他的做法，但是他工作的意义、缓慢的进展和对哀痛的表现，她却完全不能体会。她在家庭生活中是一个很好的伴侣，然而温森特的生活却只有很小的一部分是和家庭生活有关的。如果他希望用语言表示自己的看法，他便不得不采取给提奥写信的方式，他几乎每天晚上都要给提奥写一封充满激情的长信，把他日间所见到的、所描绘的和所想到的一切都倾吐在信纸上。如果他想要欣赏一下别人的思想和表达方式，他就看小说——法文、英文的、德文的和荷兰文的小说。克里斯汀只能和他共享生活中的一小部分，但他对此已经很知足了，所以他既不后悔娶克里斯汀为妻的决定，也不想以那些需用智力的事情为难她。

在夏季和秋季的漫长日子里，情况还都很好。他清早五六点钟出门，直到天完全黑下来，在凉爽的暮色中，他才拖着沉重的步子翻过沙丘地带走回家来。但是当猛烈的暴风雪迎来他们在莱恩车站对面小酒店里相遇的周年纪念日时，温森特就不得不从早到晚都留在家里工作了。这样一来，想要维持一种令人满意的关系就比较难了。

他重新画起素描来。这样可以省下买颜料的钱，但是模特儿却把他吃穷了。那些乐于干最坏、最卑贱的工作而领取微乎其微报酬的人，只要来为他坐一坐，就张口要很多钱。他要求得到允许，在精神病院画速写，但是院方却声称无此先例，况且他们正在铺设新地板，所以除了探视日，其余的日子不准他进来画画。

他唯一的希望寄托在克里斯汀身上。他期望一俟克里斯汀养好身体变得强壮起来，就来为他摆姿势，她就会像没生小孩时那样努力工作。但是克里斯汀并不这么想。起初她总说："我还没完全恢复哪，稍微等等吧！你甭急嘛！"可等到她完全复原后呢，她又觉得自己太忙了。

"现在和以前不一样了，温森特，"她总是说，"我得喂孩子，还得保持整个房子的清洁,又有四个人的饭得做。"

温森特早上五点钟就起来做家务,这样她就可以在白天有空暇摆姿势。"可我不再是当模特儿的啦!"她声明,"我是你的妻子呀!"

"茜恩,你应当为我摆姿势!我没有钱每天雇模特儿啊!这是你在这里应当做的一件事嘛!"

克里斯汀顿时怒火中烧,又像她初遇温森特时经常发作那样恣意发起脾气来,"这就是你收留我的唯一目的!你好从我身上省下钱来嘛!我纯粹就是你的该死的奴仆嘛!要是我不给你摆姿势,你就会把我撵出门啦!"

温森特想了一会儿,随后说:"这些话都是从你母亲那里听来的,这不是你自己的想法。"

"哼,要是我自己这么想的又怎么样?这些话是实话,不是吗?"

"茜恩,你一定不要再去那里了。"

"为什么?我想我是爱我母亲的,是不是?"

"可是他们在破坏咱俩的关系。首先,你知道,他们想让你重新按照他们的思想方法看问题。那咱们的婚还怎么结呢?"

"家里没饭吃的时候,那还不是你让我去那里的吗?要是你能多挣钱我就不必回去了嘛!"

他终于说服她来摆姿势时,她却一点儿也不顶用。他一年前费了好大气力才给她扳过来的那些毛病又都犯了。有时他竟觉得她是在故意扭动,做出笨拙的姿态来的,这样他就会厌烦起来,不去麻烦她再摆什么姿势了。到最后,他只得对她死了心。他用在从外面请来的模特儿身上的钱增多了,而家中没钱买食物的日子也随之增多,同时克里斯汀被迫回母亲家住的时间也增多了。他发现,她每次从那里回来,在举止和态度上都有一些变化。他处于一种进退两

第三卷 海牙

271

难的境地，如果他把钱全用于生活，克里斯汀就不会回去受她母亲的影响，这样就可以维持住他们正常的关系；但是如果他这么做，他就得放弃他的工作。难道拯救她只是为了把自己置于死地吗？假如她每个月不去她母亲家好几次的话，那她和孩子们就得挨饿；而她真的去了，她就会最终毁掉他们这个家。他该怎么办呢？

生着病、怀着孕的克里斯汀，在医院中的克里斯汀和分娩后正在恢复的克里斯汀是一种人：这是个被人遗弃的、在绝望中的、濒临死亡的女人，是一个为一句亲切的话语或一点点帮助就会感激不尽的女人，是个深知人世间的苦痛而且为了能有一刻不受苦什么都愿意干的女人，是个愿意为自己、为生活做出种种慷慨而大胆的允诺的女人。而克里斯汀病好了，她的身上和脸上由于有好的食物，有医药和悉心的照料变得丰腴起来，但她此时已经是另一种女人了。对痛苦的记忆淡薄了，决心做贤妻良母的愿望动摇了，她早年的想法和习性也慢慢地回来了。她曾经过着放荡不羁的生活，曾经沦落街头，整整十四年她是在酒、黑雪茄、污言秽语和粗野的男人中间度过的。随着她体力的恢复，十四年的懒惰习惯，与这一年所受到的照料和温柔的爱相比，还是占了压倒的优势。她在不知不觉之间开始变了。起初，温森特并无察觉，后来他才明白了自己所面临的事情。

大约就在这时，在新的一年刚开始时，他收到提奥写来的一封奇怪的信。他的弟弟在巴黎街头遇到了一位孤苦无依、处于绝境的病女子。她由于脚上长瘤无法做工，已经决心自杀。温森特的做法教育了提奥，他仿效哥哥的榜样，在老朋友的家里为那女子找到了住处，又请医生为她做了检查。为拯救那女子的生命他担负了全部费用。在信中他称她为"我的病人"。

"我是否应当娶我的病人呢，温森特？这是不是我帮助她的最好办法呢？我们是否应当举行正式的结婚仪式？她饱尝痛苦，非常不幸，因为她被她所唯一爱着的男人抛弃了。为了拯救她的生命，我应当做些什么呢？"

温森特深受感动，他写信表示了自己的同情。然而克里斯汀却一天天变得难以相处。要是家里只有面包和咖啡，她就口出怨言。她执意要他停用模特儿，留着钱给家里用。要是她得不到新衣服，她就毫不在乎地穿着破旧衣裳，任其布满饭污。她不再替他缝补外衣和内衣。她重新被她的母亲所左右，她母亲的劝说使她相信，温森特要是不逃走也会把她抛弃。既然建立永久关系已成泡影，只是为了保持这种暂时的关系而费尽心思，又是何苦呢？

他能劝提奥去娶他的病人吗？正式的婚姻是拯救这些女人的最佳途径吗？还是让她们有个安身之所，有改善她们健康的食物，并且给她们以体贴和关怀，使她们恢复对生活的热爱更为重要呢？

"等一等！"他告诫弟弟，"尽你所能帮助她，这是一项高尚的事业。而仪式是根本无济于事的。如果你们之间发生了爱情，那么婚姻也就成熟了。不过首先要弄清楚你是否救得了她。"

提奥继续每个月寄三次钱，每次五十个法郎。但是，现在克里斯汀在家务上却变得越来越不经心，所以这些钱不像以前维持得那样久了。温森特热望多画模特儿，从而可以为创作一些真正的油画积累足够的素描稿。把每个本应用在绘画上的法郎挪为家用，真叫温森特觉得可惜，但也无可奈何。这是一场为维持他们的生命而进行的斗争。一个月一百五十法郎，将就能供他自己吃、住和买绘画材料用，而要以这样一笔钱去满足四个人的要求，虽然勇气不小，却是难以长久的。他开始欠房东、鞋匠、食品店、面包师和画商的账了。但事情还不仅于此，最要命的是提奥手头也拮据起来。

温森特一个月得写上三封这种恳求的信："是否能请你比二十号稍提前一点儿寄钱来？至少别拖后。我这里只有两张纸和最后一点儿炭笔头了。我没钱雇模特儿，也没钱买食物。"而等到五十法

第三卷 海牙

273

郎寄到了,他几乎全都得拿去还商人们的账,剩给下一个十天过日子的钱也就寥寥无几了。

提奥的"病人"需要做手术割去脚上的瘤子。他把她送进了一家设备良好的医院。与此同时,他还一直在给纽恩南家里寄钱,因为新教区的教徒少,提奥多鲁斯的收入不够家用。提奥现在除了他自己和他的"病人",还供养着温森特、克里斯汀、海尔曼、安通和在纽恩南的家人。他的薪水用得一个子儿也不剩,所以无力给温森特再多寄一个法郎了。

三月初,温森特只剩下了最后一个法郎,而这个法郎还是一张已经被一个商人拒绝接受的破票子。家里一口吃的也没有,而他至少还要再过九天才能收到提奥寄的下一笔钱。他极怕在这段时间里把克里斯汀交到她母亲手中。

"茜恩,"他说,"咱们不能让孩子们挨饿。你最好把他们送回你母亲家,待到提奥的信来了为止。"

他们面面相觑,虽然两人心里想的都一样,却都没有勇气讲出来。

"是的,"她说,"我想我只有去了。"

食品店收下了那张破钞票,卖给他一个黑面包和一些咖啡。他把模特儿带到家里,欠下了雇用他们的钱,他变得神经质起来。他的作品变得干巴巴,极为生硬。他饿着肚子,不断的经济恐慌影响着他的心情。他不工作就活不下去,然而工作的结果却时时表明他是在退步。

九天到了,在三十号那天,提奥的信连同五十法郎一并寄来了。他的"病人"手术后已痊愈,他把她安顿在私人家里。经济上的紧张也在影响他,他变得沮丧气馁。他写道:"今后恐怕我不能给你什么保证了。"

这句话几乎让温森特急得发疯了。提奥是否只是在表示他不能再寄钱来了呢？就这句话本身来看，还不算太糟糕。不过，这话是否还意味着，他的弟弟已经从他为了显示进步而寄去的几乎每天一幅的素描中得出结论，认为他毫无才能，因而对他的未来也不抱什么希望了呢？

这种忧虑使他夜不能寐。他不断写信给提奥，恳求他做出解释，同时也拼命想方设法去寻找生计，但是一无所获。

[14] 这就是婚姻

他去找克里斯汀时发现，同她在一起的还有她的母亲、兄弟、兄弟的情妇和一个陌生的男子。她正边喝着杜松子酒边吸黑雪茄。看来她压根儿也不打算回申克维格了。

在她母亲家里住的这九天，使她故态复萌，她又恢复了旧日有害的生活习惯。

"我爱抽雪茄就可以抽！"她嚷着，"那是我自己弄来的，你没有权利阻拦我。医院的大夫都说我可以随便喝杜松子酒。"

"是的，像药……好增加你的食欲。"

她发出一阵沙哑的笑声，"药！你真×！"这是个自他们相识以来她从未说过的脏字。

温森特正在火头上，他顿时怒不可遏，而克里斯汀也不示弱。"你用不着管我！"她叫喊着，"你连吃的东西都给不了我。干吗你不多挣点儿钱？你他妈的究竟算个什么人？"

随着严冬过去，春天姗姗来迟。温森特的境况日益恶化。他债台高筑，欠账越来越多。由于吃不饱饭，胃也闹起病来，以致连一口饭也咽不下去。胃病影响到牙齿，牙痛使他夜里难以入睡，连带着他的右耳也终日抽着痛。

克里斯汀的母亲开始到家里来同她的女儿一起抽烟喝酒。她不再认为克里斯汀能结婚是件幸事了。一次,温森特发现她的兄弟也在那儿,可是温森特刚一进门他就托词出去了。

"他来这儿干吗?"温森特问,"他找你干什么?"

"他们说你打算赶我出去。"

"你知道我永远不会那样做,茜恩。只要你愿意留在这儿,我是不会赶你走的。"

"母亲叫我走。她说在这儿待着吃不上饭,对我没有好处。"

"你准备去哪儿呢?"

"自然是回家啦。"

"把孩子们也带到那所房子里去吗?"

"总比在这里挨饿强呀,我可以干活儿自谋生路。"

"你干什么活儿呢?"

"嗯……有活儿呗!"

"做打杂女工?到洗衣房去?"

"……差不多。"

他立刻看出她在说谎。

"这样看来,他们要劝你干那事啦!"

"嗯……那也不太坏……总算有条活路。"

"听着,茜恩,要是你回到那所房子里,你就完了。你知道,你母亲会重新让你到街上拉客。记住莱顿的大夫说的话,你要是重操旧业,那会要你的命!"

"要不了我的命。我觉得现在已经完全好了。"

"你觉得好,那是因为你一直生活得很在意。但是如果你重新回去……"

"我的上帝,谁要重新回去?除非你让我去。"

他坐在她的柳条椅的扶手上,把手放在她肩上,她的头发乱蓬蓬的没有梳。"那么就相信我，茜恩，我永远不会抛弃你。只要你愿意与我同甘共苦，我就把你留在身边。不过你必须离开你的母亲和兄弟。他们会毁了你的！答应我，为你自己着想，答应我你不再见他们的面了。"

"我答应你。"

两天后，他从贫民救济院作画归来时，画室里空荡荡的，没有要开饭的迹象。他发现克里斯汀又在她母亲家里，正在喝酒。

"我跟你说过我爱我的母亲，"他们回到家里时她分辩着，"我认为我想看她就可以去看她。我不受你的主宰，我有权按照自己的意愿行事。"

她恢复了往昔生活中那种不爱清洁的懒散习气。当温森特想纠正这种习气，并向她说明她这么做会使两人的关系疏远时，她就这样回答："是啊，我清楚得很！你是不愿意我同你生活在一起了。"他向她指出家里太脏，没有人收拾，她就回答："好，我是懒，我是没用，因为我一向就是这个样儿，改不了。"如果他想给她指出懒惰会把她引向穷途末路，她就回嘴说："我不过是个遭人遗弃的人，那没错儿，我将来的结局就是跳河自尽。"

那母亲现在几乎天天都要到画室来一趟，夺去了温森特那么珍视的克里斯汀的友情。房子里陷入一片混乱。开饭的时间没了准儿。海尔曼没人管，穿得又破又脏到处跑，也不去上学了。克里斯汀干活儿越少，抽烟喝杜松子酒就越多。她从来也不告诉温森特买这些东西的钱是从哪儿弄来的。

夏天到了，温森特又到户外去画画了。这意味着需要购置颜料、画笔、画布、画框和较大的画架等一系列额外开支。提奥报告他的"病人"的情况好转，但却闭口不谈在他与她关系方面的严重问题。既然她现在好些了，他打算拿这个女人怎么办呢？

温森特对于他个人生活上的事一概置之不理，只管继续画他的画。他知道他的家庭就在他的身边崩溃着,也知道他正被拖进克里斯汀重新堕入的那个怠惰的深渊。他试图用工作掩盖他的绝望。每天早上他心怀一项新的设想出发时,都盼着这幅油画会画得完美无缺,那样就会马上卖出手去,使他一举成名。然而每天晚上他回到家时,却不得不悲哀地认识到,自己距离渴望达到的炉火纯青,仍然差着许多年的磨炼呢!

他唯一的安慰就是安通,那个孩子。他有着令人惊异的生命力,总是兴高采烈地咽下一切可以吃的东西。他常常坐在角落的地板上,同温森特一起待在画室里。他对着温森特的画发出欢叫,然后静静地坐着看墙上的那些素描。他正在长成一个漂亮而又活泼的孩子。克里斯汀愈是不关心这个婴儿,温森特就愈是爱他。在安通身上,他才看清了去年冬天他所做的这件事的真正意义,体会到了所得的报偿。

韦森布鲁赫只来过一次。温森特把头年画的一些素描给他看。对这些素描,温森特极不满意。

"不能那样看,"韦森布鲁赫说,"过许多年以后,你回过头来再看这些初期的作品时,就会明白它们是真挚而动人的。努力干吧,老兄,不要让任何东西阻止你前进的脚步。"

终于使他停下来的,是脸上挨的一拳。春上,他拿着一盏灯到陶器商人那里修理。这位商人坚持要温森特买几个盘子回家。

"可是我付不出钱来啊!"

"没关系,不着急,拿去好了,等你有了钱再给我嘛!"

两个月以后,那商人咚咚地敲着画室的门。他是个结实健壮的小伙子,头和脖子上下一样粗。

"你为什么骗我?"他质问着,"你把我的东西当成了什么?你居然一直有钱不付款!"

"眼下我确实是没有钱。等我一收到钱就会还给你的。"

"你说谎!你刚才还给那鞋匠——我的邻居——钱来着。"

"我正在工作,"温森特说,"不想让别人来打扰我。等一拿到钱我就会还你,请你出去吧!"

"你给了钱之后我才出去,而不是之前。"

温森特不加考虑就把那人朝门口推,"从我家里出去!"他命令着。

这正是那商人所期待的。温森特刚碰他一下,他就挥起右拳打在温森特脸上。这一拳把温森特打得撞到了墙上,又一拳就把温森特打倒在地上了,随后他二话没说,扬长而去。

克里斯汀在她母亲家。安通从地板上爬了过来,哭着用小手拍着温森特的脸。过了几分钟,温森特苏醒过来,他挣扎着起身上了楼,在卧室的床上躺下。

这两拳并没有打坏他的脸。他也不觉得疼。他重重地摔倒在地板上时也没有受伤。但是他知道,他心里有一样东西被这两拳打碎了。他被打垮了。

克里斯汀回来了,她上楼来到卧室里。家里既没有钱也没有食物,她常常纳闷温森特是怎么想办法活下来的。她看见他横躺在床上,头和两臂耷拉在床的一边,脚耷拉在另一边。

"怎么啦?"她问。

过了好久,他才有气无力地把身体转动了一下,把头放到枕头上,"茜恩,我得离开海牙了。"

"……是的……我知道了。"

"我必须离开这个地方。到乡间什么地方去,也许去德伦特。到咱们能凑合着生活的地方去。"

"你要我跟你一起去?德伦特,那是个穷得要命的地方。你在那儿要是弄不到钱,一旦吃不上饭的时候,我可怎么办呢?"

"我不知道,茜恩。我想,你还是得饿肚子。"

"你能答应把那一百五十法郎都用来过日子,不用在模特儿和颜料上吗?"

"我做不到,茜恩。那些东西得首先考虑。"

"是啊,对你来讲。"

"你却并不这么看。为什么不应当首先考虑那些东西呢?"

"我也得活呀,温森特。我不吃饭怎么能活下去呢?"

"我不画画也没法活。"

"好吧,钱是你的……你的需要第一……我明白了。你身上有几个生丁没有?咱们到莱恩车站对面的那家酒店去吧。"

那地方弥漫着一股发酸的酒味,虽然已近黄昏,灯却还没有点亮。那两张他们初次相遇时坐过的桌子空着。克里斯汀径直朝那儿走去。他们每人要了一杯酸酒。克里斯汀把玩着手里高脚杯的杯脚,温森特回忆起,差不多两年前,当她做出同一动作时,他曾对她那双辛苦操劳的手十分赞赏。

"他们告诉我,你会离开我,"她声音低沉地说,"我也知道事情就会这样。"

"我是不愿意抛弃你的,茜恩。"

"这不是抛弃,温森特。你从没有做过对我不好的事情。"

"要是你仍然愿意与我一起生活的话,我就带你去德伦特。"

她木然地摇了摇头,"不,那笔钱不够咱们俩用的。"

"你明白的,是不是,茜恩?要是钱再多些,我给你什么都成。不过,一定要我在满足你和满足我的工作之间进行选择的话……"

她把手放到他的手上,他能感觉到她那粗糙得像羊皮纸似的皮肤,"没关系,你不用为此感到惭愧,你已经为我做了你所能做的一切。我想我们正该把这件事结束了……就这么着吧。"

"你真希望咱们就这样结束吗,茜恩?如果结婚会使你快乐,我愿意和你结婚,然后带你一同走。"

"不，我还是跟着我母亲过吧。我们得按自己的方式生活。将来情况不会错的，我兄弟打算为他的那位姑娘和我租一所新房子。"

温森特把杯里的酒一饮而尽，品尝着杯底残酒的苦味。

"茜恩，我一直都想帮助你。我爱过你，也曾尽心竭力地照料过你。作为报答，我只要你为我做一件事，仅此一件。"

"什么？"她神情阴郁地问。

"不要再回街头去干'那个'了。那会把你害死的！为了安通，不要再干那种营生了吧！"

"咱们的钱，还够再喝一杯吗？"

"够。"

她一口气喝下去半杯，然后说："我只知道我无法挣来足够的钱，尤其是我必须得供养所有的孩子的时候就更不够了。所以如果我上街，那是出于迫不得已，而不是心甘情愿。"

"如果你还有工作干，你是不是可以答应我不回去干'那个'呢？"

"当然，我答应你。"

"我会按月给你寄钱的，茜恩。我将始终担负那婴儿的生活费。我要求你给这小家伙一个出头的机会。"

"他会……像其他的孩子一样好的。"

温森特把他要到乡下去以及和克里斯汀分手的打算写信告诉了提奥。提奥立即回信，并寄来一百法郎的纸币为温森特还债，同时表示完全同意。"我的病人在几天前的一个晚上失踪了，"他信中说，"她现在已经完全康复了，然而我们看来没法把关系处好。她不留地址，席卷而逃。这样倒也好。现在你我都是无牵无挂一身轻了。"

温森特把所有的家具都存在顶楼上，他希望有一天能重返海牙。在他就要动身去德伦特的头一天，他收到了从纽恩南寄来的信和包裹。包裹中装了一些烟草和一块包在油纸中的奶酪饼，那是母亲亲手做的。

"你什么时候回家来，画那些墓园里的木头十字架呢？"父亲在信中问。

他一下子醒悟过来，他想回自己的家。此时的温森特，生着病、挨着饿，神经极度衰弱，疲劳而又沮丧。他要回家到母亲身旁住几个星期，让身体和精神都恢复过来。当他想到布拉邦特的乡间，那树篱、沙丘和在田野里掘地的农夫时，许多月来从未感到过的平静降临他的心间。

克里斯汀带着两个孩子送他到车站。他们站在月台上，哽咽着说不出话来。火车进站了，温森特上了车。克里斯汀站在那儿，怀里抱着婴儿，手中牵着海尔曼。温森特望着他们，直到火车离站进入到一片炫目的阳光之中，然后，这个女人便永远地消失在车站烟尘滚滚的黑暗里了。

第四卷　纽恩南

[Book Four] Nuenen

[1] 牧师住宅里的画室

纽恩南的牧师住宅，是一幢粉刷成白色的两层石砌建筑，后面有一座非常大的花园。园中有榆树、树篱、花圃、一个水池和三株修剪过树梢的橡树。虽然纽恩南的人口达两千六百人，但其中只有一百人是新教徒。提奥多鲁斯的教堂很小，纽恩南比起繁荣的集市小镇埃顿，差了一等。

纽恩南实际上只不过是一个房舍聚集点，它坐落在从该地区的中心城市埃因霍温伸展过来的大道两边。这里的居民多数是织工和农民，他们的茅屋星星点点散布在荒地上。他们是崇尚古风、敬畏上帝而又十分勤劳的人民。

牧师住宅的大门上头嵌着黑色铁铸的字：A°1764。大门正临大道，进门就是一间宽敞的门厅。门厅把房子分成了两半，左边是饭厅和厨房，那儿有一道做工粗糙的楼梯，通往楼上的几间卧室。温森特和他弟弟科尔，住在起居室上面的那间卧室里。每天清晨，他一睁眼就能望见太阳升到父亲那所教堂精巧的尖顶之上，把淡淡的倒影轻投在池塘水面。日落时分的色调比拂晓时更深一些，他坐在窗旁的椅子上，观看那颜色犹如一块厚重的油毡逐渐铺盖在池水上面，随后又慢慢地溶化在一片昏暗之中。

温森特爱他的双亲，双亲也爱他。三人全都极力想协调彼此间的关系，以求和睦相处。温森特吃得多、睡得足，有时在野外散散步。他不说话，不绘画，也不看书。家里人尽量亲切地对待他，他也以同样的态度回报他们。这是一种有意维持的关系，他们在开口前总要先告诫自己："我应当小心点儿！千万别把这和谐的关系搞坏！"

在温森特养病期间，他们一直处得很融洽。诚然，与这些和自己的思想格格不入的人同处一室，他的心情不可能舒畅。当他父亲声称"我准备读读歌德的《浮士德》，这是坦凯特牧师译的，所以还不至于太猥亵吧"的时候，温森特心里不免又厌烦起来。

他本来只打算在家里休息两星期，但他爱布拉邦特，很想继续待下去。他希望静下心来单纯从事写生，尝试着只把他看到的东西表现出来。他没有别的愿望，只想深入到乡村中去，描绘田园生活。就像善良的米勒老爹一样，他希望和农民生活在一起，了解他们、描绘他们。他确信，一些人虽然来到了城市并定居在那里，但是乡村给他们留下了难以忘怀的印象，他们对乡间的田野和农民怀着终生不渝的眷恋。

他一向很明白，有朝一日他将回到布拉邦特，并永远留下来。不过，要是他的双亲不愿意，他可就不能留在纽恩南了。

"一扇门要么打开，要么关上，"他对父亲说，"咱们要努力做到相互了解！"

"是啊，温森特，我也非常想这样。我知道，你的画毕竟就要有所成就了，这使我感到高兴。"

"好啊，那就坦率地告诉我，您是不是认为咱们能够相安无事地生活在一起？您愿意我留下来吗？"

"愿意呀。"

"多久呢？"

"随你的意，多久都成。这是你的家，你可以与我们住在一起。"

"但是万一咱们意见不合呢?"

"那也不能因为这个就翻脸。咱们应当平心静气地生活,各自都忍耐一点儿。"

"可是我总得有个画室,怎么办呢?您是不会愿意让我在家里工作的。"

"我已经考虑到了。为什么不用花园里那间马夫的小屋呢?那地方可以完全归你用,没人去打扰你。"

那小屋就在厨房外面,二者虽然相连但是互不相通,这是一间隔出来的小房间,只有一个小窗户,而且开得很高,面向花园。屋里是泥土地面,冬季总是很潮湿。

"咱们可以在屋里生上火驱散潮气,温森特。然后再铺上木板,这样住起来就非常舒适了。你看呢?"

温森特环顾四周,这是间简陋不堪的屋子,很像荒地上农民的小茅屋。他可以把它布置成一间真正的乡间画室。

"要是嫌窗子太小,"提奥多鲁斯说,"我手头还有一小笔余款,咱们可以把它改大些。"

"不,不,这样挺好。在这里,模特儿身上的光线给我的感觉,就如同我在他的茅屋里画他一样。"

他们提来一个带眼儿的桶,烧起旺火。在烘干了墙壁和屋顶的潮气并把泥土地烤硬之后,他们就铺上了木板。温森特把他那张狭小的床、一张桌子、一把椅子和他的画架搬了进来。他在墙上钉上他的写生,用画笔在靠厨房的那面刷白的墙上写了一个笔迹粗大的 GOGH[1],就此安顿下来,准备做个荷兰的米勒了。

---

1 "梵高"的外文拼写是 Van Gogh。

[2] 织工

纽恩南一带最有意思的就是那些织工。他们住在小小的茅草顶的泥舍里，里面通常有两间房。一间是全家住的卧室，仅有一扇能照进一束光线的小窗。墙上有些离地三英尺高的方形凹进处，是放床的地方。房间里往往还放有一张桌子、几把椅子、一只泥炭炉和一个放盘碟碗罐的做工粗陋的柜橱。地面是凸凹不平的泥土地，墙也是泥抹的。另一间的大小约是卧室的三分之一，而且由于倾斜的屋顶致使其高度只有卧室的一半，那里是放织机的地方。

一个织工实打实地工作一个星期可以织六十码布。他织布时还得要他的女人在一旁为他缠纱团。就靠织的这块布，这个织工一周可以净赚四个法郎。织工把布送到工厂主那里时，经常被告知过一两个星期才能再领到活计回家。温森特发觉，他们与博里纳日的矿工有着不同的气质。他们寡言少语、安分守己，听不到他们有一句类似反抗的话。他们那股子劲头，看起来就像拉出租马车的马或被轮船载到英国去的羊。

温森特很快就和他们结成了朋友。他感到织工们心地单纯，他们只求有足够的活计，好挣到他们赖以维生的土豆、咖啡和偶尔的一小片咸肉。他们干活儿时对他在一旁画画毫不介意。他每次去，也从不忘记为那家的孩子带上一点糖果，或者为年老的祖父带上一袋烟草。

他看到一台褐绿色橡木的织机，上面刻着"1730年"这个年份。靠近织机，在面对着一片菜地的小窗前放着一把婴儿椅。坐在椅中的婴儿，就整天盯着那往返如飞的梭子发愣。这是个小得可怜的泥土地面的房间，然而在温森特眼里，它却具有某种恬静安详的美，他想在画布上把这种意境表现出来。

他早上起得很早，然后就去田野上或者农民和织工的茅屋中待上整整一天。同地里的农民或织机旁的织工相处，他觉得自在舒畅。他总算没有白白地和矿工、泥炭挖掘工以及在炉旁沉思的农民一起，度过了那么多个夜晚。一天到晚持续不断地观察农民的生活，已使他深受吸引，以至达到了忘乎一切的地步。他在寻觅着"正在逝去的事物中那些不会消逝的东西"。

他重新迷恋上了画人物，与此同时，还增添了另一种爱好——色彩。他把半成熟的麦田画成一种暗金色调子，赤铜色混合着黄铜色，与一块块钴蓝色调子的天空形成了极为强烈的反差。背景中是笔法粗犷有力的妇女形象，她们的面部和手臂是那种阳光晒成的古铜色，身上穿着满是灰尘的深蓝色粗布衣衫，短发上戴着像贝雷帽似的黑色无边女帽。

当他背着画架，腋下夹着未干的油画兴致勃勃、大摇大摆地从大路上走过来时，家家户户的百叶窗都会从底下打开一条小缝，而他便像受夹道鞭刑似的，从两旁投来的那种女人家爱打探而又不怀好意的目光下穿过。在家里，他发觉那句"一扇门要么打开，要么关上"的老话，用在家庭关系上原来并不完全正确。牧师住宅中，那扇通往家庭幸福的门，一向是神秘莫测、似开非开的。他妹妹伊丽莎白不喜欢他，她担心他的怪癖会把她在纽恩南结成良缘的机会毁掉。维莱米恩虽然喜欢他，但觉得他无趣。在后来和弟弟科尔成为朋友之前，他们哥儿俩的关系也不好。

温森特不和全家一起在桌前吃饭，而是跑到一个角落里，把盘子放在膝上，并把当天画的写生立在他面前的一把椅子上，用敏锐的眼光审视着自己的作品，要是作品有缺陷或明暗处理不好，就把它们撕成碎片。他从来不跟家里人说话，他们也很少理他。因为不愿沾染上纵情享受的习惯，他只是干啃面包。偶尔要是桌边的谈话中提到某个他所喜爱的作家名字，他也会扭过头来和家里人说上几句话。不过，总的来说，他认为与他们交谈越少，互相就处得越好。

[3] 玛高特

他在田野上画了一个月左右的光景就开始产生一种奇怪的感觉。他觉得有人在监视他。他知道纽恩南人总是盯着他，也知道地里的农民常常扶着锄头好奇地瞧他。然而那不一样。他觉得自己不仅被人注视，而且被人跟踪着。开头几天，他曾不耐烦地想甩掉这盯梢，但是却总摆脱不掉这种被一双眼睛死死地盯着后背的感觉。有许多回，他用眼睛在周围的田野上搜寻，然而毫无收获。有一次，他突然转身时，似乎看见有个身着白裙的女子消失在一棵树后面；另一次，当他从一个织工家里出来时，有个人影顺大路匆匆跑掉了；第三次，是他在树林里作画中间离开画架到池塘边喝水，归来时却发现未干的油画上留下了一些手指印。

他几乎用了两个星期的工夫才抓住这女子。当时他正在荒地上画掘地的人，离他不远有一辆遗弃在那里的破旧的车子。他作画的时候，那女子始终站在那辆车后面。而在他突然收起画布和画架做出要回家的样子时，那女子便先跑了。他跟在她后头，没有引起她的疑心，因而看见她拐进了牧师住宅旁边的一幢房子。

"左边那个门里住的是什么人，妈妈？"当天晚上全家坐下来吃晚饭时他问。

"姓比奇曼的一家子。"

"他们家都有什么人？"

"咱们不太清楚。那家有五个女儿，还有她们的母亲。她们的父亲显然已经去世了。"

"她们什么样子呢？"

"这可不好说。她们躲躲藏藏，很少露面。"

"她们是天主教徒吗？"

"不，是新教徒。她们的父亲是个牧师。"

"那些姑娘中还有没结婚的吗？"

"有哇，她们全都没结婚！你问这个干什么呢？"

"我不过随便问问。谁养活她们呢？"

"没人。她们看样子挺有钱的。"

"我猜那些姑娘的名字您都不知道吧？"

他的母亲惊异地瞅了他一眼，说："不知道。"

翌日，他回到田野上原来那个地方。他要捕捉那些在成熟的麦田里或者靠在枝叶凋残的山毛榉树篱前的农夫身上的蓝色色调。那些人穿着自家织的、由黑色经线和蓝色纬线织成的蓝黑条纹的粗亚麻布衣衫。而当风吹日晒使其颜色减退并有几分变色时，那布便显出一种极为朴素柔和的色调，这恰好衬托出人的肤色。

大约上午刚过去一半时，他觉出那女子又来到他身后。他用眼角瞥见，她的衣衫在那被遗弃的车子后面的矮树丛里一闪。

"我今天得把她逮住。"他自言自语地咕哝着，"哪怕这幅习作只画到半截儿就不得不停下来呢！"

他逐渐养成了作画时一气呵成的习惯，就是以突然迸发的热情，把眼前景象给予他的印象一口气画下来。前辈的荷兰绘画使他感受至深的是，它们都是迅速绘成的，而且大师们一次匆匆画成后就不再去碰它了。他们之所以极其迅速地画，就是要让他们最初的印象和萌生画题时的情绪保持纯正和完整。

他在创作热情最高涨时，竟把要抓住那个女子的事忘得一干二净。一个钟头之后，他偶然瞟了旁边一眼，才发现她已经走出小树林，站到了车子旁边。他想跳起来把她抓住，问问她一直跟踪他是什么缘故，可是又舍不得放下手中的工作。过了一会儿，他又转过身，这回他惊奇地看到她已站到车子前面，并且正目不转睛地望着他。这是她第一次露出脸来。

他继续极度兴奋地画着。他越是努力挥笔作画，那女子似乎就越走近他。他在画布上倾注越多的热情,那双望穿他后背的眼睛就越热烈。为了得到光照,他把画架转动了一下,这时,他看见那女子站在田野里,已经到了他和车子之间距离的中点。她看起来像个被催眠的女人在梦游一样。她一步一步走近,一步一停,一边想往回缩,一边却继续在往前走,仿佛有一种她无法左右的力量推着她向他走来。他感觉到她已经站到了他背后,于是猛一转身,直盯着她的眼睛。她吃了一惊,脸上带着一副狂热的表情,仿佛有一股不以她的意志为转移的情感控制着她。她望着的不是温森特,而是他在画的油画。他等着她开口,她却沉默不语。他只好继续埋头工作,在一阵热情的冲动中他画完了最后一笔。那女子没有移动脚步,他可以感觉出她的衣衫拂着他的外衣。

已是傍晚时分。那女子在田野里伫立多时了。温森特筋疲力尽,他的神经由于创作的激情而兴奋到了极点。他站起身来转向那女子。

她的嘴唇焦干。她用舌尖湿润着上唇,然后又用上唇湿润着下唇。这一点点润泽马上消散了,于是她的嘴唇又变得焦干。她用手捂着喉咙,仿佛喘不过气来。她想说话,但说不出来。

"我是温森特·梵高,你的邻居,"他说,"不过我猜你是知道的。"

"是的。"那声音很低,微弱得几乎听不见。

"你是比奇曼姐妹中的哪一位呢?"

她摇晃了一下,抓住他的衣袖才站稳脚跟。她又试着用干涩的舌尖润着嘴唇,费了好大劲才终于说出声来:

"玛高特。"

"你为什么总跟着我呢,玛高特·比奇曼?我觉察出来已经有几个星期了。"

她不由得发出了一声微弱的叹息,用手使劲抓住他的胳膊好撑持住身子，但还是晕倒在地上了。

温森特跪下来，用手臂托起她的头，把她额前的头发捋到后面。夕阳映红了田野，农民们拖着沉重的步子疲乏地朝家里走去。只有温森特和玛高特孤零零地留在那里。他仔细端详着她。她并不美丽，肯定有三十多岁了。她的嘴角左边倒还正常，右边却有一条细细的纹路伸延下去，几乎到了下巴上；眼睛下面发青的眼圈上有细小的肉斑；皮肤看样子刚开始出现皱纹。

温森特随身的水罐里还有点水。他用一块揩颜色的破布蘸水，润湿玛高特的脸。她的眼睛突然睁开了，他看出那是一双漂亮的眼睛，深褐色，善良温柔，几乎带有一种神秘的意味。他用指尖蘸了一点水涂在玛高特的脸上。她靠在他的臂弯中颤抖着。

"你觉得好些吗，玛高特？"他问。

她躺在那里，凝神望着他那蓝绿色的眸子。哦，那是一双多么富于同情、多么聪敏、多么善解人意的眼睛啊！于是，随着突然一声发自心灵深处的难以抑制的呜咽，她蓦地用手臂攀住他的脖颈，把嘴唇贴在了他的胡子上。

[4]"要紧的是爱，而不是被爱"

第二天，他们在村外一个约好的地点见面了。玛高特穿了一件迷人的白色高领亚麻连衫长裙，手上拿了一顶夏季凉帽。虽然和他在一起她仍然有些拘束，不过比起头一天她要从容多了。看见她来了，温森特放下了他的调色板。她丝毫不具备凯的那种美丽优雅，但比起克里斯汀来，她可就算非常吸引人了。

他从凳子上站起来，不知如何是好。平常他对那些盛装打扮的女人是持有偏见的，因为他接触更多的是那些身着短外衣和裙子的女人。那些属于所谓"可敬阶级"的荷兰妇女，看起来或画起来并不特别惹他喜欢。他还是更喜欢那些普通的女仆，因为她们常常颇像夏尔丹笔下的人物。

玛高特过来吻了他，那样坦然的一吻，仿佛他们已是多年的恋人，随后又把她战栗着的身子贴近他待了一会儿。温森特把外衣铺在地上请她坐下。他坐在凳子上，玛高特靠在他膝旁，仰头望着他，那神情是他以前从未在女人的眼睛里见到过的。

"温森特。"她说，单是呼唤一下他的名字，就使她感到由衷的喜悦。

"嗯，玛高特。"他不知所措了。

"你昨天夜里是不是把我想得挺坏？"

"坏？不！为什么要那样想你呢？"

"你也许觉得难以置信，可是，温森特，我昨天吻你，那是我第一次亲吻一个男人哪！"

"怎么？你从没有恋爱过吗？"

"没有！"

"真遗憾！"

"是吗？"她沉默了片刻，"你曾经爱过别的女人，是不是？"

"是的。"

"许多吗？"

"不，只有……三个。"

"她们爱你吗？"

"不，玛高特，她们不爱我。"

"但是她们起初一定爱过你。"

"在爱情上我从来都不走运。"

玛高特靠近他，把一只手臂放在他膝上，用另外一只手的手指顽皮地抚摸着他的脸，触到那鼻梁高耸的大鼻子、那张开的大嘴、那结实的圆下巴。一阵异样的战栗传遍她的全身,她把手指移开了。

"你多么强健啊!"她喃喃地说,"你所有的一切,你的臂膀、你的下巴和你的胡须。我以前从没见过像你这样强健的男人。"

他笨拙地把她的脸捧在手心里。在爱的激情的阵阵冲击下,那张脸变得极富魅力。

"你有点儿喜欢我吗?"她不安地问。

"喜欢。"

"那么,吻我吧!"

他吻了她。

"求你不要往坏处想我,温森特。我克制不住。你知道,我爱上……你了……而且我无法回避。"

"你爱上我了?你真的爱上我了?然而为什么呢?"

她直起身子,在他嘴角上吻了一下。"这就是为什么。"她说。

他们一声不响地坐着。不远的地方就是农民的墓地。多少年来农民们生前在这块土地上耕作,死后也在这里安息。温森特试图在他的画布上揭示死亡是一件多么自然的事情,自然得就像一片秋叶的飘落,那不过是掘开一小块土地,安上一个木头十字架而已。墓地的草茵伸展到矮墙之外,周围的原野在天际形成了一道线,宛如海平线一样。

"你了解我的情况吗,温森特?"她柔声问道。

"一点儿也不知道。"

"他们曾……有人曾经告诉过你……我的年纪吗?"

"没有。"

"嗯,我已经三十九岁,再过几个月就四十岁了。五年来,我心里一直在想,假如四十岁以前还没有爱上什么人,我就自杀。"

"但是,要爱是很容易的嘛,玛高特。"

"哦，你这么想吗？"

"是的，只有被爱者的回报才是困难的。"

"不，在纽恩南，要爱是非常难的。二十多年来，我一直在渴望着爱上什么人，然而却一直没能如愿。"

"从来没有过？"

她眼睛瞟着别处，"有一次……那时我还是个小姑娘……我喜欢过一个男孩子。"

"是吗？"

"他是个天主教徒。她们把他赶跑了。"

"她们？"

"我的母亲和姐妹们。"

她直起身，双膝跪在田野厚厚的沃土中，把漂亮的白色衣裙都弄脏了。她把双肘放在他的大腿上，用手托着腮帮。他的膝盖轻轻碰着她的胁部。

"对女人来讲，没有爱情的生活是空虚的，温森特。"

"我知道。"

"每天早晨我醒来时总对自己说，'今天，我准会找到我要爱的人！别的女人都做到了，我为什么做不到呢？'然而，到了晚上我仍是形单影只、孤苦伶仃。就这样日子一天天过去了，希望却始终没有实现，温森特。我在家里什么也不用干——我们雇着用人——我只是无时无刻不在渴望爱情的来临。每个夜晚我总是对自己说：'这么活着，不如今天就死。'我之所以撑持着活下来，就是因为相信总有一天会有一个值得我爱的男人出现在我面前。我的生日一个接一个地过去了，三十七、三十八、三十九。我不能眼看到了四十岁还没有恋爱过。后来，你出现了，温森特。**现在我也终于爱上了！**"

这是一声狂喜的呼喊，仿佛她获得了巨大的成功。她挺起身，嘟起嘴巴,等待着他的亲吻。他把她柔软的发丝拢到耳后。她伸出手臂绕着他的脖子,小心翼翼地一口一口频频吻着他。他坐在小凳上,身旁是调色板,前面就是那片农民的墓地。他把这跪着的女子搂过来,被她汹涌澎湃的热情吞没了。温森特平生第一次感受到那种女人迸发的爱情所带来的愉悦和慰藉。他颤抖了,因他明白自己踏在圣地上了。

玛高特靠在他两腿中间席地而坐,把头枕在他的膝上。她的双颊泛起红晕,两眼闪闪发光,她深深地、费力地喘息着。爱情的冲动使她看起来还不到三十岁。温森特却并不能感觉到什么,他只是用他的手指抚摸着她脸上柔软的皮肤,直到她抓住他这只手,吻着,贴在她灼热的脸颊上。过了一会儿,她开口了。

"我清楚你是不爱我的,"她轻轻地说,"那样要求你太过分了。我只想祈求上帝让我爱。我甚至做梦也不曾想过会有被人爱上的可能。要紧的是爱,而不是被爱。是不是,温森特?"

温森特想起了乌苏拉和凯。"是的。"他答道。

她把后脑靠在他膝上,仰面凝神望着那湛蓝的天空,"你愿意让我和你一块儿来吗?要是你不愿意谈话,我就静静地坐在旁边,一句话也不说。只要让我在你的附近,我保证不打扰你,不妨碍你的工作。"

"你当然可以来。不过告诉我,玛高特,要是你在纽恩南找不到男人的话,你为什么不离开呢?至少可以出去看看嘛!你是没有这笔钱吗?"

"哦,有的,我有好多钱。我的祖父留给我一笔可观的收入。"

"那你为什么不去阿姆斯特丹或是海牙呢?在那里,你会遇到一些使你感兴趣的男人呀。"

"她们不愿意让我去。"

"你的姐妹中没有一个出嫁的,是吗?"

"是的,亲爱的,我们五个人全是单身。"

一阵痛楚突然传遍他的周身。女人呼唤他"亲爱的",这对他来说还是头一回。虽然他以前深知那得不到回报的单恋是何等可悲,但是,被一个好女人以全部身心爱着的那种淋漓尽致的欢乐,却是他事先一点没有想到的。他本来把玛高特对他的爱视为一件他自己并未参与的荒谬事情,但玛高特对他的那个充满爱意和柔情的简单称呼,竟使他彻底改变了态度。他把玛高特搂到怀里,让她微颤的身子贴着自己的身子。

"温森特,温森特,"她喃喃低语,"我那么爱你。"

"你说你那么爱我,那听起来好奇怪啊!"

"我现在觉得,经历了所有那些没有爱情的岁月并不是不幸的。你是值得等待的,我的最心爱的。在我爱情的幻梦中,我从来没有想到我爱一个人能像爱你这样。"

"我也爱你,玛高特。"他说。

她把身子稍稍离开他一点,"你不必这么说,温森特。也许过一段时间以后你会喜欢我一些,但是,现在我的全部心愿是求你让我爱你。"

她挣脱他的拥抱,把他的外衣铺到旁边地上,然后坐下来。"工作去吧,亲爱的,"她说,"我不应当妨碍你,而且我爱看你作画。"

[5] 任你走到哪里

玛高特几乎每天都陪他外出画画。他们时常要步行十公里,才能到达荒地上那个他选定作画的地点,等走到时,他们俩往往由于一路酷热劳顿而筋疲力尽。但是玛高特从来没有怨言。这女人身上发生了惊人的变化。她那本来灰褐色的头发闪动着金色的光泽,她那焦干的薄嘴唇如今显得丰满红润,她那就要起皱的干涩的皮肤如今变得光滑、柔软而温暖,她的眼睛似乎比原来大些,她的胸部隆起,她的声音里新添了一种活泼轻快的旋律,她的步履变得矫健而富有生气。爱情打开了潜伏于她身上的某个不可思议的源泉,使她可以不断地沐浴在这使人恢复青春的爱的泉水之中。她带来丰盛的午餐以博得他的欢心,写信到巴黎订购某些他曾经赞赏地提及的画片。然而她从不干扰他的工作。他作画时,她一声不响地坐在一旁,同样沉浸在他倾注于画稿上的那种奔放充溢的激情之中。

玛高特对绘画懵然无知,但她聪慧而敏感,又有一种本领,会在适当的时候说适当的话。温森特发现她几乎有点无师自通。她给他的印象就像一把被笨拙的修理匠搞糟了的克雷莫纳小提琴[1]。

"要是我在十年前就遇到她,该多好啊!"他对自己说。

一天,当他正预备着手画一幅新油画时,她问他:"你怎么能有把握把你选中的风景准确无误地画在画布上呢?"

温森特思索片刻后说:"要行动就不能惧怕失败。只要是瞧见有一幅空白的画布在痴呆呆地望着我,我就赶快在上面画些什么。"

"你的确画得很快。我还从没见过有什么东西像你那些油画那样迅速地增加起来的。"

"咳,不得不这样。我发现只有这样,才能挫败那幅瞪着我表示'你什么能耐也没有'的空白画布。"

"你的意思是说,这是一种挑战吗?"

"确实如此。空白的画布像白痴似的瞪着我,然而我知道它害怕热情的画家,因为他敢于去画,他彻底打破了'你不能画'的咒语。在人看来,生活本身有时也是上面什么都没有的、茫然无际的、使人沮丧失望的空白,玛高特,就和这幅空白的画布一样。"

---

[1] 克雷莫纳小提琴:指 16、17、18 世纪意大利北部的克雷莫纳城所制的小提琴。

"是啊，可不是嘛。"

"但是有信心、有魄力的人是不害怕这片空白的，他跨步进去，他采取行动，他一笔一笔画下去，他充分发挥创造精神，到最后，那幅画布就不再是空白的了，而出现在上面的，则是丰富的生活画面。"

玛高特的爱使温森特感到愉快。她不用挑剔的目光看他。他的所作所为在她看来都是正确的。她没有斥责他举止缺乏教养，也不批评他嗓门粗哑，更不议论他脸上触目的皱纹。她从不责备他挣不来钱，也从不怂恿他去干与绘画不相干的事。他们在静谧的暮色中回家，他的手臂搂在她的腰际，他的声音由于同情而变得柔和，他向她讲述他所做的一切，告诉她为什么他宁愿画居丧的农民而不愿去画市长，为什么一个穿着布满灰尘、打着补丁的蓝裙和紧身胸衣的农家姑娘要比太太小姐们更美。她毫不怀疑地接受了他所说的一切。他就是他，她爱他的一切。

温森特对他的新处境并不完全放心。他天天都准备着面对这种关系的破裂，准备着面对玛高特变得冷酷无情从而对他的失败大加贬斥。然而随着盛夏季节的来临，她的爱情有增无减，她所给予他的，是那种只有成熟的妇人才能具有的深刻的同情和崇拜。她没有像他想的那样主动背离他，于是他就故意渲染丑化自己的一事无成，以刺激她采取谴责的态度。然而她却并不认为那是什么失败，反倒视之为理所当然的事情。

他向她讲了他在阿姆斯特丹和博里纳日的惨败。"那肯定是失败，"他说，"在那里，我做的每件事都错了，现在能说不是吗？"

她仰起脸，宽容地笑了，"国王才不犯错误哪！"

他吻了她一下。

又有一天，她对他说："我母亲告诉我你是个坏人。她听说你在海牙的时候曾经同放荡的女人同居。我对她们说那是恶意中伤。"

温森特讲述了克里斯汀的故事。玛高特眼中带着闷闷不乐的神情听着,后来,还是爱情驱散了一切不快。

"你知道,温森特,你有的地方像基督。我相信我的父亲也会这样想。"

"这就是你在听到我说我曾同一个妓女同居两年之后所要说的一切吗?"

"她不是妓女,她是你的妻子。你没能挽救她并不是你的过错,这就和你挽救不了博里纳日人一样。一个人是没办法对抗整个社会的。"

"确实是这样,克里斯汀是我的妻子。我以前曾对提奥弟弟说:'要是我不能得到一个好妻子,我就找个差的。有个差的总比没有强啊!'"

一阵有点紧张的沉默,因为他们之间还从没有谈到过婚姻的问题。"在克里斯汀的事情上,只有一点让我觉得遗憾,"玛高特说,"要是你把那两年的爱给了我多好啊!"

他放弃了动摇她对自己的爱的尝试,并接受了她的爱。"我年轻时,玛高特,"他说,"认为事情就依赖于机会,依赖于一些小小的意外事件或者无缘无故的误会。然而随着年龄的增长,我渐渐看得更深一层了。多数人的境况是由于命运的安排,他们必须经过一条漫长的道路去寻求光明。"

"像我寻求到你一样!"

他们来到一座织工小屋低矮的门前。温森特亲热地攥紧她的手。她告饶似的嫣然一笑,这使他感到奇怪,为什么命运之神认为这许多年来不让他得到爱才是合乎情理的呢?他们走进那茅屋。夏去秋来,天黑得早了。织机上悬挂着一盏吊灯,上面在织的是一块红布。织工和他的妻子正弯着腰在理线。背着光的黑色身影在那块红布的衬托下显得更加突出,灯光把他们巨大的影子投射在织机的机身和卷轴上。玛高特和温森特会心地相视而笑，因为他已经教她学会了在丑陋的地方捕捉到内在的美。

十一月，落叶季节到了，树叶没有几天就落得干干净净。全纽恩南都在议论温森特和玛高特。镇上的人喜欢玛高特，但对温森特却既不信任又有些怕。玛高特的母亲和四个姐妹千方百计要中止这场恋爱，但玛高特一口咬定这只是出于友情，一起到田野上走走有什么不好呢？比奇曼家的人知道温森特到处漂流，就蛮有信心地期望他有一天会离去，所以也倒不特别忧虑。镇上的人却沉不住气了，风言风语不断，说什么这个古怪的姓梵高的男人干不出好事来，比奇曼家要是不把她们家的闺女从他手里夺回去，准得后悔。

温森特永远也弄不清镇上的人为什么那么不喜欢他。他没有冒犯任何人，也没有伤害过谁。他意识不到，在这个几百年来生活（从语言到习惯）一成不变的小村庄里，他在人们的眼里显得是怎样奇特。等到他发觉人们已把他当成二流子看待时，他也就不指望再花费力气让他们喜欢自己了。

狄恩·范登贝克是个小店主。这天，他同从旁路过的温森特打招呼，代表村里人向他挑战了。

"现在秋天来了，好天气过去了，嗯？"他问。

"是的。"

"人家都估摸你不久就要干活儿去了，是吗？"

温森特把他背上的画架移到背着更舒服的位置，"对，我这不正是要到荒地上去？"

"不，我指的是工作，"狄恩说，"是那种成年人干的真正的工作。"

"画画儿就是我的工作。"温森特镇静地说。

"在男子汉看来，工作就得是有报酬的，是一种职业。"

"正如你现在看到的，我到田野上去就是我的职业，范登贝克先生,那就像卖东西是你的职业一样。"

"是啊,可我出售东西呀!你出售你画的东西吗?"

村子里每个同他搭腔的人都问过他这个问题。他对此已经厌烦透了。

"我有时候卖。我弟弟是个画商,他买我的画。"

"你应当工作,先生。像这样闲着下去对你没有好处。人总要有老的那天,到了那时能得个什么好结果?!"

"闲着?我工作的时间是你开店营业时间的两倍。"

"你把这也叫工作?坐在那里涂涂抹抹的,那不过是小孩子的把戏。经营货栈,开垦土地,那才是真正男子汉的工作。你老大不小了,再不能浪费光阴了。"

温森特知道,狄恩·范登贝克说出的是村里人的意见,也知道在乡下人的心目中,"艺术家"和"工人"这两个词儿是不能混同起来的。温森特不再计较人们怎么想了,而且在街上同他们相遇时,连看也不看他们一眼。但正当他们对他的不信任达到顶点的时候,一起意外事件发生了,这使他的境遇有所好转。

安娜·科尼莉亚在赫尔蒙德下火车时摔断了腿,当即被人送回家来。虽然医生并没有对家属这么说,但他为她的生命担忧。温森特毫不犹豫地把自己的工作搁在了一边。他在博里纳日的经历把他锻炼成了出色的护士。医生观察了他半个小时,然后说:

"你比女人还强,你的母亲会受到最好的照料的。"

纽恩南人带着美味的食品、书籍和亲切的问候前往牧师住宅,就像他们在说别人闲话时可以表现得残忍无情一样,在别人的危难时刻他们也可以表现得很善良。看到温森特服侍母亲洗澡、吃饭,精心看护她上了石膏的腿,为她撤换床单而又不让她的身体受到牵动,人们大为惊讶。两周后,村里对他的看法彻底改变了。每逢人们登门探望,他都用他们的土话与他们交谈,共同商讨如何才能有效地防止出现褥疮、病人宜吃什么食物、室内应当保持多高的温度。这样的谈话使他们对他有所了解，于是做出判断：他毕竟也是个人。后来，他的母亲觉得身体见好，他又可以每天抽一会儿工夫出外作画了。人们在路上碰到他，总是面带笑容地同他打招呼，叫着他的名字。他从镇上走过时，再也看不到百叶窗一个接一个地从底下打开一条小缝了。

玛高特一直伴随着他。她是唯一对他的善良温柔不感到惊奇的人。一天，他们在病人的房间中低声交谈时，温森特碰巧讲起来："对人体的透彻了解是解决许多问题的关键，但是为了掌握人体的知识，无疑是要花钱的。有一部约翰·马歇尔著的非常精美的《艺用解剖学》，不过那书贵得很。"

"你有存款买吗？"

"没有，在我的画卖出去之前，我是买不起的。"

"温森特，要是你允许我借给你一些钱，那会让我多么快活呀！你知道，我有一笔定期的收入，而且我从来就花不完。"

"你的用心是好的，玛高特，但是我不能让你这样做。"

她没有坚持她的意见，可过了两星期，却递给他一包海牙寄来的东西。

"这是什么？"他问。

"你打开看看就知道啦！"

捆包的绳子上系着一张字条。包里是马歇尔著的那部书，字条上写着：祝你过个最快乐的生日！

"但是今天不是我的生日呀！"他叫起来。

"不，"玛高特笑起来，"今天是我的生日！我的四十岁生日，温森特。你给了我生命。一定请你收下我这件礼物。亲爱的，我今天太幸福了，我愿意你和我一样感到幸福。"

他们是在花园中他的画室里面，周围一个人也没有，家里只有维莱米恩在陪着母亲。时间已近黄昏，落日给那面刷白了的墙壁抹上一层淡淡的光。温森特用手指深情地抚摩着那部书，这是除提奥之外头一次有人那么乐于给他以帮助啊！他把书扔到床上，把玛高特抱在怀里。他的爱抚使她的眼睛泛起泪花。几个月来，他们很少在田野上有爱的表示，因为他们害怕被别人撞见。玛高特总是那么醉心地迷恋着他的爱抚，那么慷慨地任他摆布。离开克里斯汀至今已有五个月了，他有点紧张，怕自己是太过于自信了。他不愿做出任何伤害玛高特或她对自己的爱情的事。

他一面低头凝视着那双含情脉脉的褐色眸子，一面吻她。她向他微笑，接着闭起眼睛，微微张开嘴接受了他的亲吻。他们彼此紧紧抱着，全身贴在一起。床就在一步远的地方，他们一起坐下来。在这紧紧的拥抱中，他们两人都忘却了那些使他们的生活变得如此孤寂凄凉的没有爱情的岁月。

太阳落下去了，墙上的那一抹阳光也随之消失。小屋沐浴在一片柔和的暮色中。玛高特一面用手抚摩着温森特的脸，一面呢呢喃喃、情意缠绵地说些不知所云的话。温森特觉得自己似乎就要坠入一个可怕的深渊，唯有赶紧悬崖勒马才有回头之路。于是他挣脱她的拥抱，站起身来。他走向画架，把刚才正画着的一张纸揉了。周围一片寂静，只有刺槐枝头的喜鹊叽叽喳喳叫个不停，还有耕罢归来的牛身上挂的铃铛叮叮作响。过了一会儿，玛高特开了腔，她声音很轻，但意思很明白。

"你可以，如果你想要，亲爱的。"她说。

"为什么？"他问，并没有转过身来。

"因为我爱你。"

"那样做是不对的。"

"我以前就跟你说过，国王才不犯错误哪！"

他一条腿跪下来。她的头靠在枕头上。他又注意到她右嘴角的那道一直延伸到下巴上的皱纹,他亲吻了那皱纹。他还吻了她那过于狭小的鼻梁和张大的鼻孔,他的嘴唇吻遍了她那张年轻了十岁的脸。薄暮中,她面朝着他躺着,用手臂搂着他的脖子,看起来又像她二十岁时的模样了,那时她一定是个很美丽的姑娘。

"我也爱你,玛高特,"他说,"我以前不知道这一点,可现在我知道了。"

"你这么说真让我高兴,亲爱的,"她的声音轻柔、朦胧,"我知道你有些喜欢我了。我真心爱你,这已经使我很满足了。"

他爱她不像爱乌苏拉和凯那样。他爱她甚至不像爱克里斯汀。但是,对这个那么温顺地躺在他怀抱中的女人,他却怀有一种非常深切的同情。他知道,在人与人之间的各种关系中几乎都存在着爱。回忆起由于乌苏拉和凯拒绝了他的爱而使他经受的那种痛苦,想到对世界上唯一痴情爱着他的女人他所能给予的感情却是那样少,他内心不禁隐隐作痛。他崇敬玛高特对自己毫无保留的爱,然而无法解释的是他发觉这种爱竟有点让他不舒服。跪在这幽暗小屋的地板上,让这个像过去他爱乌苏拉和凯那样爱着自己的女人的头枕在自己的臂膀上,他终于明白了那两个女人从自己身边逃开的原因。

"玛高特,"他说,"我是受苦的命,但是如果你愿意与我共患难,我是非常高兴的。"

"我要分担你的忧患,亲爱的。"

"我们可以留在纽恩南这个地方。或者,你是不是更愿意在咱们结婚以后就离开这里呢?"

她充满爱意地把头在他手臂上轻轻摩擦着,"路得[1]是怎么说的?'任你走到哪里,我都跟随着你。'"

---

[1] 路得:《旧约·路得记》中的一个妇人。

[6] 审讯

他们万万没有料到,第二天早上,他们各自向家里透露这个消息时,竟会掀起如此的轩然大波。对梵高家来讲,这仅仅是钱的问题。在他还得靠提奥供养的情况下,怎么能娶妻呢?

"你必须先能挣钱,再把生活都安顿妥当之后,才谈得上结婚的事。"他父亲说。

"只要我兢兢业业地凭真本事奋斗,"温森特答道,"那么,时机一到,挣钱完全是不成问题的。"

"那你就应当在时机来到的时候再结婚,而不要在现在嘛!"

牧师家里的骚动比起隔壁女儿国所经历的风波实在太微不足道了。姐妹五个全不结婚,比奇曼家就能够严阵以待共同面对外界。玛高特的结婚对村里人来讲,将是她那些姐妹嫁不出去的有力证明。比奇曼太太认为,让她女儿中的四个免遭更大的不幸,比让她们之中的一个得到幸福更为要紧。

那天玛高特没有陪他到织工们的小屋里去,但傍晚时她到画室来了。她的眼睛哭肿了,脸相显得比以往任何时候都更像四十岁的人。她紧紧抱住他好一会儿,那是一种绝望的拥抱。

"她们骂了你整整一天,可怕极了,"她说,"我从不知道有像那样作恶多端的男人仍然活在世上。"

"你本来应该预料到的。"

"我料想过,不过我可没有想到她们会这么恶毒地攻击你啊。"

他温柔地用胳膊搂着她,在她脸上吻了一下。"把她们交给我来对付吧,"他说,"我今天晚饭后去你家。也许我能叫她们相信,我并不是那么可怕的人。"

他一迈进比奇曼家的房子,就明白自己是置身于一个陌生的异邦领地了。这房子里有一种由这六个女人造成的气氛,那是从未被男性的声音和脚步打破过的一种阴森森的气氛。

她们把他带进会客室。这房间很冷，散发出一股霉味，看来有几个月没进过人了。温森特虽然知道那四位姐妹的名字，但他从没有费神去把她们的名字和她们的脸对上号。她们全都长得像是玛高特的讽刺画像。掌管家政的大姐承担了这场审讯主持人的角色。

"玛高特告诉我们，你想要娶她。可否请问你在海牙的妻子出什么事了呢？"

温森特就克里斯汀的事做了解释。会客室的气氛变得愈发冷冰冰的了。

"你多大年纪，梵高先生？"

"三十一岁。"

"玛高特告诉过你她……"

"我知道玛高特的年龄。"

"可否请问你挣多少钱？"

"我每月可以收到一百五十法郎。"

"这笔收入是从哪里来的呢？"

"我弟弟寄给我的。"

"你的意思是你弟弟供养你吗？"

"不是的。他每月付给我薪水，作为回报，我画的每件作品都是他的。"

"你这些作品有多少被他卖出去了？"

"这不好说。"

"那好，我能说出来。你父亲告诉我，他还从没有卖出过一幅你的画哪！"

"他以后会卖出去的。这些作品将会带给他高出现在许多倍的钱。"

"你这说法起码是要打个问号的。还是讨论现实吧。"

第四卷　纽恩南

307

温森特端详着这位大姐冷酷的、不漂亮的脸。他不能指望从她那里取得同情。

"如果你什么都挣不来,"她继续说,"是否可以请问你,你打算怎么养活你妻子呢?"

"我弟弟愿意每月在我身上押一百五十法郎的赌注。对我来说,这毕竟就是一项薪俸,是我辛勤工作挣来的。玛高特和我如果精打细算地用,是可以依靠这笔薪俸谋生的。"

"可是我们不必精打细算!"玛高特叫起来,"我有足够的钱养活我自己。"

"安静些,玛高特!"她的大姐下了命令。

"记着,玛高特,"她母亲说,"如果你做下有失家庭尊严的事情,我是有权停止给你这笔收入的!"

温森特笑了。"难道嫁给我是有失体面的事情吗?"他诘问道。

"我们对你了解很少,梵高先生,但仅就我们所了解的这一点点,又实在令人遗憾。你当画家多久了?"

"三年。"

"可你至今还没有成功。你还要多久才能有所成就呢?"

"不知道。"

"在你从事绘画之前你做过什么呢?"

"做过画商、教师、书商,学过神学,还当过福音传教士。"

"而你没有一样干得成功吗?"

"是我自己把这些职业放弃了。"

"为什么?"

"我不适于干那些事。"

"你还要多久就放弃绘画呢?"

"他永远不会那么做的!"玛高特气愤地大声说。

"在我看来,梵高先生,"这位大姐说,"你想要娶玛高特为妻的举动是冒昧的。你已经不可救药地被你原来的阶级所摈弃。你一文不名,又没有生财之道,干哪一行你都没有长性,所以,你才像游手好闲的流浪汉一样到处漂流。我们怎么敢把我们的姐妹嫁给你呢?"

温森特伸手取出烟斗,然后又把它放回去,"玛高特爱我,我也爱她。我可以使她幸福。我们打算在这里再住上一年左右就出国。她从我这里将永远得到妥善的照料和真挚的爱情。"

"你一定会抛弃她的!"姐妹中一个尖嗓门的叫嚷起来,"你一定会厌倦她,而且会为了某个和海牙的那个同样下流的女人把她扔掉!"

"你是为了她的钱才娶她!"另一个说。

"不过你得不着那钱!"第三个声明,"妈妈会把那笔钱收回到我们家产里面。"

泪水涌进玛高特的眼睛。温森特站起身。他看出来,在这群泼妇身上耗费多少时间也没有用。他只有先到埃因霍温去和她结了婚,然后立即动身去巴黎了。他本来还不想离开布拉邦特,因为他在这儿的工作尚未完成。然而一想到把玛高特孤零零一个人留在这些无聊的女人中间,他就不寒而栗。

在以后的日子里,玛高特受尽折磨。下第一场雪后,温森特被迫留在画室工作了。比奇曼家不让玛高特来看他。从清晨起床,直到晚上她得到上床许可伴作睡着为止,她被迫整天听着她们对温森特的长篇大论的指责。她和家里人共同生活四十年了,而认识温森特却只有几个月。她憎恨她的姐妹们,因为她明白是她们毁了她的生活,但是恨却是爱的一种更加隐蔽的形式,而且有时会因此产生愈发强烈的责任感。

"我不懂为什么你不愿跟我走,"温森特对她说,"或者起码不要她们同意就在这里和我结婚。"

"她们肯定不让我这么做。"

"你的母亲?"

"我的姐妹们。母亲只是随声附和。"

"你那些姐妹的话就那么可怕?"

"你还记得我对你说的我年轻时候差点儿爱上一个男孩子那件事吗?"

"记得。"

"我的姐妹们阻止了那件事。我不明白是怎么搞的,在我一生中她们总是阻拦我做想做的事情。我决定去拜访城里的亲戚,她们挡着不让我去;我希望读点儿书,她们不许家里收藏有些价值的书籍;每当我邀请男客到家里来,等客人一走,她们就把人家骂得狗血喷头,弄得我无颜再去见那人的面;我想在自己的一生中有所作为,当一名护士或者学习音乐,但是不行,我必须和她们想的一样,并且得完全照她们的样子生活。"

"现在呢?"

"现在她们不让我嫁给你。"

新近增添的青春活力几乎从她的音容举止中消失了。她的嘴唇变得枯干,眼睛下面的细小肉斑更显眼了。

"别为她们烦恼,玛高特。咱们一定结婚,那就会了结这件事。我弟弟多次建议我去巴黎,咱们可以在那儿生活。"

玛高特没有搭腔。她坐在床沿上,耷拉着肩膀,低头盯着地板的木纹。他坐在她身边,拿起她一只手。

"你是不敢不经她们同意就嫁给我吧?"

"不是的。"她的声音软弱无力、缺乏信心,"如果她们要把我和你拆散,我就自杀。我受不了,尤其是在爱过你之后。我会自杀的,就是这样。"

"不一定非叫她们知道嘛!咱们可以先结婚然后再告诉她们。"

"我不能违背她们的意志。与我相比,她们人太多了,我斗不过她们。"

"好吧,那就不用发愁去和她们斗了。你只要嫁给我不就完事了?"

"完不了。那才是个开始,你可不知道我那些姐妹!"

"我也不想知道!不过,今天晚上我要和她们再较量一次。"

在走进客厅的那一瞬间,他已明白此行不会有什么好结果。他居然忘记这地方那种冷漠的气氛了。

"我们以前就听到过这些话了,梵高先生,"那位大姐说,"这既不能使我们信服,也不能打动我们的心。对这件事我们已经拿定主意了。我们愿意看到玛高特幸福,却不愿意她把命丢掉。我们决定了,如果两年之后你仍然想和她结婚,我们就撤回异议。"

"两年!"温森特说。

"两年之后我就不在这里了。"玛高特平静地说。

"那你在哪儿呢?"

"我就死了。如果你们不让我嫁给他,我就自杀。"

在一片响着"你怎么敢说这种话""你们瞧瞧他对她的这种影响"的声浪中,温森特逃了出来。他已是无计可施了。

多年的抑郁生活对玛高特是有影响的。她的神经并不强健,她的身体也不是很好。在这五个拿定主意的女人的正面攻击下,她的情绪一天比一天消沉。如果是一个二十岁的女孩子也许还可以安然无恙地杀出一条生路,然而玛高特已经做了各种抵抗,已经到了精疲力竭的地步。皱纹爬上了她的面颊,往日的忧郁重新回到她的眼里,她的皮肤变得灰黄、粗糙,她右嘴角的那条纹路更深了。

温森特对玛高特的爱慕,随着她那美丽的消失而消失了。他从没有真正地爱过她,也未曾真正想娶她,而现在那种念头就更加微乎其微了。他为自己的无情感到惭愧,这使他在谈情说爱时总想极力显得热情。他不知道她是否能推测出他真实的感情。

"你爱她们甚于爱我吗,玛高特?"一天,在她设法逃到他的画室里来待上几分钟的时候,他这样问她。

她用含着惊异和责备的目光瞥了他一眼,"哦,温森特!"

"那么,你为什么愿意放弃我呢?"

她像个累坏了的孩子伏在他怀里。她的声音低得几乎听不见,"如果我认为你爱我就像我爱你那样深,我就是和整个世界作对都行。但是我这份感情对你来讲太微不足道了……而对她们来讲却非同小可……"

"玛高特,你误会了,我爱你……"

她把手指轻轻按在他唇上,"不,亲爱的,你很想爱……然而你做不到。你不必为这件事难过。我只是要做一个最爱的人。"

"为什么你不离开她们去做自己的主人呢?"

"你说得倒容易。你那么壮实,可以斗得过任何人,可是我,已经是四十岁的人……我生在纽恩南……最远就到过埃因霍温。你难道不知道,亲爱的,我这一生从来也没有和任何人为任何事情闹翻过?"

"是的,我知道。"

"假如这是你的要求,温森特,我倒情愿为了你而拼着全部力气奋斗一番。然而那不过是我的意愿啊!并且这毕竟来得太迟了……我的生命就快结束……"

她的声音低下来,变成了耳语。他用食指抬起她的下巴,她的眼睛里闪着泪花。

"我最亲爱的姑娘,"他说,"我最亲爱的玛高特。咱们可以在一起过上整整一辈子哪!你只要说句话就行。今晚,等她们睡着之后,你把衣服包上,从窗户把包递给我。咱们步行到埃因霍温去赶开往巴黎的早班火车。"

"没有用,亲爱的。我是她们的一部分,她们也是我的一部分。不过我终归是要走我自己的路的。"

"玛高特,你这么不幸,我看不下去啊!"

她把脸转过来对着他,泪水夺眶而出。她笑了,"不,温森特,我很快乐,我已经如愿以偿。爱你,真太好了。"

他吻了她,在她的唇上他尝到了那从腮上滚落下来的泪水的咸味。

"雪停了,"过了一会儿她说,"明天你去野外写生吗?"

"是啊,我想去。"

"你在哪儿画?我下午去找你。"

第二天,他一直画到很晚。他头戴一顶皮帽,亚麻布工装的领口紧紧扣着。他把傍晚的天空涂成泛着金色霞光的淡紫色,农舍模糊不清的轮廓隐现在一团团被夕阳染成红色的矮树丛中;白杨树清瘦的枝干参天而立,近景处是一片暗淡发白的绿色,一条条黑色的田垄和沟边枯黄的苇丛丰富了色彩的变化。

玛高特穿过田野匆匆走来。她又穿上了与温森特初次见面时穿的那件白色连衣裙,不过,肩上多加了一条披巾。温森特发现,她的双颊带上了一点淡淡的红晕。她看上去仿佛又回到了几周之前。那时,她在爱情的滋润下曾像盛开的鲜花般美丽动人。她的手上还捧着一个小巧的针线筐。

她扑过来,伸出双臂勾住他的脖子。他感觉得出那颗贴着自己身子的心狂跳不止。他托着她的头,凝视着那双褐色的大眼睛,里面忧郁的神色消失了。

"怎么啦?"他问,"发生了什么事情吗?"

"不,没有,"她大声说,"这……这只是因为我感到快乐……又和你在一起了……"

"可你怎么穿着这样单薄的裙子就出来了?"

她沉默了片刻，然后说："温森特，不管你走多远，关于我，只希望你能始终记住一点。"

"哪一点，玛高特？"

"那就是：我爱你！永远不要忘记，在你一生中，我爱你超过了任何别的女人。"

"你为什么颤抖得这样厉害？"

"没事儿。我被她们拦住了，所以来得这样迟。你快画完了吗？"

"再过一会儿就完。"

"那么，你画吧，我就像以前一样坐在你身后吧。你知道，亲爱的，我从不愿意碍你的事，或扯你的后腿。我只希望你让我爱你。"

"好吧，玛高特。"他想不出别的话，只好这样说。

"那就去工作吧，我的亲爱的，画完……咱们好一起回家。"她打了个寒战，裹紧了披巾，又说，"在你动手之前，温森特，再吻我一次吧！像那样吻我……那次……在你的画室里……当时咱们是那样幸福地抱在一起。"

他充满柔情地吻了她。她拉过裙裾坐在他后面。太阳消失在天际，冬季短暂的薄暮降临在这片平坦的原野上。乡间傍晚的寂静笼罩着他们。

响起瓶子摔在地上的声音。玛高特跪了下来，发出一声快要窒息的呻吟，随后就在急剧的痉挛中倒在地上。温森特跳起身扑到她跟前。她的眼睛闭着，脸上带着一丝讥讽的微笑。在一连串急促的抽搐之后，她的身体向上弓起，两臂弯曲，不动弹了。温森特朝倒在雪地上的那只瓶子弯下腰，发现瓶口内还残留着一些白色晶体，但没有什么气味。

他抱起玛高特，发疯似的跑过原野。这儿离纽恩南有一公里远。他生怕到达村里之前她就死去。此时正是快要吃饭的时候，人们都在自家门前坐着。温森特是从村镇顶远的那头进来的，他不得不抱着玛高特穿过整个村子。他跑到比奇曼家门前，用脚猛地把门踢开，把玛高特放在会客室的沙发上。她的母亲和姐妹们都跑了进来。

"玛高特服毒了！"他喊着，"我去叫大夫！"

他跑到村镇的医生家，把他从饭桌旁叫出来。"你肯定那是士的宁吗？"医生询问着。

"样子像是。"

"你把她送到家时她还活着吗？"

"活着。"

他们进来时，玛高特正在长沙发上来回翻腾着。医生朝她俯下身。

"士的宁，没错儿，"他说，"不过她还同时服了一些止痛药。我闻着像是鸦片酊。她不明白那是起解毒作用的。"

"那么她会活下去了，大夫？"那个当妈的问道。

"她有被救活的可能。咱们应当立即送她去乌得勒支。必须密切观察她的病情。"

"你能推荐一家在乌得勒支的医院吗？"

"我认为去医院并不适宜，最好送她去疗养院住一个时期。我认识有一家不错。去叫马车吧，咱们得赶上从埃因霍温发出的末班火车才行。"

温森特默默地站在黑暗的角落里。马车被带到房子前面。医生给玛高特裹上毯子，抱她出去了。她的母亲和姐妹们跟在后面。温森特走在最后。他家的人站在隔壁牧师住宅的门廊上。全村人都聚在比奇曼家门前。当医生两手抱着玛高特出来时，周围突然安静下来，静得令人难以忍受。他把她抱进马车，那几个女人也上了车。

温森特站在一旁。医生拿起缰绳。玛高特的母亲转过身,瞧见温森特,歇斯底里地尖叫着:"你干的好事啊!你害了我的女儿!"

人群的视线转向温森特。医生挥鞭抽了马一下。马车消失在大路尽头。

[7]"你的作品差点儿就能卖出去了,但是……"

在他母亲摔断腿之前,村里人对温森特曾经持一种不友好的态度,那是由于他们不信任他,也不理解他的那种生活方式。然而他们对他的反感却从来不是他自己招惹出来的,现在他们对他的厌恶已到了无以复加的地步。他觉得自己被人们从四面八方投来的仇恨目光包围着,只要他一走近,人们就侧目而视。没人搭理他,也没人正眼瞧他。他成了无人理睬的"贱民"。

就他个人而言,他并不介意这个。因为在织工和农民们的家里,他们照样把他当作朋友接待。然而当人们不再来牧师住宅看望他的双亲时,他意识到自己应当离去了。

温森特清楚,对他来讲最好的办法莫过于干脆离开布拉邦特,好让自己的双亲清净清净。但是他上哪儿去呢?布拉邦特是他的家乡啊!他希望永远住在这里。他渴望描绘织工和农民,在那里面他找到了他作画的唯一正当的理由。他知道,置身于冬季的深雪、秋季厚厚的黄色落叶、夏季成熟的麦田和春季碧绿的草茵中,同那些刈割者和农家姑娘在一起,夏日头顶苍穹,冬日坐在炉旁,这些都是于身心有益的事,而且他觉得这一切不但一直是这样,而且永远都将是这样。

在他心目中,米勒的《晚钟》,才是这个最为沉默寡言的汉子所创作的最天才的作品。在农民散发着乡土气息的简朴生活中,他找到了唯一真正永存的现实。他愿意到室外作画，到生活的现场去画。在那里，虽然他不得不去驱赶成百的苍蝇，同灰尘和沙砾搏斗，并且由于背着画架在荒地和树篱间长途跋涉而使油画的画布留下条条刮痕，但是，当他归来时，他明白自己是在面对着现实并且已经捕捉到了现实中一些最为淳朴的东西。如果在他的农民画上闻得出有熏肉、烟草和蒸土豆的气味，那对健康并无损害——马棚中有粪味才称得上是马棚。如果田野上弥漫着成熟的庄稼、鸟粪或者肥料的气味，那是有益健康的——对城里人来讲更是如此。

他以一种很简单的方式解决了自己的问题。离大路不远是天主教教堂，教堂旁边就是教堂看守人的家。约翰努斯·谢夫拉思在没来看管教堂之前是个裁缝。他的妻子安德莉阿娜是个好心肠的女人。她出租给温森特两间房子，并且由于能为这个被全村人所厌弃的人做点好事而感到愉快。

谢夫拉思家的房子当中是个大过厅，它把这所房子分成两部分。他们全家住在右边的一半；左边是临着大路的一间宽敞的起居室，起居室后面还有一个小房间。这起居室就做了温森特的画室，后面那小间当了他的储藏室。他睡在楼梯上面屋顶的阁楼里，阁楼一半是谢夫拉思家晾衣服的地方，另一半放一张带有弹簧垫子的高脚床和一把椅子。到了晚上，温森特就把衣服往椅子上一扔，跳上床，点上一斗烟，就这样看着烟斗的亮光渐渐消失在黑暗中，自己也随着沉入梦乡。

他把自己的水彩画和粉笔画挂在画室墙上。对那些男人和女人的头部，他着重强调的是像黑人那种向上翻起的鼻子、突出的颌骨和大耳朵。那些画画的有织工和织工的织机，有穿梭织布的妇女，还有种土豆的农民。他和科尔弟弟成了朋友，他们一起做了一个橱柜，收集了从荒地上采来的各种苔藓和其他植物，不下三十种不同的鸟巢，还有梭子、纺车、床上用的取暖器、农具、破旧的无边帽和有边帽、木头鞋、盘碟以及一切与乡村生活有关的东西。他们甚至还在房间尽里头的一个角落里放了一棵小树。

他安下心来专心画画了。他发现,大多数画家摒弃不用的那种取自木煤烟的深褐色颜料和沥青颜料,可以使他的色彩显得成熟、深沉。他还发现,如果把一种颜色与紫罗兰色或淡紫色的色调并置,只要在这种颜色中稍加一点黄色就能产生非常强烈的黄色效果。

他还懂得了,隔离也是一种监禁。

三月里,他的父亲经过荒地到很远的地方去看望一名生病的教区居民,回来时摔倒在牧师住宅后面的台阶上。等安娜·科尼莉亚赶到,他已经死了。他们把他葬在旧教堂附近的花园里。提奥回家参加了葬礼。当晚,他俩坐在温森特的画室里,先谈了谈家务,后来就谈开了工作。

"有人给我月薪一千法郎,让我离开古比尔,到一家新画店去工作。"提奥说。

"你打算接受吗?"

"不打算。我估计他们的经营方针将是纯商业性的。"

"但是你曾给我写信说古比尔……"

"我知道,'先生们'也是唯利是图,但我毕竟同他们共事十二年之久了。为什么只为了多挣几个法郎就换地方呢?总有一天,他们会让我去经管一个分公司的。要是那样,我就开始销售印象派的作品。"

"印象派?我好像在什么地方见到过这个名称。他们都有谁?"

"噢,就是巴黎那儿的青年画家们,爱德华·马奈、德加、雷诺阿、克洛德·莫奈、西斯莱、库尔贝[1]、劳特累克、高更、塞尚、

---

[1] 库尔贝:1819—1877,法国现实主义画家,曾参加巴黎公社,对印象派绘画的发展影响巨大。

修拉。"

"他们怎么得了这么个名儿?"

"从1874年在纳达[1]的摄影工作室举办的那次画展就叫开了。画展中有一幅克洛德·莫奈的题为《印象:日出》的油画。一篇署名路易斯·勒鲁瓦的报纸评论,称这次画展为印象派画展。这个名字就是这么来的。"

"他们绘画时候用的是暗色还是亮色?"

"亮色!他们不喜欢暗色。"

"那么,我想我和他们不可能合得来。我打算在色彩上做一些改变,不过,我将朝着更加暗的深色调而不是明亮的浅色调发展。"

"也许你到了巴黎就不这么想了。"

"也许吧!他们的作品有销路吗?"

"丢朗-吕厄[2]偶尔卖出一幅马奈的作品,仅此而已。"

"那他们靠什么生活呢?"

"天知道!多半得靠他们自己东拼西凑地过日子。卢梭[3]教小提琴,高更向他过去经营股票生意时候的朋友借债,修拉靠他妈妈养活,塞尚靠他父亲。至于其他人怎么弄钱,我可想象不出。"

"他们这些人你全认识吗,提奥?"

"认识,我正在逐渐熟悉他们。我一直在说服'先生们'在古比尔给他们一个小小的角落展出作品,但他们却把印象派的油画拒之门外,连碰都不愿碰。"

"这些人听起来倒正是我应当结交的那种人。喂,提奥,你从来也不想法子让我见见别的画家,好让我有机会开阔眼界。"

提奥踱到画室正面的窗前,凝视着外面那一小片在教堂看守人

---

1 纳达:1820—1910,法国漫画家、摄影家和出版家。
2 丢朗-吕厄:当时法国的一位画商。
3 卢梭:1844—1910,法国著名画家。

的房子和通向埃因霍温大道之间的草地。

"那你就来巴黎与我同住吧,"他说,"你最后肯定要在那里成名的。"

"我还没准备好。主要是我在这里还有一些工作得做完。"

"唉,如果你留在乡下,你就别指望结交那些和你同一类的人了。"

"也许是这样。不过提奥,有一件事我不能理解。你从来没有替我卖出一幅画,实际上你连试都没有试过。你现在卖了吗?"

"还没有。"

"为什么不卖?"

"我把你的作品拿给行家看过,他们说……"

"嗬,行家!"温森特耸耸肩,"我对多数行家的陈词滥调太熟悉啦!说真的,提奥,你应当知道,他们的意见与一件作品本质的优劣是毫不相干的。"

"嗯,我本来不愿意说。你的作品差点儿就能卖出去了,但是……"

"提奥,提奥,当你收到我从埃顿寄给你的头一幅素描后给我的回信也是这样说的。"

"这些都是我的真心话,温森特,你仿佛一直是停留在臻于成熟的边缘上。我总是迫不及待地拿起每一张刚寄到的画稿,希望你的作品能够卖出手。然而到目前为止……"

"说到卖得出或者卖不出的问题,"温森特在炉子上边磕烟灰边插嘴说道,"那是个老话题了,我不想再多费口舌。"

"你说你在这儿有工作要做,那你就着手努力去把它完成。你来巴黎越早,对你越有好处。不过,如果在此期间你希望我卖出你的东西的话,你就不要再寄习作来,而是寄画给我。没有人愿意买习作的。"

"噢，要把习作和画截然分开是相当困难的。咱们尽量多画吧，提奥，画好画歹都是咱们自己的。我说'咱们'，是因为你为了省出钱来给我用而备尝艰辛，你付出的钱使你有权把这些作品的半数作为你自己的创作。"

"啊，至于这……"提奥走到房间的后边，抚弄着树上挂着的一顶无边女帽。

[8] 吃土豆的人

父亲去世前，温森特只是偶尔回牧师住宅吃顿晚饭，或是陪家里人坐上个把钟头。葬礼举行过后，他妹妹伊丽莎白明确表示，他已完全是个不受欢迎的人了，因为这个家庭需要维持住某种地位。他的母亲觉得他应当对自己的生活负责，而她也有义务维护女儿们的利益。

这样，他在纽恩南就彻底孤立了，他用研究自然代替了与人的交往。起初，他努力地去模拟自然，结果是劳而无功，所画的一切都不对头；后来，他平静下来，凭借自己的调色板进行创造性的描绘，自然反而顺从起来，并随着他的画笔出现在画布上。孤独的凄凉，使他回忆起在韦森布鲁赫的画室中的情景，想起了这位词锋犀利的画家对痛苦的赞许。他发觉在他所景仰的米什莱的著作中，韦森布鲁赫的哲学得到了更加令人信服的阐述："我从来不想压抑痛苦，因为正是痛苦往往才能使艺术家最有力地表现出自己的个性。"

他和一家姓德格鲁特的农民做了朋友。这是个五口之家，有父亲、母亲和一子二女，他们全都下地干活儿。德格鲁特家的人像布拉邦特大多数的农民一样，是和博里纳日矿工们同样有资格被叫作"黑子"的。他们的脸像黑种人，有着张得大大的鼻孔、弓状隆起的鼻梁和肿胀的嘴唇以及长而尖的耳朵；面部自额头以下朝前撅着；小脑袋，尖头顶。他们的住房只是一间小屋，墙上有放床的凹进处。屋子中间有一张桌子、两把椅子，还有几只箱子，一盏吊灯从檩梁外露的简陋屋顶上垂挂下来。

德格鲁特家以土豆为主食。他们在吃晚饭时才喝上一杯清咖啡，也许一个星期才能吃上一片咸肉。他们种土豆、挖土豆、吃土豆，这就是他们的生活。

斯蒂恩·德格鲁特是个十七岁左右的挺讨人喜欢的女孩子。她戴着一顶宽大的白色无边女帽去干活儿，身上还穿一件白领子的黑色短上衣。温森特每天晚上都要到他们家去。他和斯蒂恩在一起经常说说笑笑。

"瞧！"她嚷着，"我是个漂亮的小姐，有人给我画像呢！您看我是不是戴上我的新帽子呀，先生？"

"不，斯蒂恩，你这样就挺美。"

"我！美？"

她发出阵阵笑声。她的眼睛很大，神态娇憨可爱，总是快快活活的。她的面容有一种天然的风韵。当她弯着腰在地里挖土豆时，他看到她身体的线条有一种连凯也无法相比的更真实、更自然的魅力。他懂得了，人物素描中的关键是动作。而过去的大师们在描绘人物时最大的缺陷就在于他们笔下的人物什么事也不干。他画了德格鲁特一家子在地里挖土豆、在屋里摆桌子、吃煮土豆等一系列的素描，斯蒂恩老是在他身后盯着看，并且总跟他开玩笑。有时在星期天她会换上干净的帽子和衬领，陪他到荒地上散步。这是农民们唯一的娱乐。

"玛高特·比奇曼喜欢你吗？"有一次她这样问。

"喜欢。"

"那她为什么要自杀呢？"

"因为她们家不让她嫁给我。"

"她是个傻瓜。你知道轮到我会怎么办吗？我就爱你，而不是去自杀。"

她冲着他大笑起来，然后朝松树林子跑去。他们在松树林中说笑玩耍了整整一天。在那儿散步的对对男女都看见了他们。斯蒂恩生来就爱笑，温森特说的或做的任何一件微不足道的小事，都会引起她毫无顾忌的大嚷大叫。她跟他摔着玩，想要把他扳倒。如果她不喜欢他在她家画的那些画，她就往上面泼咖啡或者把它们扔进火炉。她常到他的画室做模特儿。在她离开时，那地方准弄得乱七八糟。

就这样，夏秋两季过去后，冬季又来临了。大雪使温森特不得不一直留在画室里工作。纽恩南人不喜欢为他摆姿势，要不是为赚几个钱，几乎就没有人来他这里。在海牙，他为了画一幅有三个女缝工的群像，曾画了差不多九十幅女缝工。他想画一幅德格鲁特一家晚上在饭桌上吃土豆和喝咖啡的油画，但是为了把他们画好，他认为首先必须把附近的每个农民都画下来。

天主教神父从不赞成教堂看守人把家里的房子租给这个既是异教徒又是艺术家的人，但是由于温森特为人温和谦恭，他找不出借口赶走他。有一天，安德莉阿娜·谢夫拉思走进画室时激动异常，"波韦尔斯神父希望马上见你！"

安德烈亚斯·波韦尔斯神父是个红脸膛的大块头。他匆匆瞥了画室一眼，就认定他从未见过如此混乱不堪的房间。

"有什么事要我效劳吗，神父？"温森特彬彬有礼地问。

"你不用为我效什么劳！倒是我可以为你做件事！只要你照我说的办，我就帮助你把这个事儿办成。"

"您指的是什么事儿，神父？"

"她是天主教徒，而你是新教徒，但是我将请求主教给予特许。"

你准备好在数日之内结婚吧!"

温森特走上前来,借着窗口充足的光线打量着波韦尔斯神父。"我不懂您说的是什么,神父。"他说。

"噢,你懂的。假装不懂也没有用。斯蒂恩·德格鲁特怀孕了。应当保住她家的面子嘛!"

"她这是搞的什么鬼?"

"你应当去找找这个鬼呀,这可真是鬼干的事。"

"您能肯定这一点吗?神父,您没搞错吧?"

"没有确实证据我是不会轻易指责别人的。"

"那是不是斯蒂恩告诉您……是不是她说的……我就是这个人呢?"

"不,她拒绝把他的名字告诉我们。"

"那么您为什么要把这个荣誉加在我头上呢?"

"有人多次看见你们在一起。她是不是经常到你这画室来呢?"

"是的。"

"星期天你有没有同她一起去野外散步呢?"

"对,是去过。"

"那好,这还需要更进一步的证据吗?"

温森特沉吟了一下,然后声调平静地说:"听到出了这样的事,我很遗憾,神父,特别是如果这件事会给我的朋友斯蒂恩造成麻烦的话。但是我向您担保,我和她的关系是无可指责的。"

"你以为我会相信你的话?"

"不,"温森特回答,"我不指望您相信。"

当晚,斯蒂恩从地里回来时,他正在她家小屋的台阶上等她。其他人都进去吃晚饭了。她在他身旁坐下来。

"我不久就可以找另外一个人来供你作画了。"她说。

"这么说,那是真的啦,斯蒂恩?"

"可不是，想摸摸吗？"

她拿起他的手放在自己的肚子上。他感觉得出那隆起的腹部。

"波韦尔斯神父刚告诉我，这位父亲是我。"

斯蒂恩笑起来，"我倒愿意是你呢！可是你从来也没有起过这种念头，是不是？"

他望着她浅黑皮肤上因为在野外劳动而留下的斑斑汗渍，望着她粗重而不大端正的眉眼、厚墩墩的鼻子和嘴唇。她朝他笑了笑。

"我倒也愿意是我的，斯蒂恩。"

"这么说波韦尔斯神父说那孩子是你的啦，真逗。"

"逗什么？"

"你能替我保密吗？"

"保证不泄露。"

"那人是他教堂里的执事呀！"

温森特嘘地吹了一声口哨，"你们家的人知道吗？"

"当然不知道，而且我永远不会告诉他们。不过，他们知道那不是你。"

温森特走进小屋。气氛同往常没有两样。德格鲁特一家看待斯蒂恩的怀孕，就像他们的母牛在野外怀上了小牛一样。他们像往常一样接待他，他知道他们相信他是无辜的。

村里的人可不是这样。安德莉阿娜·谢夫拉思在画室门外听到了一切。她很快就把消息传给她的左邻右舍。不到一个钟头，纽恩南的两千六百个居民就都知道了斯蒂恩·德格鲁特要给温森特生孩子，而波韦尔斯神父打算强迫他们结婚云云。

已经到了冬季的十一月份。这是该离去的时候了。再在纽恩南待下去已经没有什么意义。对农民的生活，该画的已经都画过了，该了解的也已经都了解到了。在村子里那重新掀起的敌对浪潮的包围中，他觉得无法继续存身。显而易见，他离开此地的时候到了。

可他到哪里去呢？

"梵高先生，"安德莉阿娜敲开他的门，悲伤地说，"波韦尔斯神父说，你必须立即离开这所房子，到别处寄宿。"

"很好，我就照办。"

他在画室里走了一圈，端详着自己的作品。整整两年的艰苦劳动！成百件的习作！其中有织工和他们的妻子，有织机，有田间的农民，有牧师住宅花园尽头修整过的树木和那古老教堂的尖顶，有荒原和树篱在炎炎烈日照射下的景象及其在冬日冷寂暮色中的又一番风光。

他心中突然感到一种异乎寻常的沉重。他的作品全都这样不完整，虽然布拉邦特乡村生活的每一方面在这些作品中都有所表现，然而它们是零零碎碎的，没有一件作品是对农民生活的概括，没有一件作品抓住了农民住茅屋和吃煮土豆的那种精神。哪一幅是他为布拉邦特农民画的《晚钟》呢？在画出这样的作品之前，他怎能就此离去呢？

他瞟了一眼日历。到下月一号还有十二天。他叫住安德莉阿娜——

"请告诉波韦尔斯神父，我的房租已付到下月一号，在此之前我是不走的。"

他收拾好画架、颜料、画布和画笔，然后扛着这些东西，迈着沉重的步子朝德格鲁特家的小屋走去。没有人在家。他动手画室内的铅笔素描。当这家人从地里回来时，他便把那张纸撕下来。德格鲁特一家坐下来吃他们的煮土豆、清咖啡和咸肉了，温森特把画布准备就绪后便埋头画起来，直画到他们一家人上床睡觉才收笔。他回到画室里又继续画了个通宵。白天他睡了一觉，醒来之后，由于不满意，竟在一怒之下把他的油画付之一炬，随后又动身前往德格鲁特家去了。

老一辈荷兰大师教他懂得了素描与色彩是一个整体。德格鲁特一家人按照以往的习惯依次在桌旁就座。温森特想要使这幅画说明的是，这些在灯光下吃土豆的人曾经怎样用他们这双伸向盘子的手挖掘土地。他希望这幅画是表现手的操劳和他们怎样老老实实地挣得自己的食物的。

他平日作画时养成的那种不顾一切、全神贯注的作风给他带来了好处，使他以惊人的速度和精力工作着。对于他在画的东西，他无须思索即可挥洒自如，因为他已经画了上百幅关于农民、农舍和吃着土豆的家庭的画。

"波韦尔斯神父今天来过了。"斯蒂恩的母亲说。

"他来干什么？"温森特问。

"他说要是我们不让你画，他就给我们钱。"

"你们跟他怎么说的？"

"我们说你是我们的朋友。"

"附近每家他都去过了，"斯蒂恩插嘴说道，"但是他们说，宁愿让你画只挣一个子儿，也不愿接受他的施舍。"

第二天上午，他又把他的画毁掉了。一种半是愤怒半是无能为力的情绪揪着他的心。他只剩下十天工夫了。他必须离开纽恩南，这块地方愈来愈叫人忍受不了。但是他不能走，除非他实现了自己的诺言，画出了米勒那样的作品。

每晚他都回到德格鲁特家去。他在那里一直干到他们一家困得再也坐不住了为止。每晚他都在色彩的配合、明暗的调配和比例的调整方面进行新的尝试，然而翌日的白天他却发现他的目的没有达到，作品还是不完美。

这个月的最后一天到了。温森特的情绪兴奋到了要发狂的程度。这些天他没日没夜地干，时常连饭也不吃。他靠着精神的力量维持着生命。他失败的次数愈多，就愈兴奋。德格鲁特一家人从地里回来时他就等在那里了。画架已经支好，颜料已经调开，画布也钉在了画框上。这是他最后的一个机会，明天一早他就要永远地离开布拉邦特了。

他工作了好几个钟头。德格鲁特一家对他是理解的，所以他们在晚饭后依然留在桌旁，轻声细气地讲着农活儿上的行话。温森特不知道自己在画些什么。他匆匆地信手涂抹着，所要描绘的东西不用费心思索便出现在画布上。到十点钟时，德格鲁特一家全都快睡着了，而温森特也已把精力耗尽了。为了这幅油画他已尽了最大的努力。于是，他收起画具，吻过斯蒂恩，告别了她的一家。在漆黑的夜色中，他拖着疲乏的脚步走回家来。

在画室里，他把油画放在椅子上，点燃了烟斗，站在那里凝神注视着自己的作品。整个搞错了，它缺少了什么，那种内在的精神不在上面。啊，他又失败了。在布拉邦特两年的努力付诸东流了。

他把烟斗中的烟末吸得一点不剩后，就开始收拾他的行装。他把墙上和柜子里的习作收进一只大箱子，然后就靠在长沙发上发起呆来。

不知过了多久。他从沙发上起来，扯下画框上的画布扔到角落里，又放上了一幅新的画布。他把颜料调开，坐下来开始工作。

一个人起初努力模拟自然，结果是劳而无功，所画的一切都不对头，后来他平静下来，凭借自己的调色板进行创造性的描绘，自然反而顺从起来，并随着他的画笔出现在画布上。

别人以为是我臆想出来的——不对——我凭的是记忆。

正像在布鲁塞尔时皮特森告诫他的，他离模特儿太近了，因此无法掌握透视比例准确画下来。一直以来他是让自己按着自然的样子去描绘，现在他要让自然按着自己理解的样子呈现。

他把整个画面涂成一种沾着灰土的、未剥皮的新鲜土豆的颜色。画上面有肮脏的亚麻桌布和熏黑的墙，那盏吊灯挂在粗陋的檩梁上，斯蒂恩给父亲端来煮土豆，母亲在倒清咖啡，哥哥把杯子端到嘴边，而在他们所有人的脸上都流露出一副安于天命、逆来顺受的神情。

太阳升起来了，一道阳光照进储藏室的窗子。温森特从椅子上站起身，他感到一种彻底的安宁。十二天来的兴奋和激动消失了。他注视着自己的作品，笑了。这是他自己的《晚钟》啊！他终于把它画出来了。他终于捕捉到了正在逝去的事物中那些不会消逝的东西。在他的笔下，布拉邦特的农民从此获得了永生。

温森特把一个鸡蛋的蛋清涂到画面上。他搬起那只装着画的箱子前往牧师住宅，把这箱画存放在母亲那里，并向她辞了行。然后他又回到画室，在他的油画上题了"吃土豆的人"几个字，把他的几幅最好的习作和这幅画放在一起，带着它们踏上了去巴黎的旅程。

第五卷　巴黎

[Book Five] Paris

[１]"哦,是啊,巴黎!"

"这么说你没有收到我最后那封信啰?"第二天早上,当他们坐下来吃面包圈和喝咖啡时,提奥问道。

"我想是没收到,"温森特回答,"你在里面写了什么?"

"我在古比尔得到提升的消息。"

"啊,提奥,你昨天一点儿也没向我透露嘛!"

"你太兴奋了,所以才没听见。我现在经管蒙马特尔林荫大道的古比尔画廊了。"

"提奥,那太棒了!有一个你自己的画廊啦!"

"它实际并不是我个人的,温森特。我必须很忠实地按照古比尔的方针经营。不过他们答应让我在一楼和二楼之间的楼厅里悬挂印象派的作品了,所以……"

"你都展出了谁的作品?"

"莫奈、德加、毕沙罗和马奈。"

"我从没听说过他们的作品。"

"那你最好到画廊来,花些时间仔细看看!"

"你干吗那么鬼头鬼脑地冲我笑,提奥?"

"嘻,没事儿。再来点儿咖啡吗?咱们应当马上出发,我每天早上都徒步到店里去。"

"谢谢。不，不，只要半杯就够了。见鬼，提奥，好家伙，太多了。不过又能跟你在一张桌子上吃早餐真太好啦！"

"我早就在等你来巴黎了。当然啦，你终于来了。不过我真希望你到六月份再来，那就更好了，那时我就搬进勒皮克街了，咱们在那儿有三间大屋子。你看，在这里你没法工作。"

温森特坐在椅子里，转身看了一下四周。提奥的这套公寓房间包括一间住房、一间小厨房和一个隔间。室内的家具是货真价实的路易·菲利普式的，非常令人愉快。但房间里挤得几乎连转身的地方都没有。

"要是我在这儿支上一个画架，"温森特说，"咱们就只好把你钟爱的家具移到院子里几件。"

"我知道这地方很拥挤，可是我凑巧碰上这几件家具价格便宜，而且它们正好是我想给那套新的公寓房间准备的。走吧，温森特，我要带你沿着我最喜爱的那条路下坡到林荫大道去。没有闻过巴黎清晨的气味儿，你就不知道什么叫巴黎。"

提奥穿上厚厚的外衣，衣领交叉在白色蝶形领结下面。他把头顶两侧立起来的很少几绺鬓发最后梳平，然后抿平上唇的唇髭和下巴上柔软的胡须，戴上黑色的圆顶硬礼帽，拿起手套和手杖，走向门口。

"喂，温森特，你收拾好了吗？老天爷，你真出洋相！要不是在巴黎，你穿这身衣服准会让警察逮起来！"

"这有什么关系？"温森特低头看看自己，"我穿它快两年了，从来没有人说过什么嘛！"

提奥大笑起来，"别介意，巴黎人对于像你这样的人已经司空见惯了。今晚画廊关门后，我要为你置几件衣服。"

他们走下一段盘旋的楼梯，经过门房走出大门，来到拉瓦尔街上。这是一条十分宽阔的街道，看起来繁华而体面，两旁出售药品、画框、古玩的一家家大商店五光十色、琳琅满目。

"你瞧瞧咱们楼四层那三个美丽的女士。"提奥说。

温森特仰起头，望见三座巴黎味道十足的半身胸像。在第一座胸像下面写着：雕刻；中间那座下面是：建筑；最后一座下面是：绘画。

"什么原因使他们认为'绘画'竟然是这样一个丑姑娘呢？"

"谁晓得！"提奥答道，"不过无论如何，你来对了地方。"

两人走过老鲁昂古玩店，提奥的路易·菲利普式的家具就是在那里买的。一会儿，他们就到了蒙马特尔街，这条街缓缓盘坡而上，通往克里希大街和蒙马特尔高坡，从那里下坡就到巴黎市中心了。早晨的阳光洒满街道，空气中充溢着刚从睡梦中醒来的巴黎的气味，其中有人们在咖啡店里吃的半月形小面包和咖啡的香味，也有从正在开始一天营业的菜店、肉店和乳酪店里飘出的气味。

这是个中产阶级聚居的地区，街上挤满了小店铺。工人们在马路当中向外走着。主妇们指着店铺前货箱里的商品，气冲冲地跟商贩们讨价还价。

温森特深深地吸了一口气。"这就是巴黎呀，"他说，"过了这么多年了。"

"是啊，巴黎，欧洲的首都，对一个艺术家来讲更是如此。"

温森特陶醉在这环坡盘旋、生机勃勃、往来不息的人流之中，这里有身着红黑相间条纹外套的店伙计、腋下夹着没有包装的长面包的主妇、停在路边的手推车、脚穿软便鞋的女仆、去上班的生意顺遂的商人。在沿街不计其数的猪肉铺、甜食店、面包房、洗衣坊和小咖啡馆过去后，蒙马特尔街就拐到了山脚下的夏托登广场。六条大街在这里会合，因而就形成了这个近似圆形的广场。他们穿过广场，走过洛蕾特圣母院——这是一座方形的、肮脏的、黑石建造的教堂，房顶上有三个小安琪儿，形象生动逼真，似乎就要飞入那碧蓝的太空。温森特仔细看着教堂大门上面的字。

"他们所宣扬的'自由、平等、博爱'是当真的吗,提奥?"

"我相信他们是当真的。第三共和国很可能会长久存在下去。保皇党人已经是日薄西山、奄奄一息,社会主义者们正走上政治舞台。几天前的一个晚上,爱弥尔·左拉告诉我,下一次革命就不再是革保皇党的命,而是要革资本主义的命了。"

"左拉!你能认识他太好了,提奥。"

"是保罗·塞尚把我介绍给他的。我们每星期在巴蒂格诺莱咖啡馆聚会一次,下一次我去的时候一定带上你。"

从夏托登广场往下走,蒙马特尔街就失去了中产阶级的特色,而变得越发有气派了。在这儿,商店规模更大,咖啡馆更富丽堂皇,人们的衣着更讲究,楼房的外观也更漂亮。街道两旁排列着音乐厅和餐厅,豪华的旅馆极为壮观,载人的四轮马车取代了运货的马车。

兄弟俩迈着轻快的步子朝前走着。冷冷的阳光使人精神分外清爽,空气中飘浮的气味使人联想到这座城市的那种奢华而又复杂的生活。

"既然你在家没法工作,"提奥说,"我建议你到科尔蒙的画室去。"

"那地方怎么样?"

"噢,科尔蒙就像多数老师一样,是因循传统的学院派。不过,如果你不愿意听他的批评,他也就任由你自己去画了。"

"去那里得花很多钱吗?"

提奥用手杖敲了敲温森特的大腿,"没跟你说我提升了吗?我正在成为左拉要用他下一次革命所消灭的富豪之中的一个哩!"

蒙马特尔街终于汇入宽阔、壮观的蒙马特尔林荫大道,这里有宏伟的百货商店,有拱廊和商品价格昂贵的店铺。这是市里最重要的大道,往前再过几个街区便是意大利林荫大道,可以通到歌剧院广场。在上午的这个时候，虽然街上空荡荡的，但商店里的店员已在为即将开始的繁忙的一天做准备了。

提奥的古比尔公司分店在19号，离蒙马特尔街的右端只隔着一条很短的街。温森特和提奥穿过宽阔的林荫大道，在马路中间的煤气灯下停住脚，让过一辆疾驰而去的马车，然后继续朝着画廊走去。

提奥从他画廊的沙龙中走过时，那些服饰整洁的店员都尊敬地向他鞠躬行礼。这使温森特想起自己当店员时对特斯提格和奥巴赫一向也是这样鞠躬的。空气中弥漫着同样一种高雅的香气，这种气味他本以为自己已经淡忘了。沙龙四壁悬挂着布格罗、亨纳[1]和德拉罗什[2]的画。大厅后面有楼梯通往上面一个小楼厅。

"你想看的画就在楼厅上，"提奥说，"你看完之后再下来，告诉我你对它们的看法。"

"提奥，你有什么可幸灾乐祸的？"

笑嘻嘻的提奥嘴咧得更大了。"待会儿再见。"他说，接着就走进他的办公室里去了。

[2] 爆炸

"我难道是在疯人院里吗？"

温森特脚步蹒跚，摸索着朝楼厅上一把孤零零的椅子走去，一屁股坐下来，用手揉着他的眼睛。从十二岁起，他就看惯了那种阴暗沉闷的绘画，在那样的画上看不到笔触，画面上的每一细节都描

1　亨纳：1829—1905，法国画家。
2　德拉罗什：1797—1856，法国画家。

绘得精确而完整，平涂的颜色相互间逐渐交融在一起。

这些正在墙上冲着他发出欢笑的画，是他从未见过，也从未梦想过的。平涂的、薄薄的表面没有了，情感上的节制不见了，欧洲几个世纪以来把绘画浸泡在里面的那种"褐色肉汁"也荡然无存了。这些画表现了对太阳的狂热崇拜，充满着光、空气和颤动的生命感。描绘后台的芭蕾舞女演员的那些画，竟毫不客气地把红、绿、蓝几种原色乱堆在一起。他溜了一眼下面的签名——德加。

还有在户外阳光下画出的一组河畔风景。这些画捕捉到了所有仲夏时节炎炎烈日下成熟而蓬勃旺盛的颜色。下面的署名是莫奈。在温森特见过的上百幅油画中，没有一幅在明亮、空灵和芬芳上，可以比得过这些富有光彩的画。莫奈用的最暗的颜色，也要比在荷兰所有美术馆中能找到的最明亮的颜色亮许多倍。他的笔法独特，无所顾忌，每一笔触都清晰可见，每一笔触都是大自然韵律的组成部分。一大团一大团鲜艳而温暖的颜色，使画面显得厚重、强烈，而且富于跳跃感。

温森特在一幅画前面停下来。画上有一个穿针织汗衫的男子坐在一只小船上，手里握着船舵，带有高卢人那种高度的聚精会神，表现了典型法国人星期天下午的享乐；那位做妻子的木然地坐在一旁。温森特看了看作者的名字。

"又是莫奈？"他大声说，"滑稽，这一幅与他那些户外风景画毫无相似之处。"

他又重看了一下，发现是自己弄错了。那名字是马奈，不是莫奈。接着他想起关于马奈的《草地上的午餐》和《奥林匹亚》的传闻[1]。据说警察为了保护这两幅画不被人用刀砍坏，只好把画用绳子

---

[1] 《草地上的午餐》描绘了两位艺术家与裸体女模特儿坐在树林草地中的情景。《奥林匹亚》描绘了一位裸体的风尘女子斜倚在床上，背景中是一位黑人女佣。两幅作品均在当时引起巨大争议，被斥为"有伤风化"。——编者注

拦上。

不知为什么，马奈的画叫他想起爱弥尔·左拉的作品来。在他们的作品里，表现出了同样对真实的狂热追求，同样无所畏惧的洞察，以及同样的感受，即不管人物看上去多么肮脏，也是美的。温森特仔细琢磨马奈的绘画技巧，发觉他把基本色没有逐步过渡地排列在一起，对许多细节干脆不去描绘，也不把色彩、线条、光和影处理得边缘明确，而是颤动的，仿佛是相互渗透的。

"正像眼睛在自然中所看到的那种颤动的样子。"温森特自语着。

他耳畔响起毛威的声音，"你就不能明确地画好一道线条吗？"

他重又坐下，琢磨起这些画来。过了一会儿，他领悟了使绘画发生如此彻底改革的一个简单方法。这些画家使他们的画上充满了空气！正是这有生命的、流动的、充实的空气，对画面中的物体起了作用！温森特明白，在学院派看来，空气是不存在的，它是一块空白的空间，他们只是把生硬的、固定的物体放到这个空间里。

啊，这些新人！他们竟发现了空气！他们发现了光和风、空气和太阳；他们是透过存在于这震颤的流体中的各种数不清的力来看事物的。温森特醒悟到，绘画再也不会是原来的样子了。照相机和院士们会制造精确的复制品；画家们则要按照他们自己的性情，透过他们作画时所置身在内的、被太阳照亮的空气去观察一切。这些人简直像是开创了一门全新的艺术。

他跌跌撞撞地走下楼梯。提奥正在大厅里。他嘴角含笑转过身来，热切地在他哥哥的脸上搜索着。

"怎么样，温森特？"他说。

"啊，提奥！"温森特大喘了一口气。

他想讲话，可是讲不出来。他仰起头飞快地瞥了一眼那楼厅，接着就转过身跑出了画廊。

温森特沿着宽阔的林荫大道走去。直到他走到一座八边形的建筑物前面，认出矗立眼前的是歌剧院。穿过石砌楼群之间的峡谷时，他瞥见一座桥，于是便朝河那边走。他下到水边，把手指浸到塞纳河的水中。温森特看也没看那座青铜骑士像就过了桥，沿着塞纳河左岸那迷宫似的街巷，认准上坡方向走去。途中他经过一座公墓，朝右手方向拐过，来到一座雄伟的火车站前。温森特忘记自己已经过了塞纳河，他请警察指给他去拉瓦尔街的路。

"拉瓦尔街？"警察说，"先生，您错走到市区的另一边了。这里是蒙帕纳塞。您应当下坡，过了塞纳河，再上坡去蒙马特尔。"

温森特漫无目的地在巴黎徘徊了好几个小时。巴黎市里，既有宽阔、清洁的林荫大道，道旁的商店富丽堂皇，也有令人沮丧的肮脏的小巷，还有道边挤满了无数酒店的中产阶级街道。他发现自己又来到一个坡顶上，那里耸立着举世闻名的凯旋门。俯瞰脚下，东边有一条绿树成荫的大道，道边有一条条狭长的园林地带，大道的尽头是一片宽旷的广场，那里矗立着埃及方尖塔；极目西眺，只见一望无际的森林伸向远方。

他找到拉瓦尔街，已是下午夕阳将落的时候。极度的疲劳使他对腹中隐隐的疼痛都感觉不到了。温森特径直奔向他那些打成捆的画和习作，把它们全部摊放在地板上。

他瞪着自己的油画。天哪！它们是那么晦暗、阴沉。天哪！它们实在是笨拙、乏味而又死气沉沉。他一直在一个早已成为过去的世纪中绘画，而对此他竟全然不知。

暮色将临，提奥回家了。他发现温森特正坐在地板上发愣。提奥在哥哥身旁跪下来。白天最后的一线余晖退出了房间。提奥沉默了一会儿。

"温森特，"他说，"我知道你现在的感受——大吃一惊了。那是可怕的，是不是？我们正在推翻几乎一切被绘画奉为神圣的

第五卷　巴黎

东西。"

温森特那双流露出自尊心受到伤害的小眼睛，截住了提奥的目光，死盯住不放。

"提奥，为什么你没告诉我？我为什么不知道？你干吗不早一点儿带我来这儿？你让我白白浪费了整整六年的时光啊！"

"浪费？胡说。你已经闯出了一条你自己的路。你画的东西与世界上任何一个别的人都不同，是独一无二的、温森特·梵高的东西。如果在你自己所特有的表达方式尚未定型之时，你就到这儿来的话，巴黎准会按照它所满意的模式去塑造你的。"

"但是我怎么办呢？瞧这破烂货！"他用脚踢破了一大幅色彩晦暗的油画，"它没有一点儿生气，提奥，而且毫无价值。"

"你问我你该怎么办吗？我告诉你。你应当向印象派学习掌握光和色。这是你必须向他们借鉴的东西，但是，仅止于此，不可再多。你一定不要去模仿。你千万别陷进去，别让巴黎把你淹没了。"

"可是，提奥，我一切都必须从头学起。我全都搞错了。"

"你全都搞对了……除了你的光和色彩。其实自从你在博里纳日拿起铅笔开始画的那一天起，你就是个印象派啦。看看你的素描！看看你的画法！在马奈之前，从来不曾有人像这样画的。看看你的线条！你几乎从来没有明确地画过一道线。看看你的那些人物面部、树木和在田野上的人物形象！它们全是你的印象。它们粗糙、不完整，是按照你自己的个性整理过的。这就是所谓的印象派，也就是说，不要和其他人画得一样，不当任何条条框框的奴隶。你属于你所在的时代，温森特，而且不论你喜欢不喜欢，你都是个印象派了。"

"嘻，提奥，我真巴不得哩！"

"巴黎那些可以数得着的青年画家，对你的作品已经有所知晓了。啊，我指的不是能卖得出作品的画家，而是那些正在进行重大试验的人。他们希望认识你。从他们那里,你将了解到一些非同寻常的事情。"

"他们知道我的作品?年轻的印象派画家们知道我的作品?"

温森特欠起身,以便能更清楚地看见提奥的脸。提奥想起了在松丹特的日子,那时他们常常一起在育儿室里玩耍。

"怎么不知道!你以为这些年我在巴黎什么也不干吗?他们认为,你有一双目光敏锐的眼睛和一只善于描绘的手。现在你所需要做的,只是提亮你的调色板,并且学会怎样描绘流动的、透明的空气。温森特,生活在这样一个正在发生重大变革的时代,多么好啊!"

"提奥,你个鬼家伙,大滑头!"

"快点儿起来。点起灯,穿戴整齐,咱们出去吃晚饭。我带你去尤尼瓦塞利啤酒馆,那儿有全巴黎最美味的烤牛排。我要用真正的宴席招待你。来上一瓶香槟酒,老伙计,让我们庆祝一下这个巴黎和温森特·梵高会合的伟大日子!"

[3]"能当上画家,干吗非要当伯爵?"

次日早晨,温森特带着绘画材料到了科尔蒙那里。画室在三楼的一个大房间,强烈的光线从临街的北面投进来。在画室的一端,一个裸体的男性模特儿面门的方向摆着姿势。给学生用的大约三十把椅子和画架,散放在房间各处。温森特在科尔蒙那儿登了记,被分配到一个画架前画画。

他画了约莫一个钟头,通向大厅的门被推开了,一个女人走进来。她一只手托着下巴,头上缠着绷带。她吃惊地瞥了一眼那个男模特儿,喊了一声"我的天哪!"就跑掉了。

温森特朝他身旁坐着的那个人转过身来。

"你知道她是怎么回事儿吗?"

"咳,每天都有这类事发生。她本来是找隔壁的牙医看病的。像这样冷不丁瞅见一个赤身裸体的男人,往往能把牙疼治好。那看牙的大夫要是不搬家,非得破产不可。你是新来的,是吗?"

"是呀。这才是我到巴黎的第三天。"

"贵姓?"

"梵高。你呢?"

"亨利·图鲁兹-劳特累克。你跟提奥·梵高沾亲吗?"

"他是我弟弟。"

"那么,你准是温森特啰!嘿,认识你真高兴。你弟弟可是巴黎最出色的画商。唯有他这个人,是愿意为年轻人提供机会的。不仅如此,他还得为我们战斗。要是我们有朝一日被巴黎的观众所接受,那要归功于提奥·梵高。我们公认他是个非常优秀的人。"

"我也这么认为。"

温森特仔细打量着这个人。劳特累克生了个扁扁的脑袋,他的五官——朝外伸出的鼻子、嘴唇,还有下巴,在他的扁头上显得十分触目。他蓄着满脸大黑胡子,下巴上的胡子不是朝下长,而是朝外挲着。

"你干吗要到科尔蒙这种鬼地方来呢?"劳特累克问。

"我需要个写生的地方。那你干吗来呢?"

"天晓得。上个月我在蒙马特尔那边的一个妓院里住了整整一个月,给那里的姑娘们画像。那才叫真正的工作。在画室里写生,简直就是孩子玩儿的把戏。"

"我很想看看你为那些女人画的习作。"

"你真的想?"

"当然啦!为什么不?"

"多数人都认为我是发疯,原因就是我画舞女、小丑和妓女。

然而，在他们身上你才能找到真正的性格。"

"我很理解。在海牙我就娶了那样一个女人。"

"妙啊！你们梵高家的人都不错！让我看看你刚才为这个模特儿画的素描好不好？"

"都拿去吧！我已经画了四幅。"

劳特累克拿着那些素描看了好一会儿，然后说："你我肯定处得来，我的朋友。咱们的想法很相似。科尔蒙看过没有？"

"没有呢。"

"要是他看到，你在这儿就算完了——我是说就他的批评而言。他前几天对我说：'劳特累克，你太夸张，你老是那么夸张。你的每幅习作的线条都是漫画化的。'"

"可是你却回答：'我亲爱的科尔蒙，那不是漫画，那是性格呀！'"

一道奇特的光，在劳特累克针尖似的黑眼睛里闪了一下。

"你还想看我那些姑娘的画像吗？"

"当然想啦！"

"那么走吧。这地方不管怎么说都像个陈尸所。"

劳特累克脖子短粗，肩膀和两臂强健有力。他站起来时，温森特发现他的新朋友原来是个跛子。劳特累克站起来的高度和他坐着时差不多。他那厚实的躯干，几乎直到腰部那三角形的顶点，都朝前挺着，下面突然收进去，变成了两条萎缩的小细腿。

他们沿克里希林荫大道走去。劳特累克沉重地倚在他的拐杖上。每隔一会儿，他就得站住歇息一下，同时指点着两座建筑物并排矗立时形成的某种可爱的轮廓线。就在红磨坊这边过来一个街区，他们转而朝上面的蒙马特尔高坡走去。劳特累克不得不更频繁地停下来歇息。

"你也许奇怪我的腿有什么毛病，梵高。人人都觉得奇怪。好吧，我来告诉你。"

"哦，对不起！你别说了。"

"你反正会知道的。"他弯下腰，把双肩倚在拐杖上，"我生来骨质脆弱。十二岁那年，我在跳舞厅的地板上滑了一跤，摔断了右边的大腿骨。第二年我又摔到一个坑里，把左边的腿骨也摔断了。从那以后，我的腿就再也没有继续发育。"

"这使你很痛苦吧？"

"不。我如果身体正常，就绝不可能来做画家了。我父亲是图鲁兹的一个伯爵，我是这一头衔的直接继承人。要是我愿意，我可以当上元帅，随侍在法国国王左右——我是说，假如有个法国国王……但是，该死的，能当上画家，干吗非要当伯爵？"

"是呀，恐怕当伯爵的时代已经一去不复返了。"

"咱们接着走？德加的画室就顺这条胡同过去。他们说我在模仿他的作品，因为他画芭蕾舞女演员，而我画红磨坊的舞女。随他们说去吧！这就是我的家，喷泉街甲19号。我住在一层，你恐怕可以猜想得到。"

他推开门，躬身请温森特进去。

"我一人独住，"他说，"坐吧，要是你能找到坐处的话。"

温森特环顾四周：除了画布、画框、画架、脚凳、踏板和成卷的帷幔以外，两张大桌子把个画室塞得满满的。一张桌上摆满了一瓶瓶美酒佳酿和一些装着不同颜色液体的细颈玻璃瓶；另一张桌上堆着舞鞋、假发、旧书、女人的衣裙、手套、袜子、不雅的照片和精美的日本版画。在这间杂乱无章的房间里，只有一小块空地供劳特累克坐下来作画。

"怎么回事，梵高？"他问，"找不到坐处吗？你就把那些破烂货推到地板上，把椅子搬到窗户那边坐吧。这家游艺场有二十七个姑娘，我和她们每个人都睡过觉。你同意不同意这个说法，就是必须同一个女人睡过之后，你才能充分了解她？"

"是的。"

"这就是我那些素描。我把它们送到开普辛的一位画商那里。他说：'劳特累克，你怎么专对丑陋的东西着迷呢？你怎么老爱画那些你能找到的最下贱、最不道德的人呢？这些女人让人看着恶心，彻头彻尾的恶心。她们的脸上流露着淫荡与邪恶。难道创造丑陋才是现代艺术的意义所在吗？难道你们这些画家对美丽的事物已经盲目到了只能去画人世间的渣滓与污垢的地步了吗？'我说，'请原谅，我觉得我就要吐了，我可不愿意吐在你那可爱的地毯上啊！'这光线对头吗，梵高？喝点儿什么不？你尽管开口，喜欢喝什么？我这里应有尽有。"

他跛着脚，然而灵活敏捷地在那些椅子、桌子和成卷的帷幔间穿行，倒了一杯饮料递给温森特。

"为丑陋而干杯，梵高！"他大声嚷着，"但愿丑陋不要传染给美术学院！"

温森特呷干饮料，就细细观赏起劳特累克为蒙马特尔游艺场的姑娘们画的二十七幅素描来。他看得出，艺术家是按他自己所看到的样子去解释她们的。那是些客观的肖像，既未表示画家在道德问题上的态度，也无意从伦理学的角度加以任何解释。在这些姑娘的脸上，他捕捉到了悲哀与痛苦，还有麻木的感官、兽性的纵欲和精神上的孤独苦闷。

"你喜欢农民的肖像吗，劳特累克？"他问。

"只要不是故作多情地画出来的，我是喜欢的。"

"噢，我是画农民的，在我看来这些女人也是农民。她们可以说是肉体的园丁。土地和肉体，它们只是同一事物的两种不同的表现形式，不是吗？人的肉体必须经过耕耘才能产生活力。这是有益的工作，劳特累克，你描绘了值得描绘的东西。"

"这么说，你不觉得它们丑陋吗？"

"它们是对生活的真实可信、深刻透彻的表现。这是最高级的美，你以为如何？要是你把她们理想化了，或者给她们涂上感伤的情调，那么你所画的肖像就会由于胆怯和虚假的描绘而变得丑陋。但是你完全是按照你所看到的事实去描绘的，而这就是美的所在，对不对？"

"耶稣基督啊！为什么像你这样的人，世界上不多来几个呢？再喝一杯！请看看那些素描！你随便拿来看吧！"

温森特拿了一幅油画走到亮处，思考了片刻，然后惊叫起来："噢，杜米埃！这幅油画使我想起他来。"

劳特累克的脸上顿时焕发出光彩——

"对啦，杜米埃。所有画家中最伟大的一个，而且是我唯一师法过的人。上帝！这个人要是恨起什么来，可真是没法儿比！"

"但是，如果你恨那些东西，你干吗还要去画它们呢？我只画我所爱的东西。"

"一切伟大的艺术都是从仇恨中萌生的，梵高。啊，我看你挺欣赏我那幅高更的画嘛！"

"你说这是谁画的？"

"保罗·高更。你认识他吗？"

"不认识。"

"那么，你一定得结识他。这一幅画的是马提尼克[1]的土著妇女。高更曾在那里逗留过一段时间。他极其狂热地谈论要去过原始生活，不过他是个很出色的画家。他本来有妻子和三个孩子，在股票交易所有个年薪三万法郎的职位。从毕沙罗、马奈和西斯莱手里他买了价值一万五千法郎的画。结婚当天他为妻子画了一幅肖像，而

---

[1] 马提尼克：拉丁美洲地区的一个岛屿。

她还以为那是用来讨她欢心的举动。高更惯常是在星期天画画,你知道股票交易所艺术俱乐部吗?有一次,他拿一幅画给马奈看,后者告诉他那幅画画得非常好。'噢,'高更答道,'我只是个业余爱好者呀!''啊,不,'马奈说,'没有什么业余爱好者,有的只是那些画蹩脚作品的人。'这一席话把高更说得像饮了烈性纯酒一样,从此就头脑发热,无法自制了。他放弃了交易所的工作,同家人到鲁昂靠积蓄过了一年。后来,他把老婆孩子送到斯德哥尔摩的岳父母家,从此便靠东挪西借过日子了。"

"听你这么说,他这个人挺有意思。"

"你见了他可得注意,他就爱折磨他的朋友。我说,梵高,让我带你去看看红磨坊和爱丽舍—蒙马特尔怎么样?我认识那儿所有的姑娘。你喜欢女人吗,梵高?我指的是和她们睡觉?我爱她们。你说呢,咱们什么时候去玩儿一晚上好不好?"

"当然好。"

"妙!我看咱们应当回科尔蒙那儿去了。走前再来一杯吗?对啦!来,再喝一杯就把这一瓶喝完了。小心,你要把桌子碰翻啦!没事,打杂的女工会把所有这些东西都拾起来的。大概我很快就要搬出这里了。我很有钱,梵高。我父亲对我有求必应,他生怕我会因为他使我一出世就成了残废而诅咒他。我每搬出一个地方,都是除了我的作品之外,其他一概不带。等租下一间空画室后,我再一件一件添置东西,而一旦快住腻味了,我就再次搬家。顺便问问,你喜欢哪一种女人?金发碧眼的,还是红头发的?

"甭费神去锁门啦!留意一下那些像顺着克里希林荫大道流去的黑色海洋一样的铁皮屋顶。咳,浑蛋!我何必在你面前装模作样呢!我拄着这根拐杖指点美丽的风景,那是因为我他妈是个该死的跛子,我一连气只能走上几步路呀!好了,大家反正全都一样,不是在这方面就是在那方面不健全。往前走吧!"

[4] 一个原始派画家的肖像

事情看起来何其简单。他所要做的只是扔掉他过去的调色板，买些色彩明亮的颜料，然后照印象派那样去画。第一天的试验结果使温森特感到惊奇，也有点儿懊恼。到第二天末了，他已经被弄得昏头昏脑了。这种精神状态随后又依次发展成懊丧、气愤以至惊恐忧虑。一个礼拜结束时，他已经是怒气冲天了。想不到在色彩上已经苦心费力地试验了整整几个月，他竟还是个新手。他画出的油画阴暗、呆板、不自然。在科尔蒙画室，坐在温森特身旁的劳特累克，只是看着他画，听着他咒骂不休，但不提出任何劝告。

如果对温森特来讲这是难熬的一周，那么对提奥来讲则是糟糕一千倍。提奥是个温文尔雅的人，举止彬彬有礼，生活上一向很讲究。不管是在家里还是上班，他都对自己的衣着和礼仪十分注意、一丝不苟。温森特身上那种好斗的精神和力量，在他身上只有一点点。

拉瓦尔街的小小寓所，将将够容下提奥和他那娇贵的路易·菲利普式家具。到第一个星期末尾时，温森特已经把这个地方变成个杂货摊了。他在房中踱来踱去，踢开妨碍他走路的家具；把画布、画笔、空颜料管扔得满地都是；用他污迹斑斑的衣服装点着那些长沙发和桌子；打破盘碟、泼溅颜色，把提奥生活里那些拘泥礼节、讲究体面的习惯完全给搅乱了。

"温森特，温森特，"提奥央告着，"别像个鞑靼人吧！"

温森特一直在这小小的房间中踱着步，啃着拳头上的指关节，自言自语地咕哝着。他重重地往一把贵重的椅子上那么一坐。

"没有用，"他咆哮着，"我开始得太晚了。我想改变，但已经太老了。天哪，提奥，我做了努力！这一周我着手画了二十幅油画。但是我的手法已经定型了，我不可能一切从头开始呀！我跟你说，我完啦！在看过这里的一切之后，我不可能再返回荷兰去画羊。我来得太晚，已经赶不上在我这一行所进行的这场大运动了。上帝，我该怎么好呢？"

他跳起来，蹒跚着走到门口，呼吸了几口新鲜空气，又砰地把门关上；然后打开一扇窗户，盯着巴苔丽饭馆看了一会儿，又用力地把窗子一关，差点把玻璃震碎；接着便迈开大步跑到厨房喝水，把水洒了一半在地板上，下巴两边淌着水，回到起居室。

"咳，你说呢，提奥？难道我非得放弃绘画这一行了吗？我完了吧？看起来就是这样，是不是？"

"温森特，你的行为就像个小孩子。安静一会儿，听我说。不，不，别在地板上走来走去！我没法儿这么着跟你谈话。看在老天爷面上，如果你每次走过那把镀金椅子的时候都打算踢它一脚的话，你就把那双大皮靴脱下来！"

"但是，提奥，我已经让你供养了整六年啦。你从中得到了什么呢？你手中只有一大堆褐色肉汁浸过的图画，还有一场毫无希望扭转的失败。"

"听着，老伙计，你当初想要描绘这些农民的时候，是在一个星期里就掌握了所有的窍门呢，还是用了五年的工夫才得到的呢？"

"对呀，是五年。但是那时候我是刚刚开始。"

"你今天就是刚刚开始掌握色彩呀！这也许还要再费你五年的时光。"

"这还有完没有，提奥？难道我必须上一辈子的学校吗？我三十三岁了，我的天哪，什么时候我才能成熟呢？"

"这是你最后的任务了，温森特。对欧洲当代绘画我是一清二楚的，那些在我的楼厅上展出作品的人是最先进的了。一旦你提亮了调色板……"

"啊，提奥，你真的认为我能行？你不认为我是个失败者吗？"

"我倒是更认为你是个傻瓜。对于艺术史上最伟大的一次革命，你竟想用一个星期的工夫就精通！咱们到高坡上去散散步，让头脑冷静冷静。要是和你在这间房子里再待上五分钟，我的头兴许就得爆炸啦！"

次日下午，温森特在科尔蒙的画室画到很晚才去古比尔找提奥。四月天气，薄暮初降，伸展到远处的一排排六层的石砌楼房，沐浴在渐渐消逝的红珊瑚色的夕照之中。整个巴黎都在忙着准备晚餐。蒙马特尔街两边的咖啡馆顾客云集，朋友们边谈边饮，好不热闹。从咖啡馆里面传来的轻柔音乐，为干了一天工作的巴黎人解除疲劳。煤气灯点燃起来；饭馆的伙计为餐桌铺好桌布；商店的店员取下波纹铁窗板，倒空路边的货箱。

提奥和温森特沿着大街悠闲地漫步而行。他们穿过夏托登广场，四轮马车如阵阵疾风，从汇聚在这里的六条大街上飞驰而来，又马不停蹄地飞驰而去。他们走过洛蕾特圣母院，沿路盘旋而上，来到拉瓦尔街。

"咱们去喝点儿开胃酒好不好，温森特？"

"好吧。咱们找个可以观看路人的地方去坐。"

"去阿贝塞斯街上的巴苔丽饭馆吧！我的哪个朋友没准儿也会顺路到那里去呢。"

巴苔丽饭馆是许多画家时常出入的地方。前面一间只摆着四五张桌子，但里面的两个房间却舒适而宽绰。巴苔丽太太一向都把艺术家让进一个房间，把那些有产阶级让到另外的一间，她可以一眼就看出一个人属于什么阶层。

"伙计！"提奥招呼一声，"给我来点儿香草艾考酒。"

"你给我要点儿什么呢，提奥？"

"尝尝昆特洛[1]。你必须试一些时候，才能找到永远对你胃口的饮料。"

伙计把酒摆在他们面前，酒杯下面是以黑字标着价格的托盘。提奥点起雪茄，温森特点上烟斗。只见来往的行人中，有穿着黑色围裙的洗衣妇，挎在她们臂上的篮子里放着熨好的衣服；一个工人晃晃悠悠走过去，手里提着没有包装的鲱鱼的鱼尾一端。行人中还有扛着箍有未干油画的画架、身穿工作罩衫的画家，头戴黑色圆顶礼帽、身着灰色格纹外衣的商人，手里提着一瓶酒或是一包肉、脚穿布便鞋的家庭主妇，也有衣裙飘拂、腰肢纤细、额前戴一顶插着羽毛的小巧女帽的美女。

"真是洋洋大观，对不对，提奥？"

"是呀。直到晚餐前饮开胃酒的时候，巴黎才算真正醒来了！"

"我一直在寻思……是什么使得巴黎如此不可思议呢？"

"坦白地说，我也不知道。这是一桩永久的秘密。我想，这和法国人的性格有些关系。这儿有一种自由和宽容的风气，一种对待生活随遇而安的……啊，那边来了我一位朋友，我想让你同他认识认识。晚安，保罗！你好吗？"

"很好，谢谢，提奥。"

"我来介绍一下我的哥哥——温森特·梵高。温森特，这是保罗·高更。坐下吧，保罗，来一杯例行的苦艾酒。"

高更举起一杯苦艾酒，用舌头碰了一下那液体，然后把酒含在嘴里品了一下，转向温森特——

"你觉得巴黎怎么样，梵高先生？"

"我非常喜欢这儿。"

"啊，真怪！还有人喜欢这地方。依我看，它就像一只巨大的

---

1 昆特洛：一种橘味甜酒。

垃圾桶。文明就是这只桶中的垃圾。"

"我不怎么喜欢这种昆特洛,提奥。你能不能再给我来点儿别的呢!"

"喝点儿苦艾酒吧,梵高先生,"高更插嘴说,"这是唯一适于艺术家喝的东西。"

"你说呢,提奥?"

"干吗问我?你自己决定吧。伙计!给这位先生来点儿苦艾酒。你今天看起来挺高兴嘛,保罗。发生了什么事?卖出了一幅油画?"

"没有再比那类事更下贱的了,提奥。不过,今天早晨我倒经历了一件有趣的事。"

提奥给温森特丢了个眼色,"给我们讲讲,保罗。伙计!给高更先生再来一杯苦艾酒。"

高更用舌尖碰了碰那杯新斟的苦艾酒,用酒润润嗓子,然后就开始讲了——

"你们知道弗诺大街对面的那条死胡同——弗雷尼吗?好,今天凌晨五点钟,我听见马车夫的老婆伏莱尔大妈狂叫着:'救命啊,我的丈夫上吊啦!'我跳下床,穿上裤子(为了礼节!),抓起一把刀子下了楼,随后砍断了绳子。那人已经死了,但身上还热,还很热。我想把他抱到床上去,'别动!'伏莱尔大妈喊道,'咱们得等警察来呀!'

"我房子的另一边下面,是种菜人十五码长的一片菜地。'有甜瓜吗?'我朝种菜人大声喊着。'当然有啰,先生,来个熟的。'早餐时我吃着瓜,想也没想那个把自己吊死的人。你们瞧,生活里也有好的地方,除了毒药,还有解毒的药。有人邀请我出去午餐,于是我穿上最好的一件衬衫,打算用那件事刺激一下那些一同进餐的人。我讲述了那件事。他们竟全都满不在乎地笑着向我索取那人上吊用的绳子。"

温森特仔细打量着保罗·高更。他有一颗硕大的、野蛮人的头,头发和面色都黑黑的;大鼻子从左眼角伸向右嘴角方向;他的眼睛很大,形状像个杏核,向外凸起,带着凶恶阴郁的神色;隆起的眉棱骨,眼睛底下顺着长长的面颊向下伸延的高耸的颧骨和横跨宽大下巴的突出的颌骨,使他的面部显得有棱有角、线条分明。他是个身材魁梧的汉子,浑身有股子可以压倒一切的蛮力。

提奥微微笑了一下。

"保罗,恐怕你有点儿过于喜欢施虐于人了,过分得都不正常啦。我得走了,因为我跟人家约好一起吃晚饭的。温森特,你跟我同去吗?"

"让他继续陪着我吧,提奥,"高更说,"我想和你这位兄弟熟悉熟悉。"

"好吧。不过,别给他灌太多的苦艾酒。他还没喝惯。伙计,多少钱?"

"你这个弟弟很不错,温森特,"高更说,"他至今还不敢展出有生气的年轻一代画家的作品,不过我猜是瓦拉东不让他那么做。"

"在二楼楼厅上,他展出了莫奈、西斯莱、毕沙罗和马奈的作品。"

"对,但是修拉的在哪里?高更的呢?还有塞尚和图鲁兹-劳特累克的呢?你刚才说的那些人正在老去,他们的时代就要过去了。"

"噢,这么说,你认得图鲁兹-劳特累克啰?"

"亨利吗?当然认得啦!谁不知道他呢?他是个好极了的画家,不过他疯了。他以为,要是能和五千个女人睡过觉,就证明他是个健全的人了。每天早晨他一醒来,那种因为没有正常的双腿而产生的自卑感就开始啮噬着他的心,因而,每天夜里他便借着美酒与女色摆脱这种自卑的痛苦。然而到了第二天早上,那种痛苦又会回到他的心里。他要不是疯呀，一定能成为一个最出色的画家。咱们就从这儿进去。我的画室在四楼上。留心这块楼梯板，它就要断了。"

高更先进去把灯点了起来。这是一间寒碜的顶楼房间，里面有一个画架、一张铜架床、一张桌子和一把椅子。在门旁的一块凹进去的墙上，温森特看见一些粗俗、猥亵的照片。

"从这些照片上看，我能不能说你是不大看重爱情的呢？"

"你坐在哪儿？床上还是椅子上？桌上有烟草，你可以用你的烟斗吸。嗯，我喜欢女人，但得是丰满而又堕落的那种女人。女人的理智让我烦恼。我总想找一个体态丰满的情妇，可总找不到。我净上当，她们往往是怀了孕的。你读过上月发表的那个名叫莫泊桑的年轻小伙子写的那篇短篇小说吗？他的保护人是左拉。小说里说，有个喜欢肥胖女人的男人，在家备好两个人的圣诞节晚餐，就跑出去找女伴。他遇见一个正中他意的女人，但当他们坐下来吃烤肉时，她竟生下了一个活泼健壮的小男孩！"

"但是，这些和爱情没什么相干呀，高更。"

高更躺在床上，把一条肌肉发达的手臂枕在脑后，冲着未经油漆的橡木喷吐着一团团烟雾。

"我的意思并不是说，我在美貌面前不易动情，温森特，我只是说，我的本性中可能就没有这种东西。像你所觉察到的，我不知道爱情为何物。说一声'我爱你'，是要付出惨重代价的。不过我没有什么可抱怨的。如耶稣所说'肉体就是肉体，精神就是精神'，多谢这一启示，破费一点儿钱即可满足我的肉体，精神上却又保持着平静。"

"你打发这种事一定是非常轻松的啰！"

"不，跟人上床睡觉可不是轻松事。同一个感觉到床笫之欢的女人在一起，我感觉到的欢乐是她的两倍。然而我宁可采取冷漠、客观的态度，而不让感情牵连进去。我要把它省下来画画用。"

"近来我也终于采取了这种观点。啊,不,谢谢,我想这苦艾酒我是一口也不能再多喝了。没关系,你喝你的。我弟弟提奥对你的作品评价很高。你可以给我看几幅习作吗?"

高更跳起身。

"你也许还是别看。我的习作属于个人,是不给别人看的,就像我的信一样。不过,我可以给你看我的画。在这样的光线下,你可能看不出什么来。得啦,要是你一定要看,那也行。"

高更跪在地上,从床底下拉出一堆油画,把那些画一幅接一幅地靠在桌上的苦艾酒瓶子前。温森特本来已准备看到一些非同寻常的东西,但真到面对着高更的作品时,他还是惊得目瞪口呆,不知说什么好。他看到的是杂乱无章的一堆充满阳光的画:树木,呈现出哪个植物学家都没见过的那种模样;动物,即使居维叶[1]也会感到意外;人,那只有高更一人画得出来;大海,那是火山中涌出的岩浆;天空,那可不是上帝居住的天堂。这些画上,有的画着笨拙难看的土著居民,天真淳朴的眼睛中隐含着无限的奥秘;还有用火焰般的粉色、紫色和富于颤动感的红色绘成的梦幻的画面以及纯装饰性的风景,画面上的野生动植物洋溢着太阳的炽热和光辉。

"你像劳特累克一样,"温森特喃喃地说,"你憎恨,竭尽全力地憎恨。"

高更大笑起来,"你对我的画有什么看法,温森特?"

"坦率地说,我不知道。给我时间考虑考虑。允许我再来重新看看你的作品。"

"你可以随便来看。在巴黎,当今只有一个年轻人的画可以与我的媲美,那就是乔治·修拉。他也是个原始派。其余所有待在巴黎的傻瓜都是被教化了的。"

---

1 居维叶:1769—1832,法国博物学家。

"乔治·修拉？"温森特问，"我想我没听说过他。"

"对呀，你肯定没听说过。城里没有一个画商愿意展出他的油画。但他是个伟大的画家。"

"我很想认识他，高更。"

"稍后我带你去他那儿。你看，咱们先去吃饭，去布鲁恩特饭店好不好？你有钱吗？我只有两个法郎。咱们最好还是随身带上这瓶酒。你先走，我拿灯照着你走下一半楼梯，这样你就不至于把脖子摔断啦。"

[5] 绘画应当变成一门科学！

他们来到修拉家附近时，已近凌晨两点了。

"你不怕咱们会吵醒他吗？"温森特问。

"哎呀，没那事儿！他通宵工作，而且在白天的一大半时间里也工作。我想他从不睡觉。啊，就是这所房子。这是属于乔治母亲的。她有一回对我说：'我的孩子乔治，他愿意画画儿。很好，那就让他画。我的钱足够我们母子俩花的。只要他高兴，怎么都行。'他是个模范儿子，不喝酒、不抽烟、不骂人、不到外面过夜、不追逐女人，除了买绘画材料从不乱花钱。他只有一样癖好：绘画。我听说他有个情妇和一个儿子，就住在附近，但他从来不提他们。"

"这房子看着黑咕隆咚的，"温森特说，"咱们怎样才能进到楼里去又不惊动他们全家呢？"

"乔治住在顶楼上。到另一边或许咱们能看见里面的灯光，可以朝他的窗子扔一粒小石子。喂，你最好叫我来。要是你扔不准，就会扔到三楼他母亲的窗户上。"

乔治·修拉下来开门，他把一根手指贴在嘴唇上，然后带着他们上到四楼。他回身关上了顶楼的门。

"乔治,"高更说,"我想让你见见温森特·梵高,他是提奥的哥哥。他像荷兰人那样作画,不过除了这一点,他可是个极好的人。"

修拉的顶楼很宽敞,几乎相当于整整一层楼的面积。墙上有巨幅的未完成的油画,画前放着搭脚的架子。煤气灯下摆着一张高方桌,桌上铺着未干的油画。

"我很高兴认识你,梵高先生。请原谅,再稍等一会儿好吗?趁油画没干,我还要补上另外一小块颜色。"

他爬到一只高凳上,蹲在油画前。煤气灯的黄色火苗一动不动地燃着。大约二十瓶颜料在桌子上整整齐齐地摆成一溜儿。修拉拿了一支温森特见过的最小号的画笔,把笔尖在其中的一瓶颜料里蘸了一下,就着手在画布上以数学上的那种精确点起色点来。他平静地、毫不动情地工作着,点着,点着,点着。他笔直地握着画笔,只在颜料瓶里蘸一下,就往画布上点啊点的,点上成百上千细小的色点。

温森特张着大嘴看他作画。修拉终于在凳子上转过身来。

"瞧,"他说,"我把这块地方点成了凹形。"

"你指给温森特看看好吗,乔治?"高更请求他,"他来自还在画牛羊的地方。一个星期之前,他还不知道世界上已有了现代艺术哩!"

"请你坐在这个凳子上,梵高先生。"

温森特爬到凳子上,看这幅展现在他面前的油画。这和他以前在艺术中或者生活中所见过的任何东西都不一样。画面描绘的是大碗岛的景象。像哥特式教堂里的柱子般站在那里的具有建筑特色的人体,是由无数渐次变化的色点所构成。草地、河流、船只、树木,所有的一切,都是大片大片含糊抽象的、由点子组成的光。这幅油画在用色上比马奈或德加甚至高更都更为大胆，那是比他们所用颜色还要明亮的最明亮的一套颜色。这幅画隐入了一种几乎是抽象的和谐境界之中。如果说这幅画是有生命的，那并不是具有自然的生命。空气中充满闪烁的光辉，然而哪儿也感觉不到风的存在。这是把充满活力的生活作为静物来描绘，在画面上，运动已被永远地排除在外了。

高更站在温森特一边，笑着温森特脸上的表情。

"没有关系，温森特，乔治的油画使任何一个第一次看到它们的人都这样受到震动。说出来吧！你有什么想法？"

温森特抱歉地转向修拉。

"请原谅我，先生，这几天我碰见的稀奇事儿太多了，简直让我无所措手足。我接受的是荷兰传统绘画的熏陶。我不知道印象派主张的是什么，现在却突然发现我所信仰的一切都被人抛弃了。"

"我理解你，"修拉平静地说，"我的方法是在彻底改革整个绘画艺术，所以你不能指望看一眼就能完全接受它。要知道，先生，直至今日，绘画还一直是一件注重个人体验的事情。我的目的就是要把它变成一门抽象的科学。我们必须学会把感觉加以分类整理，使思维达到一种数学上的精确。任何人类的感觉都可以，而且一定能简化为抽象状态的色彩、线条和色调。你看到我桌上的这些小小的颜料瓶了吗？"

"是的，我注意到了。"

"它们每一瓶，梵高先生，都含有一种人类的情感。这些颜料可以按照我的公式在工厂中制造出来，然后到化学用品店去出售。人们也不用在调色板上乱调颜色了，那种方法属于过去的时代，从今往后画家们可以去化学用品店，只要把那些小颜料瓶子盖儿打开就行了。现在是科学的时代，我打算把绘画改造为科学。个性应当消失，而且画法应当变得精确，就像建筑一样。你听明白了吗,先生?"

"没有,"温森特说,"我想我不明白。"

高更用肘部捅了温森特一下。

"我说,乔治,你干吗坚持要把这说成是你的方法?毕沙罗在你出生之前,就已经发明了它啦。"

"那是谎话!"

修拉的脸变红了。他从凳子上跳下来,快步走到窗边,用手指头重重地敲着窗台,然后激动地反驳道:

"谁说毕沙罗在我之前就发明了它?我告诉你,这是我的方法,是我第一个想出来的。毕沙罗是从我这儿学的点彩法。我遍查了从意大利文艺复兴前早期艺术以来的艺术史,告诉你,还没有一个人在我之前想出过这种方法。你怎么敢!……"

他使劲咬着嘴唇,走到一个搭脚架旁,拿弯成弓状的后背对着温森特和高更。

温森特完全被这个变化惊呆了。刚才还俯身于桌上自己油画上面的这个男子,本有着像建筑造型般的形象,完美而冷漠。他眼神冷静,举止就像一个在实验室中的科学家,丝毫不受个人感情的影响。他的声音本来是平静的,几乎带有教书匠的味道。他的眼睛也曾经同样蒙着那种笼罩在他绘画上的理性的纱幕。但是,现在这个在顶楼那头的男子,正咬着从那满嘴胡须中伸出来的厚而红润的下唇,气愤地把本来那么整齐的一头褐色鬈发弄得乱蓬蓬。

"嗐,得啦,乔治,"高更说,同时冲温森特眨眨眼,"人人都知道那是你的方法。没有你就绝不会有点彩派。"

怒气平息下来,修拉回到桌旁。怒火慢慢地在他眼中消失了。

"修拉先生,"温森特说,"既然绘画被看作实质上是表现个人见解的手段,那我们如何能把它改造成一种不带个人色彩的科学呢?"

"瞧，我要给你看看。"

修拉从桌上抓起一盒色粉笔，在未油漆过的地板上蹲下来。头顶上的煤气灯光朦胧暗淡。寂静无声的夜。温森特跪在他的一侧，高更蹲在他另一侧。修拉情绪激动，兴致勃勃地讲起来。

"依我看，"他说，"绘画中的一切效果都可以简化为公式。比方说我要画一座圆形马戏场的景象。这儿是骑无滑鞍马的骑手，这儿是调马师，这儿是看台和观众。我要表现欢乐。绘画的三要素是什么？线条、色调和色彩。很好，为了表现欢乐，我就把所有的线条都往地平线之上提，像这样；我要以鲜明的色彩为主，像这样；而且还要让暖色调占支配地位，像这样。看！难道这不就表现了抽象的欢乐？"

"是啊，"温森特回答，"它可以表现抽象的欢乐，但是它并没有捕捉到欢乐本身。"

修拉从他蹲着的地方抬起头来。他的脸隐在暗处。温森特注意到他竟是一个这样英俊的男子。

"我所追求的并非欢乐本身。我追求的是欢乐的本质。你读过柏拉图吗，我的朋友？"

"读过。"

"很好，画家应当学会描绘的并非是一件东西，而是东西的本质。当艺术家画马时，那不应是你可以在街上认出来的某匹特定的马。照相机可以拍照，而我们必须超越其上。当我们画一匹马时，应当捕捉到的是什么呢，梵高先生？就是柏拉图那种马的概念、马的外在精神。而当我们画一个男人时，他不应该是个门卫，也不必连鼻尖上的瘊子都画出来，而应当是男子气的综合，是一切男子的精神和本质。你明白我的意思吗，我的朋友？"

"我明白，"温森特说，"但是我不同意。"

"咱们以后会一致起来的。"

修拉直起腰，把罩衫脱下来，用它擦掉了地板上画的马戏场。

"现在咱们接着谈平静和安定的表现，"他继续说，"我正在画一幅大碗岛风光。我把所有的线条都画成水平的，像这样；至于色调，我让暖色调和冷色调处于完全平等的地位，像这样；色彩嘛，则是明暗均衡，像这样。你们看到了吧？"

"接着讲吧，乔治，"高更说，"别老提愚蠢问题。"

"好，咱们该谈忧伤的表现了。我们把所有线条都画成向下倾斜的，像这样；我们让冷色调突出，像这样；并且让暗色占压倒优势，像这样。看！这就是忧伤的本质！连小孩也可以画这个。在画布上分配空间的数学公式可以在一本小册子里写下来。我已经计算出来了。画家只要读了这小册子，到化学用品店买来特定的颜料瓶，遵循这些法则去画就行了。他将成为像科学家一样严谨而熟练的画家。他可以在日光下或煤气灯下工作；他可以是僧侣或者对宗教持怀疑态度的人，可以是七岁或者七十岁；而且所有的绘画都将同样达到一种合乎建筑法的、不因人而异的完美。"

温森特眨着眼睛，高更却大笑起来。

"他以为你疯啦，乔治。"

修拉用罩衫把最后画的图擦掉，然后把那罩衫扔到一个阴暗的角落里。

"你是这样看的吗，梵高先生？"他问。

"不，不，"温森特反对道，"我自己也老被人叫疯子，我哪能喜欢这个字眼儿！不过，我应当承认，你的想法非常奇特！"

"他的意思就是赞成，乔治。"高更说。

一声很响的敲门声。

"我的上帝！"高更咕哝了一下，"又把你母亲吵醒啦！她跟我说要是我夜里不离开这儿，就要拿头发刷子对付我啦！"

修拉的母亲进来了。她穿一件厚厚的晨衣，戴着睡帽。

"乔治，你答应我不再熬通宵了嘛！哎哟，是你，是保罗吗？为什么你不付房租？那样你也好有个夜间睡觉的地方。"

"要是您愿意收留我，修拉大妈，我就压根儿用不着交什么房租了。"

"得啦，多谢了，家里有一个艺术家就够了。看，我给你端来了咖啡和奶油蛋糕。要是你一定要工作，你就得吃东西。我想我还得下楼去给你取来你那瓶苦艾酒，保罗。"

"您还没喝完，是吗，修拉大妈？"

"保罗，记着点儿我跟你说过的头发刷子的事儿！"

温森特从暗处走出来。

"妈妈，"修拉说，"这是我的一位新朋友，温森特·梵高。"

修拉大妈同他握了手。

"我儿子的朋友在这里都是受欢迎的，即使是在大清早四点钟也是一样。你愿意喝点儿什么呢，先生？"

"要是您不介意，我愿意喝一杯高更的苦艾酒。"

"你可别这样！"高更喊起来，"修拉大妈对我一直是配给供应，一个月只给一瓶。要点儿别的吧，你那异教徒的口味是分不清苦艾酒和荨麻酒[1]的。"

三个人和修拉大妈边进食咖啡和奶油糕点，边聊天，直到初升的朝阳把很小的一束三角形黄光投射到北窗上。

"我也该去换上白天的衣服啦。"修拉大妈说，"哪天晚上来同乔治和我一起吃饭吧，梵高先生。我们很乐意你来做客。"

在大门口，修拉对温森特说："恐怕我对我那种方法的解释粗略了一些。只要你愿意，就经常来吧！而且咱们可以一块儿画。一旦你理解了我的方法，你就会明白，绘画再也不会是原来的样子

1　荨麻酒：法国沙尔特修道院中修士所制的一种酒。

了。好啦，我应当回去画我的油画了。在我睡觉之前，还有一小块地方得画成凹形。请代向你的弟弟致意。"

温森特和高更沿着空荡荡的石谷走去，然后登上了往蒙马特尔去的高坡。巴黎尚未醒来。绿色的百叶窗紧闭着，商店挂着窗帘，乡下来的菜农用小车把蔬菜、水果和鲜花放在市场之后，又走在回家的路上了。

"咱们上到高坡顶上，看看太阳怎样把巴黎唤醒吧。"高更说。

"我同意。"

走到克里希林荫大道之后，他们取道勒皮克街，绕过拉加莱特磨坊，随后又顺着盘旋而上的路登上蒙马特尔高坡。住宅越来越少，出现了栽着花草树木的平地。勒皮克街突然中断。两人选取一条弯曲的小路穿过丛林。

"坦白对我说，高更，"温森特说，"你对修拉怎么看？"

"乔治吗？我猜你就会问这个。自德拉克罗瓦以来，他是比任何人都更懂得色彩的一个人。对于艺术，他有一套纯理性的理论。那理论是错误的，画家不应当思索他在做的事情。把理论留给批评家去搞吧！乔治会在色彩上做出一定的贡献，而且他的哥特式建筑说不定会促进原始派在艺术上的复兴。不过他是个疯子，完全是个疯子，正如你亲眼所见到的。"

那是个峻峭难登的山坡，当他们到达顶点时，整个巴黎都展现在他们面前。黑色的屋顶像一片湖水，比比皆是的教堂的尖顶从夜雾中显现出来。塞纳河像一缕弯曲的光线，把这座城市分为两半。房屋顺着蒙马特尔高坡朝下流向塞纳河谷，然后又努力朝着蒙帕纳塞高坡奔去。太阳冲散了夜雾，照亮了下面的文森森林。在城市的另一端，葱茏翠绿的布隆尼森林还是黑压压一片沉在梦乡之中。这座城市的三大标志——市中心的歌剧院、城东的圣母院和城西的凯旋门——耸立在空中，宛如三座各具形态的石山。

[6] 卢梭的宴会

和平降临到拉瓦尔街这小小的公寓房间之中。提奥为这片刻的安宁感谢他的福星。然而好景不长。温森特不是审慎地、细致地通过改进他那已经过时的调色板去开辟自己的道路,而是开始模仿他的朋友们。想要成为印象派画家的狂热愿望,使他把已经学到手的关于绘画的一切都忘掉了。他的油画看起来就像修拉、图鲁兹-劳特累克和高更作品的拙劣的复制品,但他却以为自己正在取得显著的进步。

"听我说,老伙计,"一天晚上,提奥说,"你叫什么名字?"

"温森特·梵高呀!"

"你有把握不是乔治·修拉或者保罗·高更吗?"

"你究竟是什么意思,提奥?"

"难道你真的以为你可以成为一个乔治·修拉?难道你不明白,自洪荒时代起,就只能有一个劳特累克,也只能有一个高更?(哦,感谢上帝!)你试图模仿他们的做法是愚蠢的呀!"

"我并没有模仿他们。我是在向他们学习。"

"你是在模仿。给我随便看一幅你新作的油画,我就能说出作画的头一天晚上你是和谁在一起来着。"

"不过我一直在改进嘛,提奥。瞧,这些画明亮得多啦!"

"你是一天天在走下坡路。你的画一幅比一幅更不像温森特·梵高画的了。在你面前没有什么坦途或捷径,老伙计。这需要数年的艰苦劳动。难道你竟是这样一个不得不去模仿他人的软包蛋吗?你能不能只吸收他们那些对你有用的东西呢?"

"提奥,这些油画的确是好的呀!"

"可我告诉你,它们糟透啦!"

论战继续着。

每当提奥晚上筋疲力尽地从画廊归来时，都看到温森特拿着一幅新作的油画在急不可耐地等着他。他总是不等提奥把帽子和外衣脱下来，就猛扑到弟弟跟前——

"你瞧！现在你还能对我说这一幅不好?! 还说我的调色板没有改进?! 瞧这阳光效果！瞧这……"

提奥不得不做出抉择，或者说假话，以求与一位和蔼、殷勤的兄弟共度一个欢愉的夜晚；或者说真话，从而在房间里无论走到哪里都摆脱不了死命的纠缠，一直到天将破晓为止。提奥累极了。他无力去讲出真话，但是他讲了。

"你最后一次在丢朗-吕厄家是什么时候？"他疲乏地询问。

"那有什么关系？"

"回答我的问题。"

"嗯，"温森特不好意思地说，"昨天下午。"

"你知道吗，温森特，巴黎差不多有五千名画家在尝试模仿爱德华·马奈哩！而且他们之中的大多数都比你学得更像。"

战场太小了，他们谁也躲不开谁。

温森特变了个新花样。他集所有的印象派画家之大成，融于一幅油画之中。

"可爱极了，"当天晚上，提奥喃喃地说，"咱们可以把这一幅叫作《摘要》。咱们可以给这幅油画上的每一样东西都贴上标签。这棵树是高更的手笔。这个角落里的女孩无疑是图鲁兹-劳特累克所作。我可以说，那照耀在小河上的阳光是西斯莱的，色彩是莫奈的，树叶是毕沙罗的，空气是修拉的，而那位中心人物呢？马奈的。"

温森特艰苦地奋斗着。他整日辛勤工作，但当提奥晚上回到家里时，温森特却像小孩子一样受到责骂。提奥只好睡在起居室，这样温森特夜间就没法在那里画画。他同提奥的争论使他神经兴奋得睡不着觉。他长时间地冲着他弟弟高谈阔论。提奥和他争论着,直到由于极度疲劳而睡着,但是灯还在燃烧,温森特也还在激动地做着手势。唯一让提奥能撑持着过下去的,就是想到不久他们便会搬到勒皮克街,在那里他可以有一间自己的卧室,门上还得装一把结实的大锁。

当温森特厌烦了关于自己油画的争论时,他就把晚上的时间用来和提奥讨论艺术、艺术品的生意和做个艺术家的烦恼。

"提奥,我无法理解,"他抱怨着,"你如今身为巴黎一个最大的艺术画廊的经理,可你连自己兄弟的一幅油画都不能展出。"

"那是瓦拉东不让我展出。"

"你做过努力吗?"

"努力过一千次啦!"

"好吧,就算我的画不够好,但是修拉的呢?还有高更的、劳特累克的呢?"

"每次他们把新作的油画拿给我看时,我都曾请求瓦拉东让我在二楼的楼厅悬挂起来。"

"是你在画廊做主还是旁的什么人?"

"哎呀,我只不过是在那里工作罢了。"

"那你就应该离开。那是卑下的,实在卑下。提奥,换了我可忍受不了,我就得离开他们。"

"等吃早饭时再谈这个问题吧,温森特。我劳累了一天,我想去睡了。"

"我不愿等到早饭再说。我马上就要谈。提奥,现在展出马奈和德加的作品有什么好处呢?他们已经被承认了。他们的作品已经开始卖得出去。现在你必须为之奋斗的是那些更年轻的人呀!"

"给我时间!也许再过三年……"

"不!我们不能等上三年。我们应当马上行动起来。哦,提奥,你干吗不辞掉你的差事,开办一家你自己的艺术画廊呢?只要想一想,再也不受瓦拉东、布格罗以及亨纳之流的控制啦!"

"那得要钱,温森特。我一点儿钱也没存。"

"咱们可以设法弄到些钱。"

"你知道,艺术品的生意发展起来是缓慢的。"

"随它慢去。咱们可以日夜工作,直到你可以开业为止。"

"可是在此期间咱们怎么办呢?也不能不吃饭哪!"

"你是在指责我不能自食其力吗?"

"看在老天爷分儿上,温森特,睡觉去吧。我困死啦。"

"我不愿睡,我要知道真相。难道这就是你不离开古比尔的原因吗?因为你得供养我,是吗?说呀,把实话告诉我。我是你的累赘。是我牵扯着你,为了我你才保持着你的职位。要不是为了我,你早就自由了。"

"要是我个儿再大一点儿,或者再强壮一点儿,我就可以把你好好揍一顿。事实上,我可以把高更雇来干这件事。温森特,我的工作现在是,并且永远是在古比尔。你的工作现在是,并且永远是绘画。我在古比尔做的工作有一半儿是属于你的,而你的绘画又有一半儿是属于我的。好啦,从我的床上走开吧,让我睡觉,不然我就去叫警察啦!"

第二天晚上,提奥递给温森特一个信封,说:"今晚你如果没什么事,咱们可以去出席这个宴会。"

"谁设宴?"

"亨利·卢梭。你看看请帖。"

请帖上有两行小诗和一些手绘的花朵。

"他是谁?"温森特问。

"我们都叫他海关官员。他四十岁之前曾是地方海关的收税员。

和高更一样,他常常在星期天作画。几年前他来到巴黎,定居在巴士底附近的工人区。他一辈子没有受过一天相关的教育或者什么训练,但是他画画、写诗、作曲,教工人的孩子拉小提琴、弹钢琴,教老年人绘画。"

"他画什么东西?"

"大多是稀奇古怪的动物,它们从更加怪异的热带丛林中朝外窥视。他去过的最近的丛林,就是布隆尼森林中的动物园。他是个农民,而且天生是个原始派,尽管保罗·高更总是笑话他。"

"你认为他的画怎么样,提奥?"

"唔,我不知道。大家都认为他疯疯傻傻的。"

"是吗?"

"他有点像个孩子,而且是个非常淳朴的孩子。咱们今晚去赴宴会,你就有机会自己做出判断了。他的油画全都挂在墙上。"

"他既然能开宴会请客,那他一定有钱。"

"他也许是当今全巴黎最穷的一个画家了。连他教课用的小提琴都是租的,因为他买不起。他开宴会另有目的,回头你自会明白。"

卢梭住的那幢楼房的住户,都是干体力活儿的工人家庭。他的房间在四层。楼外尖声叫嚷的小孩子满街乱跑;楼道中弥漫着烧饭、洗衣和厕所的混合臭味,浓烈得足以使人窒息。

提奥敲了门,亨利·卢梭应声而来。他身材矮小结实,体格颇像温森特。他的手指又短又粗,脑袋几乎是方的,鼻子和下巴颏儿也是又短又粗,一双大眼睛天真无邪。

"承蒙光临,梵高先生。"他用柔和、谦恭的声调说。

提奥介绍了温森特。卢梭请他们坐到椅子上。房间里色彩丰富,简直就是五色缤纷。窗户上挂着农家那种红白相间的格子布窗帘。四壁布满了画,上面画着野生动物、丛林和令人难以置信的风景。

角落里那磨损了的破旧钢琴旁边，站着四个神情紧张、手拿小提琴的小男孩。壁炉架上摆着卢梭烤的、撒有香菜籽的家常小点心。房间里散放着一些凳子和椅子。

"你是第一个到的，梵高先生，"卢梭说，"评论家吉劳姆·皮勒准备携同伴光临。"

从街上传来一阵喧闹声，夹杂着孩童的尖声叫嚷和行进在石子路上的马车车轮的辚辚声。卢梭冲到门口打开门。悦耳的女人嗓音从下面楼厅传上来。

"快跟上，快跟上，"一个声音隆隆作响，"一只手扶着栏杆，另一只捂着鼻子！"

随着这句俏皮话响起一阵笑声。把这一切听得一清二楚的卢梭，转身朝温森特一笑。温森特觉得自己平生还从未见过一个男人有这样一双清澈、纯洁的眼睛，一双完全摆脱了恶念和怨恨之情的眼睛。

大约十到十二个人拥进了房间。男人身着晚礼服；妇女身着华丽的长袍，脚上是做工精致的鞋，手上戴着长臂白色手套。她们的到来使房间充满了昂贵的香水、高雅的香粉、绸缎和老式花边的香气。

"嗨，亨利，"吉劳姆·皮勒用他那深沉而傲慢的声音嚷道，"你瞧我们来啦。不过我们不能久留。我们还要去参加布罗格列公主的舞会。不管怎么说，你一定要好好款待一下我的客人啊。"

"哦，我要结识他，"一个身材苗条、穿着一件半露胸脯的低开领帝国长袍的褐发女郎热情奔放地说，"只要想想，这是全巴黎都在谈论的大画家哪。您愿意吻我的手吗，卢梭先生？"

"当心，布兰奇，"有人说，"你知道……这些个艺术家……"

卢梭微笑着吻了她的手。温森特缩进一个角落。皮勒和提奥交谈了一会儿。其余那伙人成双作对地在房间里到处走动，评论着不同的画，不时爆发出阵阵笑声。他们指点着卢梭的窗帘、他的那些装饰品，在房间的每个角落搜寻着新的笑料。

"请诸位就座，女士们，先生们，"卢梭说，"我的乐队将演奏一支本人所作的曲子。我已经把它献给了皮勒先生，它的名字是：《拉瓦尔曲》。"

"来呀，大家过来呀！"皮勒高喊，"卢梭打算给咱们表演一下。珍妮！布兰奇！雅克！来坐呀，这可是难得得很。"

四个哆哆嗦嗦的男孩站在一个乐谱架前，校准自己的小提琴的音调。卢梭坐在钢琴前闭起他的眼睛。过了片刻，他说声"预备"，便开始了演奏。这是一首质朴的田园曲。温森特很想听听，但人群中发出的哧哧笑声把乐曲声淹没了。曲终时他们全叫嚷着拍起巴掌来。布兰奇走向钢琴，把手放在卢梭肩上说："曲子是优美的，先生，美极啦。我从来没有这样深受感动过。"

"您过奖了，夫人。"

布兰奇咯咯地笑起来。

"吉劳姆，听见了吗？他以为我是在奉承他呢！"

"现在我将为诸位演奏另一支曲子。"卢梭说。

"配上你的一首诗，唱给我们听听吧，亨利。你不是作了许多诗吗？"

卢梭像个孩子似的咧开嘴笑了。

"很好，皮勒先生，要是你愿意，我就配上一首诗。"

他走到桌前，拿出一沓诗稿，在里面翻找了一遍，挑出一首来。他在钢琴前坐下，开始演奏。温森特认为音乐是出色的，而就他能听清的不多的几句诗来看，诗也极佳，但是把这两样配在一起的效果却相当滑稽。人群高声叫嚷着，拍打着皮勒的后背。

"哎呀，吉劳姆，你这个狗东西！你多滑头！"

音乐奏毕，卢梭到厨房去端来盛在粗笨的杯子中的咖啡递给客人们。他们弄掉点心上的香菜籽，把点心泡进各自的咖啡中。温森特待在角落里吸起烟斗来。

"我说，亨利，给我们看看你新近作的画吧。我们来的目的就是这个。我们一定要在卢浮宫把它们买去之前，在这儿，在你的画室看看它们。"

"我新画了一些有趣的画，"卢梭说，"我可以把它们从墙上取下来给诸位看。"

这伙人围聚桌旁，争先恐后地大肆吹捧着这些作品。

"神笔，简直是神笔！"布兰奇赞叹道，"我一定要给我的小客厅购置一幅。没有它我连一天也活不了！亲爱的大师，这幅不朽的杰作要多少钱呢？"

"二十五法郎。"

"啊，二十五法郎！只要想一想，二十五法郎买一件伟大的艺术品！你愿意为我题上字吗？"

"不胜荣幸。"

"我答应过弗朗索瓦兹给她带一幅去，"皮勒说，"亨利，这是给我未婚妻的。它必须是你所绘制的最优美的一幅画。"

"我知道有一幅准合你意，皮勒先生。"

他取下一幅画，上面画着某种神秘怪诞的动物，从一座神话般的丛林中向外张望。大家朝着皮勒欢呼起来。

"这是什么？"

"一只狮子。"

"这哪是狮子？这是老虎嘛。"

"我告诉你，这是我那个洗衣女工，我认出她了。"

"这一件稍大一点儿，先生，"卢梭亲切温柔地说，"它得要您破费三十法郎哩。"

"它值这个价儿,亨利,它值。有朝一日,我的孙子们会拿这幅精美的油画,卖上三万法郎哪!"

"我要一幅,我要一幅,"其他几个人嚷嚷着,"我得买一幅给朋友们看看。这可是本季最精彩的节目啦。"

"大家走吧,"皮勒喊道,"去舞会该晚了。你们把画也带上。咱们带的这些东西会在布罗格列公主那儿引起轰动的。再见吧,亨利。我们这回玩儿得可真叫快活极了。快点儿举行下次宴会吧!"

"再见,亲爱的大师,"布兰奇说,拿她洒了香水的手帕在他鼻子底下晃了晃,"我永远不会忘记您。您将在我的记忆中永存。"

"别逗他了,布兰奇。"男人中的一个大声说,"不然这个可怜的家伙会整夜睡不着觉的。"

他们吵吵嚷嚷、成群结队地下了楼梯,一路上互相开着玩笑,身后留下的一团团高级香水的云雾与这座楼里的臭味混合在一起。

提奥和温森特走向门口。卢梭站在桌前,低头瞧着那堆硬币。

"你不反对单独一人回家吧,提奥?"温森特轻声说,"我想留下来与他认识一下。"

提奥走了。卢梭没注意到温森特掩好门后,就靠着门站在那儿了。他继续数着桌上的钱。

"八十法郎,九十法郎,一百,一百零五。"

他抬起头,看见温森特正望着自己,那种单纯的、孩子气的神情回到他的眼睛里。他把钱推到一边,站在那儿,傻乎乎地咧开了嘴。

"别装样儿了,卢梭,"温森特说,"我也像你一样,既是农民又是画家。"

卢梭离开桌子,朝温森特走过来,热情地抓住了他的手。

"你弟弟给我看过你画的荷兰农民。那些画画得很好,比米勒的还好。我看过许多许多次了。我钦佩你,先生。"

"卢梭,就在那些人……装傻出丑的时候,我看了你的画。我也很钦佩你。"

"谢谢你。坐下好吗?请用我的烟草装烟斗吧!这是一百零五个法郎,先生。我可以买烟草、食物和画布,接着画下去了。"

他们在桌子两边面对面坐下来,在无言的沉思默想中友好地吸着烟。

"我想你是知道他们管你叫疯子的吧,卢梭?"

"是的,我知道。而且我听说,在海牙,他们也认为你疯了。"

"对,是这样。"

"他们爱怎么想就怎么想吧。我的画有一天会悬挂在卢森堡的。"

"而我的,"温森特说,"将悬挂在卢浮宫里。"

他们从对方的眼睛中看到了彼此心中的想法,情不自禁地放声开心地笑起来。

"他们是对的,亨利,"温森特说,"咱们是疯啦!"

"为了这个,去喝点儿好吗?"卢梭问。

[7] 一个上吊的可怜虫

接下来的星期三,快到晚饭的时候,高更来敲公寓的门。

"你弟弟托我带你去巴蒂格诺莱咖啡馆。他得在画廊工作到晚上。啊,这是些有趣的画。我可以看看吗?"

"当然啦!有几幅是我在布拉邦特画的,其他的是在海牙。"

高更久久地凝视着这些画。好几次他举起手,张开嘴巴,好像要讲话。看来他还不能用确切精练的语言把自己当时的想法表述出来。

"恕我问一句,温森特,"他终于开了口,"你也许是个癫痫病患者吧?"

温森特正在匆匆穿上震惊提奥的那件他从旧货店买来并坚持要穿的羊皮外套,他转过身子,睁大眼睛瞪着高更。

"我是个什么?"他问道。

"癫痫病患者。是那种患有阵发性精神病的人?"

"据我所知,没那回事,高更。你干吗这么问呢?"

"哦……你这些画……它们看起来仿佛就要从画布上跳出来了。当我看着你的作品时——这对我可不是头一次了——我就开始感到一种几乎无法控制的兴奋。我的感觉是:如果你这幅画不爆炸,我肯定会爆炸。你知道你的画让我什么地方最受感动吗?"

"不知道。是哪儿呢?"

"肠子里。我的整个肚子开始抖动。我如此激动和不安,几乎克制不住自己了。"

"也许我可以把它们当作治便秘的药出售。你知道,就在厕所里挂上一幅,每天在一定的时间看看它,如何?"

"说正经的,温森特,我看我是没法跟你的画共处的,用不了一个礼拜,它们就得把我逼疯。"

"咱们走吧!"

他们走到蒙马特尔街,朝克里希林荫大道走去。

"你吃晚饭了吗?"高更问。

"没有。你呢?"

"没有。咱们上巴苔丽饭馆去!"

"好主意。有钱没有?"

"一个子儿也没有。你呢?"

"和平常一样,不名一文。我在等提奥带我出去呢。"

"咄!咄!活见鬼!我看咱们就别吃了。"

"不管怎么着，咱们先上去看看当天特菜是什么。"

他们由勒皮克街上了坡，向右拐入阿贝塞斯街。巴苔丽太太把用墨水草书的菜单钉在门前的一棵盆栽假树上。

"嗯嗯嗯，"温森特说，"青豆小牛肉，这是我最爱吃的菜。"

"我讨厌小牛肉，"高更说，"幸亏咱们不必非吃它不可。"

"真笑话！"

他们信步沿街走下去，走进了高坡脚下那座三角形的小公园。

"嘿，"高更说，"那是保罗·塞尚睡在长凳上。我倒猜不透这个白痴干吗要拿他的靴子当枕头用。咱们把他叫醒吧！"

他从裤子上抽出皮带，折叠成双层，用力往那个睡觉的男人穿着袜子的脚上抽了一下。塞尚一下子从凳子上跳起来，疼得直叫。

"高更，你这个凶恶的虐待狂！你这叫开玩笑吗？有那么一天，你会逼得我把你的头骨砸碎。"

"活该，谁让你把靴子脱掉呢？你干吗要把那双普罗旺斯的脏靴子放在头底下？我倒认为枕着靴子还不如没有枕头好哪！"

塞尚用手轮番揉着两只脚的脚底，然后穿上靴子，嘴里还嘟嘟哝哝地发着牢骚。

"我才不是用它们当枕头呢。我把它们放在头底下，那样就不会有人在我睡觉的时候把它们偷去了。"

高更转向温森特，"瞧他这么说，你准得以为他是个挨饿的艺术家哩。他的父亲拥有自己的银行，还有半个埃克斯昂普罗旺斯[1]也属于他。保罗，这是温森特·梵高，提奥的哥哥。"

塞尚和温森特握了手。

"半小时前我们没看见你真是太可惜了，塞尚，"高更说，"不然你就可以和我们共进晚餐了。巴苔丽那儿备有我平生吃过的最美

---

[1] 埃克斯昂普罗旺斯：法国地名。

味的青豆小牛肉。"

"味道真的好,是吗?"塞尚问。

"那还用问,美极啦!是不是,温森特?"

"当然好呀。"

"这么说,我想我愿意去尝尝。你们陪我去,好不好?"

"我可不知道还能不能再吃得下去一份了。你呢,温森特?"

"我和你的想法差不多。不过,要是塞尚先生非要坚持的话……"

"行行好,高更。你知道我恨单独吃饭。要是你吃够了小牛肉的话,就要点儿别的什么好啦!"

"那么,就依你的。走吧,温森特。"

他们顺原路上了阿贝塞斯街,向巴苔丽饭馆走去。

"晚安,先生们,"侍者说,"选好菜了吗?"

"选好了,"高更应声说,"来三份当天特菜。"

"好的。还要什么酒呢?"

"你来挑酒,塞尚。对这些东西你比我内行。"

"让我来想想,圣埃斯特弗、波尔多、索苔尔内、波恩[1]……"

"你喝过他们这里的波马特酒吗?"高更直率地打断他,"我时常想,这是他们最上乘的酒了。"

"来一瓶波马特酒。"塞尚对侍者说。

高更顷刻间把他那份青豆小牛肉吞进肚里,然后对着刚吃了一半的塞尚转过身。

"顺便说说,保罗,"他说,"我听说左拉那部《作品》,正在大量销售。"

塞尚恶狠狠地迅速瞪了他一眼,厌恶地把他的晚餐猛地推开。

---

[1] 以上均是酒名。

他转向温森特——

"你读过那本书吗,先生?"

"还没有。我刚看完《萌芽》。"

"《作品》是一本坏书,"塞尚说,"写得不真实。此外,这是打着友谊的幌子干下的最卑劣的背叛行为。这本书写的是一位画家,梵高先生,是写的我!爱弥尔·左拉是我最熟悉的老朋友了。我们在埃克斯一起长大,一起上学。仅仅因为他在这儿,我才到巴黎来的。我们,爱弥尔和我,比亲兄弟还亲。我们年轻时一直在计划着怎样肩并肩地成为伟大的艺术家,可现在,他竟对我干下了这样的事。"

"他对你干什么啦?"温森特问。

"嘲笑我,出我的洋相,使我成了全巴黎的笑柄。日复一日,我把我关于光的理论、关于表现表象下的实体的理论以及革新色彩的想法告诉了他。他听我讲述,给我鼓励,引逗我向他敞开心怀。结果原来他一直是在为他要写的书收集材料,好让大家看看我是怎样一个傻瓜。"

他喝干杯中的酒,回身对温森特继续说着,他那双愠怒的小眼睛充满怨恨。

"梵高先生,左拉在这本书里同时写了我们三个人,有我、巴齐依[1]和一个常来马奈画室打扫卫生的可怜的穷少年。这男孩子在艺术上很有抱负,但终因绝望而悬梁自尽。左拉把我描绘成一个空想家,是又一个误入歧途的可怜虫,自以为在革新艺术,但是之所以不因袭传统画法,仅仅在于他压根儿缺乏应有的绘画才能。左拉硬叫我自缢在我的杰作的脚手架上,原因是我最后认识到自己错把疯子的乱涂认作才华。为了和我对比,他安进另外一个来自埃克斯的

---

[1] 巴齐依:1841—1870,法国画家。

艺术家，一个故作多情的雕刻师，虽然此人本是个最平凡的学究式废物，但却被左拉描绘成了伟大的艺术家。"

"这真有趣，"高更说，"你想，左拉还是第一个支持爱德华·马奈在绘画方面革命的。在世的人里，爱弥尔是对印象派绘画尽力最多的人了。"

"是的，他崇拜马奈，那是因为马奈打倒了学院派。但是一旦我想要超过印象派时，他就把我称作傻瓜和白痴了。至于爱弥尔，他是个智力平庸的人和一个可憎的朋友。很久以前，我就不得不断绝与他的往来。他生活得像个该死的资产阶级分子：地板上铺着富丽堂皇的地毯，壁炉架上摆着装饰用的瓶子，有仆人们，有一张供他写他那些大作的雕花木桌。呸！他是中产阶级，比起马奈所敢于做的有过之而无不及。他们在本质上全是资产阶级分子，那两个家伙，所以他们才情投意合，相处得那样融洽。只因为我同他爱弥尔来自同一个城镇，加上他从童年起就熟悉我，他就认为我不可能取得什么大成就。"

"我听说，他几年前曾为你在'落选者画展'上展出的画写过一本小册子。那小册子怎么着啦？"

"爱弥尔把它撕了，高更，就在送交印刷之前撕的。"

"那是为什么呢？"温森特问。

"他担心批评家们会以为，他提携我只是因为和我是老朋友。假如他出版了这本小册子，我就会得到认可了。然而他没出版这本小册子，反倒出版了《作品》。算了吧，这种友情！我在'落选者画展'上展出的画，遭到了百分之九十九的人的讥笑。丢朗-吕厄展出了德加、莫奈和我的朋友吉劳曼的作品，但他们将我拒之门外，就连你的弟弟，梵高先生，也不敢把我的作品陈列到他的二楼楼厅。巴黎唯一愿意把我的画放进他橱窗的画商是唐古伊老爹，但是他，可怜的人，连正饿肚子的百万富翁也不买他的一块面包皮。"

"瓶子里还有波马特酒吗，塞尚？"高更问，"谢谢。我反对左拉让他书中的洗衣妇讲话像真的洗衣妇一样，而当他把她们丢开以后，却又忘了改换他的语调。"

"唉，我在巴黎待够了。我准备回埃克斯，在那里度过余生。那里有一座耸立于洼地上的山。周围的田园风光在山上可以一览无余。在普罗旺斯有着明亮而辉煌的阳光和色彩。怎样的色彩啊！我知道山顶上有一块待售的地皮。那片地上长满松树。我要在那儿建造一间画室，再开辟一个苹果园。我一定要围绕我的领地修一道高高的石墙，我要把玻璃瓶子的碎片嵌入墙头的水泥，从而与世隔绝。而且我决不再离开普罗旺斯了，决不，决不！"

"做隐士，是吗？"高更对着他那杯波马特酒咕哝着。

"是的，做隐士。"

"埃克斯的隐士。曬，多么可爱的称号！咱们最好还是去巴蒂格诺莱咖啡馆吧。这会儿大家一定都到那儿了。"

[8] 艺术与道德

大家差不多都到了。劳特累克前面摆着齐到他下巴那么高的一大摞盘子。乔治·修拉正与安凯坦轻声交谈，后者是个生得干巴瘦长的画家，他在尝试把印象派的画法与日本版画的画法结合起来。亨利·卢梭正从口袋中掏出家制的小甜饼泡到加牛奶的咖啡里，提奥正与两位思想更时髦的巴黎批评家进行热烈的讨论。

巴蒂格诺莱过去算是克里希林荫大道路口的一个郊区。就在这儿，爱德华·马奈把巴黎那些在艺术上与其志趣相投的人物聚到自己周围。马奈去世前，这个"巴蒂格诺莱画派"习惯上每周在咖啡

379

馆聚会两次。勒格罗[1]、封丹-拉图[2]、库尔贝和雷诺阿都是在这儿结识,并搞出他们的艺术理论的,但是如今这个地方已被更年轻的人们所接管。

塞尚看见了爱弥尔·左拉。他走向远处的一张桌子,要了一杯咖啡,避开人群坐在那里。高更把温森特介绍给左拉,接着便在图鲁兹-劳特累克旁边的一把椅子上坐下来。左拉和温森特单独留在他们坐的桌子那儿。

"我看见你是同保罗·塞尚一同进来的,梵高先生。毫无疑问,他跟你谈到我了吧?"

"是的。"

"都谈了什么呢?"

"恐怕你的书伤透了他的心。"

左拉叹口气,把桌子推得离装皮垫的凳子远一点,好让他那大腹便便的身躯更松快些。

"你听说过那种施维宁格疗法吗?"他问,"他们说要是一个人吃饭时什么也不喝,就能在三个月里减轻体重三十磅。"

"我没听说过。"

"写这本关于保罗·塞尚的书,使我在感情上非常痛苦,但是这本书写的字字都是实情。你是个画家。你是不是愿意仅仅因为朋友的肖像使他本人感到不快,就在上面弄虚作假呢?你当然不愿意。保罗是个非常好的人。他是我多年来最亲密的朋友,但是他的作品简直荒唐得可笑。你知道,在我家,我们是非常宽容的,先生,但是我的朋友们一来,我就必须把保罗的油画锁到橱柜里,免得他受人嘲笑。"

---

1 勒格罗:1837—1911,法国画家,后入英国籍。
2 封丹-拉图:1836—1904,法国画家。

"但是他的作品不可能真像你讲的那样拙劣吧。"

"拙劣得很,我亲爱的梵高,拙劣得很!你一幅也没看到过吗?这说明你是轻信的。他画的画像个五岁小孩儿画的。我敢担保他完全疯了。"

"可是高更是崇敬他的。"

"让我伤心的是,"左拉接着说,"眼看着塞尚用这种古怪的方式虚掷年华。他应当返回埃克斯,接过他父亲在银行的职位。这样他还可以有所作为。照这样下去……有一天他得上吊……就像我在《作品》一书中所预言的那样。你读过这本书吗,先生?"

"还没有,我刚读完《萌芽》。"

"是吗?那么你对它有哪些想法呢?"

"我认为这书是继巴尔扎克之后最优秀的作品。"

"对,这是我的杰作,去年在《吉尔·布拉斯》[1]上以长篇连载的形式发表的。我因此赚了一大笔钱。现在这本书已经销出六万册以上。我的收入还从来没有像现在这么多过。我打算扩建我在梅丹的房子,在它的侧翼加盖新房。这本书已经在法国的矿区引起四次罢工和反抗。《萌芽》将会引起一场大革命,这样一来,就得和资本主义告别啦!你画的都是些什么呢,先生……高更说你叫什么来着?"

"温森特,温森特·梵高。提奥·梵高是我的弟弟。"

左拉把他那支刚才在石桌面上乱涂的铅笔放下,凝眸望着温森特。

"奇怪。"他说。

"什么奇怪?"

"你的名字。我以前在哪里听到过。"

---

1 《吉尔·布拉斯》:法国的一家报纸。

"也许是提奥曾跟你提过。"

"他是提过,不过那不是一回事。啊,等一等!那是……那是……《萌芽》!你去过煤矿区吗?"

"去过。我在比利时博里纳日生活了两年。"

"博里纳日!小瓦姆!马卡塞!"

左拉的大眼珠子几乎快要从他那长着胡须的胖圆脸上瞪出来了——

"这么说你是'基督再世'啦!"

温森特脸红了,"你这话是什么意思?"

"我在博里纳日用了五周的时间为《萌芽》收集素材。那些煤黑子曾经讲起一个基督式的人物,他在他们中间做福音传教士的工作。"

"小声点儿,我求求你!"

左拉两手交叉,放在他肥胖的肚子上,往里压着肚皮。

"别害羞,温森特,"他说,"你在那儿所努力完成的事业是值得做的。你只不过是选错了手段。宗教绝不会给人解决任何问题。只有精神上怯懦的人,才相信这种关于来世幸福的许诺,而甘心忍受此生的苦难。"

"我觉悟得太晚了。"

"你在博里纳日过了两年,温森特。你把自己的食物、金钱和衣物都给了别人。你快要把自己累死了。可是你得到了什么?一无所获。他们管你叫疯子,还把你逐出教会。而在你离开时,那里的情况并不比你来时有任何改善。"

"情况反倒更坏了。"

"然而我的手段可以解决这个问题。我写的书将会引起革命。比利时和法国每个识字的矿工都读了我的书。整个地区没有一家咖啡馆或一间穷困的棚屋中,是没有一册翻烂了的《萌芽》的。那些不识字的人请人读了一遍又一遍。已经四次罢工了,还会再来许多次的。全国都起来了。《萌芽》将会创造一个新社会,这是你的宗教做不到的。而我所得到的报酬是什么呢?"

"什么?"

"法郎呀。成千上万的法郎。你陪我喝点儿什么吧?"

劳特累克那张桌子周围的讨论变得激烈起来。大家都把注意力转到那个方向。

"'我的方法'怎么样啦,修拉?"劳特累克一边逐个把手指关节捏得嘎巴作响,一边问。

修拉对这种揶揄并不理睬。他那生得十全十美的五官和平静得犹如戴了假面具似的表情,使人想到的不是一张男子的脸,而是男性美的本质。

"新出了一本关于色彩折射的书,作者是美国人奥格登·洛得。我认为这本书是在赫尔姆霍兹[1]和谢弗勒尔[2]理论基础上的一个进展,尽管它并不像修佩维里的书那样富于刺激性。你们大家读了这本书是会有所收益的。"

"关于绘画的书籍我是不读的,"劳特累克说,"我把这种事留给外行去干。"

修拉解开他那黑白格外套的纽扣,整理了一下他那点缀着圆点的蓝色大领结。

"只要你是凭猜测调配颜色,你自己就是外行。"他说。

"我不是猜测。我生来就知道。"

"科学只是一种方法,乔治,"高更插话了,"在使用颜色上,我们已经由于多年的艰苦工作和试验而变得科学化了。"

---

[1] 赫尔姆霍兹:1821—1894,德国物理学家、心理学家和解剖学家。
[2] 谢弗勒尔:1786—1889,法国色彩学家。

"那还不够，我的朋友。当今时代的趋势，是向客观的艺术创作发展。乞助于灵感、从试验和谬误中取得经验的日子，已经一去不复返了。"

"我读不了那些书，"卢梭说，"它们让我头疼。读完后我得去画上一整天才能治好这头疼。"

一阵哄堂大笑。安凯坦转向左拉，说："你看到今晚报纸上对《萌芽》的攻击了吗？"

"没有。报纸上怎么说的？"

"那位批评家认为，你是十九世纪最不道德的作家。"

"这是他们的老调子啰。难道他们就不能用点儿别的什么攻击我吗？"

"他们是对的，左拉，"劳特累克说，"我觉得你的书都是淫秽的。"

"你对淫秽的东西当然懂行啰！"

"这回让人抓住了吧，劳特累克！"

"伙计，"左拉叫道，"给大家都斟上酒。"

"咱们今天算倒霉了，"塞尚对安凯坦嘟哝着，"要是爱弥尔花钱买酒请客，那就意味着你得听上一个钟点的训话。"

侍者送上酒来。画家们点起烟斗，围拢过来。煤气灯的光圈照亮了房间。其他桌上低声谈话的嗡嗡声模糊不清。

"他们认为我的书不道德，"左拉说，"出于同样的理由，他们认为你的画也是不道德的，亨利。公众无法理解，艺术是不能用道德标准来评判的。艺术是超道德的，生活亦是如此。在我看来，淫秽的画或书籍是没有的，有的只是想象力贫弱和技巧拙劣的作品。图鲁兹-劳特累克笔下的妓女是道德的，因为他表现了藏在她外表下面的美；而布格罗笔下的贞洁的乡村姑娘是不道德的，因为她显得矫揉造作，而且甜腻腻得使你只瞧上一眼就会为之作呕！"

"是的，说得对。"提奥点着头。

温森特看得出来，这些画家之所以尊重左拉，并非由于他已获得成功——他们鄙视那种普通含义的成功——而是由于他是用一种在他们看来既神秘又难于掌握的手段进行创作的。他们仔细地听他讲话。

"普通人脑是按二元论的方法进行思考的，明与暗、甜与酸、善与恶。在自然中这种二元论是不存在的。世上既无善也无恶，只有存在和行动。我们描绘动作时就是在描绘生活；我们咒骂这个动作（例如堕落或者淫秽）时，我们就陷入到主观偏见之中了。"

"喂，爱弥尔，"提奥说，"如果没有了道德标准，公众会怎么做呢？"

"道德像宗教一样，"图鲁兹-劳特累克接过来说，"它是一种药剂，可以使人们闭眼不看他们生活中冠冕堂皇而实质庸俗不堪的地方。"

"你的超道德不过是无政府主义罢了，左拉，"修拉说，"而且还是虚无论者的无政府主义。从前已经有人尝试过，但那是行不通的。"

"当然啰，我们必须遵守某些道德准则，"左拉表示赞同，"社会福利需要个人做出牺牲。我并不反对讲道德，我反对的只是那种对《奥林匹亚》深恶痛绝，并希望莫泊桑的作品受到查禁的假正经。我可以肯定地说，今日法国的道德仅限于性感带的问题。让人们和他们喜欢的人去睡吧，我知道有一种更高的道德。"

"这使我想起几年前我做东请客的一次晚餐。"高更说，"我邀请的客人中有个男人说：'你知道，我的朋友，我不能携妻子来赴那些有你情妇在场的晚餐。''很好，'我回答，'我今晚打算把她支出去。'晚餐结束后，他们全都回家了，咱们这位贞洁的夫人，尽管她一晚上都呵欠连天，此刻却来了精神，她对丈夫说：'咱们干那个之前，先说些叫人快活的粗话吧！'可是她丈夫却说：'咱们还是什么也别干，光说话吧。今晚我吃得太多了。'"

"这完全说明问题！"左拉大声嚷着，压倒了别人的笑声。

"先把伦理学的问题搁一搁，还是回到艺术的道德这个问题上来吧。"温森特说，"虽然至今还没有人认为我的画是淫秽的，但是总是有人指责我犯有一种更为严重的不道德罪，那就是丑陋。"

"你这一下说到了点子上，温森特。"图鲁兹-劳特累克说。

"对，在公众看来，那就是这种新的不道德的本质。"高更表示同意，"你知道这个月的《法兰西信使》称咱们是什么吗？说咱们是丑陋崇拜。"

"同样的抨击也落到我头上了，"左拉说，"几天前，一位伯爵夫人对我说：'我亲爱的左拉先生，像您这样具有非凡才华的人，为什么一定要把石头翻开，去看那下面蠕动的蛆虫呢？'"

劳特累克从口袋里掏出一张剪下来的旧报纸。

"听听这位批评家对我在上届'独立沙龙'上展出油画的评价吧：'图鲁兹-劳特累克也许会因其对描绘粗俗无聊的寻欢作乐以及"下流主题"的嗜好而受到谴责。他看来对于美丽的容颜、漂亮的体形和优雅的姿势毫无兴趣。确实，他是用充满爱意的笔去描绘那些畸形、矮胖、丑陋得让人恶心的人物的，不过这种一反常态的做法有什么益处呢？'"

"弗朗士·哈尔斯的再现。"温森特喃喃地说。

"是啊，他批评得不错。"修拉说，"你们这些人要不是变态，至少也是误入歧途。与艺术相关的是色彩、构图和色调之类抽象的东西。艺术不应用来改良社会，或者用于搜寻丑恶的东西。绘画应当像音乐那样脱离日常生活的世界。"

"维克多·雨果是去年死的，"左拉说，"一代文明也随他而去。

那是一种注重优美的姿态、热衷于风流韵事、充满狡黠谎言和巧妙遁词的文明。而我的书却代表着新的文明，这是二十世纪超道德的文明。你们的绘画也是如此。布格罗如今依然拖着身躯在巴黎到处走动，不过在爱德华·马奈展出《草地上的午餐》时他便生了病，而在马奈完成《奥林匹亚》那天他就死了。好吧，如今马奈已溘然长逝，杜米埃也不在了，但是我们还有德加、劳特累克和高更继承他们的工作。"

"把温森特·梵高的大名也加上。"图鲁兹-劳特累克说。

"把他的名字列在首位。"卢梭说。

"好极了，温森特，"左拉笑着说，"你已被提名进入丑陋崇拜榜啦。你接受这项提名吗？"

"哎呀，"温森特说，"我恐怕生下来就是了。"

"让我们把我们的宣言确定下来吧，先生们。"左拉说，"首先，我们认为：一切真实的东西，不管其表面看起来多么丑，都是美的；我们接受大自然的一切，不得有所摈弃；我们相信，触目的真实比漂亮的谎言要美，尘世生活比巴黎所有沙龙中的生活有更多的诗意；我们认为痛苦是有益的，因为在一切人类情感中它是最为深刻的；我们认为性是美的，即便当事一方可能是妓女；我们更看重个性，超过丑陋；更看重痛苦，超过漂亮；更看重粗陋而严酷的现实，超过法国全部财富的价值。我们全盘接受生活，无须在道德上加以评断。我们认为娼妓和伯爵夫人，看门人和将军，农民和内阁部长都是一样的，因为他们全都符合自然的要求，都是生活的组成部分。"

"举起杯来，先生们，"图鲁兹-劳特累克大声喊，"为超道德、为丑陋崇拜而干杯！愿它使我们这个世界得到美化和新生！"

"胡说八道！"塞尚说。

"我看也是瞎扯。"乔治·修拉说。

[9] 唐古伊老爹

六月初,提奥和温森特搬进了蒙马特尔的勒皮克街54号新寓所。这所房子离拉瓦尔街很近,他们只要走上蒙马特尔街,过不了几个街区就到克里希林荫大道了,然后沿着曲曲弯弯的勒皮克街,途经拉加莱特磨坊,就几乎走到属于乡野的那一部分高坡上了。

他们那套房子在三楼,里面有三个房间,还有一个小储物间和一个厨房。起居室由于有提奥漂亮的老式柜橱、路易·菲利普式的家具以及一个保护他们抵御巴黎寒冷天气的大炉子而显得舒适惬意。提奥颇有理家的才能。他喜欢把一切都安排得井井有条。他的卧室在起居室隔壁。温森特睡在小储物间里,小储物间的后面就是他的画室,这是一间和普通房间一样大的房子,只有一个窗户。

"你不必再去科尔蒙那里画画了,温森特。"提奥说。他们正在起居室把那些家具摆了又摆。

"是啊,谢天谢地,不用啰。可是我还需要画一些女裸体。"

提奥把沙发放在柜橱对面的房间另一头,然后用挑剔的目光打量着房间。"这些日子,你还没画过一幅完整的用色彩的画呢,是不是?"他问。

"是的。"

"为什么不画?"

"画有什么用?等到我能调配好颜色……你愿意把这只扶手椅放在哪儿?放在灯下,还是靠着窗户?不过如今我有一间自己的画室了……"

第二天一早,太阳出来时温森特便起床了。他在新画室摆上画架,把画布放在框架上,又把提奥给他买的崭新的调色板准备好,并把画笔泡软。提奥起床的时间到了，他摆好咖啡，下楼到甜食店买来新鲜香甜的牛角面包。

甚至隔着餐桌，提奥也能觉察出温森特狂热的兴奋。

"喂，温森特，"他说，"你已经学习了三个月。噢，我不是指在科尔蒙那里，我指的是在巴黎这个大学校！你已见识过三百年来欧洲所有最重要的绘画。现在你已准备……"

温森特推开吃了一半的早餐，跳起身，"我想，我得开始……"

"坐下，把你的早餐吃完。你还有大量的时间。什么都不用你操心，我要给你买来成批的颜料和画布，这样你手头就总有许多供你用的。你最好也去把你的牙治一治，我要叫你完全恢复健康。不过，你作画时千万要慢一点儿、小心一点儿啊！"

"别废话了，提奥。我做事情的时候从来慢过、小心过吗？"

提奥当晚回家时，又发现温森特在发火。在最可悲的处境中，他曾经用了六年时间不断改进自己的技术；现在，一切都给他弄得很舒适，他却如此无能，这让他觉得丢脸。

直到十点钟，提奥才设法使他安静下来。他们出去吃饭时，温森特的自信心有些恢复了，然而提奥却累得面色苍白，疲惫不堪。

随之而来的几个星期，对于他们双方都是一场磨难。每当提奥从画廊归来，他都发现温森特正在发火，而他发火的方式千变万化，每次都不一样。提奥房门上的大锁无济于事，温森特坐在他床边与他一直争论到次日凌晨。要是提奥睡着了，温森特就摇他的肩膀，把他叫醒。

"别在地板上踱来踱去的，安静坐一会儿吧，"一天晚上，提奥央求着，"也别喝那种该死的苦艾酒了。高更改进他的色彩也不是这样的。听我说，你这个讨厌的傻瓜，你必须给自己一年的时间，才能开始用有判断力的眼光看你的作品。你把自己弄病了有什么好处呢？你一天天消瘦了，而且变得神经质。你知道，在这样的情况下,你是画不出好作品的。"

巴黎炎热的夏季来临。火辣辣的太阳灼烤着街道。巴黎人坐在自己喜爱的咖啡馆前面,呷着冷饮,直至深夜一两点钟。蒙马特尔高坡鲜花盛开,万紫千红。横贯全市的塞纳河波光闪闪,在两岸绿树和一片片给人以凉意的绿茵间蜿蜒流过。

温森特每天上午都肩背画架去寻觅他要描绘的景物。在荷兰,他从来不知道会有这样火热、这样久久地照射大地的太阳,也从来没见过这样纯而浓烈的颜色。差不多每天晚上他作画归来,都赶上参加关于古比尔楼厅的热烈讨论。

一天,高更来帮助他调配颜料。

"你从谁那儿买这些颜色的?"他问。

"是提奥成批买来的。"

"你应当光顾一下唐古伊老爹。他那儿的价格在巴黎是最便宜的,而且,要是你没钱,他就赊给你。"

"这个唐古伊老爹是什么人?我以前听你提到过他。"

"你还没见过他吗?老天爷,那你可一刻也不要再耽搁了。在我见过的人里面,你和老爹是仅有的两个真心信仰共产主义的人。戴上你那顶漂亮的羊皮帽子,咱们到克劳泽尔街去。"

在他们顺勒皮克街盘坡而下的途中,高更讲述了唐古伊老爹的故事:"他来巴黎之前是个泥水匠。在爱德华[1]家里时,他做磨颜料的工作,后来在高坡的一个地方找了个看门的差事。现在他的老婆照看那房子,他则开始在这个地区贩卖颜料。他遇到了毕沙罗、莫奈和塞尚,由于他们喜欢他,我们也全都开始从他那儿买颜料了。他参加了上一次共产主义者的起义。有一天,他在站岗时睡着了,

---

1 爱德华:法国印象派画家马奈的名字。

一队凡尔赛士兵袭击了他的岗哨。这个可怜的人不忍心朝另一个人开火，就扔掉了手中的毛瑟枪。因为那次叛变行为，他被判在布雷斯特的船上服两年苦役，不过我们把他救出来了。

"他攒了一点儿钱，在克劳泽尔街上开了这家小店。劳特累克为他把铺面漆成了蓝色。在巴黎，他是头一个展出塞尚油画的人。从那时起，我们的画就都放他那儿了。他从来也不卖一幅画。啊，他从不卖！你知道，老爹是个非常热爱艺术的人，但是他穷，买不起画。所以他把油画陈列在他的小店里，这样他就能整天生活在绘画之中了。"

"你的意思是，如果有人出高价购画，他也不愿意卖吗？"

"那当然不卖了。他只要那些他喜爱的画，而且一旦他爱上了哪幅画，你就甭想再从他店里弄走了。有一天，我在他那儿看见有个衣着讲究的男子走进来。他对塞尚的一幅画表示赞赏，并打听它卖多少钱。换了巴黎随便哪个画商，都会为能以六十个法郎出售这幅画而欣喜，但唐古伊老爹却久久地望着那幅画，然后说：'啊，是的，是这一幅。这是一幅特别出色的塞尚作品。我不能以六十法郎的价格卖掉它。'等那男人走了，老爹从墙上取下那幅画，含着泪把它抱在胸前。"

"那么，让他陈列你们的作品有什么好处呢？"

"啊，唐古伊老爹是个怪人。对于艺术，他只知道怎样研磨颜料。可是他对于真正的作品，却有一种万无一失的识辨力。如果他向你要一幅画，你就给他，那将会是你正式迈进巴黎艺术之门的第一步。这就是克劳泽尔街，咱们拐进去吧。"

克劳泽尔街只有一个街区，它与德马特尔街和亨利·莫尼尔街相连。这里满街都是小商店，商店上面二层或三层是装有白色百叶窗的住宅。唐古伊老爹的商店正好在女子初等学校的马路对面。

唐古伊老爹正埋头看一些在巴黎日益变得时兴起来的日本版画。

"老爹,我带来一位朋友——温森特·梵高。他是个热衷于共产主义的人。"

"欢迎你到我的店里来。"唐古伊老爹用温柔的、几乎带着女人气的声音说。

唐古伊小小的个子,面孔短而肥胖,有一双像友善的狗那样热诚的眼睛。他戴了一顶宽檐草帽,帽檐拉下来压在眉毛上。他的胳膊和手都是又短又粗,胡子乱糟糟的,右眼比左眼大。

"你真是个共产主义者吗,梵高先生?"他腼腆地问。

"我不知道你所谓的共产主义是什么含义,唐古伊老爹。我认为每个人都应当尽其所能地去做他最喜爱的工作,并且得到他所需要的一切作为他工作的报酬。"

"就是你说的那样简单。"高更笑着说。

"哎,保罗,"唐古伊老爹说,"你在股票交易所工作过。你说,是不是钱使人变成了牲畜呢?"

"是的,有时是这样,还有时是由于缺钱。"

"不,从来没有缺钱一说,只是缺乏食物和生活必需品罢了。"

"的确是这样,唐古伊老爹。"温森特说。

"我们的朋友保罗,"唐古伊说,"鄙视那些赚钱的人,而且也鄙视我们,但那却是因为我们赚不来钱。不过,我宁肯属于后面的那个阶级。谁要是每天的生活费在五十生丁以上,他准是个无赖。"

"那么,就是需要迫使我具有了美德,"高更说,"唐古伊老爹,你再赊给我一点儿颜料好吗?我知道我欠了你一大笔账,可是我没法工作了,除非……"

"好吧,保罗,我愿意赊给你。要是我对人们的信任少一点儿,而你对人们的信任多一点儿,那咱们双方就都会觉得日子好过一些了。你答应我的那幅新作的画呢?也许我能把它卖出去,赚回我的颜料钱吧。"

高更朝温森特挤了一下眼,"我会给你带两幅来,老爹,你可以把它们并排挂起来。好了,你是不是给我一管黑的、一管黄的……"

"还了你的账,才可以再买颜料!"

——三个男人同时转过头来。唐古伊太太砰地把通往他们住房的门关上,走进店里来。她是个瘦小结实的女人,有一张不招人喜欢的干瘦面孔和一双严厉的眼睛。她冲着高更大发雷霆。

"你以为我们是从事慈善事业的吗?你以为我们可以拿唐古伊的共产主义当饭吃吗?把你的账单还清,你这个流氓,要不然我就叫警察来对付你!"

高更露出最动人的笑容,拿起唐古伊太太的手殷勤地吻了一下。

"啊,赞蒂佩[1],今天早上您的样子真是迷人啊!"

唐古伊太太虽然不懂这个英俊的蛮家伙为什么总叫她赞蒂佩,她却喜欢这几个字的发音,因而以为在受恭维。

"你以为你能把我哄住,你个二流子。我拼了命磨出这些造孽的颜料来,你倒来把它们偷走。"

"我亲爱的赞蒂佩,别对我这么狠心。您有一个艺术家的灵魂。我能看见它展现在您可爱的面庞上。"

唐古伊太太抄起围裙,仿佛要把那个艺术家的灵魂从脸上擦掉。"呸!"她大声说,"一家有一个艺术家就够了。我猜他告诉你们了,他一天只要五十个生丁维持生活。你们说,要是我不给他挣来这份儿钱,他上哪儿去弄这五十个生丁?"

"可不是,全巴黎都说您又漂亮又能干,亲爱的太太。"

他弯下身,又一次用嘴唇在她青筋暴露的手上吻着。她软下

---

[1] 赞蒂佩:古希腊哲学家苏格拉底的妻子,据传是个泼妇。

来了。

"好吧,你虽然是个无赖,还是个马屁精,不过这次还能给你一点儿颜料——只是别忘了还你的账。"

"就冲着您这样的好心眼儿,我可爱的赞蒂佩,我一定得给您画幅像。有朝一日,这幅像会挂在卢浮宫里,使咱俩一块儿名传千古、永垂不朽哩!"

大门的小铃铛响了,一个陌生人走了进来。"您的橱窗里挂的那幅画,"他说,"那幅静物画,是谁的作品?"

"保罗·塞尚的。"

"塞尚?没听说过。那画卖不卖?"

"啊,不,哎呀,它已经……"

唐古伊太太匆匆脱下她的围裙,推开唐古伊,赶紧跑到那人跟前——

"当然是要卖的啦!那是一幅优美的静物画,是不是,先生?您以前看见过像这样的苹果吗?先生,既然您赏识它,我们可以廉价卖给您。"

"多少钱?"

"多少钱,唐古伊?"太太问着,声音里带着威胁。

唐古伊强自忍气吞声,"三百……"

"唐古伊!"

"两百……"

"唐古伊!"太太提高了嗓门。

"啊,一百法郎。"

"一百法郎?"陌生人说,"就为了一个不知名的画家?恐怕要得太多了吧。我只打算花二十五个法郎左右。"

唐古伊太太把那幅油画从橱窗里拿出来。

"瞧,先生,这是一幅大画。您只想花二十五,二十五只能拿走画上的一只苹果……"

那男人对着油画端详了一会儿,说:"好吧,可以这么着。就按油画全长把这只苹果剪下来吧,我要它。"

太太跑回她的房间,拿了一把剪刀,把边上的一只苹果剪了下来。她用一张纸把苹果包好,递给那男人,收下了二十五个法郎。那男人把纸包夹在胳膊底下出去了。

"这是我最喜爱的一幅塞尚的画,"唐古伊呜咽着,"我把它放在橱窗里,那样人们就能看它一会儿,然后快乐地离去。"

太太把那幅残缺不全的画放在柜台上。

"下回有谁想买塞尚的画,可又没有许多钱,那就卖他一只苹果。能赚多少算多少,它们反正没什么用。塞尚画了那么多的苹果。你别笑,保罗·高更,对你也一样。我打算把你那些油画从墙上取下来,把你的那些裸体的野蛮女人全都五法郎一个地卖出去。"

"我心爱的赞蒂佩,"高更说,"咱们这辈子真是相见恨晚啦。如果在股票交易所你是我的合伙人就好了,如今法兰西银行肯定就是咱俩的啰。"

等太太退到后面她的住房里,唐古伊老爹对温森特说:"你是个画家,先生。我希望你将来在这儿买颜料。也许,你会让我看一些你的画吧?"

"我很乐意让你看。啊,那是些可爱的日本版画。你打算出售吗?"

"是的。自从龚古尔兄弟开始收集这些版画以来,日本版画在巴黎已经变得很时髦了。它们对咱们的青年画家们影响很大。"

"我喜欢这两张。卖多少钱?"

"三法郎一张。"

"我买了。哎呀,天哪,我忘了,今儿早上我已经花掉了最后一个法郎。高更,你有六个法郎吗?"

"别开玩笑。"

温森特遗憾地把这两张日本版画放回到柜台上。

"我恐怕只好放弃它们了,唐古伊老爹。"

唐古伊老爹把版画放回温森特手里,抬头望着他,和善亲切的脸上带着羞涩热诚的笑——

"你的工作需要这个。请拿去吧。你可以下次再付我钱。"

[10] "小林荫道"

　　提奥决定为温森特的朋友们举办一次宴会。他们特备了四打煮鸡蛋,买来一小桶啤酒,装了数不清多少盘的奶油蛋卷和饼干。起居室烟雾弥漫,当高更从房间一端走向另一端时,他那魁梧的身影就像一艘穿过浓雾的远洋客轮。劳特累克自个儿坐在一个角落里,在提奥心爱的扶手椅上磕着鸡蛋,随手把蛋皮扔在地毯上。卢梭正为他那天收到的一封洒过香水的便笺激动不已,这是一位仰慕他的女士约他见面的信。卢梭翻来覆去地讲着那件事,眼睛由于惊异睁得大大的。修拉正在设想一种新的理论,把塞尚扣留在窗旁不放,向他进行解释。温森特从桶里往外倒啤酒,他笑着高更那些淫秽的故事,猜测着卢梭的女友可能是谁,同劳特累克争论着在表现一个印象时是色点还是线条更有力,最后把塞尚从修拉的控制中解救了出来。

　　房间里充满了慷慨激昂的气氛。在场的全都是个性很强的人,是狂热的自我中心主义者和激烈地反对因循守旧的人。提奥管他们叫作偏执狂。他们喜欢争论,爱斗好骂,捍卫他们自己的理论,诅咒其余的一切。他们的嗓门又高又粗,世上遭到他们厌恶的事物多得很。即使是一间相当于提奥起居室二十倍的大厅,也还是容纳不下这些正在激战中的粗嗓门画家那种充沛的活力。房间里那种使温森特激动得手舞足蹈、口若悬河的骚乱，却使提奥头痛欲裂。这样刺耳的喧嚣与提奥的性情完全不符，但他却非常喜欢房间里的这些人。不就是为了他们，他才去同古比尔展开这场无声的、没完没了的斗争的吗？然而，他觉得他们这种粗野的大声吵闹的性格与他的本性格格不入。在提奥的身上很有一点女性的味道。图鲁兹-劳特累克有一回带着他那一贯尖酸刻薄的幽默说：

"真太遗憾了，提奥是温森特的弟弟。他本来会成为他的一个多么令人满意的妻子啊！"

提奥觉得出售布格罗的作品，就像让温森特去画它们那样不合口味。但是，如果他出售了布格罗的作品，瓦拉东就会允许他展出德加的作品。有一天，他还可以说服瓦拉东，让他悬挂一幅塞尚的作品，然后是高更或劳特累克的，而最后，在遥远的某一天，还会挂上一幅温森特·梵高的……

他最后看了一眼这间充满叫嚷声、争论声与腾腾烟雾的房间，悄悄地溜出前门，朝高坡走去，在那儿他独自一人凝望着展现在面前的巴黎灯火。

高更正在与塞尚争论。他一只手拿着一个煮鸡蛋和一个奶油蛋卷，另一只手舞着一杯啤酒。他曾吹牛他是巴黎唯一能嘴里叼着烟斗喝啤酒的人。

"你的油画是冷的，塞尚，"他嚷着，"像冰一样冷，只要看看它们就能把我冻僵。在被你涂抹了颜色的好几里长的画布上，连一盎司的情感也没有。"

"我不想去画情感，"塞尚反驳道，"我把这事留给小说家去干。我只画苹果和风景。"

"你不画情感是因为你画不出来。你用眼睛画，那就是你画画用的东西。"

"别人是用什么画的呢？"

"用各种各样的东西。"高更迅速扫了一眼房间，"劳特累克，喏，是用他的脾气画，温森特用他的心。修拉用他的脑，这和你用眼睛画一样糟糕。而卢梭则是用他的想象。"

"你用什么画呢，高更？"

"谁，我吗？我不知道，从来没想过。"

"我告诉你吧，"劳特累克说，"你是用你的生殖器画。"

待朝着高更发出的哄笑声平息下来，修拉坐到长沙发的扶手上喊道："你们可以嘲笑一个用脑作画的人，然而恰恰就是它，帮助我发现了怎样才能使咱们的油画加倍见效。"

"难道还得叫我再听你吹一遍牛？"塞尚抱怨着。

"塞尚，把你的嘴闭上！高更，别满屋子乱跑了，找个地方坐下来。卢梭也甭讲你那个崇拜者的讨厌故事了。扔给我一个鸡蛋，劳特累克。温森特，给我一个奶油蛋卷行吗？好了，听我说，诸位！"

"修拉，你要说什么？从那个家伙在'落选者画展'上冲着你的油画吐唾沫以来，我还没见过你这么激动哩！"

"听着！什么是今天的绘画？光。哪一种光？渐变的光。相互交融的色点……"

"那不是绘画，那是点彩法！"

"看在上帝的面上，乔治，你是不是又要向我们炫智啊？"

"闭上你的嘴！我们画好一幅油画后，接下来干什么呢？我们把它转交给某个傻瓜，再由他把画放进一个可恶的金画框，从而把所有效果都糟蹋个干净。现在我建议，除非由咱们自己把画装进画框，并把画框漆好，使它成为画面的一个组成部分，否则永远也不把画撒出手。"

"可是，修拉，你的话还没说完。每一幅画都得挂在一个房间里。要是房间的颜色不对头，那就会把画，连同那画框一块儿毁了。"

"不错，干吗不把房间漆成和画框相配的颜色呢？"

"好主意。"修拉说。

"那房间所在的那所房子怎么办呢？"

"还有那所房子所在的那座城市。"

"唉，乔治呀乔治，你可真是想入非非。"

"这就是你用脑子画画的结果。"

"你们这群白痴之所以不用脑子画画，那是因为你们一点儿脑子也没有！"

"看看乔治的脸，诸位。快！这回咱们可真把科学家给惹恼了。"

"你们这些人干吗总是打内战？"温森特问道，"干吗你们不试试一起干呢？"

"你是咱们这一群人中的共产主义者，"高更说，"请你告诉我们，如果我们一起干，那会有什么结果呢？"

"很好，"温森特说，一边把一个蛋黄投进口中，"告诉你们，我想好了一个计划。我们都是无名的小人物。如今马奈、德加、西斯莱和毕沙罗已经在前面为我们铺了路。他们已得到认可，作品也在大的画廊中展出了。好吧，他们是'大林荫道'的画家，我们只好到旁边的街上去。咱们就算是'小林荫道'的画家吧，那干吗不到旁边街上的小饭馆——工人的饭馆——去展出咱们的画？大家都捐献，就说每人捐五幅油画吧。每天下午我们都去把它们挂到一个新地方。这些画咱们可以按工人出得起的价钱出售。这不仅可以让大家的作品时常与公众见面，还能让巴黎的穷苦人欣赏到优秀的艺术，并且花不了几个钱就能买到优美的画。"

"啊，"卢梭吸了一口气，激动得睁大了眼睛，"那太妙了！"

"我完成一幅画得一年,"修拉喃喃地说,"你以为我打算为了五个子儿就把它卖给随便哪个臭木匠吗?"

"你可以捐献你的小张习作。"

"对,可要是饭馆不要咱们的画呢?"

"他们当然会要的。"

"为什么不要?这用不着他们费什么事,还能使他们那里变得美丽。"

"咱们怎么去办这件事呢?谁去找饭馆呀?"

"我全都想好了,"温森特喊道,"让唐古伊老爹做经理。他管找饭馆、挂画和收钱。"

"没问题,他正合适。"

"卢梭,行个好,去唐古伊老爹家一趟,告诉他有重要的事要他来。"

"你们可以不把我算在计划内。"塞尚说。

"怎么回事啊?"高更说,"害怕你那可爱的画让工人的眼睛弄脏了不成?"

"不是这个。我打算月底回埃克斯了。"

"就试这一回吧,塞尚,"温森特恳求着,"要是这件事不成功,你也没什么损失。"

"嗯,好吧。"

"等在饭馆展览完了,"劳特累克说,"还可以去妓院展出。蒙马特尔的夫人们大部分我都认识。她们那儿的顾客境况好些,我想咱们可以得到更高的价钱。"

唐古伊老爹跑进来,情绪十分激动。卢梭只是把发生的事情向他扼要说了说。他的圆草帽歪戴着,短而肥胖的小脸由于急不可待的热忱而容光焕发。

唐古伊听完计划就喊起来:"对,对,我知道一个最合适的地方，诺文饭馆。饭馆主人是我的一个朋友。他那儿的墙上没东西，他准会喜欢你们去。等在那儿展览完了，我还知道彼埃尔街上的另外一家。啊，巴黎有成千上万的饭馆。"

"'小林荫道俱乐部'的首届展览，预定在什么时间举行呢？"高更问。

"干吗往后拖？"温森特询问着，"干吗不明天就开始呢？"

唐古伊用一只脚跳了几下，摘下帽子，然后又扣到头顶上——

"对，对，明天！明天上午把你们的画给我带来。下午我就把它们挂到诺文饭馆去。等人们来吃晚饭时，一定会引起轰动的。咱们将像出售复活节的圣烛一样出售那些画。你给我的是什么呀？一杯啤酒吗？好！先生们，为小林荫道的共产主义艺术俱乐部干一杯，预祝首届展览取得成功！"

[11] 为工人的艺术

次日中午，唐古伊老爹敲着温森特寓所的门。

"我已经告诉了所有的人，"他说，"咱们得在诺文饭馆吃晚饭，才能被许可在那儿办展览。"

"完全可以。"

"好。别的人已经都同意了。咱们到四点半才能把画张挂起来。你能不能在四点钟到我店里来？大家一块儿去。"

"我准时到。"

他到达克劳泽尔街上的蓝色画店时，唐古伊老爹已经在把油画往手推车上装了。其余的人在店里一边抽烟，一边议论日本版画。

"那么，"老爹嚷道，"大家动身吧。"

"我可以帮你推车吗，老爹？"温森特问。

"不用，不用，我是经理嘛。"

他把车推到马路中间，开始了漫长的爬坡。画家们两两并排，跟在后头。最前面的是高更和劳特累克，他俩爱在一起，是因为他们凑在一起构成的画面滑稽有趣。修拉在听卢梭嘀咕，后者由于下午收到了第二封洒着香水的信而激动万分。温森特和塞尚殿后，塞尚在生气，嘴里不停地念叨着"尊严""体面"一类的话。

"喂，唐古伊老爹，"上了一段坡，高更开口了，"这车沉甸甸的，装满了不朽的杰作。让我来推一会儿吧！"

"不，不，"老爹在前面跑着，大声说，"我是这场革命中的扛旗人。我愿意在打第一枪的时候就倒下去。"

这些穿着形形色色古怪服装的男人，跟在一辆普通手推车后面，在马路中间走着，组成了一幅可笑的画面。他们没有留心好奇的行人投来的目光，只管兴致勃勃地高声说笑。

"温森特，"卢梭喊着，"我还没告诉你今天下午我收到的那封信吗？也是洒过香水的。同一位女士寄来的。"

他跑到温森特身旁，挥舞着胳膊，把那个冗长的故事从头到尾又讲了一遍。等他终于讲完，并回到修拉旁边去后，劳特累克叫住温森特。

"你知道卢梭的那位女士是谁吗？"他问。

"不知道，我怎么知道？"

劳特累克诡秘地笑着，"那是高更。他在替卢梭制造一场恋爱事件。这个可怜的人，从来没有交过一个女人。高更准备供给他两个月的洒香水的信，然后再与他约会。他将穿上女人的衣服，在蒙马特尔一间有窥视孔的房间里与卢梭见面。我们打算全到那个窥视孔去观看卢梭第一次求爱。那一定非常可笑。"

"高更，你这个恶魔！"

"噢，得了吧，温森特，"高更说，"我可认为那是个绝妙的玩笑。"

他们终于到了诺文饭馆。那是个很朴素的地方，夹在一座酒店和一座供应马料的栈房当中。饭馆外面涂着黄清漆，里面的墙是淡蓝色。有大约二十张蒙着红白格桌布的方桌。在里头靠近厨房门那儿，有个供饭馆主人用的隔间，隔板高高的。

这些画家整整用了一个钟头争论哪幅画应当挨着哪幅画。唐古伊老爹几乎都快气得发狂了。饭馆主人也生气了，因为晚饭的时间就快到了，可饭馆里还是乱七八糟。修拉干脆拒绝把他的画挂上去，因为墙壁的蓝色破坏了他那幅画中天空的效果。塞尚不让人把他的静物画挂在劳特累克那幅"蹩脚的广告"旁边，而卢梭则由于别人要把他的作品贴在靠厨房的后面墙上而愤愤不平。劳特累克执意要把他的一幅大型油画挂在厕所里。

"那是男人一天最沉思默想的时刻了。"他说。

唐古伊老爹几乎绝望地来到温森特面前。"喂，"他说，"拿上这两个法郎，尽你所有再添上一些钱，然后把他们全都骗到马路对面的酒吧里去。只要给我十五分钟，我就能搞定。"

这条计策很见效。等他们成群结队地回到饭馆，展览已经布置就绪。他们停止了争论，坐到靠街门的一张大桌子旁。唐古伊老爹在墙上贴满了告示：**廉价出售绘画，请与老板接洽**。

已经是五点半了，晚饭要到六点才开始卖。这些男人像学校里的女学生似的坐立不安，只要门一开，所有的目光便充满希望地转向那边，但诺文的顾客不到六点整是不来的。

"瞧温森特，"高更小声对修拉说，"他紧张得像个要担当歌剧主角的女演员。"

"告诉你我怎么办吧，高更，"劳特累克说，"我准能比你先卖出一幅画。为此我打算跟你赌一顿晚饭钱。"

"行，就这么定了。"

"塞尚，我让着你，按三比一的条件跟你赌。"这是劳特累克。

塞尚由于受到这样的污辱而气得满面飞红，大家笑起他来。

"记着，"温森特说，"唐古伊老爹负责买卖，你们谁也不要去和买主讨价还价。"

"他们怎么还不来？"卢梭问，"这么晚了。"

墙上的钟快指到六点了，这群人变得越来越激动不安，最后连互相间的打趣也停止了。他们目不转睛地盯着门口。紧张的情绪笼罩着他们。

"就是当着巴黎所有的批评家去和独立画家们一起展出作品的时候，我也没这样过。"修拉嘴里咕哝着。

"看哪，看哪！"卢梭小声说，"看那个正在过马路的男人。他朝这边来了。他是个顾客。"

那个男人走过诺文门前不见了。墙上的钟响了六下。在钟响第六下时，门打开了。一个工人走进来。他穿一身破旧的衣服，双肩和后背的样子显出他的疲惫不堪。

"现在，"温森特说，"等着瞧吧。"

那工人没精打采地走到房间另一边的一张桌子前，把帽子扔到架子上，坐了下来。六个画家伸长脖子望着他。那男人浏览了一下菜单，叫了一份当天特菜，过了一会儿，他已经在用一只大匙子舀汤喝了。

"啊，"温森特说，"这真不可思议！"

两个钣金工走进来。饭馆主人向他们问了安。他们嗓子里哼了两声，坐到最近的两把椅子上，立即为当天发生的什么事激烈地争论起来。

饭馆渐渐坐满了。几个妇人随男人一起走进来。每个人似乎都有自己的固定座位。他们要看的第一件东西就是菜单，等他们要的菜端上来后，他们又是那样专注于吃自己的食物，所以从不抬眼看一下。饭后,他们点起烟斗,聊着天,打开晚报开始读。

"先生们是否愿意这会儿开饭呢?"侍者在大约七点钟时来问。

没人回答。侍者走开了。一个男人和一个女人走了进来。

那男人把帽子扔到架上时,看到卢梭的那只从丛林中向外张望的老虎。他把它指给他的同伴。画家桌上的每个人都挺直了身子。卢梭已经欠起身。那女人压低嗓音说了一句什么,然后笑了。他们坐下来,两个头凑在一起,带着旺盛的食欲看起菜单来。

差一刻八点时,侍者没有问就把汤端上来了,但是他们没人去碰一下那汤。后来汤放凉了,侍者又把它撤下去,接着端来了当天特菜。劳特累克用餐叉在肉汁里画着画。只有卢梭吃得下去。每个人,连修拉在内,都喝干了自己瓶里的酸味红酒。饭馆里,由于食物的气味和在烈日下干活儿出汗的人们身上散发的臭气,而显得热烘烘的。

顾客一个个付了账,向饭馆主人匆匆道了晚安,从门口鱼贯而出。

"很抱歉,先生们,"侍者说,"已经八点半了,我们就要关门了。"

唐古伊老爹从墙上把画取下来,搬到街上。在缓缓落下的暮色中,他推着车朝家里走去。

[12]"共产主义互助会"

老古比尔和温森特·梵高伯父的那种精神,在画廊里已经一去不复返了。取而代之的方针,是把绘画看作是和其他商品——诸如鞋和鲱鱼——一样的东西来销售。提奥时常为多赚钱卖次画的问题而苦恼。

"你瞧，提奥，"温森特说，"你干吗不离开古比尔呢？"

"别的画商也一样糟糕，"提奥不耐烦地说，"况且，我跟他们干了那么久，还是不换地方好些。"

"你应当换个地方。我坚决主张你换地方。你在那儿变得一天比一天不快乐。放开我，如果我乐意，我就可以到处走走嘛。提奥，你是巴黎最有名、最受爱戴的年轻画商。你干吗不自己开个店呢？"

"唉，天哪，难道咱们又得从头再来一遍吗？"

"嘿，提奥，我有个好主意。咱们可以开个互助的共产主义艺术画店。我们把自己画的画儿全都交给你，不管你赚进多少钱，大家都过平等的生活。咱们可以凑集足够的法郎，在巴黎开一家小店，再在乡间租下一所房子，我们全都到那儿居住和作画。波提埃前几天卖出一幅劳特累克的作品，唐古伊老爹已经卖出好几幅塞尚的了。我肯定，我们是可以吸引巴黎购买艺术品的年轻顾客的。而且我们并不要很多钱经管乡下那所房子。我们将合在一起过简朴的生活，无须再在巴黎保留十来个住处。"

"温森特，我头疼得要命。让我睡觉吧，好不好？"

"不行，你可以到星期天再睡。听着，提奥……你去哪儿？好吧，要是你愿意，你就脱掉衣服吧，不过那我也得跟你谈话。喏，我就坐在你床头。现在，如果你在古比尔感到不愉快，巴黎所有青年画家又都愿意，我们可以凑点儿钱……"

次日晚上，唐古伊老爹、劳特累克和温森特一起走进来。提奥本来希望温森特那天晚上外出的。唐古伊老爹的小眼睛由于兴奋而闪烁着——

"梵高先生，梵高先生，这可是个绝妙的主意。你应当那么做。我打算放弃我的画店，随你们迁居乡间。我将去磨颜料、绷平画布和做画框。我只要有饭吃有住处就行。"

提奥把书放下，叹了一口气。

"上哪儿去弄来这笔钱开办这项事业呢？开店的钱、租房子的钱和养活那些人的钱？"

"喂，我随身带来了这个，"唐古伊老爹叫道，"两百二十个法郎。这是我省下来的全部积蓄。拿去吧，梵高先生。这对开创咱们的互助会会有帮助的。"

"劳特累克，你是个明智的人。你对这些无稽之谈怎么看？"

"我认为这个主意妙极了。从现在的情况看，我们不仅在和全巴黎斗争，而且我们内部也在相互斗争。如果我们能够建立一条联合战线……"

"很好，你很富有。你愿意帮助我们吗？"

"啊，不。如果这是受人资助的互助会，那就失去它的意义了。我愿意和唐古伊老爹一样，捐献两百二十法郎。"

"这是个疯狂的念头！如果你们这些人懂得一点儿商业上的事情……"

唐古伊老爹奔向提奥，紧紧抓住他的手——

"我亲爱的梵高先生，我求求你，不要把它说成是疯狂的念头吧。这是一个多么好的主意啊！你应该，你简直应该……"

"你现在无处可逃了，提奥，"温森特说，"我们已经把你抓住了！我们打算去筹集一些钱，然后让你来做我们的老板。想想看，你已经告别了古比尔，你结束了和那儿的关系，你现在是共产主义艺术互助会的经理了。"

提奥用手捂住双眼。

"我只能看见我是在经管你们这群野兽。"

第二天晚上提奥回到家时，发现家里挤满了激动兴奋的画家。室内的空气因污浊的烟雾而变成了蓝色，粗声大气的叫嚷声响成一片。温森特坐在起居室中央一张华贵的桌子上,当上了主持。

"不,不,"他喊着,"不可以给工资。绝对不可以给钱。我们将一年到头永远看不见钱。提奥将出售咱们的画,咱们将得到食物、住所和绘画材料。"

"那些画了画儿,但永远卖不出去的人怎么办?"修拉问,"咱们得养活他们多久呢?"

"只要他们愿意留在我们这儿作画,多久都成。"

"妙啊,"高更咕哝着,"全欧洲的业余画家都得上门找咱们来了。"

"梵高先生到!"唐古伊老爹喊了起来,因为靠门站着,所以他一眼就看见了提奥,"为咱们的经理欢呼三声。"

"乌拉,提奥!乌拉,提奥!乌拉,提奥!"

大家激动万分。卢梭想知道,他在互助会里是否仍然能教授小提琴。安凯坦说他欠了三个月的房租,所以他们最好尽快在乡下找到房子。塞尚坚决主张,要是有的人有钱,就应当允许他自己花。温森特叫起来:"不行,那就破坏了咱们的共产主义原则。我们必须平均分享一切。"劳特累克想要知道,他们在这所房子里是否能带情妇。高更坚持,每人每月起码要贡献两幅油画。

"那样我就不能参加啦!"修拉叫起来,"我一年只能完成一幅大油画。"

"材料怎么给?"唐古伊老爹问,"我是不是每周给每个人同样数量的颜料和画布呢?"

"不,不,当然不行,"温森特嚷道,"我们全按自己的需要领取材料,不能多也不能少,就像食物的分配一样。"

"好,可那些多余的钱怎么办呢?在咱们的画开始卖出之后,谁得到那些利润呢?"

"没有人得到利润,"温森特说,"一旦咱们赚的钱多一点儿了,咱们就在布列塔尼开辟一处住所，然后在普罗旺斯再开辟一处。不久咱们的房子就会遍布全国了。到那时，咱们就可以从一处地方到另一处地方去旅行。"

"火车票钱怎么办？咱们是否从利润中提取呢？"

"是呀，而且咱们旅行能用多少钱呢？谁来做决定？"

"假使一所房子在最好的季节里住的画家太多了怎么办呢？谁该当被拒之门外，你能告诉我吗？"

"提奥，提奥，你是管这件事的。你就把有关的一切都告诉我们吧。是不是什么人都能参加？对成员资格有没有限制？我们将来作画要不要遵守什么制度？在那所房子里我们可不可以用模特儿？"

凌晨，会议结束了。楼下的居民用扫帚柄敲天花板，也已经敲得筋疲力尽。大概四点钟时，提奥上床睡觉，但是温森特、唐古伊老爹和一些比较热心的人围在他的床头，竭力劝他下月初就通知古比尔。

数周过去了，兴奋的情绪日益高涨。巴黎的艺术界分成了两个阵营。已被认可的画家们议论着那些疯子，这对梵高兄弟。别的人则没完没了地谈论着这个新试验。

温森特像疯了一样白天黑夜地谈话、做工作。无数的细节要确定下来，比如他们怎么弄来钱？画店开在哪里？价格怎么掌握？什么样的人可以加入？由谁来管理乡间的房子？怎么管法？提奥几乎是违心地也被这种像发烧似的兴奋情绪所吸引。一周来，勒皮克街上的公寓天天晚上都挤满了人。报纸记者前来采访，艺术评论家在讨论这场新运动。法国各地的画家也回到巴黎，参加这个组织。

提奥如果是国王，温森特就是王室的组织者。他草拟了无数的计划、章程、预算、募款请求、法规和条例，撰写了报纸声明和向欧洲介绍共产主义艺术互助会宗旨的小册子。他是那样忙，忙得把作画都忘了。

将近三千法郎流进了互助会的金库。画家们倾其所有，捐献出自己最后一个多余的法郎。在克里希林荫大道上举行了一次街头义卖，每个人都沿街叫卖着自己的油画。来自欧洲各地的信件中，有时竟装有弄脏压皱了的法郎。爱好艺术的巴黎人来到温森特的公寓，为这场新运动的热情所感染，临走把钞票投进那只接受捐款的箱子。温森特既是文书又是司库。

提奥坚持必须凑齐五千法郎才能开业。他已经在特龙舍街找到一家店面，他认为这地方位置好，而温森特在圣日耳曼昂莱森林里发现了一座出色的老宅子，租金微乎其微。那些想参加的画家，源源不断地把他们的油画送到勒皮克街的公寓，直弄得房间里一点活动余地都没有了。成百上千的人出入于这套狭小的公寓。这些人，有争吵的、打架的、骂人的、吃的、喝的和举止粗野的。提奥已经收到房东通知，叫他们准备搬家。

一个月到头了，路易·菲利普式家具也毁成了碎片。

温森特现在连想想他的调色板也没有工夫。信要他写，人要他接见，房子得等他去看，还得去激发他所遇到的每个新画家和业余画家的热情。他讲话讲得嗓子都哑了。他的眼神中显现出一种病态的狂热。他废寝忘食，总是奔波，奔波，奔波。

开春时，五千法郎凑齐了。提奥准备月初就去通知古比尔。他已经决定把特龙舍街的店面买下来。温森特为圣日耳曼那所房子付了一小笔保证金。提奥、温森特、唐古伊老爹、高更和劳特累克，拟出了开办互助会的成员名单。提奥从堆积在公寓里的成摞的油画中，挑选出准备在首次画展中展出的油画。卢梭和安凯坦为了谁去装饰店内、谁去装饰店外的问题大吵了一场。提奥已经不在乎老不能睡觉了,他现在的狂热劲儿就和温森特起初时那样。他热情地努力把一切料理就绪,以便在夏季到来前把互助会办起来。为了第二所房子是设立在大西洋边还是地中海沿岸,他和温森特争论不休。

一天早上,大约四点钟时温森特才精疲力竭地去睡觉。提奥没有叫醒他。他一觉睡到中午,醒来时觉得精神得到了恢复。他漫步走进他的画室。画架上绷的画布还是好多星期以前的;调色板上的颜料已经干裂,蒙上了一层灰尘;颜料管被踢到了角落里;扔得到处都是的画笔上,干结着变硬的旧颜料。

他心中有个声音温和地问着他:"稍等一下,温森特,你是一个画家,还是一个共产主义组织家?"

他把一大堆杂七杂八的油画搬到提奥房间里,摞在床上,只把自己的画留在画室里。他把这些画一幅接一幅地放到画架上,一边啃着手指上的倒刺,一边凝视着它们。

是的,他取得了进步。很慢,很慢,他的色彩提亮了,为了达到一种水晶般的明亮而努力着。他的画再也不是模仿品了。画布上也找不到他的朋友们的痕迹了。他第一次领悟到,他已经形成了一种很独特的技法。这和他所见过的一切都不同。他甚至不明白这是怎么做到的。

他按照自己的性情,适当汲取了印象派的手法,并且已经接近于获得了一种非常奇特的表现手段。但是,突然地,他停下来了。

他把他较近一段时间画的油画放在画架上,有一次他差点叫出来。他几乎已经捕捉到了什么!他的画已经开始显示出一定的方法,用他通过一冬的努力锻造出来的武器,他正在发起一次新的进攻。

许多星期以来搁笔不画,使他得以在观察自己的作品时有一个清晰、正确的看法。他看出,他正在形成完全属于自己的一种印象派技法。

他对着镜子仔细打量了一下自己。胡子需要修剪,头发也该理了,衬衫是脏的,裤子像吊在腰里的一块软塌塌的破布。他用熨斗熨平了他的礼服,穿上一件提奥的衬衫,从资金箱中拿出五法郎纸币,便上理发店去了。在把自己收拾得干干净净之后,他心事重重地沿着蒙马特尔林荫大道朝古比尔走去。

"提奥,"他说,"你能跟我出去一小会儿吗?"

"怎么了?"

"戴上你的帽子。附近有没有一家没人能找到咱们的咖啡馆?"

在一家咖啡馆尽里面的僻静角落里坐下来后,提奥说:"你知道,温森特,一个月以来,这是头一次我单独跟你说上一句话呀!"

"我知道,提奥。我恐怕一直是在做糊涂事。"

"你怎么这么说?"

"提奥,坦白告诉我,我是画家呢,还是共产主义组织家?"

"你这是什么意思?"

"我由于组织这个互助会而一直忙得没工夫画画。一旦那房子开始住人,我将会永远抽不出身来。"

"我明白了。"

"提奥,我要画。我这七年辛辛苦苦一场,可不是为了去做其他艺术家的管家呀。我告诉你,我渴望拿起画笔,提奥,我那样渴望,渴望得简直想乘下一班火车从巴黎逃走。"

"不过,温森特,现在,不管怎么样,咱们已经……"

"我跟你说了,我一直在做糊涂事。提奥,你能听我讲完我的心里话吗?"

"嗯?"

"看到别的画家那种样子,我从心底感到厌恶。我对他们的谈吐、他们的理论、他们那些没完没了的争论感到厌倦。噢,你不必笑，我知道，在这些论战中我也参与了一份。是的，关键就在这儿。毛威不就爱说这句话吗？'一个人可以作画，或者谈论画，但却无法同时兼顾两方面。'咳，提奥，难道你供养我七年，就只是为了听我高谈阔论？"

"你为互助会做了许多好事，温森特。"

"是呀，可现在正当咱们准备移居之际，我发觉我并不想去。我也许不能在那儿生活和工作。提奥，不知道我能不能让你明白……是的，我当然能。当我独自在布拉邦特和海牙的时候，我把自己看作一个重要人物，觉得我是个孤身与整个世界做斗争的人，我是个艺术家，是唯一现存的艺术家，我画的一切都是有价值的。我知道我有了不起的才能，也知道世界最终一定会说：'他是个出色的画家。'"

"那么，现在呢？"

"啊，现在我不过是众人之中的一个罢了。我周围有成百的艺术家。从他们身上我看到自己各个侧面的讽刺画像。想一想那些希望加入团体的画家送到咱们公寓中的每一幅丑陋的油画吧，他们也认为将来他们会成为伟大的画家。唉，也许我只不过是和他们一样。怎么能认为我不是呢？现在我还靠什么来保持住自己的勇气？来巴黎之前，我不知道有这样一些终生都在自己欺骗自己的毫无希望的傻瓜。如今我知道了。这对我是有害的。"

"这和你毫不相干呀！"

"也许是吧，不过我心里老也去不掉这点儿疑心了。当我独自在乡间的时候，我忘记了每天都有成千上万的油画被人画出来，我心中只想着我那幅是唯一的一幅，并且是献给世界的一件美丽的礼物。即使我知道自己的作品将是拙劣的，我也仍旧会画下去，这……这种艺术家的幻觉……是有好处的。你明白吗？"

"明白。"

"此外，我也不是城市画家。我不属于这儿。我是个农民画家。我要回到我的田野上去。我要找到一个太阳，它炽热得能把我心中除了绘画这种欲望以外的一切都烧光。"

"那么……你要……离开……巴黎了？"

"是的，我必须离开。"

"那互助会的事怎么办？"

"我打算告退。不过你应当接着干下去。"

提奥摇着头，"不，没有你我也不干了。"

"为什么不干？"

"我不知道。我只是为了你才去干的……因为是你需要它。"

他们沉默了几分钟。

"你还没有通知公司吧，提奥？"

"没有，我打算一号通知。"

"我想咱们可以把钱还给原主。"

"对……你想什么时候走？"

"在我的调色板的问题解决之前，我是不走的。"

"我知道了。"

"然后我就离开。也许到南方去。我不知道去哪儿，反正是去个能让我独处的地方。画啊，画啊，画啊，就我自己。"

他怀着强烈的爱伸出手，搂住提奥的肩膀——

"提奥，跟我说，你不会看不起我。我已经让你走到了这步田地，自己却甩手不干了。"

"看不起你？"

提奥无限伤感地笑了。他伸出手，拍了拍放在他肩上的那只手——

"……不……不，当然不会。我理解，我认为你是对的。我说……老伙计……快点喝完吧，我得回古比尔去了。"

[13] 向南,向南,向着太阳

温森特继续画了一个月,然而尽管他的色彩现在几乎已经和他的朋友们一样清晰明亮了,但他看来还是不能找到一种令自己满意的表现形式。起初他以为是自己画得粗糙的缘故,所以就努力画得慢些,画时持一种冷静态度。对他来讲,谨慎小心的涂色过程如同受罪,但是更难受的还是在过后看这幅油画的时候。他尝试使平涂的表面不露出笔触,他尝试用稀薄的颜色代替迅速涂抹上去的厚重的颜料,但看来这一切都没有用。他屡屡感到自己正在摸索出一种绘画的语言,这种语言不仅是独特的,而且能使他表达出他想要表达的一切。然而他尚未完全掌握它。

"这回我差不多弄对了,"一天傍晚,他在公寓里咕哝着说,"差不多,但是还没完全弄好。要是我能知道是什么妨碍了我,该多好啊!"

"我想我可以告诉你。"提奥说着,把画从哥哥的手中拿了过来。

"你可以?那是什么呢?"

"那就是巴黎。"

"巴黎?"

"是的。巴黎是你的训练场。只要你留在这儿,你就只能是个小学生。记得咱们在荷兰的学校吗,温森特?咱们学习别人怎样做事,还有这些事应当怎样做,但是咱们自己并没有具体去做任何事。"

"你的意思是说,我在这儿找不到适合我画的东西吗?"

"不,我是说你不能和你的老师们完全脱离,另外创出新的风格。没有你,我会感到非常寂寞的,温森特,可是我明白,你不走不行。世界上总会有一块完全可以作为你自己的小天地的地方。我不知道这个地方在哪里,这有待于你自己去寻觅。总之你必须脱离你的学校,然后才能达到成熟。"

"老伙计,你知道最近我经常在想哪个地方吗?"

"不知道。"

"非洲。"

"非洲!不是真的吧?"

"是真的。在这个该死的漫长而寒冷的冬季,我一直在想着那里炽热的太阳。德拉克罗瓦在那儿找到了他的色彩,也许在那儿我也能找到我的。"

"非洲离这儿很远,温森特。"提奥沉思着说。

"提奥,我需要太阳。我需要那种炎热非常、威力无比的太阳。整个冬天,我感到它犹如一块巨大的磁石,在把我向南方吸引。在我离开荷兰之前,我从来不知道有像太阳那样的东西。现在我明白了,没有太阳就无所谓绘画。也许,可以使我趋向成熟的东西就是这个灼热的太阳。巴黎的冬天使我感到彻骨的寒冷,我觉得就是这种寒冷进入了我的调色板和画笔。我从来也不是那种做事情没有决心的人,只要我有了这个非洲的太阳把我内心的寒冷驱散,使我的调色板燃烧起来……"

"嗯,"提奥说,"咱们得再考虑考虑。也许你是对的。"

保罗·塞尚为他所有的朋友举行了一次告别宴会。他已经准备通过他父亲去买下俯瞰埃克斯的那座山上的一块地,并且打算回家乡建造一间画室。

"离开巴黎吧,温森特,"他说,"到普罗旺斯去。别去埃克斯,那是我的地盘,不过可以到邻近的某个地方。那里的太阳比世界上其他地方的都更加灼热、单纯。你在普罗旺斯可以找到你以前从没见过的明净色彩。我打算留在那儿度过余生。"

"我将是第二个离开巴黎的人,"高更说,"我打算回热带去。如果你认为你在普罗旺斯就可以得到真正的阳光,塞尚,那你还是应当到马克萨斯[1]去。那儿的阳光和色彩,就像那里的人民一样原始。"

"你们这些家伙应当参加拜太阳教。"修拉说。

"至于我,"温森特宣布,"我想,我打算到非洲去。"

"嗯,嗯,"劳特累克咕噜着,"咱们这儿又出了一个小德拉克罗瓦。"

"你说话当真吗,温森特?"高更问。

"是的。噢,也许不是马上去。我想我应当中途在普罗旺斯的某个地方做短暂停留,让自己适应一下太阳。"

"你不能停留在马赛,"修拉说,"那座城市是属于蒙提切里[2]的。"

"我不能去埃克斯,"温森特说,"因为它属于塞尚。马奈已经画过昂蒂布[3],而且我同意马赛对于'飞达'[4]来讲是神圣的。那么谁来建议一下我去哪儿好?"

"等等!"劳特累克叫起来,"我知道一个最合适的地方。你没有想到过阿尔吗?"

"阿尔?那是个古罗马人的居留地,不是吗?"

"是的。它在罗讷河畔,从马赛到那里有两小时的路。我曾去过那儿。周围乡村的色彩,连德拉克罗瓦的非洲风景与之相比也显得逊色。"

"真是那样吗?那儿的阳光好不好?"

"阳光?足够把你晒疯的。而且你应当见识一下阿尔的女人——天下最美丽非凡的妇女。她们仍旧保留着她们希腊祖先的那种单纯、优美的身材,同时融合了她们的罗马征服者精力充沛、强健的

---

1 马克萨斯:大洋洲靠近赤道的群岛。
2 蒙提切里:1824—1886,法国浪漫主义画家。
3 昂蒂布:法国一城市。
4 飞达:即蒙提切里。

体魄。但奇怪得很，她们却带有明显的东方风韵。我想这也许是八世纪撒拉逊人[1]入侵的结果。真的维纳斯是在阿尔找到的，温森特，那模特儿是个阿尔女子呀！"

"这听起来挺迷人的。"温森特说。

"确实是迷人，只等你感受到那种密史脱拉[2]为止。"

"密史脱拉是什么？"温森特问。

"到了那里你就会知道了。"劳特累克咧开嘴笑着回答。

"那儿的生活条件如何？便宜吗？"

"在那儿，除了吃饭和住宿，就没有什么要花钱买的东西了，而且吃饭住宿也花不了多少钱。如果你热望离开巴黎，干吗不去那儿试试呢？"

"阿尔，"温森特喃喃自语，"阿尔和阿尔女人。我倒愿意画一个这样的妇女。"

巴黎曾使温森特感到兴奋。他喝下了太多的苦艾酒，吸了太多的烟，参加了太多的群体活动。他被塞得满满的。他迫切地希望离开，独自去某个安静的地方，在那儿他可以把那充沛汹涌的精力倾注到他的本行工作上。他需要的仅仅是一个炽热的太阳，促使他成熟结果。他有一种感觉，他一生的最高峰，他为之奋斗了漫长的八个年头的那种创作力的全盛时期，已经离得不远了。他知道，在他已经画出的东西中，迄今还没有一件是有价值的，但也许就在今后一段不长的时间里，他可以创作出那为数不多但无愧于他一生的作品来。

蒙提切里曾经说过什么？"我们必须付出十年的艰苦劳动，那样到最后才有可能画出两幅或三幅真正的肖像来。"

---

[1] 撒拉逊人：希腊人和罗马人对阿拉伯人的称呼。
[2] 密史脱拉：音译词，指法国南部地中海沿岸干燥而寒冷的西北风。

在巴黎，他过着有保障的生活，有友谊，有爱。在提奥那里，永远有个为他准备好的温暖舒适的家。他的弟弟从不让他去挨饿，也从不要他为那些绘画上需要的东西开第二次口，或者拒绝给他任何就其能力所及可以给他的东西，尤其不吝惜给予他最深切的同情。

他知道，只要他一离开巴黎，麻烦事就来了。离开了提奥，他的生活费就安排不好，他就得有一半的时间勒紧肚皮过日子。他不得不住进肮脏的小饭店，由于买不起颜料而苦恼，由于没有一个知心的人可以交谈而把话憋在肚子里。

"你会喜欢阿尔的，"图鲁兹-劳特累克第二天说，"那地方很安静，没人会打扰你。那里热天干燥少雨，色彩丰富，而且全欧洲唯独在那里能够找到十足的日本式纯净明朗。它是画家的天堂。我要不是如此地离不开巴黎，我就自己去了。"

当晚，提奥和温森特去听了一场瓦格纳的音乐会。他们回家很早，在对松丹特的童年生活的回忆中平静地度过了晚间的时光。第二天早上，温森特为提奥准备了咖啡，在他的弟弟离家去古比尔之后，他在这套小小的公寓房间里进行了搬家以来最为彻底的一次清扫。在墙上，他挂了一幅淡红色的虾、一幅戴圆顶草帽的唐古伊老爹的肖像、一幅拉加莱特磨坊、一幅背身裸体女人和一幅描绘爱丽舍宫的习作。

当提奥晚上回到家时，他看见起居室的桌子上有一张便条，上面写着——

亲爱的提奥：

　　我去阿尔了，一俟到达那里，我就会给你写信来。

　　我在墙上挂了一些我的画，那样你就不会忘记我了。

　　握你的手。

温森特

第六卷　阿尔

[Book Six] Arles

[1] 地震还是革命？

阿尔的太阳突然照进温森特的眼帘，使他的眼睛一下子睁大了。这是个旋转着的柠檬黄的液态火球，它正从蓝得耀眼的天空中掠过，使得空中充满了令人目眩的光。这种酷热和极其纯净透明的空气，创造出了一个他未曾见过的新世界。

清早，他走下三等列车的车厢，顺着一条弯弯曲曲的路，从车站走到拉马丁广场（这是个方形市场，一边与罗讷河堤相邻，另一边是咖啡馆和肮脏的旅馆）。阿尔就在正前方，像用一把泥瓦匠的抹刀干净利落地抹在了一座山的山坡上。在这热带骄阳的照耀下，它正处在昏昏欲睡的状态中。

该去找个住处了。温森特对此并不在意，他信步走进在广场上路过的头一家旅店——德拉加尔旅店，租下了一个房间。房间里有一张刺目而俗气的铜架床，一只脸盆里有个裂口的水罐，还有一把粗笨的椅子。店主人搬进一张未油漆过的桌子。室内没有放画架的地方，不过温森特本来就打算整日在户外作画。

他把旅行袋扔到床上，随后便匆忙冲到门外，看这座小城镇去了。从拉马丁广场到市中心有两种走法。左边那条环形路是马车走的，这条马路绕着城边缓缓盘旋到山顶，途中经过古罗马的广场和圆形竞技场。温森特选择了更简捷的路线，走这条路得穿过一条条迂回曲折、路面上铺着鹅卵石的窄街小巷。他爬了很长一段山路之后，来到被阳光烤得梆硬的市政府广场。在向上走的途中，他经过了一些荒凉的石造庭院建筑。它们看起来像是从古罗马时代原封不动保存下来的一样。为了遮挡那能把人晒得发疯的太阳，这儿的胡同窄得只要温森特伸开双臂，指尖就能碰到两边的房子。为了避开法国南部海岸凛冽的西北风，这些街巷在山坡上故意弯来拐去，没有一段超过十码长的直路，就像一座让人无法辨清方向的迷宫。街上扔着垃圾，肮脏的小孩站在门口，到处是一片不祥的、惶惶不安的景象。

温森特离开市政府广场，穿过一条短巷，走到城后面的大市场路，漫步走过小公园，接着便脚步蹒跚地下山到了罗马竞技场。他像山羊一样，沿着竞技场的阶梯式座位一级一级地向上跳，最后到了顶上。他在一块石头上面坐下来，把双腿耷拉在那有数百英尺高的直上直下的陡壁上，点起烟斗，眺望着眼前这片他已经自命为其统治者的领地。

脚下的这座城市，就像一道飞泻到罗讷河的千变万化的瀑布。一幢幢房子的屋顶，拼凑成一幅错综复杂的图案。房顶上铺的瓦，原本是红土烧的，但是由于炽热的阳光持续不断地灼烤，竟变得五颜六色，从最浅的柠檬黄色和清淡的银粉红色，直到刺目的淡紫色和沃土似的棕褐色，应有尽有。

河面宽阔、水流湍急的罗讷河，在阿尔城所在的那座山的山脚下急转弯，向着地中海奔流而去。河流两岸是石砌的河堤。特兰凯泰莱宛若画成的一座城市，在河的那一边熠熠闪光。温森特身后的巍峨群山，高耸到一片明亮的白光之中。一幅广阔的画面在他面前展开：耕过的田地，繁花怒放的果园，蒙特梅哲山高高的山冈，肥沃的谷地上千万条深翻的犁沟伸向天边，聚集成一个无限遥远的点。

不过，促使他伸手去摸自己被迷惑的双眼的，却是乡间的色彩：天空的蓝如此强烈，那么尖锐刺目，竟至于根本不是蓝色而成了黑色；在他下面伸展开去的田野是最纯粹的绿色，绿到了失常的地步；太阳那炽烈的柠檬黄色；土地的血红色；蒙特梅哲山上寂寞的浮云那耀眼的白色；果园里那永葆新鲜的玫瑰色……这样的色彩是令人难以置信的。他如何能把它们画下来呢？即令他能把这些色彩搬到他的调色板上，又怎能让人相信它们的存在呢？柠檬黄、蓝、绿、红、玫瑰色，大自然把这五种颜色信手摆在一起，形成了这种折磨人的色调变化。

温森特选择那条马路回到拉马丁广场，抓起画架、颜料和画布，奔向罗讷河。杏花初绽，水面上闪烁的白色耀眼的阳光刺痛了他的眼睛。他把帽子丢在旅店了。阳光透过他的红发灼烤着他，驱散了所有在巴黎的寒意、疲劳、沮丧的心绪和因在城市久住致使他心中产生的厌腻。

在沿河流下行一公里的地方，他看到一座吊桥，一辆小车正从桥上经过，蓝天衬托着桥和车的轮廓。河水蓝得像井水，橙黄色的河岸被青草染成了绿色。一群穿着罩衫、头戴五颜六色帽子的洗衣女人，正在一棵孤树的树荫下捣着衣服。

温森特支好画架，长吸一口气，闭上了眼睛。不会有人能睁着眼睛把这样的色彩捕捉到的。修拉关于科学点彩法的论述，高更关于原始装饰的高谈阔论，塞尚的实体表面内的呈象，劳特累克那些彩色的线条和充满怒气的仇恨的线条，全都退去了、消失了。

现在那里只剩下了温森特独自一人。

大约在晚饭时间，他回到了旅店。在酒吧里，他在一张小桌前坐下，要了一杯苦艾酒。他太激动了，丰富的感受使他得到极大的满足，以至他都不想吃东西了。一个坐在邻桌的人，看到温森特手上、脸上和衣服上都溅满了颜料，于是同他攀谈起来。

"我是巴黎的一名记者,"他说,"我为了写一部关于普罗旺斯方言的书,在这儿收集三个月的材料了。"

"我今天早上才从巴黎到此地的。"

"我看得出来。打算久留吗?"

"是的,我想是的。"

"啊,听我的劝告,不要那样做。阿尔是地球上最疯狂的地方了。"

"为什么你这样想?"

"这可不是我想的,而是我亲身体验到的。我观察那些人已经三个月了。我告诉你,他们全都疯了。只要看看他们,看看他们的眼睛。在达拉斯贡城[1]附近,就没有一个正常的有理性的人。"

"这么说就离奇了。"温森特说。

"用不了一个星期,你就会同意我的说法。阿尔这一带的乡村,是普罗旺斯遭受烈日酷晒、狂风鞭挞最凶的地区。你在太阳底下待过,你能不能设想一下,那些日复一日地受着这种刺目的阳光暴晒的人会有什么结果?我告诉你,这阳光把他们的脑子全部烤干了。还有那种西北风密史脱拉,你还没有领教过吧?啊,哎呀,等你领教过就知道了。这种风每年得刮上二百天,像鞭子似的把这座城市抽打得狂乱不安。如果你想上街去走走,它会把你吹得撞到楼房上;如果你在野外,它会把你刮倒在泥土中。它会折磨你的五脏六腑,直到你觉得再过一分钟就受不住了。我亲眼看到这股恶风刮掉窗户、拔起大树、吹倒围篱、抽打田野上的人和牲畜,那么凶猛,使我觉得他们非得碎成片片不可。在这儿,我只住了三个月,然而我也有点儿要疯了。啊,明天上午我总算要离开了!"

"你肯定是言过其实了吧?"温森特问,"在我看来,阿尔人完

---

[1] 达拉斯贡城:法国地名,靠近罗讷河,在马赛西北。

全正常——当然是就我今天所看到的他们的很少一点儿情况来说。"

"你看到的那点儿情况是不错的。等你了解了他们就明白了。听着,你知道我个人有个什么看法吗?"

"不知道,什么呀?陪我一块儿喝杯苦艾酒好不好?"

"谢谢!依我个人的看法,阿尔患了癫痫病。这座城市自身掀起那样剧烈的神经质的骚动,以至你可以肯定它将会口吐白沫,猛烈地痉挛起来。"

"它真的发作过吗?"

"没有。怪就怪在这儿。这个地区永远处在达到顶点的过程中,但却从来没有达到过。我等了三个月,想看到一场革命,或者目睹在市政府广场发生一次火山爆发。许多次我都以为这里的居民会突然发疯,互相割断喉咙哩!不过正当他们即将达到爆发点时,西北风却又平息几天,而太阳也躲到云彩里去了。"

"啊,"温森特笑了,"如果阿尔从来没有到达过顶点,你就很难称它患了癫痫病,是不是?"

"是不能,"这位记者回答,"但是我可以称它患了类癫痫。"

"哟,那是什么意思?"

"我正为巴黎我那家报纸撰写一篇有关这个问题的论文。这篇德文的论文使我产生了这个想法。"

他从衣袋里抽出一本杂志,推到桌子这边的温森特跟前。

"这些医生研究了几百个患有这种神经性疾病的人,他们的病看起来像羊痫风,却又从来不抽风。根据这些图表,你可以看看,他们是怎样用图表示这种神经不安和兴奋激动的上升曲线的,还有什么是医生们所谓的反复无常的精神紧张。唉,在每一个病例中,病人在三十五岁至三十八岁之前,都一直伴有日益加剧的狂躁不安,平均年龄三十六岁时,癫痫的剧烈痉挛会突然发作。从这以后,痉挛还会发作六次以上,过不了一两年,人就呜呼哀哉了。"

"那时就死可太年轻了,"温森特说,"人在那样的年龄,只不过刚刚开始具有自我控制的能力。"

记者把杂志放回口袋里。

"你还打算在这家旅店住些日子吗?"他问,"论文我就要写完了,一发表我就会寄给你一份。我的观点是这样的:阿尔是一座患类癫痫病的城市,它的脉动几世纪以来一直在加快。它正临近它的第一个转折。这一时刻必然到来,并且会很快。在它到来时,我们将成为一场可怕灾祸的见证人,目睹谋杀、纵火、奸淫、大规模的破坏。这个地区不可能永远处在一种受鞭挞、受折磨的状态。有些事情必然会发生。我要在人们的嘴角开始吐沫之前就离开!我劝你也一同走吧!"

"谢谢,"温森特说,"我喜欢这儿。我想我该进去了。明早还会见到你吗?不会?那么祝你一路顺风。不要忘了寄给我一份论文。"

[2] 绘画机器

温森特每天黎明前起身,穿好衣服,然后步行几公里沿河流而下,或者深入到乡间,去寻觅一个使他动心的地方。每天晚上,他都带着一幅完成的油画回来。所谓完成,是因为对这幅画他已经没有什么可干的了。一吃完饭,他就上床睡觉。

他变成了一台盲目的绘画机器,甚至连自己也不知道在干什么,就匆匆地完成了一幅又一幅冒着热气的油画。乡间果园的果树开花了,他产生了一种狂热的欲望,要去把它们全都画下来。他不再去思索自己的画,他只是去画。整整八年他所进行的紧张劳动没有白费,终于突然间化成一股巨大的凯旋的力量。有时,他要是在天将破晓时开始作画,到中午这幅油画就能完成。那时他便徒步走回城里,喝一杯咖啡,然后又步履艰难地向另一个方向出发,去画一幅新的油画。

他不知道自己的画是好是坏,他并不在乎。他陶醉在色彩中了。

没人同他讲话,他也不想去同谁讲话。他把画画剩下的那一点力气都用在了与西北风的搏斗中。每星期有三天,他都得把画架拴在打入地里的木桩上。那画架就像挂在晾衣绳上的布片一样,在风中前后摆动。夜间,他觉得自己像是被狠狠打了一顿般浑身肿痛。

他从不戴帽子。烈日慢慢地把他头顶上的头发晒秃了。当他夜间躺在小旅店的铜架床上时,他觉得自己的头就像装在一个火球里一样。阳光把他照得眼花缭乱。他分不清田野的绿色和天空的蓝色,但是,当他回到旅店时,他却发现,那幅油画不知怎么竟然把大自然的灿烂辉煌摹写了下来。

一天,他在一片果园里作画,红色的栅栏围绕着园中淡紫色的耕地,两株玫瑰色的桃树映衬在晴朗的蓝天白云的背景上。

"这也许是我最好的一幅风景了。"他对自己咕哝着。

他回到旅店时,看到一封通知他"安东·毛威在海牙逝世"的信。他在自己画的桃树下面写了"纪念毛威——温森特和提奥"几个字,立刻将它寄往厄伊莱博曼街毛威家。

次日早晨,他发现了一片开花的李子园。在他作画的过程中,狂风大作,风像海浪似的一阵一阵翻卷过来。太阳在狂风的间歇中放射光芒,照得树上的白花闪闪发亮。冒着随时会目睹眼前的景象被摧毁在地的危险,温森特继续作画。这使他想起在斯赫维宁根的时候,那时他常常在雨中和风沙中作画,风暴掀起的海水飞溅到他的身上和画架上。他的这幅油画给人的感觉是白色的,但在画面中又有许多黄色、蓝色和淡紫色。到他画完时,他发现在他的画上有一种他本来无意画上去的东西——西北风！

"人们会以为我在画这幅画时喝醉了。"他对自己笑着说。

他想起头天提奥来信中的一行。特斯提格先生在一次访问巴黎时，曾站在一幅西斯莱的作品前喃喃地对提奥说："我不能不认为，画这幅画的艺术家有点儿喝醉了。"

"要是特斯提格看到我在阿尔画的这些画，"温森特想，"他准得说这是那种来势汹汹的震颤性谵妄症。"

阿尔人对温森特敬而远之。他们看见他日出之前就背着沉重的画架跑出城去，头上不戴帽子，下巴急切地伸向前方，眼睛带着一种狂热兴奋的神情。他们看见他回来时，脸上的两眼像两个冒火的洞，头顶红得像没有皮的鲜肉，腋下夹着一幅未干的油画，而且自己跟自己打着手势。于是，城里人给他起了个名字——"伏热"[1]，大家都这样叫他。

"也许我就是个红头发的疯子，"他自言自语，"那有什么办法呢？"

旅店主人尽其所能地骗取温森特的每一个法郎。因为阿尔人几乎全在家里吃饭，所以温森特买不到什么吃的。饭馆的价格昂贵。为了买到浓一点的菜汤，温森特家家饭馆都走遍了，然而哪一家也没有。

"煮土豆是不是很麻烦啊，太太？"他在一家饭馆问。

"煮不了啊，先生。"

"那您有米饭吗？"

"那是明天的饭！"

"通心粉怎么样？"

"没有空余炉灶做通心粉。"

---

[1] 此为法语音译，意为"红头发的疯子"。

最后，有关食物的问题他也就只好不认真计较了，而是有什么吃什么。虽然他越来越不注意他的肚子，炎炎烈日还是增强了他的生命力。他以苦艾酒、烟草和都德[1]有关鞑靼人的传说代替正规的食物。他用了不知多少时间在画板前聚精会神地作画，这使他的神经变得迟钝。他需要刺激。苦艾酒使他第二天更加兴奋，这种兴奋受着西北风的鞭挞和太阳的焙烤而成为他自身的一部分。

夏季向前推移，万物兴旺繁荣。他眼中只看见周围那些在白热化的碧蓝带绿的天空覆盖下，从浅黄到浅橄榄棕色、青铜和黄铜的颜色。凡是阳光照到之处，都带着一种像硫黄那样的黄色。在他的画上是一片明亮的、燃烧的黄颜色。他知道，自文艺复兴以来，欧洲绘画中是从来不用黄色的，但这也阻止不住他。颜料管中的黄色颜料流到画布上，在那儿停留下来。他的画上面浸透了阳光，呈现出经过火辣辣的太阳照晒而变成黄褐色和有风掠过的样子。

他认识到，画成一幅好画并不比找到一颗钻石或者一粒珍珠更容易。他不满意自己，不满意自己在画的东西，他只是抱着一线希望，希望自己的画到最后能画得好一些。有时，甚至这样的希望看来也是海市蜃楼的幻觉。然而，只有在辛勤作画时，他才觉得自己是活着的。至于个人生活，他是没有的。他只是一套机械装置，一台每天早晨加进食物、酒和颜料，晚上就制造出一幅油画成品的盲目的自动绘画机。

为了什么呢？为了卖？当然不是！他知道没人愿意买他的画。那么，干吗要这样匆忙？为什么尽管他那张可怜的铜架床下面几乎已经被画填满了，他还要驱赶着、鞭策着自己去画一大堆又一大堆的油画呢？

---

[1] 都德：1840—1897，法国小说家，著有描述普罗旺斯自然风光、风土人情及传说故事的短篇小说集《磨坊文札》。

成功的愿望已经离开了温森特。他作画是因为他不得不画，因为作画可以使他精神上免受太多的痛苦，因为作画使他内心感到轻松。他可以没有妻子、家庭和子女，他可以没有爱情、友谊和健康，他可以没有可靠而舒适的物质生活，他甚至可以没有上帝，但是，他不能没有这种比他自身更伟大的东西——创造的力量和才能，那才是他的生命。

[3]"鸽子"

他想雇用模特儿，可是阿尔人不愿意来为他坐着。他们认为他会把他们画得难看。他们担心自己的朋友会取笑那些画像。温森特知道，如果他像布格罗那样画得挺漂亮，人们就不会觉得让他画自己是件丢人的事了。他只好放弃雇用模特儿的念头，而始终在野外作画。

随着盛夏季节的来临，可怕的酷热开始袭来，而风却停止了。他置身其中作画的阳光，包括了从淡硫黄色到淡金黄色的一系列不同的颜色，这使他常常想起雷诺阿和他纯净清晰的线条。普罗旺斯纯净空气中的一切，看起来恰似日本版画中所看到的样子。

一天清晨，他看见一个淡咖啡色皮肤的姑娘。她金发中夹杂着浅褐色的发丝，有一对灰色的眸子，穿一件淡玫瑰色的印花紧身胸衣。他可以看见她胸衣下面匀称、结实而娇小的乳房。她是那种像土地一样淳朴的女子，每道线条都显露出她那处女的纯洁。她的母亲却有着令人惊叹的身材，穿着肮脏的黄色和褪了色的蓝色衣服，在强烈的阳光下，一片色彩鲜明的雪白和柠檬黄色花朵，把她母亲衬托得十分突出。她们为他做了几个钟头的模特儿，得到了一点钱作为报酬。

当晚，他回到旅店后，发觉自己在想念那个淡咖啡色皮肤的姑娘。他失眠了。他知道阿尔有些妓院，但它们大多是那种一次要付五个法郎的地方，顾客是那些被带到阿尔来，接受法国军队训练的黑人——朱阿夫兵[1]。

除了买杯咖啡或者一袋烟草以外，几个月来温森特还没有和女人说过话。他想起玛高特那些情意缠绵的话语，想起在他脸上飘忽不定地移动的手指和随之而来的她的一串热吻。

他跳起来，匆匆穿过拉马丁广场，转入一片黑暗的迷宫似的石头房屋中。向上爬了不多一会儿，他听见前面一片大吵大闹的声音。他撒腿奔跑起来。当他到达里科莱特巷里一家妓院的前门时，警察正在用车把两个被喝醉酒的意大利兵杀死的朱阿夫兵运走。这两个士兵的红色土耳其毡帽被扔在坑坑洼洼的鹅卵石街道上的血泊中。一队警察驱赶着那两个意大利兵去监狱，与此同时，狂怒的人群在他们后面气愤地喊着："绞死他们！绞死他们！"

温森特趁乱溜进里科莱特巷1号妓院。老板路易斯迎上来，把他带到大厅左边的一个小房间。几对男女正坐在那儿喝酒。

"我有一个叫拉舍尔的姑娘，她挺招人爱的，"路易斯说，"先生愿意试试她吗？要是你不喜欢她的模样，还可以再挑别的。"

"我可以看看她吗？"

温森特坐在桌旁，点起了烟斗。从外面的大厅传来笑声，接着，一个女孩子跳跳蹦蹦地走了进来。她滑进温森特对面的椅子里，朝他笑笑。

"我是拉舍尔。"她说。

"啊，"温森特叫起来，"你不过还是个小娃娃呀！"

---

[1] 朱阿夫兵：法国轻步兵。原由阿尔及利亚人编成，后来亦用法国人充当。以强悍著称，以五光十色的阿拉伯服装为制服。

"我十六了。"拉舍尔自豪地说。

"你在这儿多久了？"

"在路易斯这儿吗？一年了。"

"让我看看你。"

黄色的煤气灯在她背后，她的脸被罩在阴影里。为了让温森特看清她的样子，她把头靠在墙上，朝着灯光翘起下巴。

他看到一张圆而丰满的脸，一双大而无神的蓝眼睛，还有肥胖的下巴颏儿和脖颈。她的黑头发盘在头顶上，这使那张脸显得更像个圆圆的球了。她只穿了一件单薄的印花连衣裙和一双便鞋。她那圆圆的乳房上的乳头，像谴责的手指，直指向他。

"你很漂亮，拉舍尔。"他说。

她那无神的眼睛里露出一个快乐而稚气的微笑。她转了个圈，把他的手拿在自己手里。

"我很高兴你喜欢我，"她说，"我愿意男人喜欢我。这使做那种事儿更愉快一些，你认为呢？"

"对。你喜欢我吗？"

"我认为你是个可笑的人，伏热。"

"伏热！这么说你认得我？"

"我在拉马丁广场见过你。你干吗总是背着一大捆东西，急急忙忙到一些地方去？而且你干吗不戴上一顶帽子？太阳难道不晒你吗？你的眼睛全红了，你就不疼吗？"

温森特笑这孩子的天真。

"你非常可爱，拉舍尔。要是我把我的真名告诉你，你愿意用那个名字叫我吗？"

"你的真名叫什么？"

"温森特。"

"不，我更喜欢伏热。要是我叫你伏热，你介意吗？我能不能喝点儿什么？老路易斯正从大厅那儿看着我呢。"

她用手指摸了一下喉咙，温森特看见那手指陷进了她软乎乎的胖肉里。她用那双无神的蓝眼睛微笑。他看得出，她是在用微笑做出快乐的样子，好叫他也高兴。她的牙齿虽然整齐，颜色却是黑的；她那肥厚的下唇向下垂着，几乎触及她胖乎乎的下巴上那道清晰的横纹。

"叫一瓶酒，"温森特说，"不过别叫那种价钱贵的，因为我的钱不多。"

酒端来了，拉舍尔说："你愿意上我房里去喝吗？在那儿更舒适些。"

"我非常愿意去。"

他们登上几级石头台阶，走进拉舍尔的小屋。屋里有一张狭窄的小床、一只五斗柜橱、一把椅子和贴在白墙上的几张彩色椭圆形的儒略历[1]。柜子上放着两个又旧又破的洋娃娃。

"这是我从家里随身带出来的，"她说，"喂，伏热，拿着他们。这是雅克，这是凯瑟琳。我常和他们玩儿过家家。哟，伏热，你看起来真滑稽！"

温森特两只臂弯各抱着一个娃娃，咧嘴傻笑着站在那儿，直到拉舍尔笑完。她从他手里把凯瑟琳和雅克拿过来，扔到柜子上，把便鞋甩到角落里，随后把裙子脱了下来。

"坐下，伏热，"她说，"咱们玩儿过家家吧。你当爸爸，我当妈妈。你喜欢过家家吗？"

她是个矮小、健壮的姑娘，大腿粗而向外凸起，高耸的乳房下面是个深陷的斜坡，然后是圆胖的肚子向下滚进骨盆的三角中。

"拉舍尔，"温森特说，"要是你打算叫我伏热，那我也有个名

---

[1] 儒略历：古罗马独裁者儒略·恺撒所颁行的一种历法。

字叫你。"

拉舍尔拍拍手,一下子坐到他膝上。

"啊,告诉我,什么呀?我喜欢人家给我起新名字!"

"我打算叫你鸽子。"

拉舍尔的蓝眼睛露出受了伤害和迷惑不解的神色。

"为什么我是鸽子呢,爸爸?"

温森特用手轻轻摸着她那圆胖的丘比特的肚子。

"因为你有一双温柔的眼睛和肥胖的小肚肚,你看起来就像一只鸽子。"

"像鸽子好吗?"

"啊,好啊。鸽子非常漂亮可爱……你也是一样。"

拉舍尔俯过身,在他的耳朵上吻了一下,随后从床上站起来,拿来两只平底玻璃水杯盛酒。

"你有一对多可笑的小耳朵呀,伏热。"她在啜饮红酒的间歇中说。她喝酒就像小孩子,把鼻子伸进杯子里。

"你喜欢它们吗?"温森特问。

"喜欢呀。它们那么软、那么圆,就像小狗的耳朵一样。"

"那么,可以把它们给你。"

拉舍尔大声笑了。她把玻璃杯举到唇边,这玩笑又一次把她逗得咯咯地笑着。一道红酒的细流顺着她的右乳流下来,弯弯曲曲流过那鸽子的肚子,消失在黑色的三角中。

"你真可爱,伏热,"她说,"人人都说你像疯子一样,可是你并不疯,是不是?"

温森特做了个鬼脸。

"只有一点点。"他说。

"你愿意做我的情人吗?"拉舍尔说,"我都一个月没有情人了。你每天晚上都来看我行吗?"

"我恐怕不能天天晚上来，鸽子。"

拉舍尔噘起嘴，"为什么不行？"

"啊，其中一个原因是我没有钱。"

拉舍尔顽皮地捏着他的耳朵玩。

"要是你弄不到五法郎，伏热，你愿意把你的一只耳朵割下来给我吗？我想要它。我要把它放在我的柜橱上，每天晚上跟它玩儿。"

"如果我后来弄到五法郎，你还允许我把它赎回来吗？"

"嘿，伏热，你真好玩儿。我希望来这儿的男人多几个像你这样的。"

"你喜欢在这儿吗？"

"啊，是的。我在这儿过得挺好，我喜欢这儿的一切……可是要把朱阿夫兵除外。"

拉舍尔放下酒杯，撒娇地伸出胳膊搂住温森特的脖子。他觉出她那软软的肚子贴在他的背心上，她的像花骨朵一样的乳头烧灼着他。她把嘴贴在他的嘴上。他发觉自己正在亲吻她下唇柔软光滑的内面。

"你还会来看我吗，伏热？你不会把我忘了，去找别的姑娘吧？"

"我会再来的，鸽子。"

"咱们现在就干那个好吗？咱们玩儿过家家吧！"

当他半小时后离开这个地方时，那种只有用无数杯清凉的水才能解除的干渴弄得他疲惫不堪。

[4] 邮差

温森特得出这样一个结论，那就是颜料捣得越细，它就变得越容易被油渗透。油只是一种呈现颜色的媒介，对此他并不关心，尤其是因为他并不介意他的油画有一副粗糙的外表。他决定自己当自己的颜料工,而不再购买那些在巴黎用了天晓得多少时间在石头上捣碎的颜料。提奥请唐古伊老爹给温森特寄来三种铬黄,还有孔雀石、朱砂、赤黄铅、钴蓝和群青。温森特在他的旅店小房间里把它们碾碎了。这样一来,他的颜色不仅便宜,而且更鲜艳持久。

下一个使他不满意的,就是他的画布的吸收性能。画布上覆盖的那层薄薄的石膏涂层,吸不进他涂上去的浓厚的颜料。提奥给他寄来成卷的未加工的画布,晚上他就在一个小碗里调好石膏,涂在他打算第二天画画用的画布上。

乔治·修拉使他对装作品的画框的式样和颜色特别注意。当他把第一幅阿尔的油画寄给提奥时,他说明了画框只可以用什么样的木头、必须涂上什么样的颜色。不过,只有眼看着自己的画装在自己制作的画框里,他才觉得放心。他从杂货商那儿买来木板条,截成他需要的长短,然后把它们涂成和画的构图相协调的颜色。

他制造颜色,做绷画布的框子,给画布涂石膏,画画,制作画框并且自己上漆。

"真糟糕,可惜我不能买自己的画,"他大声咕哝着,"不然我就完全自给自足了。"

西北风又刮起来了。大自然仿佛在大发雷霆。天空没有云。明亮的阳光伴着极度的干旱和刺骨的寒冷。温森特在他的房间里画一幅静物,那是一只蓝色搪瓷咖啡壶,一只金黄和深蓝两色的杯子,一只淡蓝色白花格的牛奶罐,一只蓝色底子上配着深浅不一的红色、绿色和褐色图案的意大利陶罐,还有两个橘子和三个柠檬。

风停下来,他又出去画了一幅罗讷河风景——《特兰凯泰莱铁桥》。画面上的天空和河水都是苦艾酒的颜色,码头是淡紫色,桥上有几个把肘部支在桥栏杆上的发黑的人影。深蓝色的铁桥,黑色底子上带有鲜橙色色调和一点浓烈的孔雀石绿。他在试图找到一种极为悲痛,因而也是极其令人心碎的东西。

他并不想把眼前看到的东西完全复制出来,而是把更多的力量用于随意地借助色彩表现他自己。他懂得了毕沙罗在巴黎告诉他的那句话是千真万确的:"你必须夸张由色彩的和谐或不和谐所造成的效果。"在莫泊桑《两兄弟》的序文中,他发现了一种类似的观点:"为了在他的小说中创造一个比我们的社会更美好、更单纯并更给人以慰藉的世界,艺术家拥有夸张的自由。"

他顶着大太阳,在麦田里勤勤恳恳、专心致志地画了一天,画成了这样一幅画:一片翻耕过的田野,那是一大片似乎在向地平线攀登、泥土块呈紫罗兰色的田野;一个身着蓝色和白色衣服的播种者;地平线上是一片低矮成熟的麦田;凌驾于这一切之上的,是一片黄色的天空和一轮黄色的太阳。

温森特知道,巴黎的评论家准认为他画得太快了,他并不同意这种看法。难道不是感情,那种他对自然的真挚感受在催促着他吗?如果有时感情强烈得使他在工作时都不知道他在工作,如果有时笔触就像讲话的词句一样情不自禁地相继而来,那么也会有这样的时候到来——沉闷的日子,没有灵感的日子。他必须趁热打铁,把打成的铁条放在一边。

他背起画架,走上那条途经蒙特梅哲山的路赶回家去。他走得那样快,以至很快就超过了在他前面边走边玩的一个男人和一个男孩。他认出这男人是老罗林,阿尔邮局的邮差。在咖啡馆他常坐在罗林旁边,并且原来就想和罗林说话,但一直没有机会。

"日安,罗林先生!"他说。

"啊,是您呀,画家,"罗林说,"日安。我这是星期天下午带着孩子出来散步呢。"

"今天天气真好,是不是?"

"啊，是的，要是这该死的西北风不吹，天气总是很可爱的。您今天画完一幅画了吧，先生？"

"是的。"

"我是个没有知识的人，先生，而且一点儿不懂艺术。不过，如果您愿意让我看看，我会感到很荣幸的。"

"我很愿意。"

那男孩在前头边玩边跑。温森特和罗林并肩走着。在罗林看画的当儿，温森特观察着他。罗林戴着他那顶蓝色的邮差帽子；他有一双温柔好奇的眼睛和一部方形的弯曲如波的长胡子，这部胡子遮住了他的脖子和衣领，一直垂到他暗蓝色的邮差上衣胸前。在罗林身上，温森特感到一种和唐古伊老爹相同的使他深受吸引的温柔而热诚的品质。他朴实的样子令人怜惜。他那张很平常的农民的脸，似乎和他那部浓密的希腊式胡子不大相称。

"我是个没有知识的人，先生，"罗林重复着说，"请您原谅我多嘴。您的麦田画得像活的一样，就像咱们刚才经过的那片地，那片我看见您在那儿作画的地。"

"那么，你喜欢它吗？"

"至于这个，我也说不清。我只知道它使我感觉到了什么，在这儿。"

他把手放在胸口抚了抚。

在蒙特梅哲山脚下，他们停了一会儿。红日沉落在古老的修道院上空，夕阳的余晖照射着从乱石堆中生长出来的松树的树干和枝叶，给这些树干、枝叶染上一层像橙红色火焰的颜色；而远处的松树在泛着轻柔的蓝绿色碧空衬托下，却呈现出醒目的普蓝色彩。树下的白色沙子和层层白色岩石，也蒙上了浓淡不同的蓝色。

"这也像活的一样，是不是，先生？"罗林问。

"就是咱们离开了人世，它也将继续活着，罗林。"

他们向前走去,轻声地、友好地聊着天。在罗林的话语中没有一句出口伤人的话。他心地单纯,他的想法既单纯又深刻。他靠着一百三十五法郎的月薪供养他的妻子、四个孩子和他自己。他当了二十五年的邮差,从未提升过,只是提过极少的几次薪水。

"在我年轻时,先生,"他说,"我常常去想许多有关上帝的问题。但是,随着岁月的流逝,上帝似乎变得越来越令人难以相信了。上帝还存在于你画的那片麦田里或蒙特梅哲山的黄昏中,然而当我想到人们……和他们管理的这个世界……"

"我理解,罗林,不过我越来越觉得,我们绝不能以这个世界的好坏去评价上帝。这个世界只不过是幅尚未完成的习作。当你面对着一幅已经被画坏的习作,如果你挺喜欢这位艺术家,你怎么办?你是不会去大肆指责的,你只是闭口不言。然而你有权利要求看到更好一些的东西。"

"是呀,对啰,"罗林喊道,"只要好上那么一丁点儿!"

"我们应当在评价他之前,看看他用同一只手创造出来的其他作品。这个世界显然是在他处于逆境的日子里匆忙拼凑起来的,当时这位艺术家对正在发生的事情并不是很清醒的。"

暮色降临到这条蜿蜒曲折的乡间小道上。初升的小星星从沉重的钴蓝色夜幕中伸出头来。罗林那双温柔而天真的眼睛搜索着温森特的脸,"那么,您认为除了这个世界,还有另外的世界吗,先生?"

"我不知道,罗林。在对我的工作发生了兴趣之后,我就不再去想这一类事情了。不过,这种生活看起来多么不完善啊,是不是?我有时想,正如火车和马车是载着我们从地球的一个地方到另一个地方的旅行工具一样,伤寒和肺结核也是载送我们从一个世界到另一个世界的旅行工具。"

"啊,你们竟是这样想的,你们这些艺术家。"

"罗林,你能帮我一个忙吗?让我为你画一幅肖像吧。阿尔人全都不愿意为我摆姿势。"

"我应当感到荣幸,先生。不过,您干吗想画我?我不过是个很难看的人。"

"假使真有上帝的话,罗林,我想他一定长着和你完全一样的胡子和眼睛。"

"您在拿我开心哪,先生!"

"正相反,我可是认真的。"

"明天晚上您来我家和我们一起吃饭吧!我们的饭食很一般,不过您来做客我们会很高兴的。"

罗林太太是个农家妇女,她有点让他想起丹尼斯太太。桌上铺着红白格的桌布,上面摆着家制面包、一点儿肉焖土豆和一瓶酸味酒。饭后,温森特为罗林太太画像,边画边和那位邮差聊天。

"大革命期间,我是个共和派,"罗林说,"但是,现在我明白了,我们什么也没有得到。不管统治者是国王还是部长,咱们穷百姓完全和过去一样微不足道。我本来以为咱们要是有了共和国,大家就可以分享一切了。"

"噢,不会的,罗林。"

"我这一辈子总想弄明白,先生,为什么有的人就应当比别人享有的多?为什么有的人应当辛辛苦苦地干活儿,而他的邻居却无所事事地闲坐着?我也许是太愚笨了,所以我才不明白。您是不是认为,如果我受过教育的话,先生,我就可以明白一些了呢?"

温森特抬头迅速地瞟了他一眼,看看罗林是不是在挖苦他,但在那张脸上,他看到的还是同样一副纯正无邪的表情。

"是啊,我的朋友,"他说,"大多数受过教育的人,看起来对局势是很理解的。不过,我也和你一样无知,所以我永远不能理解或者接受它。"

441

[5] 黄房子

早上四点起身，走上三四个小时，才能到达他要画画的地方，接着他便一直画到天黑。尽管在一条孤寂的路上艰难地走十或十二公里回家并非乐事，然而他喜欢腋下夹着未干油画的感觉，那能给他以信心。

他七天就画了七幅大型油画。到一周结束时，他差不多快要累死了。这是一个光辉灿烂的夏天，可现在已经被他涂抹掉了。凶猛的西北风刮起来，吹起一团团灰尘，把树木都染成了白色。温森特不得不停止工作。他一连气睡了十六个小时。

他熬过了一段艰难的日子。因为他的钱在星期二就花完了，而提奥那个装着五十法郎的信封，不到下星期一中午是不会来的。这并不是提奥的过错。除了供应他绘画用的所有材料外，提奥还是每十天寄五十法郎。温森特因为疯了似的要看到自己新作的画装上画框，所以订购了太多的画框，以致超出了他的预算。在那四天里，他靠着二十三杯咖啡和面包师赊给他的一个面包维持生命。

他开始激烈地否定起自己的作品来。他认为他的画辜负了提奥对他的一片好心。他希望把他已经花掉的那些钱赚回来，还给他的弟弟。他一幅一幅地看着自己的画，责备自己这些画配不上为它们所付出的代价。有时即使从那里面真发现了一幅还算可以的习作，他也认为要是从别人那儿买下它来，会比他自己画便宜些。

整个夏天里，他对自己作品的感想时时涌来。尽管没人来打搅他，他还是没时间去想，或者去体会。他不得不像一台蒸汽机一样不停地干下去，但是现在，他觉得脑子就像变味的粥，而且他拿不出一个法郎去吃一顿或者去看看拉舍尔以自娱。他认准这个夏天他所画的一切都非常非常糟糕。

"不管怎么着，"他自言自语，"经我画过的画布，总比一幅空白的画布强。在我的画中，那种虚饰做作已经不再发展，这给了我作画的权利，也是我作画的理由。"

他深信，只要留在阿尔，他就可以使自己的个性得到自由发展。生命是短促的，它转瞬即逝。好吧，作为一个画家，他必须继续画下去。

"我这些作画的手指变得越来越好使了，"他想，"虽然身体快要垮了。"

他拉了一长列颜色的名单准备寄给提奥。突然，他醒悟到，在他开列的单子中，没有一种颜色是在荷兰的毛威、马里斯或韦森布鲁赫的调色板上出现过的。阿尔已经使他彻底脱离了荷兰的传统。

当他的钱在星期一寄到时，他找了个地方，花一个法郎美美地吃了一顿。这家饭馆很古怪，里外都是灰色的，地板就像大街的路面，是灰色沥青，墙上贴着灰色壁纸。绿色的百叶窗一向紧闭，门上挂着一大块隔挡外面飞尘的绿色门帘。一道非常细、非常强烈的太阳光，从一条百叶窗缝里透进来。

休息了一个多星期之后，他决定画一些描绘夜晚景象的画。在顾客埋头吃饭、女侍前后照应的时候，他画了那家灰色的饭馆。他画了拉马丁广场上厚重温暖的钴蓝色夜空，空中点缀着千万颗明亮的普罗旺斯星星。他到大路上画了月光笼罩下的丝柏树丛。他还画了德努伊咖啡馆。那是一家通宵营业的咖啡馆，因而有些流浪汉无钱付房租或者烂醉如泥时就可以在这儿存身。

他头一天晚上画了这家咖啡馆的外面，次日又画了它的内部。他企图用红色和绿色来表达人可怕的欲望。他把咖啡馆的内部画成血红色和暗黄色，中间的一张弹子台则涂成绿色，又画了四盏柠檬黄的灯，放射出橙色和绿色的光。在那些入睡的流浪汉的小小身躯上，他使用了最互不相容的深浅不同的红色和绿色，造成一种不可调和的对比。他在试图表达这样一种想法：咖啡馆是一个可以使人破产、发疯或犯罪的场所。

阿尔人看到他们的伏热整夜在街上作画,然后大白天睡觉,感到挺可笑。温森特的活动始终是让他们开心取乐的事情。

月初到了,旅店的老板不仅抬高了这个房间的租金,而且决定要温森特为他放油画的小房间交一笔日间贮存费。温森特厌恶这家旅店,不能忍受这个店主的贪得无厌。在那家灰色饭馆吃饭令他满意,然而他的钱只够每十天在那儿吃两三天。冬天就要来了,他没有作画的工作室,旅店的房间叫人感到沮丧、屈辱。同时,他被迫去就餐的便宜饭馆的食物又在伤害他的肠胃了。

他必须去找个永久性的住所和自己的画室。

一天傍晚,当他和罗林一起穿过拉马丁广场时,他发现在离他住的旅店一箭之遥的地方,有一所黄颜色的房子,上面写着"待租"的广告。这所房子中间有个院子,两侧是楼房。它正对着广场和山坡上的市区。温森特若有所思地站下来,望着那房子。

"不幸的是它太大了,"他对罗林说,"我很愿意找到像这样的一所房子。"

"您不必非租下整幢房子不可,先生。例如,您可以只租下右侧的几间。"

"真的?你看这一侧会有几间房子?房租会不会很贵呢?"

"我瞧里面大概有三四间。房租可能用不了您多少钱,大概到不了旅店房钱的一半。要是您愿意,我明天午餐时间来和您一起看房子。也许我可以帮您讲个好价钱。"

次日上午,温森特兴奋得什么事也干不下去。他只管在拉马丁广场上踱来踱去,从各方面观察着这所黄房子。它建造坚实、阳光充足。经过进一步仔细查看,温森特发现这所房子有两个单独的门,而且左边一侧已经有人住了。

罗林吃过中饭就来找他。他们一起走进这所房子的右侧。门厅里有一条过道通向一个大房间，大房间外带一个通着的小房间。墙壁粉刷成白色。门厅和通往二楼的楼梯是用干净的红地砖铺就的。楼上还有一个带有小房间的大房间。纯净明亮的阳光照在擦洗过的红砖地面和粉刷过的白墙上。

罗林给房东写了一封短信，所以房东此刻正在楼上的房间里等着他们。罗林和房东用温森特听不懂多少的那种语速很快的普罗旺斯土话交谈了一会儿，然后这位邮差转向温森特——

"他坚持要先知道，您打算租用这地方多长时间。"

"告诉他，无限期。"

"您是不是同意起码租六个月？"

"噢，是的！是的！"

"那他就按月租十五法郎租给您了。"

十五法郎！租下一整套房子！才是他付给旅店房钱的三分之一，甚至比他在海牙租的那间画室还便宜。十五法郎一个月，租一个永久性的住所！他赶紧从兜里掏出钱。

"喂！快！把这个给他。这房子我租下了。"

"他想知道您什么时候搬进来。"罗林说。

"今天。马上。"

"可是，先生，您还没有家具，那怎么能搬进来呢？"

"我去买一张床垫和一把椅子。罗林，你可不知道在糟糕的旅馆房间里过日子是什么滋味。我必须马上就搬到这个地方来。"

"那就随您吧，先生。"

房东走了，罗林也回去上班了。温森特从一个房间到一个房间、从楼上到楼下来回走着，一遍又一遍地查看着他的领地里每一寸土地。提奥头天刚寄来五十法郎，他兜里还有大约三十个法郎。于是他匆匆出门，买了一张便宜的床垫和一把椅子搬回黄房子。他决定用底层的房间做卧室，上面的房间做画室。他把床垫扔在红砖地上,把椅子搬到楼上画室里,然后,便最后一次回到他住的那家旅店。

店主人以某种站不住脚的借口在温森特的账单上添加了四十法郎,而且除非把钱付清,才让温森特拿走他的那些画。温森特只好诉诸治安法庭去要回他的画,即便这样,也不得不交付那笔虚构出来的费用的一半。

傍晚,他找到一个愿意赊给他一个小煤气炉、两口锅和一盏煤油灯的商人。温森特还剩三个法郎。在买了咖啡、面包、土豆和一点做汤的肉之后,他身上就一个子儿也不剩了。回到家里,他把底层的小房间布置成一间厨房。

当夜幕把拉马丁广场和这所黄房子遮上的时候,温森特在那个小炉子上为自己煮了汤和咖啡。他没有桌子,所以就在床垫上铺一张纸,摆上他的晚餐,盘起腿坐在地上吃起来。他忘了买刀叉,便用他的画笔从锅里叉着肉和土豆吃。这些东西吃到嘴里,稍微带着点颜料的味道。

吃完饭,他端起煤油灯,踏着红砖楼梯上了楼。房间里只有一个空画架立在照进月光的窗户旁边,窗外是拉马丁广场黑沉沉的花园,房间显得空寂而凄凉。

他在床垫上睡下来。早上,一觉醒来,他打开窗户,眼前出现了绿色的花园、冉冉升起的太阳和那条迂曲而上通往城里的路。他看了看干净的红砖地、洁白无瑕的墙壁和宽敞的房间。他给自己煮了一杯咖啡,就着锅一边走一边喝,计划着怎样装饰他的家,哪些画应当挂到墙上,还有怎样在一个真正是属于他自己的家里度过他的幸福时光。

第二天,他收到他的朋友保罗·高更来的一封信。高更病魔缠身、不名分文,被扣在布列塔尼半岛上阿望桥的一家该死的咖啡馆里。"我陷于困境,无力自拔,"高更写道,"因为我还不起账,店主人便将我所有的油画扣着不给。在各种折磨人的痛苦中，没有什么比缺钱用更让人恼火的了。然而我觉得自己命里注定得一辈子受穷。"

温森特想起世上的画家们，他们备受烦忧、贫病交迫，为他们的同类所鄙弃和回避，忍饥挨饿，遭受痛苦的折磨直到死期将至。为什么？他们犯了什么罪？是什么样的滔天大罪使他们沦为被遗弃的流浪汉和贱民？遭受如此摧残的人如何能够创作出好的作品？这位未来的画家——啊，他该会成为怎样的色彩家和前所未有的杰出人物啊！他不应该住在这样悲惨的咖啡馆里，也不应该去那些朱阿夫兵逛的妓院。

可怜的高更，他正在布列塔尼污秽的小房间里变得衰弱下去，病得不能工作，身边没有一个朋友帮助他，口袋里没有一个法郎可以给他提供恢复健康的食物和一位给他治病的医生。温森特认为他是一个伟大的画家、一个伟大的人。要是高更真死了，要是高更真的放弃了他的工作，哦，那对于绘画界来讲将是怎样的一场悲剧啊！

温森特把信装进口袋，离开了黄房子，沿着罗讷河堤岸走去。一艘载煤的平底船停泊在码头上。从上面望去，那船由于被一阵骤雨淋过而湿漉漉地闪闪发光。河水是发黄的白色，闪烁着淡蓝灰色的波纹。天空是淡紫色，西边天上有几道橙色的条纹，城市是一片紫罗兰色。一些穿着肮脏的蓝色和白色衣服的工人，来来往往，正在从船上把货物搬上岸。

这是纯粹的北斋[1]风格。它使温森特想起了巴黎，想起了唐古伊老爹小店里的日本版画……也想起了保罗·高更——所有朋友中他最珍爱的一个。

他顿时明白了他应该做的事。那所黄房子满可以住下两个人。他

1　北斋：即葛饰北斋，1760—1849，日本江户末期的浮世绘画家。

俩每人都可以有自己的卧室和画室。如果他们自己做饭、自己研磨颜料，并且不乱花钱，他们就可以靠他每月的一百五十法郎活下去。房租不会比现在多，食物花的钱也很少，而他身边却又会有个朋友了，而且是个讲着画家的语言、懂得画家的技巧的画家朋友，啊，那该多么好！而且高更在绘画方面将会教给他怎样新奇的东西啊！

在此之前，他还没有觉察到自己是怎样的寂寞孤独。即或靠自己的一百五十法郎养活不了他们俩，提奥也许还可以多寄五十法郎，作为高更每月交出的油画的报酬。

是的！是的！他必须叫高更到阿尔来和他同住。普罗旺斯炽热的阳光会把他的病全都烧光，就像它曾经烧光温森特的病一样。不久他们就会有一间热火朝天的画室了。他们的画室将是南方的第一间画室。他们将继续发展德拉克罗瓦和蒙提切里的传统。他们将使绘画充满阳光和色彩，让人们看到大自然的灿烂绚丽。

必须拯救高更！

温森特转过身，突然小步跑起来，就这样一路跑回了拉马丁广场。他跑进黄房子，冲上红砖楼梯，开始兴致勃勃地安排起房间来——

"保罗和我将在楼上各有一间卧室。我们要用楼下的房间当画室。我要去买两张床和一张床垫，还有床单、椅子和桌子，那样，我们就有一个真正的家了。我要用向日葵花和开花的果树把整个房间装饰起来。

"啊！保罗，保罗，多好啊！又能和你在一起了！"

[6] 玛雅

事情并不像他想的那样容易。提奥倒是愿意一个月增加五十法郎，作为给高更的油画的报酬，但还有路费的问题。这笔钱无论提奥还是高更都拿不出来。而且高更病得挪不动步，债又欠得太多，以致难以从阿望桥脱身，再加上他太悲观了，根本提不起精神去考虑任何计划。厚厚的信件在阿尔、巴黎和阿望桥之间频繁往来。

温森特现在疯狂地爱上了他的黄房子。他用提奥寄给他的生活费买了一张桌子和一个有抽屉的柜子。

"到年底，"他给提奥的信上说，"我将会有所变化。不过，别以为到那时我会打算离开这儿。无论如何也不会的。我打算在阿尔过一辈子了。我将要成为一个南方画家。你一定要把我这里看成是你在阿尔的一所乡间住宅。我很想为这套房子备齐一切，这样你就可以常到这里来度假了。"

他用最少的钱去买最低限度的生活必需品，而把所有剩下的钱都花在布置这套房子上。每天，他都得在自己的需要和这黄房子的需要之间做出抉择。他应当买肉吃呢，还是买下这个意大利彩饰陶罐？他应当买一双新鞋呢，还是给高更的床上买下这条绿色的被子？他应当为他新画的油画定制一个松木画框呢，还是买下这些有灯芯草坐垫的椅子？

首先考虑的总是这套房子。

黄房子给予他一种安宁感，因为他现在努力工作是为了一个有保障的未来。他过去生活得太漂泊无定了，到处漫无目的地流浪。然而现在他再也不想走了。他死去之后，另一个画家将会在这里发现一个持续赢利的绘画公司。他正在建立一间供一代又一代的画家使用的永久画室，他们可以在里面按照各自的理解去表现南方、描绘南方。他越来越着迷地想画些画来装饰这套房子，这些画要对得起在过去那些不见收效的年月里耗费在他身上的那笔钱。

他怀着重新焕发出来的创作活力投身工作。他知道了，长时间地观看事物，才能使他的思想更成熟、理解更深刻。为了画蒙特梅哲山脚下的那片田野，他竟到那里去了五十次之多。西北风把画架吹得猛烈摇摆，这样一来，他要把感情和画法相结合，并在画面上完美地交织在一起就更困难了。他从早上七点，一动也不动地画到晚上六点。一天一幅油画！

"明天是个大热天。"一天晚上，罗林说，当时已是很晚的晚秋时节，他们正坐在拉马丁咖啡馆里喝着烈性黑啤酒，"这以后，就是冬天了。"

"阿尔的冬天是个什么样子？"温森特问。

"这里的冬天很讨厌。雨水多，烦人的风，寒冷刺骨。不过，阿尔的冬季很短，只有两个月。"

"这么说，明天是咱们最后一个好天气了。那我可知道哪个地方是我要画的了。想想看，罗林，一个秋天的花园，两株丝柏树，像酒瓶子那样的深绿色，形状也像瓶子；三株矮小的栗子树挂着烟叶黄和橙色的叶子；还有一棵长着淡柠檬色叶子和紫罗兰色树干的小紫杉，两丛血红色的、长着深红色叶子的矮矮的灌木，以及一片沙地、一片草茵和一片蓝天。"

"哎呀，先生，您这么一形容，我才知道原来我这辈子一直是个瞎子。"

第二天一早，温森特日出时就起床了。他精神抖擞，用剪子修剪了胡须，把头顶上还没有被阿尔的太阳晒秃的那几根头发梳好，穿上了唯一完整的一套衣服，然后，作为一种向太阳告别的特别多情的表示，他戴上了从巴黎带来的兔皮帽子。

罗林的判断是对的。太阳升起来，犹如一个炽热的黄色球体。那顶兔皮帽子没有帽檐，所以阳光直刺进他的眼睛。从阿尔到这座秋天的花园要走两个小时的路，它就在通往达拉斯贡的大路边上，斜倚在一座山的半山腰。温森特把他的画架支在这园子斜背后一片耕过的麦田里。他把帽子扔在地上，脱下了他漂亮的外衣，然后把画布装到画架上。尽管天气尚早，阳光却已经灼烤着他的头顶，并且在他眼前洒下一片他已经习惯了的飞舞的火焰。

他仔细地观察面前的景色，分析着颜色的组成，并且把自己设想的构图记在脑子里。等他确信自己已经理解了眼前的景物时，他便把画笔泡软，打开颜料管的盖子，并把那用来涂抹厚颜料的调色刀弄干净。他又瞟了一眼花园，心中所想象的那幅图像闪现在面前空白的画布上。他在调色板上调了一些颜色，然后举起了画笔。

"难道你非要这么快就开始不可吗，温森特？"背后有个声音问他。

温森特急忙转过身。

"还早哪，我亲爱的。你还有一整天好画。"

温森特迷惑不解地望着这女郎。她非常年轻，但并非孩童。她的眼睛蓝得就像阿尔的钴蓝色夜空；她那头顺着后背飘垂下来的秀发，是和太阳一样的柠檬黄色。她的牙齿从微笑的唇间露出，宛如从血红色的葡萄藤间看到的夹竹桃花那样洁白。她穿一件紧身的白色长裙，只在腰际系着一个方形银扣。她脚上穿了一双样子朴素的便鞋。她的体态健壮，充满活力，同时，浑身上下显露出纯洁而又诱人情欲的曲线。

"我离开了那么久，温森特。"她说。

她站到温森特和画架之间，靠着那块空白的画布，遮住了他眺望的那座花园。太阳照在她那柠檬黄色的发丝上，使她后背飘垂的长发波光闪烁。她朝他微笑，那么诚心实意，那么柔情脉脉，不禁使他伸手摸了一下眼睛，好看看自己究竟是突然害了病还是在做梦。

"你不明白，我最最亲爱的朋友，"女郎说，"你怎么会明白呢，既然我离开了那么久？"

"你是谁？"

"我是你的朋友，温森特——天底下你最好的朋友。"

"你怎么知道我的名字？我以前从来没有见过你。"

"啊，是的，可是我见过你，许多许多次了。"

"你叫什么？"

"玛雅。"

"就这两个字？就叫玛雅？"

"对你来讲，温森特，就这么两个字。"

"你为什么跟随我到这儿的田野上来呢？"

"为了同一条理由，我已经跟着你走遍了欧洲……为的是可以接近你。"

"你认错了人。我不可能是你所要追随的那个人。"

这女郎把一只凉爽而白皙的手放在他头顶火热的红发上，轻轻地往后抚平它们。她手上的凉意和她温柔的低语中所蕴含的冷静，就像从一眼新开的深井中流出的清凉甘美的水。

"只有一个温森特·梵高。我绝不会把他认错。"

"你说你认识我多长时间了呢？"

"八年了，温森特。"

"什么？八年前我在……"

"……对，亲爱的，你在博里纳日。"

"那时候你就认识我了？"

"我第一次见到你，是在一个深秋的下午，你正坐在马卡塞矿井前面一只生锈的铁轮子上……"

"……看那些矿工往家走！"

"是的。当我头一眼看你的时候，你正无所事事地坐在那儿。我正要走过去，这时你从口袋里掏出一个旧信封和一支铅笔画起来。我从你肩上望过去,想看看你画了什么,而当我看到……我就爱上了。"

"你爱上了?你爱上了我吗?"

"是的,温森特,亲爱的好温森特,是爱上了你呀。"

"也许我那时还不这么难看。"

"一点儿也不比现在强。"

"你的声音……玛雅……听起来好奇怪啊!以前只有一回,有一个女人是用这种声音跟我说话的……"

"……玛高特的声音。她那时爱你,温森特,就像我一直爱你一样深。"

"你认识玛高特?"

"我在布拉邦特待了两年。我每天都跟着你到田野上去。我在厨房后面那间马夫的小屋看你作画,并且因为玛高特爱你而感到高兴。"

"那时候你不再爱我了吗?"

她用凉丝丝的手指尖抚弄着他的眼睛。

"噢,爱的,我爱你。从爱上你的第一天起,我就从来没有停止过爱你。"

"那么,难道你就不妒忌玛高特?"

女郎笑了。一种无限哀伤和怜悯的神情从她脸上闪过。温森特想起了曼德斯·德科斯塔。

"不,我并不妒忌玛高特。她的爱对你是有益的,但是你对凯的爱我是不喜欢的,这种爱对你有害无益。"

"在我爱上乌苏拉时,你认识我吗?"

"那是我认识你之前的事了。"

"那个时候你还没有喜欢上我吗?"

"没有。"

"我那时候是个傻瓜。"

"有的时候,为了在最后变得聪明,开头的时候就不得不当傻瓜。"

"不过,要是在布拉邦特的时候你就爱我的话,你干吗不来找我呢?"

"你那时候还没有准备好,温森特。"

"那么,现在……我准备好了吗?"

"是的。"

"你还爱我吗?即使在现在……今天……此刻?"

"现在……今天……此刻……而且永远。"

"你怎么能爱我呢?瞧啊,我害了齿龈病,满口都是假牙。我的头发全都晒秃了。我的眼睛红得像得了梅毒病。我的脸瘦巴巴,干枯无肉。我是丑陋的,是男人中间最丑的一个!我的神经极度衰弱,我的身体已经毫无吸引力,我的五脏六腑则已经彻头彻尾地毁了。你怎么能爱上这样一个身体坏得不像样子的男人呢?"

"你坐下来好吗,温森特?"

温森特坐在他的小凳上。女郎跪在田野里柔软的沃土中。

"别!"温森特喊起来,"那会把你的白色长裙全弄脏的。让我把我的外衣给你铺上吧!"

女郎用手轻轻触了他一下,制止了他,"多少次在跟踪你的时候,我都曾把这长裙弄脏,温森特,不过它总是又变干净了。"

她用白皙而有力的手掌托起他的下巴,用指尖把他耳后几根晒得焦黄干枯的头发抚平。

"你不丑,温森特。你是美丽的。你折磨虐待这具包裹着你灵魂的可怜的躯体,可是你无法损伤你的灵魂。我所爱的就是它。而当你用充满热情的艰苦劳动摧毁你自己之时,这颗灵魂却永远地……继续存在下去。而我对你的爱也将同样永无止境。"

太阳在空中又上升了一个小时。它散发出的酷热朝着温森特和这女郎袭来。

"让我带你去一个凉快的地方吧,"温森特说,"沿大路往南,正好有几棵丝柏树。在树荫底下你会觉得更舒服些。"

"陪你在这儿我很快乐。我不在乎太阳晒。我对它已经习惯了。"

"你已经在阿尔待了很久了吗?"

"我和你一起从巴黎来的呀!"

温森特生气地跳起来,踢翻了他的小凳。

"你是假的!你是被人特意派来嘲弄我的。有人把我过去的事告诉了你,并且雇你来捉弄我。走开,我再也不和你说话了!"

女郎用她眼中的微笑制止了他的怒火。

"我不是假的,我的亲爱的。我是你生活中最为真实的东西。你永远也不能摧毁我对你的爱。"

"这是谎话!你不爱我。你在讥讽我。我要拆穿你的把戏!"

他粗暴地用两只手臂抓住她。她朝他身上倒过来。

"你要是还不停止你对我的折磨并且走开的话,我就要伤害你了!"

"伤害我吧,温森特。你以前就伤害过我。爱情的一部分就是受伤害啊。"

"那好,你就自作自受吧!"

他把她的身体搂过来,低头把嘴贴在她嘴上,用他的牙齿咬痛她,似乎要用他的吻把她压碎。

她向他张开柔软而温暖的嘴唇,让他痛饮她口中的芳馨。她的整个身体怀着渴慕向他靠近,肉体贴着肉体,完全听由他的摆布。

温森特猛地把她从身上推开,踉跄地坐回到他的小凳上。女郎在他旁边的地上坐下来,把一条胳膊放在他腿上,又把头靠在上面。他抚摩着那浓密的柠檬黄色的长发。

455

"你现在相信了吧?"她问。

过了好久,温森特说:"从我来到阿尔,你就在这儿。你知道鸽子的事吗?"

"拉舍尔是个可爱的女孩子。"

"那你就不反感?"

"你是个男人,温森特,你需要女人。既然我来看你并向你献身的时刻尚未到来,你就不得不去那种你能去的地方。可是,现在……"

"现在?"

"你现在不必去了,永远不必了。"

"你的意思是说……"

"当然了。温森特,亲爱的,我爱你。"

"为什么你偏要爱我呢?女人一向看不起我。"

"你不是为了谈情说爱而生的。你有其他的工作要干。"

"工作?呸!我一直是个傻瓜。这上百幅的油画全都有什么用呢?谁愿意要它们?谁愿意买它们?谁愿意勉强给我一句赞赏的话,说我已经理解了大自然,或者说我描绘出了大自然的美?"

"有朝一日全世界都会这么说的,温森特。"

"有朝一日。做梦!就像梦想我有朝一日会成为一个富翁,有家、有妻儿,还有用我的画能赚回足够谋生的金钱一样。我已经画了八年了。八年中没有一次有人要买一幅我画的画。我从来就是个傻瓜。"

"我知道,但却是个多么了不起的傻瓜呀!在你死后,温森特,人们会理解你努力要表现的东西的。那些你今天一百法郎都卖不出去的油画,有一天会卖上一百万。啊,你笑了,但是我告诉你,这是真的。你的画将悬挂在阿姆斯特丹、海牙、巴黎、德累斯顿、慕尼黑、柏林、莫斯科和纽约的博物馆里。你的画将成为无价之宝,因为以后一幅也买不到了。将来会有人写出评论你的艺术的书，温森特，也会有人根据你的一生写出小说和剧本。而且无论在哪里，只要是两个热爱绘画的人在一起交谈，温森特·梵高这个名字就一定是神圣的。"

"如果不是我嘴上还带有你嘴唇的余味，我会说我是在做梦，或者是发疯了。"

"坐到我身旁来，温森特。把你的手放在我手里。"

太阳正当头顶。山坡和山谷沐浴在一片硫黄色的雾霭中。温森特躺在那女郎旁边的犁沟里。漫长的六个月，除了拉舍尔和罗林，他找不到一个可以交谈的人。他心里的话有如滔滔流水。女郎深情地望着他的眼睛，于是他开始讲话了。他向她讲述了有关乌苏拉和他在古比尔当店员时的往事；他向她讲述了他经历的斗争和挫折，他对凯的爱，以及他曾经努力要和克里斯汀共同建立的生活；他向她讲述了他对绘画的憧憬，他所遭受的谩骂和打击；讲述了为什么他愿意自己的画带有一种粗糙感，为什么他让自己的作品像未完成品，为什么他让自己的色彩那样骚动不安；讲述了他希望为绘画事业和画家们实现的一切，还有他的身体怎样被劳累和疾病所摧毁。

他越是讲，就越是激动。从他嘴里涌出的话语，犹如从他的颜料管中汩汩流出的颜料。他的全身都开始动起来。他打着手势，用胳膊和肩膀的动作表达他的意思，他竭力用身体做出怪里怪气的样子在她面前走来走去。他的脉搏在加快，他的热血在沸腾，炎炎烈日更使他热情澎湃、激动如狂。

女郎一字不漏静静地听他讲述。他从她的眼睛里看出她是理解的。她如饥似渴地接受了他所说的一切，但仍然在那儿急于准备听到更多，急于要了解他，急于要把他不愿压在心底而必须交托的一切接受下来。

他突然停下来，由于兴奋全身索索发抖。他的眼睛充血，面孔涨得通红，他的四肢打着颤。女郎把他拉到自己身旁。

"吻我吧，温森特。"她说。

他在她唇上吻了一下。她的嘴唇已不再是冷的。他们并肩躺在那厚厚的、松软的沃土中。那女郎亲吻着他的眼睛、耳朵、鼻孔、上唇，用她那芬芳柔软的舌头润湿他嘴的里面，用她的手指顺着他颈部的胡须、他的肩背、他腋下敏感的神经末端摸着。

她的亲吻使他内心激起一种从来没有体验过的极为痛苦的情欲。这种在肉体上感觉并不清楚，而且单靠肉体也无法满足的欲望，使他浑身上下都感到痛苦。以前从来没有一个女人在委身于他时给予他这种充满爱意的吻，他把她的身体搂向自己，感觉到在那柔软的白色长裙下面汹涌奔流的生命。

"等等。"她说。

她解开腰间的银扣，脱下那件白色长裙扔到一边。她的身体像她的面色一样是深金黄色。这是处女的身体，它的脉搏的每次跳动都是贞洁的。他不知道女人的身体竟能制作得如此精美。他不知道情欲竟会如此纯净、如此美好、如此灼热。

"你在发抖啊，亲爱的，"她说，"把我搂紧。别发抖，亲爱的，我的爱人，我最亲爱的。抱住我，因为你需要我。"

太阳正悄悄地从天空的另一边落下去。大地由于日间阳光的直晒而变热。它散发出播种乃至成长，收割复归死亡的东西的气息，它散发出生命那不断在创造和不断在还原为本初之物的充沛而强烈的气息。

温森特的激情汹涌澎湃，每条肌肉都牵动着他内心的某个痛点。这女郎向他张开双臂，向他展示自己的热情，从他那儿得到男子汉的精华，把他所有的火山似的狂暴、所有的时时刻刻都在毁坏他的神经并冲垮他身体的势不可当的激情，吸收到她的体内，用阵阵波涛起伏的温柔抚爱把他带到具有毁灭威力的创造的巅峰。

筋疲力尽的他在她的怀抱中睡着了。

当他醒来时,周围只剩下他孤零零的一个人。太阳已经落下去。他流汗的脸埋在沃土中,一侧面颊上沾了一块硬结的泥巴。地面微有凉意,散发出一种被埋葬的爬行类的气味。他穿上外衣,戴上兔皮帽子,把画架背在肩上,画布夹在胳膊底下,沿着昏暗的道路朝家走去。

到了黄房子,他把画架和空白的画布扔到卧室的床垫上,就出去喝咖啡了。他把两手放在冰凉的石面桌子上,托着偏向一侧的头,忆起了白天里发生的事情。

"玛雅,"他喃喃自语,"玛雅。我以前在哪里听到过这个名字呢?这意味着……这意味着……不知道这意味着什么。"

温森特喝了第二杯咖啡。一个小时后,他又穿过拉马丁广场回到黄房子。冷风刮来了,空气中飘着雨的味道。

他回家放下画架时,没有点煤油灯。此刻,他划了一根火柴,把油灯放在桌上。黄色的火焰照亮了房间。床垫上的一片颜色引起他的注意。他猛吃一惊,走过去拿起他早上带的那块画布。

啊,在一片灿烂辉煌的光里,他看到了他的秋天的花园:两株颜色像酒瓶一样绿、形状也像酒瓶一样的丝柏树,三株矮小的、叶子呈烟叶黄和橙色的栗子树,那棵长着淡柠檬黄色叶子和紫罗兰色树干的紫杉,那两丛长着深红色叶子的血红色灌木;前景的地上有沙子和草茵,在这一切之上的是一片很蓝、很蓝的天空,空中有一颗旋转着的硫黄色与柠檬黄色的火球。

他目不转睛地站在那儿,对着这幅画凝视了几分钟,随后把它轻轻地钉在了墙上。他回到床垫那儿,跷着二郎腿坐下来,看着自己的画,咧开嘴笑了。

"这幅画是好的,"他大声说,"它充分表达了我要表达的东西。"

[7] 高更到来

冬天来了,温森特天天留在他温暖宜人的画室中消磨时光。提奥写信来说:高更头一天到了巴黎,他的心境恶劣,而且极力抵制这个去往阿尔的主意。在温森特心目中,黄房子并不单是一个让两个人居住的家,而是所有南方艺术家的永久画室。他拟定了周密安排,准备一旦他和高更把这地方安排就绪、步入正轨,就扩大住所。任何一个愿意留下来的画家都是受欢迎的,但是他必须每月寄给提奥一幅油画,作为对他所受到的款待的报答。一旦提奥手中拥有了足够数量的印象派的画,他就可以离开古比尔,在巴黎开办一个独立画廊。

温森特在信中十分明确地表示,高更将是画室的指导者,是在那儿作画的所有画家的老师。为了布置他的卧室,温森特尽可能地节省下每一个法郎。他把墙壁粉刷成淡紫罗兰色,并把地面铺上红地砖。他买来非常浅的发绿的柠檬黄色的床单、枕头和一条大红的被子,并且把木床和椅子漆成了鲜奶油色。梳妆台被他漆成橙色,脸盆是蓝色的,门则是淡紫色。他在墙上挂了一些他的画,拆掉窗上的遮板,然后把整个室内的布置画成了一幅油画寄给提奥。他希望通过这画让弟弟看看他的房间是多么宁静。他使用了类似日本版画那种随意的平涂画法。

至于高更的房间,那就是另一码事了。他可不愿意给画室的老师买这样廉价的家具。罗林太太向他断言,他要给高更买的那种胡桃木的床价格将高达三百五十法郎,这对他来讲是一笔不可能凑齐的金额。不过,他还是开始在为这个房间购置小件的物品,这使他经常处于经济拮据的境地。

当他没钱雇模特儿时,他就站在镜子前面,一遍又一遍地画自己的肖像。拉舍尔来给他摆姿势。罗林太太带着孩子一星期来一个下午。他常去的那家咖啡馆的老板娘吉诺太太，穿着阿尔妇女的服装坐着让他画了一幅。他用了一个钟头，就挥笔把人物迅速地画到了画布上。画面上的背景是淡柠檬黄色的，人物面部是灰色，衣服是黑色和纯普蓝色。他让她坐在一把借来的橙色木扶手椅上，双肘靠着一张绿色的桌子。

一个年轻的朱阿夫兵为了赚点钱，同意坐下来让他画像。他的脸很小，脖子粗得像公牛，眼睛凶得像老虎。温森特为他画了一幅半身像。他穿着蓝色的军装，那蓝色和长柄带盖的平底搪瓷锅的颜色一样；衣服的镶边是褪色的橘红色，胸前有两块淡柠檬黄色的装饰。一顶红色的帽子戴在那颗晒成古铜色的、像猫一样的头上，衬着一块绿色背景。结果造成了一种色调不和谐的粗野的配合，十分刺目、粗俗，甚至是俗艳的，然而却很适合于表现被描绘对象的性格。

他手拿铅笔和画纸长时间地坐在窗旁，力图掌握那种只用寥寥数笔就能把一个男人、一个女人、一个小孩、一匹马或一条狗的形象画下来，从而使其头部、躯体和腿协调一致的技巧。他誊画了大量他夏天画的画，因为他认为自己如果在一年里能画出五十幅每幅价值二百法郎的习作来，那么他在享受那些仿佛是他有权享有的吃喝时就不算太不诚实了。

这个冬天，他学到了许多东西：他知道了绝不可用普蓝画肉体，因为如果那样画，就会使肉体变得像木头一样；他知道了他的色彩并不像它应有的那样坚实；他知道了在南方绘画中，最重要的成分就是红和绿、橙和蓝、硫黄和淡紫的对比。他要在绘画中表现出像音乐一样给人以安慰的东西，他希望去画带有某种神圣非凡的东西的男人和女人。这种神圣的东西通常是用光轮来象征的，而他则尝试用他的色彩的真实的光辉和颤动来表现。最后，他还懂得了，对于那些安于贫困的人来说，贫困是永远摆脱不了的。

461

梵高家族众叔伯中的一个去世了，他留给提奥一小笔遗产。既然温森特如此渴望高更和他在一起，提奥就决定将这笔钱的半数花在高更的卧室布置上，并支付高更去阿尔的路费。温森特闻之大喜。他开始为黄房子设计装饰品。他想画上一打光辉灿烂的阿尔向日葵镶板，一组蓝色和黄色的"交响乐"。

看来，连提奥慷慨赠予路费的消息也激动不了高更，出于某个一直未向温森特挑明的原因，高更宁愿留在阿望桥混日子。而温森特急切地盼着完成这些装饰品的绘制，使画室在这位老师到来时能一切布置就绪。

春天来了。黄房子后院的一排夹竹桃树像是发了疯，花开得如此繁茂，很可能得了运动性共济失调。这些树的枝条上缀满新开的花朵，同时还有很多开败的花。这些夹竹桃的勃勃生机一直在源源不绝地更新着、补充着，似乎永远取之不尽、用之不竭。

温森特重又背起画架到乡间去，寻觅可以画在他的十二块墙壁镶板上的向日葵花。犁过的田野上，土地颜色柔和得像木鞋的颜色；宛若勿忘我花一样蓝的天空上，点缀着朵朵白云。有一些向日葵花是他在黎明时分对着长在地里的向日葵迅速挥就的，其他的则是他随身带回家放在一个绿色花瓶中画成。

他给他的房子外面重新涂了一层黄色，这使拉马丁广场的居民们大大取乐了一番。

到他把房子布置就绪之时，夏季已经来临。随之而来的是那轮酷热的太阳、那种猛烈的西北风、那种不断上涨的不安的气氛，以及乡间和这座抹在山坡上的石头城所呈现出来的那副痛苦不堪、备受折磨及驱策的样子。

随之而至的还有保罗·高更。

他在拂晓前到达阿尔，然后就在一家通宵营业的小咖啡馆里等着天亮。那位老板看了看他，叫起来："你就是那个朋友！我认得你。"

"你到底在说些什么呀？"

"梵高先生给我看过您寄给他的那幅画像。那幅像和您完全一样，先生。"

高更去把温森特叫了起来。他们兴高采烈、亲亲热热地见了面。温森特领高更看了房子，帮他解开旅行袋，向他询问巴黎的消息。他们热烈地交谈了好几个小时。

"你打算今天就去工作吗，高更？"

"你以为我是卡罗勒斯-杜兰[1]，可以下了火车，就拿起调色板，然后立即给你画出阳光效果来吗？"

"我只是问问。"

"那你还是别问这些愚蠢的问题吧。"

"我也休一天假吧。走，我带你去看看这座城。"

他带高更上了山，穿过被阳光烤得梆硬的市政府广场，沿着城后面的那条市场路走着。朱阿夫兵正在兵营外面的田野上操练。他们的红色土耳其帽在阳光下燃烧。温森特带着高更穿过罗马竞技场前的小公园。阿尔妇女们为了呼吸早晨的空气正在散步。温森特一直在如醉如痴地向高更讲述着她们有多么漂亮。

"你对阿尔的妇女有什么看法，高更？"他问。

"我对她们一点感觉也没有。"

"看看她们皮肤的色调，嗐，不是让你看体形，而是看看阳光对她们外貌的影响。"

"这儿的妓院怎么样，温森特？"

"这儿只有让朱阿夫兵去玩儿的那种收费五法郎的地方。"

他们回到黄房子，在生活上做了些安排。在厨房墙上，他们钉了一只盒子，把他们一半的钱放进去——这么多是买烟草的，那么

1　卡罗勒斯-杜兰：1837—1917，法国画家。

多是付杂项费用的（包括房租）。在盒子上面，他们放上一些纸片和一支铅笔，以便把他们取出的每个法郎记下来。他们把剩下的钱放在另外一只盒子里，分成四份，作为每周购买食物的钱。

"你是个好厨师，是不是，高更？"

"出色极了。我当过水手。"

"那将来就由你负责做饭。不过，今晚，为了表示对你的欢迎，我准备为你做个汤。"

等晚上他把汤端上来，高更却无法下咽。

"这汤你是怎么调配的，温森特？我真是无法想象。我敢说，这就像你调配你那些画里面的颜色一样。"

"这和我那些画上的颜色有什么关系？"

"亲爱的朋友，你依然在新印象主义的老路上蹒跚。你最好还是放弃你现在的方法。这种方法与你的性情不符。"

温森特把他的汤盆推到一边。

"你一眼就能看出来，是吗？你简直就是个评论家。"

"我说，你自己看看。你又不是瞎子，对吧？比方那些刺目的黄色，完全是杂乱无章。"

温森特瞟一眼墙上的向日葵镶板。

"这就是你对我这些向日葵的全部看法吗？"

"不，老朋友，我还能找出许多可批评的地方哪。"

"举个例子。"

"例如，你那些画上的协调问题；它们单调乏味，而且不完整。"

"胡说！"

"啊，坐下，温森特。别那样看我，倒像你要谋杀我。我比你年长得多，也比你成熟。你还在摸索你自己的路。只要你听我的，我会给你上一些让你有所收获的课。"

"对不起，保罗。我真希望你帮助帮助我。"

"那么，你最好先把所有那些无聊的玩意儿，从你脑子里清除出去。你整天迷着梅索尼埃[1]和蒙提切里。他们两人的作品全都毫无价值。只要你总是崇拜这一类绘画，你自己就永远画不出一幅好画。"

"蒙提切里是个伟大的画家。他比他同时代的任何人都更懂得色彩。"

"他是个喝醉了酒的白痴，那才是他的本来面目。"

温森特跳起来，隔着桌子怒视着高更。汤盆掉在红砖地上，摔碎了。

"你难道就这样称呼'飞达'吗？我爱他几乎就像爱我的亲兄弟一样！所有那些说他是这样一个醉鬼并且有点儿疯的话，都是恶毒的谣言。醉鬼是不可能画出蒙提切里那些画的。协调六种基本颜色的脑力劳动，是纯粹的紧张和谋划经营的脑力劳动，在仅仅半小时内要综合考虑上百件事，这要求他具有一个健全的头脑，而且得是一个清醒的头脑。要是你重复这种关于'飞达'的谣言，你就变得和那个最初制造谣言的下流女人一样邪恶了。"

"嘟嘟嘟，我的尖顶帽子[2]！"

好像被一杯凉水泼在脸上，温森特向后退缩了。他把想说的话和激动的情绪强压下来。他试图克制自己的怒气，可是做不到。他走进他的卧室，砰地关上了身后的门。

[8] 大吵大闹

翌晨，那场争论已经被遗忘了。他们一起喝了咖啡，接着就分

---

1 梅索尼埃：1815—1891，法国画家。
2 这是法国一首童谣中的话，人们常用这种尖顶帽子形容特立独行的人。——编者注

头去寻找自己要画的东西。晚上,当温森特被那种他称为"协调六种基本颜色"的劳动累得精疲力竭地回来时,发现高更已经在那只小煤气炉前准备晚饭了。他们平静地交谈了一会儿,随后谈话便转到画家和绘画这个唯一让他们深感兴趣的话题上来。

战斗继续进行。

高更崇拜的那些画家,温森特看不起;被温森特奉若神明的人,却为高更所嫌恶。他们在有关本行的每一个问题上,都持有异议。也许在任何其他问题上,他们都能以平静而友好的态度进行讨论,然而绘画却是他们生活中最重要的东西。他们都竭尽全力地为各自的思想而战。高更的蛮劲儿是温森特的两倍,而温森特的暴烈却又使他们正好旗鼓相当。

就连在讨论那些没有分歧的事情时,他们的争论也是惊心动魄、电闪雷鸣。经历了这样的争论,他们的头脑累得就像刚放过电的电池一样。

"你永远成不了艺术家,温森特。"高更宣言,"除非你能在看过大自然后,回到画室再冷静地把它画出来。"

"我不愿意冷静地画,你这个白痴。我要热血沸腾地画!这就是我到阿尔来的原因。"

"你所做的一切工作,都不过是在毫无创造性地摹写自然。你必须学会即兴作画。"

"即兴!我的天!"

……

"还有一点,你要是听修拉的话,就会画好了。绘画是抽象的,孩子。它可没有地方搁下你讲的那些故事和你指出的那些道德上的寓意。"

"我指出道德上的寓意?你疯啦。"

"你要是想讲道德的话,温森特,你就回去当你的牧师去。绘画除了色彩、线条和形,再没有别的了。艺术家可以再现自然界的装饰美,仅此而已。"

"装饰艺术,"温森特用鼻子哼着说,"如果那就是你从自然中获得的一切,你倒应当回到你的股票交易所去。"

"如果我回交易所,我将去聆听你礼拜日上午的布道。你从自然中得到了什么呢,旅长?"

"我得到的是生命的运动和节奏,高更。"

"得啦,咱们说不到一起!"

"当我画太阳时,我希望使人们感觉到它是在以一种惊人的速度旋转着,正在发出威力巨大的光和热的浪。当我画一块麦田时,我希望人们感觉到麦粒内部的原子正朝着它们最后的成熟和绽开而努力。当我画一个苹果时,我希望人们能感觉到苹果里面的果汁正把苹果皮撑开,果核中的种子正在为结出自己的果实而努力!"

"温森特,我告诉你多少遍了,画家绝对不可以有理论。"

"以这幅葡萄园的风景为例,高更。留神!那些葡萄就要胀裂,把汁水直喷进你的眼睛。喂,仔细看看这道深谷。我希望使人们感觉到,已经有成千上万吨的水从这深谷间奔泻而去。当我给一个男人画像时,我希望人们感觉到这个男人汩汩流过的一生——他所见过的一切、他所做过的一切和他所经受过的一切!"

"你究竟想说什么?"

"想说这个,高更,促使庄稼向上长的田地、在深谷中奔流的水、葡萄的汁液和仿佛从一个男人身上流过的他的一生,这一切都是一回事,是同一种东西。生活中唯一的一致就在于节奏的一致。我们大家,人、苹果、深谷、耕地、庄稼地里的小车、房子、马和太阳,全都随着这个节奏跳舞。造就你高更的东西,明天将从葡萄里榨出来,因为你和一粒葡萄是一回事。当我画一个在田里干活儿的农民的时候,我希望人们感觉到,农民就像庄稼那样正向下融会到土壤里面，而土壤也向上融会到农民身上。我希望人们感觉到，太阳正注入到农民、土地、庄稼、犁和马的里面，恰如他们反过来又注入到太阳里面一样。当你开始感觉到世间万物运动的这一普遍的节奏时，你才算开始懂得了生活。只有这，才是主宰一切的上帝。"

"旅长，"高更说，"您有理！"

温森特正在兴头上，身上像发烧似的颤抖着。高更的话就像打了他一记耳光，他目瞪口呆地站在那儿。

"你说'旅长，您有理'这话，到底是什么意思？"

"那意思是，我看咱们该到咖啡馆去喝杯苦艾酒了。"

在第二周的周末，高更说："今晚到你的那个妓院去试试。也许我能找到一个可爱的胖姑娘。"

"离拉舍尔远着点儿，她是我的。"

他们沿着那迷宫似的石铺小巷，走进了那家妓院。拉舍尔一听到温森特的声音，便跳跳蹦蹦地从门厅跑过来，投到他的怀里。温森特把高更介绍给路易斯。

"高更先生，"路易斯说，"您是个艺术家。也许您会愿意对我去年新从巴黎买来的两幅画，发表点儿意见吧。"

"十分乐意。您是在哪儿买的画？"

"在古比尔公司，歌剧院广场那儿。它们就挂在前面这间会客室。您请进，先生！"

拉舍尔把温森特引到左边一个房间，把他推到一张桌子前的椅子里，然后坐在他膝上。

"我上这儿来，算起来已经六个月了，"温森特发着牢骚，"可是路易斯从来不问问我对他的画有什么意见。"

"他不认为你是艺术家，伏热。"

"也许他是对的。"

"你不再爱我了。"拉舍尔噘着嘴说。

"你干吗这么想,鸽子?"

"你好多星期都没来看我。"

"那是因为我在努力工作,好为我的朋友布置房子呀。"

"那么,即使你在别处,你也仍然是爱我的吗?"

"即使在别处,我也爱你。"

她捏着他小小的圆耳朵,然后轮番吻着它们。

"为了证明你的话,伏热,你愿意把你可笑的小耳朵给我吗?你答应过你要给我的。"

"要是你能把它们拿走,那就是你的了。"

"哎呀,伏热,它们就像是缝上去的。跟我的洋娃娃的耳朵一样。"

从大厅另一边的房间里传来一声大喊,还有什么人不是由于笑就是由于疼痛而发出的尖叫声。温森特把拉舍尔从膝上推开,穿过大厅,跑进会客室。

高更在地板上弯着身子,抽搐着,眼泪顺着面颊淌下来。路易斯手里拿着灯,低头盯着他,惊讶得不知所措。温森特朝高更弯下腰,摇晃着他——

"保罗,保罗,怎么啦?"

高更想说话,但说不出来。过了一会儿,他喘息着说:"温森特……终于……证明了我们……看……看……墙上……那两幅画……路易斯为他的妓院的会客室……从古比尔买来的。**两幅都是布格罗的作品呀!**"

他站起身子,跌跌绊绊地朝大门走去。

"等一下,"温森特喊,跑着追上去,"你到哪儿去?"

"去电报局。我必须立刻打电报,把这件事告诉巴蒂格诺莱俱乐部。"

火辣辣的炎热夏季来临,乡间一下子变得花团锦簇。深浅不一的绿色、蓝色、黄色和红色,如此丰富,叫人看了为之惊讶。凡是太阳接触到的东西,都被烤得干透了。罗讷河河谷在一波又一波巨大热浪的冲击下颤抖着。太阳不停地袭击着两个画家,晒伤了他们的皮肤,抽去了他们的抵抗力,把他们打成了有生命的肉泥。西北风刮起来,鞭挞着他们的身体,抽打着他们的神经,摇晃着他们的脑袋,直到他们觉得脑袋要爆炸、脖子要折断一样。然而他们每天早晨都是太阳出来就外出,直干到白昼触目的蓝天转为夜晚触目的深蓝。

温森特和高更,一个是座真正的火山,另一个则是满腔热血沸腾,他们之间正酝酿着一场激战。夜里,当他们由于太疲劳、太兴奋而不能入睡,也不能静静地坐着时,他们就把全副精力用在对方身上。他们的钱日益减少。虽然他们不能出去消遣,却发现激怒对方可以发泄自己被压抑的情欲。高更对于引逗温森特发怒一向是乐此不疲的,而一旦温森特脾气发作起来,他总是把那句"旅长,您有理!"搬出来。

"温森特,难怪你画不好。看看这间画室的杂乱,看看你这颜色盒里的乱糟糟。我的上帝,如果你这个荷兰人脑袋不是那么热衷于都德和蒙提切里,或许还能把它清理一下,让你的生活有点儿秩序。"

"这和你无关,高更。这是我的画室。你的画室你爱怎么收拾就怎么收拾。"

"既然咱们谈到这个问题了,我也不妨告诉你,你的头脑就像你的颜色盒一样混乱。你崇拜欧洲所有的邮票画家,但却不懂得德加……"

"德加!他画出过什么能与米勒的作品相媲美的东西吗?"

"米勒!那个感伤主义者!那个……"

温森特被这种对米勒的诽谤气坏了,他从来都把米勒当作自己的老师和精神上的父亲。他暴跳如雷地从一个房间到另一个房间追赶着高更。高更四处躲藏。这所房子太小了。温森特向他高声喊叫,斥骂他,对着高更那张强横有力的脸挥舞着拳头。在这闷热的热带夜晚,他们继续着这种互相挖苦和恶意攻击的争论,直至夜深。

为了不错过他们自己和大自然都将成熟结果的时刻,他们着了魔似的工作着。一天又一天,他们用自己热情的画笔战斗。一夜又一夜,他们由于各自那种强烈的自我中心而吵架斗嘴。就连他们不带恶意地进行争论时,他们之间友好的辩论也是那样火药味十足,使得他们难以入睡。提奥寄钱来了,他们立刻用它去买烟草和苦艾酒。天气热得叫人吃不下饭,他们以为苦艾酒可以使他们兴奋的神经平静下来,结果那只是火上浇油。

狂暴的西北风刮起来。风把人们阻留在家里。高更没法工作,他靠折磨温森特不断发怒来消磨时间。他从来没见过有人单纯地为了一些想法就如此地大动肝火。

温森特成了高更唯一的玩物,他尽量地拿他取乐。

"还是消消火吧,温森特。"在西北风刮了五天之后他说。他已经把他的朋友折腾得怒气冲天,以至于咆哮怒吼的西北风和这黄房子里面的风暴相比,仿佛成了一股和煦轻柔的微风。

"你高更自己怎么样?"

"十分凑巧,温森特,有几个曾经与我交往甚密,并且时常爱跟我讨论问题的人都疯了。"

"你是在威胁我吗?"

"不,我警告你。"

"那你还是留着去警告你自己吧!"

"好吧,不过要是出了事,你可别埋怨我。"

"唉，保罗，保罗，咱们别这么没完没了地争吵了。我知道你是个比我高明的画家。我知道你可以教给我许多东西。可是我不愿意你鄙视我，你听见了吧。我辛辛苦苦地干了漫长的九年时间，而且，基督在上，我的确有些东西要用绘画这个鬼东西来表现啊！现在你得承认，我难道不是这样吗？你说呀，高更。"

"旅长，您有理！"

西北风平息下来，阿尔人又敢出门上街了。炎热灼人的太阳重又露面。阿尔笼罩在一片无法抑制的惊慌不安的气氛中。警察不得不去应付一桩桩暴力罪行。人们眼含着郁积的激奋到处走动。没有人笑，没有人讲话。石头屋顶在阳光下被灼烤着。拉马丁广场上打架斗殴和亮刀子的事儿屡见不鲜。空气中能觉出有一种大难临头的味道。阿尔已经紧张得不能再紧张了，罗讷河的河谷就要爆裂成千万块碎片。

温森特想起那位巴黎记者。

"将会发生什么事呢？"他问自己，"地震还是革命？"

他把这一切都置之度外，仍然不戴帽子去田野上作画。他需要这种白得耀眼的炎热把他内心感受到的狂热激情熔化成液体。他的脑子成了一个燃烧的熔炉，烧出一幅又一幅炽热的油画。

每完成一幅油画，他都更加强烈地感到整整九年来他所花费的心血正在汇聚起来，使他在这几个劳累过度的星期里，转瞬之间就变成一个完全成熟的艺术家。他现在的画，已经远远超过了去年夏天的作品。他永远也不会再创作出像这样充分地表现大自然的本质和他自己的本质的画了。

他从早晨四点钟开始，直画到夜晚悄悄遮上了他面前的景象。他一天画成两幅，有时甚至三幅。随着每一幅用他的生命创造出来的画的完成，他抛洒出可以维持他一年生命的鲜血。对他来讲，要紧的不是他在人世上可以逗留多久，而是他用这一生的岁月去做些什么。对他来讲,时间不是用一页页飘动的日历,而是用一幅幅源源画出的画来计算的。

他感觉到他的艺术已经达到了顶点。这是他一生的最高点。这是所有这些年来他努力奋斗、孜孜以求的时刻。他不知道这一时刻会延续多久。他只知道他必须画,多画一些……还要更多、更多地画。他一生的这一顶点,这一短暂的然而又是无限长久的时刻,必须保持、持续、推延到他把自己心灵中酝酿已久的那些画全部创作出来。

他和高更白天画上整整一天,夜里又打上一夜架,根本不睡觉,吃得极少;过多的阳光、色彩、兴奋、烟草和苦艾酒,充斥着他们的身心。他们受着风吹日晒和自己创作欲望的折磨,彼此间的愤怒狂暴也使他们感到苦恼。郁积在他们心中的厌烦与愤懑越来越增加了。

太阳灼烤着他们。西北风鞭挞着他们。色彩刺得他们双目几乎要失明。苦艾酒散发的热,让他们空空如也的肚子胀得鼓起来。在那些使人热血涌流的热带夜晚发生的狂风暴雨似的争吵,摇撼着这座黄房子。

温森特在对着几张犁画一幅静物写生时,高更为他画了一幅肖像。温森特凝视着这幅画像。他头一次清清楚楚地明白了高更究竟是怎样看他的。

"这无疑是我,"他说,"但这是发了疯的我。"

当晚,他们到咖啡馆去。温森特要了一杯淡苦艾酒。突然,他拿起这杯酒朝高更的头上扔去。高更躲开了。他把温森特整个人抱了起来,穿过拉马丁广场。温森特发现自己躺在床上,顷刻间便睡着了。

"亲爱的高更,"第二天早晨他非常平静地对高更说,"我模模糊糊地记得我昨晚冒犯了你。"

"我愉快地并且真心诚意地原谅你,"高更说,"不过,昨天那样的情况也许还会发生。要是你打着了我,我会失去自制把你掐死的。所以,允许我给你的弟弟写信,告诉他,我打算回去了。"

"不!不!保罗,你不能这么做。就这么丢下这所黄房子吗?这里面的一切我都是为你准备的呀!"

整整一天,风雨大作。温森特不顾一切地力争把高更挽留下来,然而,每次的恳求都为高更所拒绝。温森特又是央告,又是引诱,又是诅咒,又是威胁,甚至还抹了眼泪。在这场战斗中他表现得更加坚定,因为他觉得能否把他的朋友留在黄房子里关系到他的一生。黄昏时,高更已经疲惫不堪。为了能休息一会儿,他让步了。

黄房子里的每个房间都充满了紧张气氛,并且由于这种令人激动的气氛而颤动着。高更没法入睡,直到拂晓前他才打起瞌睡来。

一种奇怪的感觉把他惊醒。他看见温森特站在他床前,在黑暗中怒视着他。

"你怎么啦,温森特?"他厉声问。

温森特走出房间,回到自己床上,又倒头酣睡起来。

第二天夜里,高更同样由于这种奇怪的感觉从睡梦中惊醒。温森特又站在他床前,在黑暗中瞪着他。

"温森特,睡觉去!"

温森特转身走了。

第三天晚饭时,他们因为菜汤而激烈地争吵起来。

"趁我没看着,你往汤里倒了颜料,温森特!"高更嚷着。

温森特大笑。他走到墙跟前,用粉笔写下:

我是圣灵,

我的心智清醒。

他有几天非常安静,神情忧郁、消沉。他几乎没跟高更说过一句话。他甚至没有拿起过画笔。他不读书,只是坐在一把椅子上凝视着他前面的空间。

第四天下午,狂风呼啸,他邀高更和他一起去散步。

"咱们去公园吧,"他说,"我有话跟你说。"

"你在这儿告诉我不行吗?咱们在这儿谈不是挺舒服嘛。"

"不行,我坐着不能说,我必须走着说。"

"好吧,既然你非要这么着不可。"

他们走的是从城左边盘旋而上的马路。就像从一块厚厚的像皮革一样坚韧的东西中穿行一样,他们扎进西北风里往前走着。公园中的丝柏树被风吹得几乎俯伏在地。

"你想告诉我什么呀?"高更问。

他必须对着温森特的耳朵大喊大叫。温森特还没听清,风就把高更的话刮跑了。

"保罗,这几天我一直在想,我已经想到了一个好主意。"

"请宽恕我,如果我不随便附和你的好主意的话。"

"咱们画画全失败了。你知道为什么吗?"

"什么?我一个字也听不见。对着我的耳朵大声说一遍。"

"你知道为什么咱们画画全失败了吗?"

"不知道。为什么?"

"因为咱们单独画!"

"到底是什么意思?"

"有些东西咱们画得好,有些东西咱们画不好。可咱们把这些东西通通放在一幅画里。"

"旅长,我正在仔细听您讲话呢。"

"你记得勃思兄弟吗?荷兰画家。一个擅长风景,另一个擅长人物。他们一起作画,一个往上面画风景,另一个往上面画人物。

第六卷 阿尔

475

结果他们取得了成功。"

"噢,讲了这么一大段故事,也没讲出个所以然来吗?"

"什么?我听不见你的话,近一点儿。"

"我说叫你继续讲!"

"保罗,那才是咱们应当做的。你和我、修拉、塞尚、劳特累克、卢梭,咱们必须大家一起画一幅油画。那将是一种真正的画家的共产主义。咱们每人都把自己拿手的东西画上去。修拉画空气,你画风景,塞尚画平面,劳特累克画人物,我则画太阳、月亮和星星。咱们合在一起,可以成为一个伟大的艺术家。你说呢?"

"嘟嘟嘟,我的尖顶帽子!"

他发出一阵沙哑而粗野的笑声。风把他的讥笑声刮过来,就像把海浪劈头泼在温森特的脸上。

"旅长,"他喘过气来,嚷着,"这要不是天底下最伟大的主意,我就吃了它。哦,在我大吼大叫的时候,你可得原谅我。"

他磕磕绊绊地顺着那条路走下去,捂着肚子,乐得直不起腰。

温森特一动不动地站在那里。

天空中出现一群黑鸟。它们朝着温森特猛扑下来,击打着他,吞没了他,顺着他的头发、他的鼻子、他的嘴、他的耳朵、他的眼睛,把他埋没在拍打着的翅膀堆积成的不透气的黑色浓云之中。

高更回来了。

"走呀,温森特,咱们到路易斯那儿去吧。听了你这极宝贵的主意,我觉得有必要去庆祝一番。"

温森特默默无言地跟随着他走到了里科莱特巷。

高更跟一个姑娘上楼去了。

在咖啡室,拉舍尔坐在温森特膝上。

"你跟我上楼吗,伏热?"她问。

"不。"

"为什么不？"

"我没那五个法郎。"

"那你好不好用你的耳朵来顶替呢？"

"好吧。"

过了不多一会儿，高更回来了。两个男人下山回到黄房子。高更匆匆吞下了他的晚饭，没有说话就走出了大门。正当高更快要穿过拉马丁广场时，他听到身后一阵熟悉的脚步声——急促、细碎而不均匀。

他转过身来。

温森特朝他冲来，手中拿着一把打开的剃刀。

高更神色严厉地站在那儿，望着温森特。

温森特在离他只有两英尺的地方停下来。他在夜色中怒视高更。然后，他低下头，转身朝家走去。

高更去了旅店。他订了一个房间，锁上门，然后就上床睡觉了。

温森特走进黄房子。他顺着红砖楼梯走到自己的卧室。他拿起那面他曾经对着画过许多次自画像的镜子。他把镜子放在靠墙的梳妆台上。

他看着镜子里他那双布满血丝的眼睛。

末日已经来临。他的生命结束了。他在自己的脸上看到了这个。

他最好把这一切彻底地结束。

他举起剃刀，感到了锐利的钢刀贴近他喉咙上起的鸡皮疙瘩。

有声音在他耳边絮絮低语，讲着莫名其妙的故事。

阿尔的太阳在他和镜子之间形成了一道刺得人睁不开眼的火墙。

他割下了他的右耳。

只留下一点点耳垂。

他扔掉剃刀，用毛巾把头包上。血滴到地上。

他从脸盆里捡起他的耳朵，洗了洗，用几张速写纸把耳朵包起来，又用报纸把它包成一个包。

他把巴斯克贝雷帽拉下来，遮住他头上厚厚的绷带，下了楼梯走向大门。他穿过拉马丁广场，上了山，拉响了1号妓院的门铃。

一个女仆来开门。

"把拉舍尔给我叫来。"

停了一会儿，拉舍尔来了。

"啊，是你，伏热。你有什么事？"

"我给你带来一个东西。"

"给我？一件礼物吗？"

"是的。"

"你真好，伏热。"

"仔细保存好。这是我给你的一件纪念品。"

"什么东西呢？"

"打开看看就知道了。"

拉舍尔打开纸包。她惊恐地望着那只耳朵，晕倒在石板地上。

温森特转身走开。他下了山，穿过拉马丁广场，在身后关上黄房子的门，上了床。

第二天早晨七点半钟，高更回来时，他看到一群人聚在门前。罗林绝望地扭绞着双手。

"你对你的同伴干下了什么，先生？"一个戴着瓜形帽子的男人问。他的口气粗暴而严厉。

"我不知道。"

"啊，不……你知道得很清楚……他已经死了。"

高更好半天才使自己镇静下来。人群的目光仿佛要把他的身体撕成碎片，这目光使他感到窒息。

"咱们上楼吧，先生，"他结结巴巴地说，"在那儿咱们可以把话说清楚。"

下面两个房间的地上扔着一些湿毛巾。血迹染污了通往温森特卧室的楼道。床上躺着温森特,他裹在被单里,像枪上的扳机弓着身子。他看起来已然生气全无。高更轻轻地,非常轻地触了一下那身体。它还有热气。这似乎使高更突然之间完全恢复了他的活力。

"行行好,先生,"他低声对警察长说,"把这个男人唤醒,要非常小心地弄醒他。如果他问到我,告诉他我去巴黎了。他要是看见我,说不定就活不成了。"

警察长叫来一位医生和一辆出租马车。他们把温森特送往医院。罗林气喘吁吁地跟在车旁跑着。

[9]"伏热"

阿尔医院年轻的实习医生费利克斯·雷伊大夫,身材矮小而健壮,方方正正的头,一蓬乌黑的头发在头顶上直立着。他处置好温森特的伤口,接着把他放到一间像牢房一样的小屋的床上,小屋里的东西已全部搬走。他出去时在身后锁上了门。

日落时分,正当他给自己的病人诊脉时,温森特醒来了。他望望天花板,望望刷白的墙壁,又望望窗外那块正在暗下来的蓝天。他的目光慢慢地在雷伊大夫的脸上转悠。

"你好。"他的声音软弱无力。

"你好。"雷伊大夫回答。

"我在哪儿?"

"你在阿尔医院里。"

"噢。"

他脸上一阵痛楚。他抬起手去摸那块曾经长着右耳的地方。雷伊大夫制止了他。

"你千万不能碰那儿。"他说。

"……是的……现在……我记起来了。"

"伤口割得非常利落、干净,老朋友。用不了几天,我就可以让你站起来了。"

"我的朋友哪儿去了?"

"他回巴黎了。"

"……我明白了……我能抽烟吗?"

"目前还不能,老朋友。"

雷伊大夫把伤口洗净,又包扎上。

"没什么大不了的事,"他说,"不管怎么说,人并不是靠他脑袋外面长出来的这些卷心菜听声音的。你不必老惦着它。"

"你心肠挺好,大夫。这间屋子为什么……这么空旷?"

"为了保护你,我把东西都搬出去了。"

"防备谁?"

"防备你自己。"

"……是的……我明白了……"

"好啦。我现在得走了。我会叫护士把晚饭给你送进来。尽量静静躺着,一点儿也不要动,失血使你身体虚弱。"

早上温森特醒来时,提奥正坐在他床旁。提奥的脸色苍白,面孔歪扭着,眼睛通红。

"提奥。"温森特说。

提奥从椅子上滑下来,跪在床边,拿起温森特的手,毫无顾忌地放声哭起来。

"提奥……当我醒过来……正在需要你的时候……每一次……你都在我的身旁。"

提奥说不出话来。

"让你这么大老远跑来,真辛苦你了。你怎么知道的?"

"高更昨天给我打了电报,我赶上了夜里那趟火车。"

"这就是高更不对了,让你费这么些钱。你一夜没睡吧,提奥?"

"是的,温森特。"

他们沉默了一会儿。

"我跟雷伊大夫谈了,温森特。他说这是日射病。你一直是不戴帽子在阳光下工作的,是不是?"

"是的。"

"啊,你瞧,老伙计,你一定不可以这样了。将来你一定要戴上帽子。阿尔这里的许多人都得了日射病。"

温森特轻轻地捏捏他的手。提奥竭力压抑住自己的感情。

"我有个消息要告诉你,温森特,不过我想是不是等几天再说好。"

"是好消息吗,提奥?"

"我想你会欢喜的。"

雷伊大夫走了进来。

"啊,病人今天早上情况怎么样?"

"大夫,可以允许我弟弟告诉我一个好消息吗?"

"我看可以吧。喂,等一会儿。让我看看这个。好,这很好,很好。它很快就会愈合的。"

大夫离开房间后,温森特恳求弟弟把消息告诉他。

"温森特,"提奥说,"我……嗯,我……遇见了一个姑娘。"

"啊,提奥。"

"不但如此,她还是个荷兰姑娘——乔安娜·邦格。我觉得她很像妈妈。"

"你爱她吗,提奥?"

"爱。温森特，没有你，我在巴黎寂寞死了。你没来之前还不太糟糕，可是，在咱们一起生活了一年之后……"

"跟我一起生活挺不容易的，提奥。恐怕我使你那一段时间过得很不快活。"

"哦，温森特，你要知道我有多少次都盼望着，在我走进勒皮克街上寓所的时候，能看见你的鞋放在餐具柜上、你的油画堆满我的床啊！不过咱们不应该再说话了，你应当休息休息。咱们俩就这么在一块儿待着吧。"

提奥在阿尔逗留了两天。在雷伊大夫向他保证温森特会很快恢复过来，保证会把他的哥哥不仅作为一个病人，而且作为一个朋友那样照料之后，他才离开。

罗林每天晚上都带着鲜花来看望温森特。夜里温森特受着幻觉的困扰。为了克服他的失眠，雷伊大夫在他的枕头和床垫上放了樟脑。

第四天头上，大夫看见温森特神志已经完全清醒，他便给这屋子开了锁，把家具搬了回来。

"我能穿衣服起床了吗，大夫？"温森特问。

"如果你觉得已经有了足够的力气。你稍微呼吸呼吸新鲜空气之后，就到我办公室来。"

阿尔医院是座两层的楼，建在一个四方院子里，院子中央有个内院，开满了鲜花，姹紫嫣红，十分绚丽，还有蕨本植物和沙砾铺就的小径。温森特缓缓溜达了几分钟，然后就到底层的雷伊大夫办公室去了。

"走走路感觉如何？"大夫问。

"很不错。"

"告诉我，温森特，为什么你做出那种事？"

温森特沉默了很久。

"我不知道。"他说。

"你在做那事的时候脑子里在想什么？"

"……我……没有……想，大夫。"

温森特利用以后的几天时间，恢复自己的体力。一天早上，正当他在雷伊大夫的房间里与大夫聊天时，他从脸盆架上拿起一把刮胡刀，打开来。

"你需要刮个脸，雷伊大夫，"他说，"你愿意让我给你刮刮吗？"

雷伊大夫退到屋角，用手掌挡着脸。

"不！不！放下！"

"我真的是个挺好的理发师，大夫。我可以给你理个漂亮的。"

"温森特！把刮胡刀放下来！"

温森特笑了，折起刮胡刀，放回到脸盆架上，"别怕，我的朋友。现在一切都过去了。"

第二个周末，雷伊大夫允许温森特作画了。他派了一名护士到黄房子取来了画架和画布。雷伊大夫为温森特摆姿势，他这样做纯粹是哄温森特开心。温森特画得很慢，一天画一点点。这幅画像完成之后，他把它送给了大夫。

"我希望你能把这幅画作为纪念品保存起来，大夫。我只能用这种方式向你表达我对你的好心的感激。"

"太谢谢你了。我感到荣幸。"

大夫把画拿回家，用它把墙上的一道裂缝遮起来。

温森特在医院里又住了两个星期。他在阳光的灼烤下画了医院的内院。作画时他戴了一顶宽檐草帽。画那座花园竟费了他整整两个星期。

"你每天都要顺便来看我啊，"雷伊大夫在医院大门口一边同温森特握手，一边嘱咐，"记住，不要喝苦艾酒，不要兴奋，而且也不要光着头在太阳底下工作。"

"我保证做到,大夫。谢谢你为我做的一切。"

"我要写信给你弟弟,告诉他你完全好了。"

温森特发现房东已经定了合同,打算把他赶走后把房子租给一个烟草商。温森特深深地依恋这所黄房子。这是他在普罗旺斯土地上唯一的根基啊!他把它的里里外外全都画过了。他已经把它整理得很适宜居住。尽管出了事,他仍然把它视为自己的永久住所,所以他决心跟房东斗争到底。

起初,他害怕独自睡在这所房子里,因为他失眠,这种失眠就连樟脑也治不了。雷伊大夫曾经给过他一些溴化钾,去驱散那些实在无法忍受的使他惊恐不已的幻觉。最后,他耳边那些莫名其妙的低语声消失了,只有在他做噩梦时才又出现。

他仍然非常虚弱,不能外出作画。他的头脑慢慢地恢复了平静。他的血液日益复原,食欲也增加了。他同罗林在一家饭馆吃了一顿愉快的晚餐,兴高采烈,毫不担心再有什么新的烦恼。他开始小心谨慎地继续画一幅罗林妻子的像,这是一幅在出事的时候还没画完的画像。他喜欢他原来那种把从玫瑰红到橙红的不同红色,通过各种不同的黄色上升到柠檬色,并配以浅绿和暗绿色的排列方法。

他的健康和他的工作在慢慢地恢复。他过去知道,人折断的腿和胳膊可以复原。然而现在使他有点吃惊的是,人的脑子受了伤竟也是可以恢复的。

一天下午,他去问候拉舍尔的情况。

"鸽子,"他说,"实在是抱歉,我让你受惊了。"

"已经没事了,伏热。你千万别为这事担忧。在这个城里,像这一类事是很平常的。"

他的朋友们来探望他并叫他放心,在普罗旺斯,人人不是发热就是受着幻觉或者疯病的困扰。

"那一点儿也不反常,温森特,"罗林说,"在鞑靼一样的地方,我们全都有点儿精神错乱。"

"那么说，"温森特说，"咱们都像一家子一样彼此了解。"

又过了几个星期，温森特已经可以整日在画室工作了。关于疯和死的念头已不再在他的头脑中萦回，他开始感觉自己差不多已经正常了。

他终于敢出门画画了。在阳光灼烤下，麦田的黄色灿烂辉煌，可是温森特却不能把它表现出来。他一直在过着按时吃饭、按时就寝、避免兴奋和强烈刺激的生活。

他现在感觉如此正常，以至到了没法作画的地步。

"你是个非常神经质的人，温森特，"雷伊大夫曾经告诉他，"你从来没有正常过。不过，话又说回来，没有一个艺术家是正常的，如果是正常的，他就准不是个艺术家。正常人创作不出艺术来。他们吃、睡，按照常规做事，然后死去。你对生活和自然过于敏感，所以你能为我们其余的人做出解释。但是如果你不小心，恰恰是这种神经过敏会导致你的毁灭。每个艺术家早晚都得在这种过度敏感的压力下垮掉。"

温森特知道，要获得这种在他的阿尔油画中占支配地位的强烈的黄色调子，他就得紧张，就得进入兴奋的竞技状态，就得有一阵阵的冲动和强烈的感受，他的神经就得受刺激。如果他允许自己进入这种状态，他就又可以像以前那样画得光辉夺目。然而，这条路却会把他带向毁灭。

"艺术家就得作画，"他喃喃自语，"如果我不能按照自己的意愿去画画了，还继续活下去有多蠢啊！"

他不戴帽子在田野中行走，吸收着太阳的光和热。他陶醉在由天空、黄色的火球、绿野和怒放的鲜花组成的一片狂欢的色彩中。他听凭西北风的鞭挞和沉重的夜空的压抑，任随向日葵花激起他的想象，使之达到迸发的顶点。随着他激动情绪的上涨，他的食欲反而下降。他开始靠咖啡、苦艾酒和烟草维持生命。他夜不能寐，只觉得乡间浓烈的色彩在他那充血的眼睛中奔流。于是，他背起画架又到田野中去了。

他的创作力重新焕发。他对大自然那共有的节奏的感觉和他那几个小时就能够完成一幅大张油画，并且让画面上流溢着灿烂阳光的才能也都恢复了。每天创作出一幅新画，每天他的情绪都在升高。就这样，他一连气画成了三十七幅油画。

一天早晨，他睡醒时感到浑身发懒。他不能工作，坐在一把椅子上，冲着墙发愣。那些声音又回到他耳朵里，给他讲些奇而又奇的故事。夜幕初降，他走到那家灰色饭馆，坐在一张小桌子前。他叫了一份汤。女侍给他把汤端上来。他耳边响起尖厉的声音，向他发出警告。

他把汤盘推到地上。盘子摔成了碎片。

"你想毒死我！"他尖声叫嚷，"你在汤里放了毒药！"

他跳起来，踢倒了桌子。有的顾客夺门而逃，其余的望着他，呆若木鸡。

"你们全都想毒死我！"他喊着，"你们想谋害我！我看见你们把毒药放进了汤里！"

两个警察进来，把他抬到山上的医院里去了。

一昼夜过后，他变得十分安静，并且同雷伊大夫谈论着这次事件。他每天画一点画，在乡间散散步，晚上回医院吃饭和睡觉。有时他感到精神上有一种难以描述的苦恼，有时感到遮蔽着时间和周围那些不可避免的事情的纱幕，仿佛在瞬息之间揭开了。

雷伊大夫又许可他作画了。温森特画了路旁一片种满桃树的果园，背景是阿尔卑斯山脉；画了一片橄榄林，树上的叶子呈现一种旧银器的颜色，那是在蓝色背景上发绿的银白色，还有被涂成橙色的耕地。

三周以后，温森特回黄房子住了。到现在为止，这座城的人，特别是拉马丁广场的人，已经对他怀有怒气。那只割掉的耳朵和汤中的毒药，已不能让他们再泰然处之了。阿尔人坚信，画画能叫人发疯。每当温森特经过，他们就拿白眼瞪他，大声议论，有时为了不从他身边过，甚至穿过马路到对面走。

城里没有一家饭馆让他进门。

阿尔的小孩聚集在黄房子前面，嘲笑捉弄他。

"伏热！伏热！"他们大声喊着，"把你另一只耳朵也割掉吧。"

温森特把窗子关上了，可是那些小孩的叫喊声和笑声仍然能传进来——

"伏热！伏热！"

"疯子！疯子！"

他们编了一个顺口溜，在窗子底下唱：

伏热疯，疯伏热，
剃刀割掉右耳朵。
管你嗓门震破天，
半声他也听不见。

温森特想出去躲开他们。这群兴高采烈的调皮鬼又唱又笑地跟着他穿过街道，来到田野上。

黄房子前面聚集的顽童一天比一天增多。温森特用棉花把耳朵塞上，在画架前耷画他的画。那些小孩的声音隔着墙，从缝隙间传进来，印在他的脑海里。

那些大男孩变得越来越胆大。他们像小猴子一样顺着排水管爬上去，坐在窗台上往屋里看，并且对着温森特的后背大喊大叫：

"伏热，把你的另一只耳朵也割掉吧。我们要你的另一只耳朵！"

拉马丁广场上的吵闹声一天比一天凶。孩子们搭起木板往二楼爬。他们打破窗户，把头伸进去，拿东西扔温森特。留在下面的孩子给他们叫好，跟着他们又唱又叫——

"给我们另一只耳朵。我们要另一只耳朵！"

"伏热！吃糖吗？当心，有毒！"

"伏热！喝汤吗？当心，有毒！"

伏热疯，疯伏热，
剃刀割掉右耳朵。
管你嗓门震破天，
半声他也听不见。

高高地坐在窗台上的男孩子们，领着下面的小孩反反复复地唱着。他们用一种不断加强的声音齐声高唱——

"伏——热，伏——热，把你的耳朵扔过来！把你的耳朵扔过来！"

"伏——热，伏——热，把你的耳朵扔过来！把你的耳朵扔过来！"

温森特从画架前蹒跚着走过去。他的窗台上坐着三个男孩，正唱得挺欢。他向他们冲过去。他们慌忙跳下木板。下面的孩子狂笑着。温森特站在窗前，低头瞧着他们。

天空中出现一群黑鸟——成千只呱呱叫着冲击过来的黑鸟，它们遮暗了拉马丁广场，朝着温森特猛扑下来，击打着他，充满了房间，把他吞没，顺着他的头发、他的鼻子、他的嘴、他的眼睛，把他埋没在拍打着的翅膀堆积成的不透气的黑色浓云之中。

温森特跳到窗台上。

"滚开！"他尖叫着，"你们这些魔鬼，滚开！看在上帝的面上，让我安静安静！"

"伏——热，伏——热，把你的耳朵扔过来！把你的耳朵扔过来！"

"滚开！别碰我！你们听见了吗？别碰我！"

他从桌上拿起脸盆朝他们扔过去。脸盆在下面的鹅卵石上摔破了。他愤怒地跑来跑去，把随手碰到的东西捡起来扔向拉马丁广场，把它们摔得粉碎。他的椅子、他的画架、他的镜子、他的桌子、他的床单、他墙上的向日葵画，全都像雨点一样，接连不断地朝着普罗旺斯的顽童们抛去。随着每件东西落下，他的脑海中都闪过一个有关他在黄房子中度过的日子的回忆；随着每件东西落下，他又看见，为了装备自己终生居住的房子，他省吃俭用，一件一件买来这些简朴的家什物件时的情景。

房子被他扔空了，他站在窗旁，每一根神经都在簌簌发抖。他倒在窗台上，头向着那座铺着鹅卵石的广场倒垂着。

[10]"在当今的社会，画家只不过是个破罐子"

一份请愿书立即在拉马丁广场一带传开来，九十个男人和妇女在上面签了名——

致塔迪厄市长：

我们，签名于下的阿尔市民，坚信居住于拉马丁广场 2 号的温森特·梵高为一危险的精神失常之人，该人不宜继续自由活动。

恳请您，我们的市长，将该疯人予以监禁。

阿尔正面临选举，塔迪厄市长可不愿意惹这么多选民不快。他命令警察长将温森特逮捕。

警察发现温森特躺在窗台下面的地上。他们强行将他带到监狱，关进一间牢房。一名看守被派在门外站岗。

温森特恢复知觉后，要求和雷伊大夫见面，但这一要求遭到了拒绝。他又要铅笔和纸给提奥写信，仍然未被允许。

最后，雷伊大夫争取到了探监的许可。

"极力克制住你激愤的心情，温森特，"他说，"不然他们会宣判你是个危险的精神病患者，那你就完了。况且，激动的情绪只能使你的病情加重。我会写信给你的弟弟，我们将合力把你从这儿弄出去。"

"求求你，大夫，不要让提奥到这儿来。他就要结婚了。那样会把他的一切都毁掉的。"

"我会告诉他不要来。我相信，我已经给你想出了一个好计划。"

两天后，雷伊大夫回来了。那看守仍然在牢房门前站着岗。

"听我说，温森特，"他说，"我刚才看着他们把你的东西搬出了你那所黄房子。房东把你的家具存放在一家咖啡馆的地下室，他还把你的画给扣下了。他说他绝不放弃这些画，除非你付清了拖欠的房租。"

温森特默默不语。

"既然你没法再回那儿去，我看你最好努力实行我的计划。很难说你这种癫痫病的发作会隔多久再来一次。如果你处在和平、安静和愉快的环境，而且又不让自己激动，你也许就不会发作了。反之，这种病也许会每隔一两个月发作一次。所以，为了保护你自己以及你周围的人……我想，可取的……是进……"

"……疗养院？"

"对。"

"这么说你认为我是……"

"不,亲爱的温森特,你不是。你自己看得出来,你和我一样神志正常。可是这种癫痫病的发作和任何一种热病一样,它们使人失去理智。而且这种精神危机一来,你肯定会做出荒谬的事情。这就是为什么你应当到一家可以给予你良好照料的医院去。"

"我明白了。"

"在圣雷米有个好地方,离这儿只有二十五公里。那地方叫作圣保罗德莫索。他们按三个等级收病人。三等病人每月收费一百法郎,你能付得起这一种的。这地方原来是个修道院,紧贴着山根。它非常美,温森特,而且非常幽静,哦,幽静极了。那里会有一名医生给你诊治,还有修女们照料你。伙食清淡可口。你的健康一定会在那儿得到恢复。"

"那儿会允许我画画吗?"

"噢,当然,老朋友。你在那儿想干什么都是可以的……但得是于你无害的事。你在那儿就跟在一所地方比较大的医院里一样。你要是静静地像那样养上一年,也许是可以彻底治好的。"

"可我怎么从这个洞穴中出去呢?"

"我已经跟警察长说了。他同意让你去圣保罗德莫索,条件是由我送你去那儿。"

"你说的那地方真的很可爱吗?"

"噢,简直迷人,温森特。你会找到很多可以画的东西。"

"太妙了。一百法郎一个月可不算多。也许我正需要这样一个地方,在那儿待上一年,使我平静下来。"

"它肯定正是你需要的。我已经把这事写信告诉你弟弟了。信中我提出,根据你目前的健康状况看,不宜把你送得太远,所以上巴黎肯定不行。我告诉他,依我的意见,圣保罗对你来讲将是最适当的去处。"

"啊,如果提奥同意……不管怎么说,只要我不给他再添什么麻烦……"

"我随时都可能收到复信,只要一有信我就回来。"

提奥别无他法,勉强同意了,并寄来钱给他哥哥还了账。雷伊大夫带着温森特坐马车来到车站,在那儿乘上了去达拉斯贡的火车。在达拉斯贡,他们转车沿一条不长的支线,绕过一道丰饶肥沃的绿色山谷,奔向圣雷米。

到圣保罗德莫索要爬两公里的陡坡,穿过这座沉睡的城。温森特和雷伊大夫雇了一辆马车。大路径直把他们带往一长溜黑压压的荒山跟前。在相距不远的地方,温森特望见山脚下隐隐现出那座修道院的草泥色围墙。

马车停下来。温森特和雷伊大夫下了车。路的右边有一块清除过的圆形空地,那儿矗立着一座维斯太女神[1]庙和一座凯旋门。

"这些东西怎么跑到这儿来了呢?"温森特问。

"这儿本来是一个十分重要的罗马人居留地。你在下面看见的那条河,曾经一度充满整条河谷,一直漫到你现在站的地方。随着河水消退,这座城也慢慢地逐渐移到山下。现在,除了这些沦为废墟的纪念物和这座修道院,原来这儿的一切都已荡然无存。"

"有趣。"

"来吧,温森特,佩隆大夫在等着我们。"

他们走下大路,穿过一条松林间的小径,走到修道院门前。雷伊大夫拉动铁质的球形拉手,门铃大声响起来。过了一会儿,大门开了,佩隆大夫出现在门口。

"你好,佩隆大夫!"雷伊大夫说,"正如咱们信上商定的,我

---

[1] 维斯太女神:罗马神话中的女灶神。

把我的朋友温森特·梵高给你带来了。我知道你会好好照顾他的。"

"会的，雷伊大夫，我们会好好照顾他的。"

"恕我不久留了，大夫，我还赶得上回达拉斯贡的火车。"

"当然，雷伊大夫，我很理解。"

"再见，温森特，"雷伊大夫说，"愉快一些，你一定会好的。我会尽可能经常来看望你。到年底，我希望能见到一个完全健康的人。"

"谢谢你，大夫。你太好了。再见。"

"再见，温森特。"

他转过身，穿过松树林走了。

"请进吧，温森特。"佩隆大夫说着，为他让开路。

温森特从佩隆大夫面前走过去。

精神病院的大门在他后面锁上了。

第六卷　阿尔

第七卷　圣雷米

[Book Seven] St. Remy

[１] 三等候车室

病人睡觉的房间，就像某个景象萧条的村落里一间三等候车室。那些精神病人总是戴着帽子、眼镜，拄着手杖，穿着旅行大衣，仿佛他们正要启程到哪里去。

修女德夏内尔带着温森特穿过这间像长廊一样的房间，指给他一张空床。

"你就睡在这儿，先生，"她说，"夜间为了清静，你可以把帘子拉上。等你安置好了，佩隆大夫希望你到他办公室去见他。"

围坐在没有生火的火炉旁的十一个男人，对温森特的到来无动于衷，不加评论。修女德夏内尔顺着那间狭长的房间走了，从背影看去，她那浆过的白色长袍和黑色的披肩、头巾显得十分不自然。

温森特放下他的旅行袋，朝四下里看了看。病室两边各有一排朝下倾斜五度的床，每张床四周都支着架子，上面挂着肮脏的奶油色帘子。屋顶上的梁木十分粗糙，墙壁刷成白色。房间中央有个炉子，炉子左侧伸出一根带拐弯的烟筒。室内有一盏灯，吊在炉子上方。

温森特奇怪这些人怎么这样安静。他们不读书，不玩，也不讲话。他们只是倚着自己的手杖，凝视着那个炉子。

在他床头的墙上钉有一只箱子，不过温森特宁肯把他的东西放在旅行袋里。他把烟斗、烟草和一本书放在箱子里,把旅行袋推到床底下,随后便朝外面的花园走去。半路上他经过一排看上去又阴暗又潮湿、紧锁房门、无人居住的房间。内院的回廊满目荒凉。巨大的松树下面的高高的未经修整的草茵和遍地蔓生的野草混杂在一起。阳光照进围墙,留下一片呆滞不动的光影。温森特向左拐弯,敲响佩隆大夫和他一家住的私宅的门。

佩隆大夫曾经在马赛当过海军军医,以后又当了眼科医生,是严重的痛风病才使他来到这清静的乡间进入这所疗养院工作。

"你看,温森特,"大夫双手各抓一个桌角,说道,"过去我照料人的身体健康,现在我在照料人的心灵健康。这是同一种行业。"

"你在精神病方面是有经验的,大夫。你能解释一下为什么我要把自己的耳朵割掉吗?"

"对于癫痫病人来讲,这根本不算稀罕,温森特。我碰到过两个与此相似的病例。病人在听觉神经变得特别敏感的时候,便以为割掉外耳就可以使这种幻觉中止。"

"……噢……我明白了。还有,我将受到的治疗……"

"治疗?啊……嗯……你每周必须最少洗两个热水澡。我力主这种办法。而且你必须在洗澡水里待两个小时。洗澡会使你镇静。"

"还要我做别的什么吗,大夫?"

"你必须保持绝对安静。你一定不可以让自己激动。不要工作,不要读书,不要争吵或生气。"

"我知道……我虚弱得不能工作。"

"如果你不希望参加圣保罗的宗教生活,我会告诉修女们不坚持非要你去不可。如果你有什么需要,就来找我。"

"谢谢你,大夫。"

"五点吃晚饭。你会听到锣声。努力适应这所医院的生活方式吧,温森特,尽快适应,这会加速你的恢复。"

温森特脚步蹒跚地穿过那座凌乱不堪的花园，穿过三等病房门口那正在崩塌败落的门廊，从那排没人住的小黑屋旁走过。他坐到病室自己的床上。他的同伴们仍然默默地坐在炉子周围。过了一些时候，他听到另一个房间里响了一声，这十一个人便以一种抱着坚定决心的姿态站起来，冲出病室。温森特跟在他们后面。

他们吃饭的地方是一间泥土地面、没有窗户的房间，里面只有一张粗糙的长桌，周围放着板凳。修女端来食物。那些食物有一股霉味，就像在那种劣等公寓里吃到的东西。先端来的是汤和黑面包，汤里的蟑螂令他怀念起巴黎的饭馆；接着端上来的是一盘青豆和扁豆。他的同伴们全力以赴地吃着，连桌子上的面包屑也搂到手里，然后用舌头舔光。

吃完饭，这些人回到炉边各自原来的椅子上，一心一意地消化他们的食物。等到晚饭都顺下肚子后，他们便一个接一个地站起身，脱下衣服，拉上帘子上床睡觉去了。温森特直到此时也没听见他们说过一句话。

夕阳西下。温森特立在窗前，朝外望着绿色的山谷。淡柠檬黄色的天空庄严宏伟。苍凉凄寂的松树映衬在天际，像精致的黑色花边。这幅景象并没有使温森特受到感动，甚至连一点要把它画下来的愿望都没有。

他伫立窗前，直到普罗旺斯浓重的暮色渗进那柠檬黄色的天空，吸走了天空的色彩。没人到病室来把灯点燃。在黑暗中，一个人除了思索他的一生，什么也干不了。

温森特脱衣上床。他躺在那儿，睁大眼睛凝视着天花板上粗糙的梁木。床的角度使他滑向脚底的方向。他随身带来了德拉克罗瓦的书，于是便在箱子里摸索着把书找了出来。黑暗中，他把书的皮革封面紧贴在自己的心口上。这种感觉使他安心。他并不是周围这些精神病人之中的一员，而是和这位大师在一起。他那些充满智慧、给人安慰的话,透过坚硬的书皮流进了温森特痛苦的心。

过了一会儿,他睡着了。邻床发出的低沉的呻吟声吵醒了他。这呻吟声越来越大,直到突然变成了号叫和滔滔不绝的话语——

"走开!别跟着我!你为什么跟着我?我没杀他呀!你骗不了我。我知道你是谁。你是秘密警察!好吧,你要是愿意就搜我身上好了!我没偷那笔钱!他是在星期三自杀的!走开!看在上帝的面上,让我自个儿待着吧!"

温森特跳起来,把帘子推到一边。他看见一个淡黄头发的二十三岁小伙子正用牙撕咬着睡衣。那小伙子看见温森特便跪倒在地,对着他双手相握,苦苦哀求:

"穆内-苏利先生,别把我带走啊!我没干过,真的!我不是鸡奸犯!我是个律师。我将负责处理你所有的案子,穆内-苏利先生,只是你别拘留我呀!我上星期三不可能把他杀死!我没拿这笔钱!瞧啊!这儿没有呀!"

他扯掉身上的衣服,突然开始狂躁地撕破他的床铺,同时一直大骂秘密警察,抗议对他的不属实控告。温森特不知如何是好,而同室其余所有的病人似乎都在酣睡。

温森特跑到相邻的一张床边,拉开帘子,摇着睡在里面的人。这家伙睁开眼,傻呆呆地瞧着温森特。

"起来帮我让他安静下来吧,"温森特说,"我担心他会做出伤害自己的事情来。"

躺在床上的那个人的右嘴角开始流涎。他发出一连串含糊不清的哇哇叫声。

"快呀,"温森特喊着,"咱俩一起才能把他按住。"

他觉得有只手放在他肩上,便转过身,在他身后,站着一个年纪比较大的人。

"跟这个人费口舌没有用,"那人说,"他是个白痴。自他来到这儿就从来没讲过一句话。来,咱们让他安静下来。"

那个淡黄头发的年轻人,用手指甲在床垫上挖了一个洞,正跪在上面把稻草和垫子里的填料扯出来。当他又看见温森特时,他开始喊叫些法律上的术语,并且双手敲打着温森特的胸口。

"对,对,我杀了他!我杀了他!可那不是为了鸡奸!我没干这个,穆内-苏利先生。不是上星期三。那是为了谋取他的钱!看哪!有了!我把钱夹子藏在床垫里了!我会给你们找到它的!只是别让秘密警察跟踪我呀!即使我真杀了他,我也是能免罪的!我可以向你举例证明……瞧!我可以把它从床垫里挖出来!"

"抓住他那只胳膊。"那年长的人对温森特说。

他们把年轻人按到床上,可是他的胡言乱语过了一个多钟头才说完。最后,他已是疲乏不堪,他的话降为刺耳的咕噜声,接着便陷入昏睡。那个年纪大一些的人绕到温森特那边。

"这孩子是学法律的,"他说,"他的脑子劳累过了头。大约每隔十天他就发一次病。其实,他从来也没有伤害过谁。晚安,先生。"

年长的人回到自己床上,很快就睡着了。温森特又走到可以俯瞰绿色山谷的窗户跟前。此时离日出还早,除了那颗晨星什么也看不见。他想起杜比尼画的那幅描绘晨星的画,画中充分表现了宇宙那种宏远无边的和平与庄严……还有对站在下面凝视着它的渺小的个人所怀有的那种令人心碎的怜悯。

[2] 疯人兄弟会

翌晨,天亮之后,人们走到外面花园里。越过远处的墙,可以看见那道孤寂荒凉的山脊。自从罗马人最初越过这些山以来,它们就一直沉睡在那里。温森特观看同室的病人没精打采地玩着滚木球。他坐到一条石凳上，注视着那些被青藤缠绕着的茂密的树木，随后又望着那点缀着常春花的地面。

奥本纳斯教派圣约瑟夫修道会的修女们身着黑白两色服装、样子像老鼠一样从通往罗马小教堂的路上走过，她们双目紧闭，一边抚摩着她们的念珠，一边喃喃念着晨祷词。

默默地玩了一个钟头的滚木球之后，这些人回到了凉爽的病室。他们在没有生火的炉子周围坐下来。温森特对他们这种彻底的闲散生活感到惊骇。他不懂他们为什么连张旧报纸都不读。

当他忍受不了这一情景时，他就又回到花园中散步。甚至连圣保罗的太阳也显得暮气沉沉、阴阳怪气。

这座古老的修道院的建筑，是按照传统的四方院子的布局建造的。北面是三等病人的病室，东边是佩隆大夫的房子、小教堂和一条十世纪修造的回廊，南面是一等和二等病人住的楼房，西面是危险的精神病人住的院子以及一道长长的颜色暗淡的黄土墙。唯一的出口是那锁紧并闩上的门。十二英尺高的围墙光溜溜的，无法攀爬。

温森特回到旁边有一丛野玫瑰的石凳上坐下来。他想要思索一下，弄清楚自己干吗到圣保罗来。一种可怕的沮丧和恐惧袭向他，他想不下去了。在他的心里，他感觉不到有什么希望和欲求。他蹒跚地朝自己的病室走去。就在他进入房子门廊的刹那，他听到了奇怪的狗吠。还没等他走到病室门边，那狗叫的声音已经变成了狼的嗥叫。温森特走到病室尽头。在那边的角落里，他看见了昨天夜间那个年长的人。这人仰面对着天花板，憋足了劲号叫着，脸上带着只有野兽才有的神情。接着，狼嗥换成了某种奇怪的丛林中的呼叫。这凄厉的呼叫声充满了房间。

"我这是被囚禁在什么样的兽笼里了？"温森特问着自己。

炉子周围的人漠然置之。角落里，动物的嗥叫变成了绝望的哀鸣。

"我一定得为他做点儿什么。"温森特说出声来。

那淡黄头发的青年制止了他。

"最好还是别管他，"他说，"要是你跟他说话，他会勃然大怒。几个钟头后就会过去的。"

修道院的墙壁很厚，然而整个午饭期间，温森特都可以听到这个备受折磨的人不断变化的号叫声响彻这无边的沉默。他在花园远处的一个角落里度过了下午的时光，竭力避而不听这狂乱的哀号。

当天吃晚饭时，有个左半身偏瘫的青年抢了一把刀跳起来，用右手握刀搁在自己心口上。

"时候到了！"他喊道，"我要自杀！"

在他右边坐的一个人，不耐烦地站起身，抓住他那条瘫痪的手臂。

"不要在今天，雷蒙，"他说，"今天是星期天。"

"不，不行，就在今天！我不要活了！我不想活下去！放开我的胳膊！我要自杀！"

"我明白，我明白，可是别在现在，别在现在。"

他从雷蒙手中把刀拿过来，领着那个为自己的软弱无能而生气哭泣的雷蒙回了病室。

温森特转向旁边坐着的人，那人正用眼圈发红的眼睛焦急地盯着自己颤抖的手指，费力地把汤送进嘴里。

"他这是怎么了？"他问。

这个梅毒患者放下他的汤匙，说："雷蒙一年到头没有一天不想自杀的。"

"他为什么在这儿自杀呢？"温森特问，"他干吗不偷出把刀子，等大家全睡着时自杀呢？"

"也许他并不想死,先生。"

第二天早上,温森特正在观看他们玩滚木球时,有个人猝然倒地,抽搐起来。

"快,他癫痫病发作了!"有人喊着。

"抓住他的胳膊和腿。"

他们上去四个人,才抓住了他的胳膊和腿。这个正在翻扭的癫痫病人,似乎有十二个人那么大的力气。那个淡黄头发的青年伸手到口袋里,掏出一把匙子,把它插进那个倒在地上的人的牙齿之间。

"喂,抱住他的头!"他朝温森特嚷着。

癫痫病人经历了一连串一起一落的抽搐,痉挛的发作一阵比一阵厉害。他的眼珠在眼眶里滚来滚去,他的嘴角吐着泡沫。

"你干吗把匙子插到他嘴里?"温森特气哼哼地问。

"那样他就不会咬住自己的舌头了。"

过了半小时,那个簌簌发抖的人陷入了昏迷状态。温森特和其他两个人把他抬到床上。这件事就此结束,谁也不再提它了。

到两个星期末尾,温森特已目睹了他那十一个同伴各自特有的精神错乱:其中有吵闹不休,把自己身上的衣服剥下来,把眼前的每一样东西都毁掉的疯子;也有像兽类一样嗥叫的人,有两个梅毒病人,有总想自杀的偏执狂,有喜怒无常的麻痹病人,有癫痫病人,有患淋巴病的迫害偏执狂;还有那个被秘密警察所纠缠的淡黄头发的青年。

他们没有一天是在没有人发病的情况下度过的,也没有一天温森特不被叫去帮助某个暂时性发作的精神病人。佩隆大夫一个星期只来看望一次,而那些看护只肯为一、二等病人操心,三等病人不得不相互充当医生和护士。这些病人形影不离,发作的时候互相帮助,而且总是怀着无限耐心。他们每人都明白,不久就又该轮到自己头上了,到那时他也将需要自己邻居的帮助和容忍。

这是个疯人兄弟会。

温森特庆幸自己来到这儿。由于目睹了疯人生活的真实情况,他慢慢地摆脱了那种模模糊糊的恐怖,那种对精神错乱的畏惧。他渐渐地把疯癫看成了和其他疾病一样的一种病。到第三个星期,他发现他的伙伴们并不比患了肺病或者癌病更让人害怕。

他经常同那个白痴坐在一起聊天。那白痴只用些不连贯的声音回答他,但温森特觉得这家伙明白他的意思,并且因为有人同自己谈话而感到欢喜。修女们如果不是绝对必要,是从来不和这些人讲话的。温森特每周有理性的交际,仅限于他同佩隆大夫的五分钟谈话。

"告诉我,大夫,"他说,"为什么这些人从不交谈呢?他们有的人在不发病的情况下,看起来蛮有理智的嘛!"

"他们不能谈话,温森特,只要他们一开始谈话,他们就会争论,就会激动起来,从而导致他们的疯病发作。所以,他们认识到使自己生存下去的唯一办法,就是保持绝对的安静。"

"那他们还不如死了好,是不是?"

佩隆耸耸肩膀,"那个嘛,我亲爱的温森特,只是各人看法不同而已。"

"可是,他们至少总要读点儿什么吧?我有理由认为书籍……"

"阅读会在他们内心引起骚动,温森特,而且首先我们知道,那会使他们的病突然发作。不,朋友,他们必须生活在他们自己密闭的世界中。不必为他们感到遗憾。你记得德莱顿[1]是怎么说的吗?'疯狂是一种享乐,这享乐除了疯子,谁也无从领略。'"

一个月过去了,温森特连一点想到别处去的愿望也没有。在其

---

[1] 德莱顿:1651—1700,英国诗人及剧作家。

他任何人身上，他也没瞧见有那种想离开这里的明确愿望。他知道之所以如此，是因为他们全都感到自己被外界生活伤害得太深了。

垂死之人的恶浊气味，充满了这间病室。

温森特严格约束着自己，不让自己的意志松懈，准备着有一天绘画的欲望和力量又会在他身上恢复。他的同室病友无所事事地过着呆板单调的生活，满脑子光是想着他们的一日三餐。为了控制自己不受环境的影响，温森特拒绝吃任何不新鲜的和稍有腐败的食物。他只吃一点黑面包和菜汤。提奥寄给他一册莎士比亚的合订本。他阅读《理查一世》、《亨利四世》和《亨利五世》，把自己的思想引向古昔往事和异邦他乡。

他勇猛地抵制着，不让忧虑悲愁像积在沼泽中的水那样郁积在心头。

提奥结婚了。他和他的妻子乔安娜经常给温森特写信。提奥的健康不佳，温森特为他弟弟担忧甚于为他自己。他恳求乔安娜，给在饭馆吃了十年饭的提奥重做有益健康的荷兰饭菜。

温森特知道，工作比任何别的什么都更使他感到无比轻松，而且只要他能全力以赴地投入工作，那很可能是最好的治疗方法了。病室里的那些人会不可救药地慢慢衰竭而死，但他有他的绘画，那会使他变成一个健康愉快的人，走出这所精神病院。

第六个周末，佩隆大夫给了温森特一个小房间做画室用。房间里糊着灰绿色的壁纸，窗上挂着两条海绿色的带有极浅的玫瑰色图案的窗帘。房间中还有一把旧扶手椅，椅面上污迹斑斑，恰似一幅蒙提切里的画。那窗帘和这把旧扶手椅，都是原来住在这里面的一个有钱的病人的遗物。这房间朝着一片斜坡上的麦田，同时也朝着自由。窗户上装着粗黑的铁条。

温森特立即画下了他从窗户里望见的景色：画面的前景是横遭暴风雨摧毁的麦田，田里的麦子倒伏在地上；沿着倾斜的山坡有一道墙；越过几棵叶子呈灰色的橄榄树，有几处茅舍和小山；在画布上部，温森特让一大片灰白色的云淹没在碧蓝的天空中。

晚饭时，他满心欢喜地回到病室。他的创作力并没有离开他。他再次来到了大自然面前。那种渴望工作的情绪控制了他，迫使他去创造。

现在，精神病院已不能将他扼杀。他已经走上了趋于痊愈的路。过不了几个月，他就可以到外面去了。他将可以自由地回到巴黎和他的老朋友们那里。对他来讲，新的生命正在重新开始。他给提奥写了一封激动的长信，随信提出要颜料、画布、画笔和有趣的书籍。

次日早晨，太阳出来了，黄灿灿、热辣辣的。花园中的蝉开始发出刺耳的鸣叫，那声音十倍响于蟋蟀发出的叫声。温森特拿出他的画架，画了松树、灌木丛和小路。他的同室病友们来到他身后，从他肩上看他作画，他们仍然保持着沉默，同时对他怀着敬意。

"他们比阿尔那些健全的人更有礼貌。"温森特低声自言自语。

下午很晚的时候，他去找佩隆大夫，"我现在感觉完全好了，大夫，我希望你能许可我到院子外面作画。"

"是的，你确实看起来好一些了，温森特。洗澡和安静对你有帮助，但是，这么快就出去，难道你不觉得有点儿危险？"

"危险？啊，不会。怎么会呢？"

"假设你……在田野上……发病了……？"

温森特大笑，"我再也不会发病了，大夫。我已经彻底好了。我觉得现在比发病之前还好。"

"不，温森特，我担心……"

"请许可吧，大夫。要是我能去我希望去的地方，并且能画我喜爱的东西，你真不知道我将会比原来快乐多少呢！"

"噢，如果工作是你所需要的……"

就这样，大门对温森特敞开了。他背着画架去寻找美丽的景色，整日都在精神病院后面的山中度过。圣雷米周围的丝柏树开始占据了他的头脑。他要用这些丝柏画出些什么，就像他那些向日葵油画一样。他不胜惊愕地发现，在以往的绘画中丝柏还从来没有表现为他所看到的样子。他发现这些丝柏在线条和比例上都像埃及方尖塔一样美，仿佛是在阳光和煦的风景上泼洒的黑颜色。

在阿尔时期的老习惯又恢复了。每天早上，太阳升起时，他就带着一块空白的画布，脚步蹒跚地走出去，到日落时便可以看到大自然已被他再现在画布上了。即使他的创作力和才能有所削弱，他也不可能觉察出来。他感到一天天更加强壮、更加敏锐，也更加自信了。

如今他又成为自己命运的主人了。他再也不怕吃精神病院的饭食了。他贪婪地吞下他的食物，甚至也吞下了那有蟑螂的汤。他需要食物来保持自己画画的体力。他现在已没有什么可害怕的。他已经完全能控制自己了。

当他在精神病院住到三个月时，他找到了一个关于丝柏的主题。这把他从自身的烦恼中解脱出来，使他超乎于所遭受的一切痛苦。那些丝柏树高大魁伟。前景是低矮的荆棘和灌木丛，后面有一些紫罗兰色的山。绿色和玫瑰色的天空上挂着一弯下弦月。他把前景的荆棘丛涂得很厚，带着黄色、紫罗兰色和绿色的笔触。晚上，当他看着自己的这幅油画时，他明白自己已经摆脱出了这个深渊，重新站立在坚实的土地上，面对着灿烂的太阳了。

怀着极度的喜悦，他看见自己又一次变成了自由人。

提奥多寄了一些钱来，所以温森特获得许可到阿尔去取回他的画。拉马丁广场的人们对他谦恭有礼，但是那所黄房子的景象使他十分不快。他觉得自己就要晕倒了，所以他没有按照原来的计划去拜访罗林和雷伊大夫，而是去找了那个拿着他的画的房东。

当晚，温森特没有如约回到精神病院。次日，人们在达拉斯贡和圣雷米之间的一个地方，发现他脸朝下匍匐在一条沟里。

[3] 破瓶烂罐毕竟是破瓶烂罐

发热使他神志模糊了三个星期之久。病室中那些他曾经为他们时时发病而表示过同情的人，十分耐心地对待他。等他恢复到足以理解所发生的事情时，他不断地对自己重复着：

"可恨！可恨呀！"

到第三个周末，当他刚开始在这间空荡荡的像走廊一样的房间中用散步作为一种锻炼时，修女们带进来一个新病人。那人非常温顺地听任人家把他带到他的床那儿，但是，一等修女们走开，他便大发雷霆，把身上的衣服全都扯掉，撕成了碎片，而且一直竭尽全力地叫喊着。他把他的铺盖抓得稀烂，打破了钉在墙上的那只箱子，拉掉了帘子，弄坏了架子，还把他的旅行袋也踢得变了模样。

病室里的人是从来不碰新来的病人的。最后，两个看护进来，把这疯子拖走了。他被锁进走廊那边的一个小屋。在那里，他像一头凶猛的野兽一样吼叫了两个星期。温森特听见他日夜不停地叫。后来，叫声完全停下来了。温森特看到，那些看护把这个人埋在了小教堂后面那片小小的墓园里。

温森特感到一阵可怕的沮丧情绪朝他袭来。他的健康越趋于正常，他的头脑就越能冷静地思考，继续作画在他看来也就更加愚蠢，因为尽管这样做所付出的代价是那样高昂，其结果却是一无所获。然而，要是他不工作了，他就没法活下去。

佩隆大夫从自己的家里给他带来一些酒和肉，但却不让他靠近他的画室。温森特处于逐渐恢复身体的时候并不介意，然而当他的体力得到了恢复，发觉自己也处于同伴们那种使他无法忍受的无所事事的状态时，他便不能顺从了。

"佩隆大夫，"他说，"我的工作对我恢复身体是必不可少的。如果你叫我像那些疯子那样无所事事地呆坐着，我准会变成和他们一样的人。"

"我明白，温森特，但是，就因为工作那么劳累才导致你犯病的，我应当防止你那样兴奋。"

"不，大夫，不是因为工作，而是因为去阿尔引起的。我一看见拉马丁广场和黄房子就觉得不舒服了。如果我永远不再回那里，我就再也不会犯病了。请准许我去画室吧。"

"我不愿在这件事上承担责任。我将给你弟弟写信，如果他同意，那我就让你重新去工作。"

提奥回信恳求佩隆大夫允许温森特去画画。信中还带来了一个振奋人心的消息：他就要做父亲了。这个消息使温森特感觉自己又像最近一次发病前那样快乐和健壮了。他立即坐下来，给提奥写了一封热情洋溢的信——

> 你知道我希望什么吗，提奥？一个家之于你，就像大自然、地上的泥土块、草茵、黄色的麦子和农民之于我一样。乔安娜为你孕育的那个婴儿，将会使你了解真正实在的东西，而这在一座大城市里用别的方法是不可能做到的。现在你无疑对自然已经有了深切的体会，因为如你所说，乔安娜已经感觉到了她腹中的胎动。

他重新回到画室，画了从那装有铁条的窗户看到的景象——麦田里的一个收割者的小小身影和一轮大太阳。这幅油画除了山坡上那道有一个陡急拐角的墙和背景中紫罗兰色的群山，画面完全是一片黄色。

佩隆大夫同意了提奥的请求,允许温森特到院子外面去作画。温森特画的丝柏从地底下涌出,注入到太阳所在的黄色苍穹。他画了一幅妇女在摘橄榄的油画。画面上,土地是紫罗兰色,较远的地方则是黄赭石色;树木有着古铜色的树干和灰绿色的叶子;而天空和三个妇女的身影却是深玫瑰色。

在去作画的途中,他不时停下来和在田里干活儿的人谈谈话。在他的心目中,他认为自己比这些农民的地位要低。

"你看,"他告诉他们之中的一个人,"正像你在你的田里耕地一样,我也在我的画布上耕耘。"

普罗旺斯的晚秋到了最美的时刻。大地展现出浓淡不同的各种紫罗兰色,花园中晒成黄色的草像火焰一般簇拥着小小的玫瑰色花朵,绿色的天空与深浅各异、变化万千的黄色树叶交相辉映,形成对比。

随着晚秋季节的来临,温森特的创作力也充分地发挥出来。他知道自己的作品在进步。奇思妙想开始在他心中重新涌现,让这些想法付诸实现使他感到快乐。由于住的时间长了,他对这片地区的感觉敏锐起来。这个地方和阿尔迥然不同,俯瞰山谷的群山把西北风几乎全挡住了,阳光也远不像在阿尔那样刺目。既然他已经开始熟悉了圣雷米周围的乡村,他就不愿意离开这所精神病院了。在这里住下来的最初几个月,他曾祈望这一年平安度过,不要让自己在精神上垮掉。而现在,由于全神贯注地工作,他竟分辨不清自己是在医院里还是在旅馆里。尽管他觉得自己完全好了,但对于那种迁到某个地方再费六个月的工夫去熟悉一个陌生地区的做法,他认为是愚蠢的。

巴黎的来信使他精神振奋。提奥有妻子在家里为他做饭,因而健康正在迅速恢复。怀孕的乔安娜平安无事。每个星期提奥都给他寄来烟草、巧克力、颜料、书籍以及十或二十法郎的纸币。

那次去阿尔后犯病的记忆，逐渐从温森特心中消失了。他一再地让自己相信：假若他从没有回过那座该诅咒的城市，他就可以为有六个月保持精神正常而感到自豪了。在那些描绘丝柏和橄榄林的习作干了以后，他用水和一点酒擦洗画面从而把颜色里面的油除去，然后把画寄给了提奥。提奥通知他，正在"独立沙龙"展出他的一些油画。对此温森特却感到失望，因为觉得他还没有画出最好的作品。他更希望延迟到他的技法完善后再展出他的画。

提奥来信向他保证，他的画正在取得显著进步。他打定主意，等他在精神病院住满一年后，他就在圣雷米乡间租一所房子，继续描绘南方。他又一次感到一种他在阿尔曾经感到过的欣喜。那时高更还没有来，他正在画那些向日葵的镶板。

一天下午，正当他在田野上平静地作画时，他的神志开始错乱。深夜，精神病院的看护们在离他画架几公里外的地方找到了他。他全身扑在一棵丝柏的树干上。

[4]"我是在头童齿豁、气息奄奄之时才学会作画的"

直到第五天头上，他的神志才恢复正常。深深刺痛他的，是他同室的伙伴对待他这次发作的态度，他们把它视为一件不可避免的事情。

冬季来临。温森特一点儿没有想起床的意愿。病室中央的火炉熊熊燃烧。病人们从早到晚围坐在炉旁，保持着那种打不破的沉默。病室的窗户又小又高，只能照进很少的阳光。火炉烘烤着，散布着浓重的腐臭。把黑色的披肩和头巾裹得更严实的修女们，喃喃地念着祷词，抚摸着她们的十字架走来走去。背后的座座秃山像死神的头赫然耸立。

温森特睁着眼躺在他那倾斜的床上。毛威那幅描绘斯赫维宁根的画,曾经教给了他什么呢?"要学会受了痛苦而不抱怨。"学会受了痛苦而不抱怨,不厌弃地看待痛苦……是的,但是那样他就可能再次神志昏乱。如果他屈服于这种痛苦、这种忧伤,那也会要他的命。在每个人的一生中,都会有这种需要像甩掉一件肮脏外套一样把痛苦甩掉的时候。

日子一天天过去,每一天都和前一天完全一样。他脑海中既没有念头也没有希望。他听见修女们议论他的作品。她们奇怪他是因为疯了才去画画,还是因为画画他才疯了。

那个白痴坐在他床边,一连几小时对着他哇哇乱叫。温森特从这个人的友好态度中感到了温暖,因而并不把他赶开。他常常跟这个白痴说话,因为再没有别的人愿意听他讲话了。

"她们认为是我的工作使我发了疯,"一天,当两个修女走过时,他对这个人说,"我知道,本质上这话完全不错。画家就是那样一种人,他太专注于他所看到的东西,然而却没有足够的力量去控制他生命的其余部分。但是,难道那就该认为他不适于在这个世界上生存吗?"

那个白痴只是流着口水。

是德拉克罗瓦书中的一句话终于给了他起床的力量——"我是在头童齿豁、气息奄奄之时,"德拉克罗瓦说,"才学会作画的。"

有几个星期,他连到花园里去的心思也没有。他坐在病室里靠近火炉的地方,读着提奥从巴黎寄来的书。当他的某个邻居犯病的时候,他既不抬头去看,也不从椅子上站起来。失去理性变成了合乎理性,异常变成了正常。不和神志正常的人一起生活已经那么长时间了,他现在不再把他的同伴们看作是失去理性的人了。

"对不起,温森特,"佩隆大夫说,"我不能再答应你离开这个院子。你将来必须在围墙之内待着了。"

"你可以允许我在画室里作画吧?"

"我劝你别去。"

"那你是宁愿我去自杀吧,大夫?"

"好吧,在你的画室里画吧,但是一天只能画几小时。"

甚至看到画架和画笔也不能消除他的冷漠。他坐在那把蒙提切里的扶手椅上,穿过窗上的铁条,茫然注视着那光秃秃的麦田。

几天以后,他被叫到佩隆大夫的办公室签收一封挂号信。他撕开信封,看到一张抬头写有他的名字的四百法郎的支票。这是他一次拥有过的数目最大的一笔钱。他不明白提奥给他寄这笔钱究竟打的什么主意——

亲爱的温森特:

好不容易啊!你的一幅油画卖了四百法郎!那是你去年春天在阿尔画的《红葡萄园》。买画的人是安娜·鲍克,那位荷兰画家的姐妹。

祝贺你,老朋友!不久我们就会让你的作品行销全欧洲啦!如果佩隆大夫同意,你就用这笔钱回巴黎来吧。

最近我认识了一个很讨人喜欢的人——伽赛大夫,他在瓦兹河边的奥维尔有个家,那儿离巴黎只有一小时的路程。从杜比尼以来的每个重要画家,都曾在他家画过画。他自称对你的那种病完全了解,并且说,无论什么时候你愿意去奥维尔,他都愿意照料你。

明天再给你写吧。

提奥

温森特把信拿给佩隆大夫和他的妻子看。佩隆从头到尾看完信,又摸了摸那张支票。他祝贺温森特交了好运。温森特顺着小径走去,他那呆滞、萎靡的头脑,突然重又变得活跃兴奋,表现出旺盛的生命力。在穿过花园的半路上,他发现自己只拿了支票,却把提奥的信丢在了大夫的办公室里。于是他转身快步往回走。

他刚要敲门,就听见里面提到自己的名字。他迟疑了一下,拿不定主意敲不敲门。

"那么,你猜他为什么这么做呢?"佩隆太太问。

"也许他认为这对他的哥哥有好处吧。"

"可要是他负担不起这钱……?"

"我估摸他认为为了让温森特恢复正常,这样做是值得的。"

"那么,你认为这根本不可能是真的吗?"

"我亲爱的玛丽,怎么可能呢?这个女人被想象为一个艺术家的姐妹。一个稍有常识的人怎么可能……"

温森特走开了。

晚饭时他收到了提奥打来的电报:

婴儿以你名命名乔安娜与温森特均好

他的画的售出和来自提奥的这个非同寻常的消息,在一夜之间把温森特变成了一个健康人。早晨他很早就到了画室,洗净了画笔,整理了靠在墙边的油画和习作。

"如果德拉克罗瓦在他头已童、齿已豁、气息奄奄的时候才学会作画,我就也能在我头童齿豁、神志不清的时候学会作画。"

他怀着激愤,默不作声地埋头工作。他临摹了德拉克罗瓦的《善心的撒马利亚人》、米勒的《播种者》和《挖掘者》。他已经决心用一种北方人的冷漠态度看待他近来的不幸。艺术创作的生活是破坏性的,他从一开头就知道了,那干吗到这么晚了他倒要抱怨起来了呢?

正好在收到四百法郎支票的两个星期后,他在邮件中发现了一份《法兰西信使》一月号的复印件。他看到标题页上,提奥在一篇题为《孤独的人》的文章旁边做了记号,他读道——

  温森特·梵高作品的全部特色就在于那充溢的力量和强烈的表现手法。在他对事物本性的绝对肯定之中,在他对形式往往是不加思索的简化之中,在他想直接面对太阳的傲慢愿望之中,在他对描绘与色彩的酷爱之中,显示出了一个时而野蛮狂暴时而单纯温柔的强而有力的人,一个富于男子汉气概的人,一个勇猛的斗士。

  温森特·梵高的作品属于弗朗士·哈尔斯卓越的绘画艺术体系。他的现实主义超过了其先祖——荷兰伟大的小市民画家们那种表现了身体健康和心智平衡的真实。他对于性格的诚实研究,他对于每一对象本质的不懈探求,他对于自然与真实怀有的深沉的和几乎是稚气的热爱,便是他的油画的显著特征。

  这位有着一颗发光灵魂的坚强而真诚的艺术家,他是否会享受到被观众赏识的快乐呢?我想是不会的。与我们当代资产阶级的脾性相比,他太单纯了,同时也太微妙了。除了得到与他志同道合的艺术家的理解,他将永远不能为人所完全接受。

G. 阿尔贝·奥里埃

温森特没有把这篇文章拿给佩隆大夫看。

他的力量和对生活的渴望在他身上重新苏醒了。他画了一幅他所住病室的画,画了修道院楼群的管房人,随后又画了管房人的妻子,临摹了更多的米勒和德拉克罗瓦的作品。他满怀激情日夜不停地工作着。

他仔细回顾了自己的病史,清楚地看出自己的病实际上是周期性的,每三个月发作一次。好吧,既然知道了病什么时候发作,他就可以留神照顾自己了。在下次即将发作的时候,他可以停下工作,躺到床上,准备好生一场时间不长的小病。而后过不了几天他就又可以起床,就好像他只不过得了一场轻微的感冒一样。

现在精神病院里唯一扰乱他心境的,就是这个地方强烈的宗教性质。在他看来,随着阴沉沉的冬季来临,修女们似乎癔病发作了。有的时候,当他看到她们口中喃喃祷告,亲吻她们的十字架,抚弄她们的念珠,走路时眼盯着《圣经》,一天里蹑手蹑脚到罗马小教堂去祷告或做礼拜五六次时,他竟拿不准在这所精神病院里哪些是病人,哪些是护理人员了。

从在博里纳日那个时期起,他已经对所有那些在宗教信仰上的夸张表现厌恶到极点。他时常感到修女们的心理失常在折磨着他的心灵。他强迫自己把热情倾注于作画,竭力要把那些戴着黑头巾、披着黑披肩的人的影子从心上驱开。

在第三个月即将结束时,他提前四十八小时在身心正常的状况下躺到了床上。他把床边的帘子也拉上了,免得那些被不断增长的宗教亢奋弄得瑟瑟发抖的修女破坏他心境的平和。他的病应该发作的日期到了。温森特急切地、几乎是有感情地等待着。时间慢慢过去了,什么事也没有发生。他感到惊奇,继而又感到失望。第二天过去了,他仍然感觉完全正常。当第三天即将安然度过时,他不得不嘲笑自己:

"我做了傻瓜。我的最后一次发作毕竟是已经过去了。佩隆大夫错了。今后我不必再害怕了。像这样躺在床上是在浪费我的时间。明天一早我就起床工作。"

夜深人静,在大家睡意正浓时,他悄悄下了床,光着脚走过病室的石头地面。在黑暗中,他走到存煤的地下室,跪下来,抓起一把煤，抹了一脸——

"你知道吗，丹尼斯太太？他们现在承认我了。他们知道我是他们之中的一个。他们以前不信任我，但是，如今我是个煤黑子了。矿工们会允许我给他们讲《圣经》的。"

天亮不久，看护们找到了他。他正语无伦次地低声念着祷词，背诵着一段段不连贯的《圣经》经文，回答着那些往他耳中灌输怪异故事的声音。

他的这种宗教上的幻觉持续了几天。等恢复了神志，他便让一名修女去请佩隆大夫来。

"我认为，要不是我受到了这种宗教上的歇斯底里的影响，大夫，"他说，"我本来是可以避免这次发作的。"

佩隆大夫耸耸肩，倚立床旁，把身后温森特的帘子拉上。

"我有什么办法，温森特？每年冬天都是这样。对此我虽然并不赞成，但也管不了。不管怎么说，修女们的工作是不错的。"

"即使如此，"温森特说，"不受这种宗教上的精神错乱的影响，也是难以在所有这些疯子中间保持神志清楚的。我本来都过了发病的时间……"

"温森特，别自己欺骗自己了。这次发作是必然的。你的神经系统每三个月出现一次危机。即使你的幻觉不是宗教性质的，它们也会带有某种别的性质。"

"要是我再犯一次，大夫，我就要我弟弟把我领走。"

"就照你说的办吧，温森特。"

他在春天真正到来的第一天，就回画室作画了。他又一次画了窗外的景色，一片布满黄色残茬儿的田地正在翻耕。他以山为背景，让带紫罗兰色的土地和一道道的黄色庄稼茬儿形成对比。遍野杏花初绽、繁花压枝，日落时分的天空再度变成了淡淡的柠檬黄色。

大自然永无穷尽的再创造，并没有使温森特生出新的活力。自从逐渐习惯了他的同伴们，他们疯狂的胡言乱语和周期性的发作，头一次使他感到心神不安、备受折磨。而且，又无法避开那些身着黑白两色服装、像老鼠一样时时在祷告的家伙，恰恰是她们，使温森特见了就胆战心惊。

"提奥，"他给弟弟写信说，"离开圣雷米会使我感到难过，因为在这儿还有许多值得一做的工作。然而如果我再犯一次带有宗教性质的精神错乱，那就不是我神经有毛病，而是这所精神病院的问题了。只要再这样发作上两三次，就得要了我的命。"

"你准备着，如果我再犯一次带有宗教性质的精神错乱，我就在一旦能起床时立即前往巴黎。也许重回北方对我来讲最合适，人在那儿肯定能得到健全的心智。

"你那位伽赛大夫怎么样？他本人是否会对我的病情感兴趣？"

提奥回信说自己已经又和伽赛大夫谈过，并且给他看了一些温森特作的油画，伽赛大夫渴望温森特去奥维尔，并到他家画画——

他是个专家，温森特，不仅在精神病方面，而且在绘画方面。我相信你将会在更可靠的人的手里受到照料。任何时候你想来，只要给我发个电报，我就会搭上最早的一趟火车去圣雷米。

早春天气热起来。花园中的蝉已开始鸣叫。温森特画了三等病室的门廊、花园里的走道和树木，对着镜子给自己画了像。他一边作画，一边计算着日期。

他的下一次发作预计在五月。

在空荡荡的走廊里，他听见有声音在对着他叫喊。他回答这些声音，而他自己声音的回声，仿佛是死亡凶恶的召唤。这一次，他们是在罗马小教堂中找到了昏迷不醒的他。一直到五月中,他才从盘旋在脑海中的那些与宗教有关的幻觉中恢复过来。

提奥坚持要来圣雷米接他。温森特则希望在一个看护把他送上达拉斯贡的火车后,自己单独完成这次旅行——

亲爱的提奥:

我既非病人,亦非危险的猛兽。让我向你,也向我自己,证明我是个正常的人吧。如果我能靠自己的力量离开这所病院,并且在奥维尔开始一种新生活,也许我就能战胜这个病。

我再给自己一次机会。离开了这所疯人院,我相信自己能够重新成为一个有理性的人。从你写的信看,奥维尔是个幽静美丽的地方。如果我小心地生活,又有伽赛大夫的照管,我有信心一定能战胜自己的病。

我将打电报告诉你我所乘的火车从达拉斯贡发车的时间。在利翁火车站接我。我将在星期六离开这儿,那样我就能在家和你、乔安娜及小家伙一起过星期天了。

第八卷　奥维尔

[Book Eight] Auvers

[1] 首次个人画展

　　提奥焦虑不安，彻夜难眠。在温森特乘坐的那班火车可能到达的两个小时前，他就去利翁车站了。乔安娜不得不留在家里照看婴儿。她站在皮加莱区他们四楼公寓的阳台上，透过遮住楼房正面的那棵巨大黑檀树的枝叶，焦急地注视着皮加莱区的入口，等候着将从皮加莱街上拐进来的马车。

　　利翁车站离提奥家很远。在乔安娜看来，这段等候的时间似乎永无穷期了。她开始担心温森特在车上出了什么事。然而，一辆敞篷小出租马车到底从皮加莱街上拐进来了，两张笑脸朝她点头示意，两只手朝她挥舞着。她竭力想看清温森特的模样。

　　皮加莱区是一条死胡同，它的那一头被一座种着花的院子和一座石头房子突出的墙角堵上了。在这条看来繁华体面的街道两边，只有两座长建筑物。提奥住在8号，是死胡同最里面的那幢房子，它坐落在一座小花园的后面，自己单有一条走道。小马车只用了几秒钟时间，便来到那棵巨大的黑檀树旁的大门前。

　　温森特在前，提奥尾随在后，三步并作两步上了楼梯。乔安娜本以为会看到一个虚弱的病人，没想到朝她伸出双臂的却是一个气色红润、笑容满面、神态果决的人。

　　"他看起来完全正常，比提奥显得健壮多了。"这是她的头一个想法。

但是她不敢去看他的耳朵。

"啊,提奥,"温森特叫嚷着,握着乔安娜的两只手,满意地望着她,"你确实给自己找了个好妻子。"

"谢谢,温森特。"提奥笑着回答。

提奥是按着母亲的样子去选择的。乔安娜有着一双和安娜·科尼莉亚同样温柔的褐色眸子,目光中流露出同样充满同情和怜悯的神情。由于有了孩子,尽管孩子才几个月大,她身上已经隐隐显示出那种将要掌管一家生活的母亲的风范。她相貌平常,但端正;有一张几乎显得呆板的椭圆脸;一头淡褐色头发,从高高的荷兰式额头简单地梳向脑后。她爱提奥,这爱里面也包括了温森特。

提奥把温森特拉进卧室,婴儿正在摇篮中睡着。两个男人眼里噙着泪花,默默地注视着那孩子。乔安娜意识到他们想单独待一会儿,于是踮着脚悄悄向门口走去。正当她的手放到门的圆形把手上时,温森特笑着转过头来,指着盖在摇篮上的钩针编结的东西,对她说:

"别给他盖这么多钩纱,小妹妹。"

乔安娜轻轻关上了身后的门。温森特又低下头看着那孩子,他突然感到了那种不能生育的人才体验到的悲哀,他们身后没有留下自己的骨肉,他们的死亡是真正的、永恒的死亡。

提奥看出了他的心思。

"来日方长,温森特。总有一天,你会找到一个爱你并能为你分忧的妻子。"

"唉,不,提奥,现在已经太晚了。"

"前几天,我刚发现了一个一定会完全合你意的女子。"

"真的吗?她是什么人?"

"她是屠格涅夫《处女地》中的那个姑娘,记得吗?"

"你指的是那个同民粹主义者一起工作,越过边境带来妥协文件的姑娘吧?"

"对,你的妻子就应当是那样的人,温森特,她得是经历过人生最深重苦难的……"

"……但她能指望我什么呢?一个一只耳朵的男人?"

小温森特醒了,他朝上望着他们微笑。提奥把孩子从摇篮中抱出来,递到温森特怀里。

"那么软,那么热乎,像一只小狗狗。"温森特说,感觉得出那婴儿贴在自己心口上。

"看你,真笨,你不能这样抱小孩儿。"

"恐怕我拿起画笔来要比干这个更顺手哩。"

提奥接过孩子,让孩子伏在自己肩上抱着。他的头靠在婴儿的褐色鬈发上。温森特觉得他们似乎是用同一块石头雕成的。

"唉,提奥,伙计,"他抱着听天由命的态度说,"每个人都有自己的方式。你用你的血肉创造……而我则用颜料创造。"

"确实是这样,温森特,确实是这样。"

当晚,温森特的许多朋友到提奥家来聚会,以示欢迎他的归来。第一个到的是奥里埃,一个英俊的青年,他长发飘垂,胡须生在下颌两侧,中间却变戏法似的一根也没有。温森特把他带到卧室,提奥在那儿挂了一幅蒙提切里画的花束。

"奥里埃先生,你在文章中说,唯独我这个画家发觉了东西的色差具有类似金属和宝石的性质。其实不然,看看这幅蒙提切里的作品,甚至在我来巴黎之前好几年,'飞达'就发现了。"

一个小时过后,温森特放弃了说服奥里埃的尝试,反而送了他一幅描绘圣雷米的丝柏树的油画,表示对他那篇文章的感激。

图鲁兹-劳特累克突然出现了。虽然由于爬了六段楼梯而气喘吁吁，但他仍然像以往一样闹嚷嚷地开着些粗鄙的玩笑。

"温森特，"他边握手边喊，"我在楼梯上碰见一个殡仪馆的人。他是在找你，还是找我？"

"找你劳特累克的！他甭想在我身上做生意。"

"我和你打个赌吧，温森特。我包你的大名得比我先上他的小本子。"

"行。赌什么？"

"在阿泰恩咖啡馆吃一顿，再上歌剧院消磨一晚上。"

"请你们这些家伙开玩笑少拿死做题目吧。"提奥微微笑着说。

一个陌生人走进门来，看看劳特累克，随后便坐在远处角落里的一把椅子上。大家都等着劳特累克把那个人介绍一下，可他只管说下去。

"请你介绍介绍你的朋友好吗？"温森特请求道。

"那不是我的朋友，"劳特累克笑了，"那是我的看守。"

一阵令人痛苦的沉默。

"莫非你没听说，温森特？我已经有几个月精神不健全[1]了。他们说那是饮酒过度引起的，所以我如今改喝牛奶了。我将给你送张请帖，请你参加我的下一次晚会。有一幅画画着我正在给牛挤奶但是挤错了地方。"

乔安娜把茶点递给大家。大家同时讲着话，空气由于烟雾而变得浓重起来。这使温森特想起往昔在巴黎的日子。

"乔治·修拉进展如何？"温森特问劳特累克。

"乔治！你当真不知道他的情况吗？"

"提奥写信什么也没说啊，"温森特说，"怎么啦？"

"乔治得肺病快死了，医生说他活不过三十一岁。"

---

1 原文为拉丁语。

"肺病！怎么可能？乔治本来很健壮的，怎么竟……"

"劳累过度，温森特，"提奥说，"你有两年没看见他了吧？乔治像着了魔。他一天才睡两三个钟头，其余全部时间都在拼命工作。就连他那慈爱的老母亲也对他没办法。"

"这么说，乔治就快去了。"温森特沉思着说。

卢梭来了，拿着一袋带给温森特的自制小甜饼。唐古伊老爹仍旧戴着他那顶圆草帽。他送给温森特一幅日本版画，并且说了些亲切的话，表达他们欢迎温森特返回巴黎的愉快心情。

十点钟时，温森特坚持下楼去买了一公斤橄榄。他叫大家都吃，连劳特累克的看护人也不例外。

"你们如果见过普罗旺斯那些银绿色的橄榄林哪，"他嚷着，"你们就愿意吃一辈子橄榄了。"

"说到橄榄林，温森特，"劳特累克说，"你觉得阿尔女人怎么样？"

翌晨，温森特替乔安娜把婴儿车搬到街上，好让那婴儿在楼前的走道上晒一会儿太阳。接着温森特又返回了寓所，光穿着衬衫望着墙壁走走停停。满墙都挂着他的画。饭厅壁炉上方是《吃土豆的人》，起居室挂着《阿尔风光》和《罗讷河夜景》，卧室里是《开花的果园》。令乔安娜的计时女佣为之束手无策的，就是那些放在床、沙发、餐具柜底下和满满当当地塞在备用客房里的大批未装画框的油画。

温森特在提奥的书桌里翻找东西时，无意中翻到一大捆用粗绳捆起来的信件。他不胜惊愕地发现那都是他自己写的信。提奥把哥哥从离开松丹特到海牙古比尔公司的那一天起，二十年来所写的信，一封不缺地保存下来了。那是整整七百封信。温森特纳闷提奥保存这些信究竟为的是什么。

在书桌的另一些抽屉里，他发现了过去十年中他寄给提奥的素描，全都整整齐齐按照日期先后排好了。这里有博里纳日时期他画的那些正俯身在矸石山上的矿工和矿工妻子，有埃顿附近田野上的挖掘者和播种者，有海牙的老人和老妪、格斯特的挖掘者以及斯赫维宁根的渔夫，有纽恩南的吃土豆的人和织工们，有巴黎的饭馆和街头风景，有在阿尔初期画的向日葵和果树的速写，还有圣雷米精神病院的花园。

"我要举行一次完全是我个人的画展！"他喊道。

他从墙上把画都取下来，除去了素描的包装，把未装画框的油画从每件家具下面拉出来，非常仔细地把这些作品按时期分好类。然后，他选出最能表现他所画地点精神的素描和油画。他在门厅里钉上了大约三十幅初期习作，其中有博里纳日人走出矿井的、俯身在椭圆形火炉上的和在他们简陋的小屋里吃晚饭的画。

"这是炭笔画室。"他对自己宣布。

他扫了一眼其余的房间，确定浴室是第二不重要的地方。他站在一把椅子上，把埃顿的习作沿直线在四壁钉成一排，那都是描绘布拉邦特农民的习作。

"这一间，无疑是木工铅笔画室。"

他的下一个选择是厨房。在这儿，他挂起了他在海牙和斯赫维宁根的写生，其中有从窗中俯瞰木材厂的景象、沙丘和正被拉上岸的渔船。

"第三间，"他说，"水彩画室。"

在小小的备用客房里，他挂起了描绘他的朋友德格鲁特一家的油画《吃土豆的人》。这是他第一幅充分表达了自己见解的油画。在这一幅的周围，他钉上了几十张描绘纽恩南的织工、送丧的农民、他父亲教堂后面的墓园、那逐渐变尖的纤细的教堂尖顶的习作。

在自己的卧室，他挂起了巴黎时期的油画，就是在他启程去阿尔的那个晚上挂在勒皮克街提奥房间四壁的那些。在起居室,他把能挂上去的每一幅光彩四射的阿尔油画都挂到了墙上。在提奥卧室,他挂起了他在圣雷米精神病院期间创作的画。

他把这项工作完成后,又把地板打扫干净,接着便穿上外衣,戴上帽子,下了楼。在皮加莱区的阳光下,他推着他的同名人,乔安娜则在一旁挽着他的手臂,用荷兰语同他聊着家常。

十二点刚过,提奥从皮加莱街上拐进来,快乐地向他们挥着手,撒腿跑过来,不胜爱怜地从小车中抱起婴儿。他们把小车留给了看门人,而后就一边热烈地聊天,一边上了楼。走到门口,温森特止住了他们。

"提奥,乔,我打算带你们去看一场梵高画展,"他说,"准备接受这场考验吧!"

"一场画展,温森特?"提奥问,"在哪儿?"

"把眼闭上。"温森持说。

他推开门,梵高家的三个成员走进了门厅。提奥和乔安娜环视四壁,呆住了。

"我在埃顿生活的时候,"温森特说,"父亲曾有一次说,好的永远不可能出自坏的。我回答说:不仅有这种可能,而且就艺术而言,非如此不可。如果你们跟着我看,亲爱的弟弟和弟妹,我将让你们看到一个人在开始时像个笨拙的孩子画得那么生硬,然而经历了十年不倦的努力,终于达到了……不过,你们自己会做出判断的。"

他按着时间顺序,带着他们从一个房间到一个房间。他们站在那儿,就像三个在艺术画廊里的参观者,在看代表一个人一生的作品。他们感觉到了这位艺术家缓慢而痛苦的进展,朝着表现手法的成熟所进行的摸索——在巴黎发生的巨变,他的强大的心声在阿尔充满激情的爆发,积聚了多年辛勤劳动的全部心血……

然后……崩溃……圣雷米时期的油画……为了保持创作的热情所进行的艰苦斗争；然后是慢慢地离去……离去……离去……离去……

他们以陌生人出于无意的目光观看这画展。在短短的半小时中，一个人在世间逗留的生活历程再现于他们面前。

乔安娜端上来一顿地道的布拉邦特午饭。温森特为再次吃到了荷兰风味的食品而感到高兴。等她把饭桌清理干净后，两个男人点起烟斗，聊起天来。

"你一定要很认真地照伽赛大夫的话去做，温森特。"

"好，提奥，我一定照他说的做。"

"因为，你知道，他是个精神病专家，如果你遵照他的话办，你肯定可以恢复健康。"

"我答应你。"

"伽赛也画画。他每年都用 P. 范里塞尔这个名字参加'独立沙龙'。"

"他画得好吗，提奥？"

"不，我看不能说他画得好，但是他是那种善于识别天才的天才。他二十岁时来巴黎学医，而后成了库尔贝、米尔热[1]、尚弗勒里[2]和蒲鲁东[3]的朋友。他时常出入于拉努瓦·阿泰恩咖啡馆，很快就与马奈、雷诺阿、德加、丢朗提以及克洛德·莫奈结成知己。甚至在印象主义那种东西产生之前的许多年，杜比尼和杜米埃就在他家画过画了。"

"真的吗？"

---

1 米尔热：1822—1861，法国作家。
2 尚弗勒里：1821—1889，法国作家，也是绘画爱好者，著有《讽刺画史》一书。
3 蒲鲁东：1809—1865，法国小资产阶级思想家、政治家、经济学家和社会学家，现代无政府主义的奠基人之一。

"他的画几乎都是在他的花园或起居室里画成的。毕沙罗、吉劳曼、西斯莱、德拉克罗瓦,他们全都离家到奥维尔,去伽赛那儿工作过。你还会在他的墙上看到塞尚、劳特累克和修拉的油画。告诉你吧,温森特,自本世纪中期以来,没有一位重要的画家不是伽赛的朋友。"

"且慢!等一等,提奥,你是在吓唬我。我并不属于这些杰出人物呀。他可曾看到过我的作品吗?"

"你这个傻瓜!你猜猜看,他干吗这么渴望叫你到奥维尔去呢?"

"我要知道才叫怪呢!"

"他认为上次你在'独立沙龙'上展出的那些阿尔夜景,是全部展品中最好的油画。我向你保证,当我给他看你为高更和那所黄房子画的向日葵镶板画的时候,他的眼泪都涌出来了。他转头对我说:'梵高先生,你哥哥是一位伟大的艺术家。在以往的艺术史上,还从来不曾有过和那些向日葵花的黄颜色一样的东西。就凭这些油画,先生,就可以使你的哥哥永垂不朽。'"

温森特搔搔脑袋,咧嘴笑了。

"啊,"他说,"要是伽赛大夫对我的向日葵是这么看的,他和我倒一定能合得来。"

[2] 精神病专家

伽赛大夫到车站迎接提奥和温森特。他是个容易紧张兴奋,又有些神经质的小个子,眼睛中流露出一种忧郁的渴望。他热情地紧紧握着温森特的手。

"是的,是的,你将会发现这是个真正的画家之乡。你准会喜欢这儿。我看你把画架带来了。带的颜料够吗?你应当立即开始工作。今天下午来我家吃饭吧，好吗？带来你新作的油画了吗？恐怕在这儿你不会找到阿尔的那种黄颜色，可是这儿有些别的东西，是的，是的，你会找到别的东西的。你一定要来我家作画。我要把从杜比尼到劳特累克人人都画过的花瓶和桌子给你画。你感觉怎么样？看起来气色不错。你觉得你会喜欢这儿吗？是的，是的，我会照料你的。我们会让你康复的！"

温森特从车站月台上望见一片树林，碧绿的瓦兹河从肥沃的山谷中蜿蜒流向那里。为了看得更清楚，他朝一边跑了几步。提奥低声跟伽赛大夫谈起来。

"求您小心看护我哥哥，"他说，"如果您发现他有任何发病征候，就立即给我发电报。在他……的时候，我必须和他在一起，一定不许他……有人说……"

"啧，啧，"伽赛大夫打断提奥的话，两脚轮流地蹦跳着，并用手指使劲捋着下巴上的小山羊胡，"他当然是疯了。可你有什么办法？所有的艺术家都是疯子。这是他们身上最好的东西。我喜欢他们这种样子。有的时候，我恨不得自己也疯了才好！'但凡优秀的人都免不了是个半疯！'你知道这话出自谁人之口吗？亚里士多德，就是他说的。"

"我知道，大夫，"提奥说，"可他是个年轻人，只有三十七岁。他一生最美好的日子还在后头。"

伽赛大夫突然摘下他那顶可笑的白帽子，下意识地用手指拢了好几次头发。

"把他留给我。我知道怎样对付画家们。我一个月之内就可以使他成为健康人。我要让他工作。这可以治好他的病。我要让他给我画像。马上，今天下午就开始。我一定要使他的头脑摆脱这种病的困扰，毫无疑问。"

温森特回来了，大口大口呼吸着乡间清新的空气。

"你应当带乔和小家伙到这儿来,提奥。在城市里抚养孩子真是罪过。"

"对,对,你们应当找个星期天来,跟我们一起过上一整天。"伽赛喊着。

"谢谢。我非常愿意来。瞧,火车来了。再见,伽赛大夫,麻烦您照料我哥哥。温森特,每天都要给我写信来。"

伽赛大夫喜欢抓着人家的胳膊肘,推着他们朝他想去的方向走。他把温森特推到自己前面,口若悬河,激动地高声讲着,匆忙仓促地拼凑着他的话,自问自答,把温森特淹没在他那唾沫飞溅、喋喋不休的长篇独白之中。

"这是通往村里的路,"他说,"那条长长的、一直向前伸展的路。不过,听我说,我要带你登上那座山,让你看看道地的风景。背着画架走路你不在乎吧?左边是天主教堂。你注意过没有?天主教徒总是把他们的教堂盖在山上,好让人们都仰头望着它们。哎呀,天哪,我一定是越来越衰老了,这条路好像一年比一年陡了。那片麦田多可爱,是不是?奥维尔周围都是这种田地。什么时候你得来画画这个地方。当然,它不像普罗旺斯的麦田那么黄……对,右边是墓园……我们把它放在山顶上,俯瞰着河流和山谷……你认为对死人来讲,埋在哪里是不是很有关系?……我们把全瓦兹河流域最可爱的地方给了他们……咱们进去吗?……你在里面可以把这条河的景色一览无余……咱们几乎可以看到普瓦图瓦斯……对,门开着,只要推一下……这就对了……瞧,这是不是很可爱?……我们把墙修这么高是为了挡住风……我们把天主教徒和新教徒一视同仁地都葬在这儿……"

温森特把画架从背上解下来,为了躲开那涌流不绝的话语,在伽赛大夫前面又走了几步。墓园正在山顶,形状方正整齐。墓园的一部分顺着山坡向下延伸开去。温森特走向后墙,从那儿他可以看到下面的整个瓦兹河流域。清凉碧绿的河水,庄重地从阳光闪耀、葱茏青翠的河岸间缓缓流过。在右边,他可以看见村子里的茅草屋顶,再过去不远,另一片山坡上有座大别墅。五月纯净的阳光,洒满了遍地盛开着早春花朵的墓园。柔和美丽的蓝天覆盖在墓园之上。那种万籁无声的幽静,恍若来自阴间。

"你知道,伽赛大夫,"温森特说,"上南方去的那一趟对我是有益的,可如今我才知道北方更好。看看远处河堤上太阳还没有照到的那些绿茵,呈现出怎样的紫罗兰色呀!"

"是的,是的,紫罗兰色,紫罗兰色,正是这样的,紫……"

"而且又是多么的正常,"温森特喃喃地说,"多么的宁静而安详。"

他们又盘山而下,经过那片麦田和那座教堂,上了右面通往村子里的笔直道路。

"可惜不能让你住在我家,"伽赛大夫说,"多么遗憾!我们家没有空房子。我将带你到一家好客店,你可以每天到我家画画,可不要客气。"

这位大夫抓着温森特的胳膊肘,推着他走过了乡公所,几乎快走到河边上,那儿有一家夏季客店。伽赛大夫跟店老板说了说,老板同意一天收费六法郎,供给温森特食宿。

"现在我给你些时间安顿一下,"伽赛大声说,"不过记着一点钟来吃饭,同时把你的画架带上。你一定要给我画像,并且让我看看你新作的画。咱们可以好好畅谈一番,是不是?"

温森特等大夫的身影一在视野中消失,就把自己的东西收拾起来,大步走出了大门。

"等一等,"店老板说,"你上哪儿去?"

"我是个劳动者,"温森特回答,"不是资本家。我交不起你的一天六个法郎。"

他回到广场，在乡公所对面找到一家叫作拉伍的小饭馆，在这儿他一天三个半法郎就可以解决食宿了。

拉伍家的饭馆是在奥维尔附近干活儿的农民和工人聚集的地方。温森特进去时发觉右面是个小酒吧，在这个令人沮丧的黑暗房间里，靠边全是粗陋不堪的木桌和板凳。酒吧后面，饭馆的最里头有一张覆盖着又脏又破的绿色绒布的弹子台。这是拉伍家的骄傲与欢乐。后门通向后头的厨房，就在这个门外面，顺着一道楼梯上去，有三间卧室。温森特从他的窗户，可以望见天主教堂的尖顶和一小片墓园围墙，那墙在柔和的奥维尔的阳光下，带着一种干净、清爽的褐色。

他拿了画架、颜料和画笔，带上一幅阿尔女人的画像，出去找伽赛大夫家了。他又顺着那条从车站过来途经拉伍饭馆的路，不声不响地出了广场，向西爬上另一片山坡。温森特走了一小段路，便来到一个三岔路口。他看到右边的路经过大别墅上了山，左边的路弯弯曲曲穿过豌豆田通往河边。伽赛曾告诉他，走中间的那条顺着山势起伏伸延下去的路。温森特慢慢走着，想着提奥委托来照顾自己的这位大夫。他注意到老旧的茅屋在被繁荣兴起的别墅取代，整个乡村的性质正在发生变化。

温森特拉动高高的石墙上伸出来的一个黄铜把手。伽赛听到叮当的铃声跑了出来。他带着温森特登上三重坡度很陡的石阶，来到一个梯形花园。房子是座三层楼房，建造得十分坚固。这位大夫把温森特的手臂弯过去，抓着他的肘部，推着他转到后院。他在那里养了火鸡、孔雀、母鸡、鸭子和一群品种杂七杂八的猫。

"进起居室吧，温森特。"伽赛把院子里各种家禽的全部生活史依次讲完之后说。

房子前部的起居室很大，天花板也高，但只有两个对着花园开的小窗户。尽管这房间很大，但里面的家具、古董和小古玩塞得如此之满,使这两个男人在房间中央桌子周围几乎转不开身来。屋里由于窗户小而显得昏暗,温森特发现,这里面所有的东西都是黑乎乎的。

伽赛跑来跑去拿来东西塞到温森特手里,然后不等温森特看完又拿开。

"看啊!瞧见墙上这束花了吗?德拉克罗瓦是用这只花瓶装那些花的。摸摸它。那感觉像不像他画的那一只啊?看见这把椅子了吗?库尔贝在窗旁画花园时,就是坐在这把椅子上的。这些盘子精美吗?是德穆兰从日本给我带回来的。克洛德·莫奈用这一只画了一幅静物,那幅画挂在楼上。跟我走,我要拿给你看看。"

在饭桌上,温森特遇到了伽赛的儿子保罗,一个活泼英俊的十五岁少年。伽赛虽然患有消化不良,但这顿大餐却上了五道菜。温森特吃惯了圣雷米的扁豆和黑面包,所以吃完第三道菜就发了愁,再也吃不下去了。

"那么,咱们应当着手工作了,"大夫喊道,"你将为我画像,温森特,我就像现在这样为你坐着,行吗?"

"恐怕我应当更了解你之后再画,大夫。否则那就不会是一幅理解你的画像。"

"也许你是对的,也许你是对的。不过,你一定愿意画些什么吧?你愿意让我看看你怎样工作吗?我极想看你作画。"

"我在花园里倒看见一处我很想画的风景。"

"好!好!我可以给你支上画架。保罗,把温森特先生的画架搬到花园里去。你可以把你所要画的地方指给我们,我会告诉你是不是有哪个画家正好画过这个地点。"

在温森特作画的过程中,这位大夫围着他团团转,做出表示狂喜、惊愕和诧异的姿态。他站在温森特身后,不断地提出劝告,夹杂着上百次的尖声感叹。

"是的，是的，你这回把它抓住了。它是粉红。小心！你要把这棵树糟蹋了。啊，对，对，现在你把它抓住了。不，不，不要再加钴蓝了。这可不是普罗旺斯。现在我明白了。对，对，好极了。小心，小心，温森特，在这朵花上加一点点黄。对，对，就是这样。你把它们画得多么富于生命感。在你的笔下没有静物。不，不行。我求求你了。留神。别太多了。啊，对了，对了，现在我看出来了，出色极了！"

温森特尽量忍耐着这位大夫的曲解和长篇独白，然后他转回身，对手舞足蹈的伽赛说："亲爱的朋友，难道你不认为你让自己这样兴奋激动，于你的健康不利吗？作为一个医生，你理应知道保持平静是多么重要。"

然而，当有人作画的时候，伽赛是难以平静下来的。

温森特画完写生就同伽赛一起进了屋。他把带来的那幅阿尔女人肖像给大夫看。这位大夫眯起一只眼，迷惑不解地望着那画。在就这幅画的优点与缺点同自己进行了一场长时间的滔滔不绝的讨论之后，他宣布：

"不成，我接受不了。我完全不能接受。我看不出你想要表明的是什么。"

"我什么也不想表明，"温森特回答，"她是阿尔妇女的综合，如果你愿意这样看。我只不过是想用色彩的语言来表现她的性格。"

"哎呀，"大夫悲哀地说，"我完全不能接受这幅画。"

"如果我到房子各处看看你收藏的画，你不会介意吧？"

"那当然，当然，你尽情地看吧。我可得和这位女士留在这儿，看我能不能够做到理解她。"

温森特由热心的保罗领着，在房子里一间一间地浏览了一个小时。他看到一幅吉劳曼画的躺在床上的女性裸体，被随便丢在一个角落里。这幅油画显然没有得到妥善保管,因而正在开裂。正当温森特查看这幅画的时候,伽赛大夫激动地跑上来,提出了一连串和那个阿尔女人有关的问题。

"你不是想告诉我,你刚才的那段时间一直在看着她吧?"温森特问。

"是的,是的,快了,快了,我开始感觉到她了。"

"恕我冒昧,伽赛大夫,这可是吉劳曼的一幅佳作啊。如果你不赶快把它装上画框,它就要给毁了。"

伽赛连听也没听。

"你说你在这画上追随的是高更……我不同意……色彩的那种不调和……它破坏了她的女性的柔弱感……不,不是破坏了,而是……啊,啊,我得再去看看……她正在朝我走来……很慢……很慢……她正跳出画面朝我走来。"

伽赛把这个漫长下午的其余时间,全部用来绕着这个阿尔女人打转,冲着她指手画脚、自言自语,提出并回答着数不尽的问题,做出千百种姿势。到夜晚来临时,这个女人已经完全把他的心俘虏了。一种狂欢之后的平静降临到他身上。

"要做到单纯是多么困难啊!"他站在画像前,安详而疲惫地说。

"是的。"

"她是美丽的,美丽的。我以前从来没有见过一幅画,在表现人物性格上具有这样的深度。"

"如果你喜欢她,大夫,"温森特说,"她就是你的。还有我今天下午在花园里画的那幅风景也是你的。"

"你为什么要送给我这些画呢,温森特?它们是很珍贵的。"

"在不久的将来,我也许需要你来照料。但我没有钱付给你,所以我就用画来代替。"

"但我照料你并不是为了金钱,温森特。我那样做是为了友谊。"

"好吧，我送给你这些画也是为了友谊。"

[3] 人是无法把告别画出来的

温森特又安顿下来做画家了。晚上，他在拉伍饭馆里观看工人们在昏暗的灯下打弹子球之后，九点钟便上床睡觉。早上，他五点就起床。天气美好，阳光和煦，山谷里一片新绿。然而，几次发病和在圣保罗被迫过的那种闲散生活，已经使他付出了代价，他的手拿不住画笔了。

他请求提奥给他寄来巴格的六十幅炭笔习作供他临摹。他担心如果不重学一下比例和裸体，他在作画时就会犯错误，从而贻笑大方。他在奥维尔到处寻找，看是否能找到一间可以长期居住的小房子。他很想知道，提奥那个"世上什么地方总会有一个女子愿意与他共同生活"的想法是否正确。他铺开他在圣雷米画的一些油画，急着要润色修改。

然而他这种突然间的活跃，只不过是瞬息间的一种姿态，是那种由于十分强大而尚未被摧毁的生物体的回光返照。

在精神病院的长期隔离之后，他觉得一天就像一个星期那样长。他不知道怎样打发这些时间，因为他没有力气，也没有愿望整天作画。在阿尔出事之前，他天天觉得时间短得不够用，如今这些日子却仿佛总也过不完。

自然界的景象很少使他激动，即便是在他真开始作画时，他也平静得出奇，简直就是漠不关心。使他整天时时刻刻都处于激昂状态的强烈的绘画欲望离开了他。他现在以一种对他来讲是缓慢从容的方式作画。如果他到天黑时还一幅也没画完……那似乎对他也无所谓。

伽赛大夫是他在奥维尔唯一的朋友。伽赛的大部分日子是在他巴黎的诊室里度过的。他常常是在晚上来拉伍饭馆看画。这位大夫眼里那种极其悲伤的神情,常使温森特感到迷惑不解。

"你为什么不快活,伽赛大夫?"他问。

"啊,温森特,我工作了那么多年……然而我做的好事却那么少。医生看到的没有别的,只有痛苦、痛苦、痛苦。"

"我倒乐意跟你换换职业。"温森特说。

一种狂热的渴望把伽赛眼中的忧郁驱散了。

"噢,不,温森特,做一名画家,这是世界上最美妙的事。我一辈子都在盼着做个艺术家……可是我只能偶尔抽出一个小时……有那么多病人需要我。"

伽赛大夫跪下来,从温森特床底下拉出一摞油画。他把一幅光辉灿烂的黄色向日葵花拿到温森特面前。

"哪怕我只画出过像这样的一幅画,温森特,我也会认为自己没有枉活一生。我用了那么多年去为人们解除病痛……然而,他们最终到底还是死去了……所以,这有什么意义呢?你这些向日葵花……它们将解除人们心灵的痛苦……它们将给人们带来欢乐……世世代代……这就是为什么你的一生是成功的……这就是为什么你应该是个快乐的人。"

几天后,温森特为大夫画了一幅肖像。他头戴白帽,身穿蓝色长外套,衬着钴蓝色的背景。他画的头部用的是很淡很轻的色调,手部也是很浅的肉色。他让伽赛倚着一张红桌子,桌上放着一本黄颜色的书和一枝开着紫色花朵的指顶花。画完之后,使他感到有趣的是,这幅画像和他在高更没来阿尔之前画的那幅自画像非常相似。

这位大夫对这幅画像简直喜欢得发了狂。温森特从未听过这样不绝口的赞美。伽赛坚持要温森特为他誊画一幅。当温森特同意时,大夫真是高兴得无法形容。

"你一定得用我那台在顶楼上的印刷机,温森特!"他叫嚷着,"咱们去巴黎,把你所有油画都取来,然后制成石版画。这不用费你一个子儿,不费一个子儿。来,我带你看看我的车间。"

他们必须爬上一个梯子,推开一扇屋顶上的活门,才能进入顶楼。伽赛的车间里堆了那么多稀奇古怪的工具,竟使温森特以为自己是钻到一间中世纪炼金术士的炼丹房里了。

下楼的时候,温森特发觉那幅吉劳曼的裸体画仍然被随随便便地扔在那儿。

"伽赛大夫,"他说,"我非得要你给这幅画装上画框不可。你正在糟蹋一件杰作。"

"是的,是的,我确实要给它装上画框。什么时候咱们能去趟巴黎,把你的画取回来呢?你可以随便印多少石版画。我可以提供材料。"

五月悄悄地变成了六月。温森特去画山上的天主教堂。他下午画到半截就觉得疲乏不堪,甚至不想把它完成了。他凭着极大的毅力,趴在地上,脑袋几乎伸进麦秆中间,努力画了一幅麦田。他画了一幅大张的油画——杜比尼太太的房子。他另外又画了一幅林间的白房子,背景是一片夜空,窗户里透出一道橙黄色的灯光,暗淡的绿叶和暗玫瑰色的色调。最后,他还画了一幅黄昏景象:在逐渐发黄的天空衬托下,有两棵黝黑的梨树。

然而,活力已经从画中消失了。他作画是出于习惯,因为他没有别的事可干。十年繁重劳动的强大惯性,继续把他往前带动了一点。过去曾经使他兴奋战栗的自然景象,如今只让他觉得平淡无奇。

"我画那种景象已经画了那么多次，"他背着画架，在路上寻觅绘画主题时，会这样喃喃自语，"关于它，我已经没有什么新的东西可表现的了。我干吗非要去重复自己不可呢？米勒老爹说得对：'如果言之无物，倒不如索性不说。'"

他对大自然的爱并没有消失，他只是不再感到有什么太大的必要去扑向一处风景，并把它重新创造出来。他的生命已经耗尽了。六月份整整一个月，他仅仅画了五张油画。他觉得疲劳，说不出的疲劳。他觉得头脑空虚，生命的源泉已经枯涸，仿佛在过去十年里，从他手中涌现出来的成百上千的铅笔和彩色图画中的每一幅，都带走了他的一部分生命。

最后，他继续作画仅仅是因为他觉得这是他欠提奥的，他应当让提奥从多年投资中有所收益。不过，当他在画画的中途，想到提奥的房子里已经塞了十辈子也卖不完的油画，内心就会升起一阵隐隐的反感，于是便厌恶地推开了他的画架。

他知道下一次犯病是在三个月后——七月。他害怕在发病时会做出什么失去理智的事情，使自己在村子里受人排斥，因此感到焦虑。离开巴黎时，他跟提奥没有在金钱上做明确的安排，因而他对自己会收到多少钱也感到不安。伽赛大夫眼睛里那种交替出现的悲伤和狂喜，也让温森特的烦恼和厌腻一天比一天增加。

而出乎意料的是，提奥的孩子病了。

对于自己同名人的忧虑，几乎把温森特逼得发狂。他忍受到了无法再忍受的地步，于是便乘上火车去了巴黎。他突然来到皮加莱区，使得混乱有增无减。提奥面色苍白、憔悴。温森特极力安慰他。

"我发愁的不仅仅是这小家伙啊，温森特。"他终于承认说。

"那还有什么呢，提奥？"

"还有瓦拉东，他曾经威胁要我辞职。"

"为什么，提奥？他不可能这样！你在古比尔已经工作十六年了！"

"我知道，但是，他说我为了印象派而忽略了正常的营业。印象派的画我没有出售很多，即使卖了，价格也很低。瓦拉东声称我的画店在过去一年里一直是赔钱的。"

"他真会把你赶出去吗？"

"怎么不会？梵高家的股权已经全卖掉了。"

"那你怎么办呢，提奥？自己开个画店吗？"

"我怎么能呢？我存过一小笔钱，可是都用在结婚生孩子上了。"

"要是你不把成千的法郎浪费在我身上就好了……"

"啊，温森特，别说了。那和这事毫不相干。你知道，我……"

"可你怎么办呢，提奥？你还有乔和小家伙。"

"是啊。唉……我不知道……我现在只是为这孩子着急。"

温森特在巴黎逗留了一些日子。为了不惊扰孩子，他尽量不待在公寓里。巴黎和他的老朋友们使他兴奋。他感到自己正慢慢地被一种发自内心的狂热所掌控，因而小温森特稍见好转，他便乘火车回到了奥维尔的宁静之中。

然而，这种宁静的环境于他并无帮助。他愁肠百结，忧虑不安。如果提奥失了业，他会有怎样的遭遇呢？他会不会像个臭要饭的那样被赶到街头？而且还有乔和婴儿，他们会有什么遭遇？要是婴儿死掉了怎么办？他知道，提奥脆弱的健康状况经受不了这样的打击。在提奥没有找到新工作以前，谁来供养他们大家？而且提奥哪儿还有气力为找工作去奔波呢？

他在拉伍家光线暗淡的饭馆里坐了好几个钟头。这地方走了气的啤酒味和辛辣的烟草味，使他想起拉马丁咖啡馆。他盲目地用弹子球杆乱捅，努力想击中那些褪色的球。他没钱买酒，也没钱买颜料和画布。在这样困难的时刻，他是不能向提奥要任何东西的。他非常担心自己在七月发病期间会做出疯狂的事情,做出给可怜的提奥增添忧虑和负担的事情。

他试着作画,但这没有用。他已经画过了他想要画的一切,他已经表达了他想要表达的一切,大自然再也不能激起他创作的热情。而且他清楚,他生命最好的部分已经死去了。

昼夜递嬗,时光荏苒。随着七月中旬的到来,炎热的天气开始了。尽管提奥差点儿就要被瓦拉东敲掉脑袋,并且还为他的孩子和医生的账单急得发疯,但仍然设法攒出五十法郎寄给了他的哥哥。温森特把这些钱交给了拉伍。这可以使他差不多维持到七月底。这以后……怎么办呢?他不能指望再从提奥那儿得到钱了。

在炎热的太阳照射下,他仰面躺在小墓园旁的麦田里。他漫步在瓦兹河岸上,嗅着凉爽的河水和岸边树叶的清香。他到伽赛家吃饭,把那些他既吃不出味来也消化不了的食物填进腹中。在那位大夫热烈地谈论温森特的画时,温森特却对自己说:

"他谈论的不是我。这些不可能是我的画。我从来没画过。我甚至连画布上我自己的签名都不认得。我记不得在这些画布上涂抹过一笔。它们准是别的什么人画出来的!"

躺在他房间的黑暗中,他自言自语着:"假使提奥没有失业,假使他仍然能一个月寄给我一百五十个法郎,我又将拿我的生命怎么办呢?这几年,我之所以在痛苦中坚持活下来,那是因为我必须去画,因为我必须把在我内心燃烧的东西表达出来。但是现在已经没有什么东西在我心中燃烧了。我只是一个空壳。难道我得像圣保罗那些可怜人一样呆板单调地生活下去,等待着一件偶然发生的事情把我从这个世界上除掉吗?"

有时他又为提奥、乔安娜和婴儿担忧——

"假如我的体力和精神恢复了,而且我又想画画了,在提奥需要用钱养活乔和小家伙的情况下,我怎能仍然从他那儿要钱呢?

第八卷 奥维尔

他不应当在我身上花那笔钱。他应当用那笔钱把他一家人送到乡村，在乡村他们的身体才能健壮起来。他已经背负了我漫长的十年时光。这还不够吗？我难道不应该离开，从而给小温森特一个机会吗？我已经说完了我的话，现在应该轮到小家伙了。"

然而一切之中最要紧的，还是对癫痫病最终造成结果的极度恐惧。现在他是精神健全而有理智的人，因而他可以按照自己的愿望处置自己的生命。但是，假定他的头脑由于发病时的极度紧张而垮掉了，假定他变成了一个不可救药的流着口水的白痴，那时可怜的提奥怎么办呢？把他锁在为毫无希望的人开设的精神病院里吗？

他又送给伽赛大夫两幅油画，设法骗他讲出真实情况。

"不，温森特，"大夫说，"你的病不会再发作了。往后你可以看到你自己是完全健康的。不过，并非所有的癫痫病人都有这种运气。"

"那些病人最终会怎么样呢，大夫？"

"有的时候，他们在经历数次急性发作之后，会完全失去理智。"

"那他们就没有可能复原了吗？"

"不可能。他们就算完了。噢，他们也许会在精神病院里再拖延一些年。不过他们是永远不会恢复正常理智的。"

"怎么能看得出来，他们在下一次发作之后会恢复过来还是精神完全崩溃掉呢，大夫？"

"没有办法进行辨别，温森特。不过，得啦，咱们干吗要讨论这个令人毛骨悚然的问题呢？咱们到车间去做几块腐蚀版吧。"

以后的四天，温森特没有离开过他在拉伍饭馆的房间。拉伍太太每晚给他送来晚饭。

"我现在是健康的，而且精神健全，"他不断地反复对自己说，"我是自己命运的主人。然而等到下次发作控制了我……如果它毁损了我的头脑……我可能连自杀都做不到了……那我可就完了。哦，提奥，提奥，我应该怎么办呢？"

第四天下午，他到伽赛家去了。大夫在起居室。温森特走到他放吉劳曼那幅未装画框的女性裸体的柜橱前面，把这幅画拿起来。

"我告诉过你给它装上画框！"他说。

伽赛大夫吃惊地看着他。

"我知道，温森特。下星期我就到奥维尔的细木工人那里定制一个细木画框。"

"这幅画必须现在就装上画框！今天！此分此秒！"

"哎呀，温森特，你别胡说八道啦！"

温森特怒目注视了这位大夫一会儿，威胁地朝他迈近一步，然后把手放进外衣口袋。伽赛大夫觉得，他看见温森特正握着一把左轮手枪，隔着外衣指向他。

"温森特！"他惊叫一声。

温森特哆嗦了一下，垂下眼睛，把手从口袋里拿出来，跑出了这幢房子。

第二天，他拿上画架和画布，沿那条长长的通往车站的路走着，经过天主教堂爬到山上，在墓园对面黄色的麦田里坐下来。

大约在中午，火热的太阳晒到他头顶时，天上突然出现一大群黑鸟。它们充满天空，遮暗了太阳，用厚厚的夜幕把温森特盖住，顺着他的头发、他的眼睛、他的鼻子和他的嘴，把他埋没在它们拍打的翅膀聚积而成的一团不透气的黑色浓云中。

温森特继续画下去。他画了黄色麦田上的鸟群。他不知道自己画了多久，但是当他明白自己已经画完时，他在画布的角上写了"麦田上的乌鸦"几个字，然后背起画架和油画回到拉伍饭馆，扑倒在床上，睡着了。

次日下午他又出去了，不过是从乡公所广场的另一边出去的。他经过那座大别墅上了山。一个农民看见他时，他正坐在一棵树上。

"这不可能！"他听见温森特说，"这不可能！"

过了一会儿，他从树上下来，在别墅后面的耕地中走着。这一次，是结束的时候了。在阿尔最早的那一次，他就明白这一点了，然而他一直未能做到彻底结束。

他要去告别。无论如何，他所生活过的这个世界还是美好的。正如高更所说："除了毒药，还有解毒的药。"而现在，就要离开这个世界了，他要向它告别，向那些曾经帮助他，对他的一生给以过影响的朋友告别。他要向乌苏拉告别，她对他的轻视使他脱离了那种因袭传统的生活，成了遭人遗弃的流浪汉。他要向曼德斯·德科斯塔告别，他使他相信他最终一定能表现出他内心的一切，而且那就是他一生成就的证明。他要向凯·沃斯告别，她的"不，决不，决不！"已经深深地刻在他的心灵上。他要向丹尼斯太太、雅克·维尼和亨利·德克鲁克告别，他们促使他爱上了人世间那些横遭蔑视的人。他要向皮特森牧师告别，他的仁慈竟使他能够容忍温森特难看的衣着和粗野的举止。他要向他的母亲和父亲告别，他们曾经尽可能地疼爱过他。他要向克里斯汀告别，她是命运认为应当赐予他的唯一妻子。他要向毛威告别，他曾经在短短的几个令人愉快的星期里做过他的老师。他要向韦森布鲁赫和德·鲍克告别，他们是他最初的画家朋友。他要向他的叔伯温森特、约翰、科尼利厄斯·马里纳斯以及斯特里克姨夫告别，他们曾经称他是梵高家的败家子。他要向玛高特告别，她是唯一爱过他并且为了这爱情而企图自杀的女人。他要向巴黎的所有画家朋友告别——向劳特累克，他重又被关进了精神病院，并且死期将临；向乔治·修拉，他由于劳累过度而在三十一岁夭折了；

向保罗·高更，一个流落在布列塔尼的乞丐；向卢梭，他正在巴士底附近的破屋子里变得衰弱而憔悴；向塞尚，埃克斯一座高山顶上的痛苦的隐士。他要向唐古伊老爹和罗林告别，他们让他看到了人世上那些淳朴的人的智慧。他要向拉舍尔和雷伊大夫告别，他们曾经在他最需要仁慈的时候给予了他仁慈。他要向奥里埃和伽赛大夫告别，他们是世界上仅有的两个认为他是伟大艺术家的人。最后，他还要向他的好弟弟提奥，这个曾经为他经受了长久的痛苦，然而却一直爱着他，世上所有的兄弟之中最好、最亲爱的弟弟告别。

然而，语言却从来不是他的表达方式。他应当把告别画出来。

人是无法把告别画出来的。

他抬起头，仰面对着太阳。他把左轮手枪压在自己的腹部，扣动扳机。他倒下去了，把脸埋在田野上肥沃而散发着刺鼻气味的泥土之中，像一种更具复原力的泥土，正在返回大地母亲的怀抱里。

[4] 一种更具复原力的泥土

四个小时后，他摇摇晃晃地穿过昏暗的饭馆。拉伍太太尾随他来到他的房间，看到了他衣服上的血。她马上跑去请来伽赛大夫。

"哦，温森特，温森特，你干了什么呀！"伽赛走进房间时叹息着说。

"我想我没干好，你说呢？"

伽赛检查了伤口。

"哦，温森特，我可怜的老朋友，你一定非常不愉快，所以才这样做的呀！为什么我早不知道呢？我们全都这么爱你，可你为什么偏要离开我们呢？想一想你还得为这个世界画的那些美丽的图画吧！"

"请你把我背心口袋里的烟斗拿给我，好吗？"

"当然，我的朋友。"

他给烟斗装上烟丝，然后把烟嘴插进温森特牙齿间。

"对不起，请点上火。"温森特说。

"当然，我的朋友。"

温森特平静地从烟斗中吸了一口烟。

"温森特，今天是星期日，你的弟弟不在画店里。他家地址是什么？"

"这我可不能告诉你。"

"唉，温森特，你一定得告诉我！我们得赶紧与他取得联系呀！"

"提奥的星期天是绝对不能打扰的。他太疲劳、太操心了。他需要休息休息。"

怎么劝说也不能从温森特那儿得到提奥在皮加莱区的地址。伽赛大夫护理他的伤口，一直陪他到深夜。然后他回家稍事休息，留下他的儿子照看温森特。

温森特整夜没有跟保罗说一句话，他睁着眼睛躺在那儿，不停地填着烟斗，吸着烟。

第二天早上提奥来到古比尔时，伽赛的电报正等着他。他赶上了第一班火车，接着匆匆乘马车直奔奥维尔。

"啊，提奥。"温森特说。

提奥在床边跪下来，像抱着一个很小的孩子一样把温森特抱在怀里。他说不出话来。

大夫到来时，提奥把他带到外面的过道里。伽赛伤心地摇摇头。

"没有希望了，我的朋友。我不能动手术取子弹，因为他的身体太弱了。如果他不是像铁打的一般坚强,他本来会死在田野上的。"

整整一天,提奥守在床边,握着温森特的手。夜晚来临,房间里只剩下他们两人。他们开始轻轻地谈起他们在布拉邦特的童年——

"你记得莱斯维克的那个磨坊吗,温森特?"

"那是个很可爱的老磨坊,是不是,提奥?"

"咱们常爱沿着溪边的小路散步,计划着怎样度过一生。"

"仲夏时节咱们在高高的麦子中间玩耍的时候,你就常常像现在这样握着我的手。记得吗,提奥?"

"记得,温森特。"

"我在阿尔住院时,时常想起松丹特的事。提奥,我们,你和我,曾经一起度过了美好的童年。那时候,咱们常常在厨房后面花园里的刺槐树下玩耍,午饭妈妈总给咱们做奶酪饼吃。"

"那似乎都是很久以前的事了,温森特。"

"……是的……啊……人生是漫长的。提奥,看在我的面上,注意你自己的身体,要多多保重。你得为乔和小家伙着想。把他们带到乡下什么地方去吧,那样他们才能长得健壮。你也不要在古比尔待下去了,提奥。他们已经耗去了你生命的全部……但没有给你任何报答。"

"我准备自己开一个小画廊,温森特,而且我举行的第一次画展,将是一次个人画展。温森特·梵高的全部作品……就像你亲手……在公寓房间里布置的一样。"

"啊,我的作品……为了它,我冒了生命的危险……而我的理智也已经差不多完全丧失了。"

奥维尔夜晚的那种深沉的宁静降临到这个房间。

凌晨一点钟刚过,温森特微微转了一下头,喃喃地说:

"我现在能死就好了,提奥。"

过了几分钟,他闭上了眼睛。

提奥觉出他的哥哥离开了他,永远地离开了。

[5] 他们死时也不分离

卢梭、唐古伊老爹、奥里埃和埃米尔·伯纳德[1],从巴黎赶来参加葬礼。

拉伍饭馆关了门,百叶窗也都放了下来。一匹黑马拉着一辆小小的黑色灵车等候在门外。

他们把温森特的棺材停放在弹子台上。

提奥、伽赛大夫、卢梭、唐古伊老爹、奥里埃、伯纳德和拉伍,肃立在棺木四周。他们无力彼此对视。

没有人想起去请牧师来。

灵车的车夫敲敲大门。

"到时候了,先生们。"他说。

"看在上帝的分儿上,咱们不能就这样让他走啊!"伽赛哭着说。

他把温森特楼上房间里的画全都拿下来,让他的儿子保罗跑回家,把温森特其余的画也取来。

六个男人忙着把这些画挂到墙上。

只有提奥一个人还站在棺木旁边。

温森特那些充满阳光的画,使这死气沉沉、昏暗的饭馆顿时变成了光辉灿烂的大教堂。

人们重新围聚在弹子台四周。只有伽赛还能讲话:

1　埃米尔·伯纳德:1868—1941,法国画家。

"我们不要绝望，温森特的朋友们。温森特没有死。他永远不会死。他的爱、他的才华、他所创造的非凡的美，将千古长存并为这个世界增添光彩。我禁不住时时要看他的画，每看一次，我都会发现其中有种新的信念和人生的新意义。他是一位巨人……一位伟大的画家……一位伟大的哲学家。为了他所热爱的艺术，他献出了自己的生命。"

提奥想向他表示感谢——

"……我……我……"

泪水使他哽咽，他说不下去了。

温森特棺木的盖子盖上了。

他的六个朋友从弹子台上把棺木抬起来。他们把它抬出了这小小的饭馆，轻轻地放到灵车上。

他们跟在黑色灵车的后面，顺着洒满阳光的道路走着。他们经过了那些茅草屋顶的房屋和小小的乡间别墅。

灵车在车站向左拐弯，开始缓缓爬上山坡。他们经过天主教堂，穿过了黄色的麦田。

黑色的灵车停在墓园门口。

六个男人把棺木抬起，提奥跟随在他们后面，向着墓穴走去。

伽赛大夫把温森特最后安息的地点，选在他们第一次来这里时站立的那个地方，从这儿可以俯瞰瓦兹河那可爱的绿色山谷。

提奥又一次想讲话，但仍然没说出来。

陪同的人们把棺木放入墓穴。然后他们把铁锹插进土里，用脚踩下去。

这七个男人转过身，离开墓园，下了山。

几天以后，伽赛大夫返回墓园。他在坟墓周围种满了向日葵。

提奥回到皮加莱区的家里。温森特的逝世使他日日夜夜沉浸在无法减轻的巨大哀痛之中。

他的精神在这样的重压下崩溃了。

乔安娜把他送到乌得勒支的疗养院，就是玛高特此前所去的地方。

几乎在温森特去世的整整六个月后，提奥也辞世而去。他被葬在乌得勒支。

过了一些时候，乔安娜在为了求得安慰而诵读《圣经·撒母耳记》时，看到这样一句话——

他们死时也不分离。

她把提奥的灵柩迁往奥维尔，葬在他哥哥的墓旁。

当奥维尔的炎炎烈日照射到这座麦田之中的小小墓园时，提奥在温森特繁茂的向日葵花的荫庇下，安然长眠。

作者附记

读者也许会暗自发问："这个故事在多大程度上是真实的呢？"对话只能是虚构的，必要时也有纯小说的夸张，例如玛雅一场，那是读者可以毫不费力地辨认出来的；有一两个地方，我也描写过一段尽管无据可查，然而我相信有可能发生的小插曲，例如，塞尚和梵高在巴黎的短暂邂逅。为方便起见，我采取了一些办法，诸如在温森特跋涉于欧洲期间使用的货币，均以法郎代替；还省略了整个故事中几处不重要的零碎片段。除去上述在技术上大胆采取的措施以外，本书的内容完全是真实的。

本书主要的原始资料是温森特·梵高致其弟提奥的三卷书信集（霍顿·米夫林出版社，1927—1930年出版）。而更多的材料是我在追随温森特·梵高在荷兰、比利时和法国的踪迹，实地考察时发现的。

在此，我应当向众多不吝惜宝贵时间，向我慷慨提供材料的梵高的朋友和崇拜者表示我的感激。他们是哈格希邮局的科林·凡奥斯和路易斯·布隆，海牙古比尔画廊的约翰·特斯提格，斯赫维宁根的安东·毛威的家属，小瓦姆的约翰·巴普蒂斯特·丹尼斯先生和夫人，纽恩南的霍夫克一家，阿姆斯特丹的J.巴特·德·拉菲利，阿尔的费利克斯·雷伊大夫，圣保罗德莫索的爱德加·李·罗伊大夫，以及瓦兹奥维尔的保罗·伽赛——温森特尚存于欧洲的最健康的朋友。

感谢洛娜·莫斯克、爱丽丝·布朗和雷·C.B·布朗以及琼·法克特所协助进行的编辑工作。最后，还要向书稿的第一个读者鲁思·阿利，致以深切的谢忱。

1934年6月6日

2022 年中文版修订后记

常涛

天才的荷兰画家温森特·梵高去世已经一百三十二年,《渴望生活:梵高传》英文原版问世已经八十八年,其作者欧文·斯通也已经离世三十三年,而我的中译本自 1982 年译成并随后由北京出版社于 1983 年出版至今竟已近四十年。四十年来世界发生的变化之大,作为身在其中的我们,大家自有切身的体验,而就我个人而言,想到一个初涉译界刚刚开始编辑生涯的年轻人到今天已经进入享受秋阳夕照的人生暮年,所经历的世事变迁犹如沧海桑田,真是思绪万千,无法平静。

回想当年,刚上中学的我就听在中央美术学院讲授外国美术史的父亲讲起过梵高,但直至进入外语学院学了英文,我才读了父亲给我的《渴望生活:梵高传》原版,从书中得知了世上竟有梵高这样的艺术家,他的悲惨而成就辉煌的人生令我深受震撼,从而萌生了翻译此书的想法。而将想法真正实施始于 1981 年,当时"文革"才结束,一场深刻的思想解放运动席卷全国,思想界文艺界求新思变浪潮汹涌,方兴未艾。此时我已经成为外文编辑,深受改革开放精神的鼓舞,觉得向国人,特别是学习艺术的年轻人介绍梵高以开拓眼界十分必要。之后的一年多时间中,身体并不强壮的我每日下班后都要坚持翻译到半夜,不分寒暑,无论春秋,没有周休和假期,禁绝一切娱乐和无关的活动,终于用业余时间完成了 40 多万字的翻译，之后就像大病初愈，竟久久不能适应正常的生活作息。对于翻译中所遇到的难题我查阅了大量的图书和外文资料，并向周边的师友，特别是我的父亲求教。应该说在当时的条件下是尽我所知所能较好地完成了翻译。该书出版之后，仅在十八年后的2000年再版时做过极少的改动，然后又是连续重印二十二年。

《渴望生活：梵高传》自问世以来深受广大读者厚爱和书界好评，在北京十月文艺出版社多年坚持不懈的努力下，创下连续再版重印近四十年的业绩，对此我深怀感激。在得知中信出版社已取代北京出版社得到该书中文简体版在中国大陆出版发行的独家授权，并确定继续选用我的译本出版该书之际，在备感荣幸的同时，我决定要利用这次推出新版的机会对译本进行全面修订。

四十年之后再读此书，我已不是当年那个青年，阅历和认知随着四十载岁月的流逝在积累跃升，加之近年来自己也在学习油画，对于人生、对于人性、对于美、对于绘画艺术的学习和创新已有了更深刻的认识，对于原文难以转述的字句有了更多的化解之法，至于中文的表达上，自然也较前更得心应手了。这次在重新对照原文，逐字逐句的斟酌中，发现和解决了不少当年处理不甚圆满的问题，这次的改动主要有三个方面。

一是对原文中易造成歧义的词汇又重新做了订正。比如，对"truth"这个词，一般容易理解为"真理"，这次发现在有的地方译成"真实"也许更为妥当，而"character"，既可译作"个性特点"，也可译作"人物角色"。例如在第五卷第2章中有一句的改动是这样，原译：不知为什么，马奈的画叫他想起爱弥尔·左拉的著作来。在他们的作品里，表现出了同样的对<u>真理（truth）</u>的狂热追求，同样的无所畏惧的洞察和同样的感受。那就是不管<u>个性（character）</u>在表面上可能多么污秽，它也是美的。现译改为：不知为什么，马奈的画叫他想起爱弥尔·左拉的作品来。在他们的作品里，表现出了同样对真实的狂热追求，同样无所畏惧的洞察，以及同样的感受，即不管人物看上去多么肮脏，也是美的。

二是遵照严复主张的"信达雅"的翻译原则，对原文的理解和中文的表述既要贴合其本意也要通顺畅达，符合汉语的语法和表述习惯而不拘泥于原文。例如在第四卷第 8 章中有一句的改动是这样，原译：正像在布鲁塞尔时皮特森告诫他的，他离模特儿太近了，因此无法掌握透视比例，他一直是按照自然来作画的，现在他则通过描绘自然来表现自己的个性。现译改为：正像在布鲁塞尔时皮特森告诫他的，他离模特儿太近了，因此无法掌握透视比例准确画下来。一直以来他是让自己按着自然的样子去描绘，现在他要让自然按着自己理解的样子呈现。为了避免拘泥于原文致使表述显得啰唆而晦涩，类似的例子还有不少，如在第六卷第 6 章中有一段的改动是这样，原译：太阳正悄悄地从天空的另一边落下去。大地由于日间阳光的直晒而变热。它散发出种下去的东西的气味和长起来、砍掉又死去的东西的气味，它散发出生命不断在产生和不断在还原为生成它的东西的那些充满活力而又浓烈的气味。现译改为：太阳正悄悄地从天空的另一边落下去。大地由于日间阳光的直晒而变热。它散发出播种乃至成长，收割复归死亡的东西的气息，它散发出生命那不断在创造和不断在还原为本初之物的充沛而强烈的气息。

三是将过去因认识上的局限有所删改的部分做了尽可能的复原。例如在第五卷第 8 章中有一段的改动是这样，原译：左拉说，"首先，我们认为：一切真实的东西，不管其表面看起来多么丑，都是美的；我们接受大自然的一切，不得有任何否定；我们相信，触目的真实比漂亮的谎言要美，泥土之中比巴黎的所有沙龙中有更多的富于诗意的东西；我们认为痛苦是有益的，因为在一切人类情感中它是最为深刻的；（这里删除 20 字）我们把性格看得比丑陋更重要，把痛苦看得比漂亮更重要……现译做了恢复和改动：左拉说，"首先，我们认为：一切真实的东西，不管其表面看起来多么丑，都是美的；我们接受大自然的一切，<u>不得有所摈弃</u>；我们相信，触目的真实比漂亮的谎言要美，<u>尘世生活比巴黎所有沙龙中的生活有更多的诗意</u>；我们认为痛苦是有益的，因为在一切人类情感中它是最为深刻的；<u>我们认为性是美的，即便当事一方可能是妓女</u>；<u>我们更看重个性，超过丑陋</u>；<u>更看重痛苦，超过漂亮</u>……

总之，修订的工作量比原来想像的要大，作为多年以改稿为业的一名老编，改稿已成几乎带有强迫症特征的习惯，以致反复涂改数遍仍止不住手。当然文字的推敲其实是无止境的事，因为完美是不可能的，只有接近完美而已。虽然这些日子废寝忘食付出了大量时间和精力，我却并不觉得辛苦，只是庆幸能有这样的机会为广大读者也为自己完善这部翻译作品。也许，这将是我有生之年最后能为《渴望生活：梵高传》所做的事了。

希望这次的修订能够无愧于原书作者，美国杰出的传记小说家欧文·斯通先生1983年访华时曾经给我鼓励，当时他在我的《渴望生活：梵高传》原版书的扉页上写道，"You are my favourite translator."（你是我最喜爱的译者。）我们要感谢斯通先生九十三年前在二十六岁的年龄写出了这部真实描绘了梵高一生的传记小说；感谢他对梵高以及印象派运动这场在艺术史上最伟大革命的深刻理解和准确的描述，为酷爱绘画的我和广大热爱艺术并希望学习艺术的读者提供了几乎如身临精彩的系列艺术史讲座一样的学习机会。

一路走来，《渴望生活：梵高传》四十年中在翻译和编辑出版过程中得到的帮助不胜枚举，在这里谨向我已故的父亲常又明先生，向全力支持我并不厌其烦为我抄写译稿数遍的丈夫刘垣生先生，向曾经为我解决英文理解和中文表述以及个别法文翻译问题的熊德兰、陈一筠、王猎雷等先生，向首任责任编辑郑万隆先生和其后历任编辑隋丽君、周秀春、胡晓舟等女士，向首版封面与插图的装帧设计者常大伟、王晖先生一并表示诚挚的谢意。

最后，衷心感谢新版《渴望生活：梵高传》的出版者中信出版社对本书所付出的努力，相信以他们对繁荣我国出版事业的热忱和雄心，以及在编辑出版发行方面所拥有的丰富经验和雄厚实力，新版《渴望生活：梵高传》会以全新的面貌再创辉煌，受到更广大的读者的欢迎和喜爱。

2022 年夏于黄海之滨

附录1：梵高年表

[1853] 3月30日生于荷兰布拉邦特的松丹特。是提奥多鲁斯·梵高和安娜·科尼莉亚·卡本特斯的长子。

[1857] 弟弟提奥5月1日出生。

[1864] 到泽文伯根的寄宿学校读书。

[1866] 寄宿学校毕业后，到蒂尔堡的文法学校学习。

[1869] 去海牙，在艺术经销商古比尔公司的海牙分店当学徒。

[1872] 开始和弟弟提奥通信，并持续终生。

[1873] 调往古比尔公司伦敦的分店。

[1874] 在伦敦感情受挫，回荷兰，去往古比尔公司巴黎的分店。后又返回伦敦。

[1875] 被调往古比尔公司巴黎的分店。

[1876] 离开古比尔公司后，搬到英国的拉姆斯盖特做教师。后前往伊斯莱沃思做教师兼副牧师。后返回荷兰埃顿。

[1877] 在阿姆斯特丹的一个伯父家安顿下来，准备神学院考试。

[1878] 放弃了正规的宗教学习，到比利时布鲁塞尔福音传道学校学习。在那里未能取得正式的牧师任命，接到前往博里纳日传教的任命。

[1879] 被福音传道委员会解雇。贫困，丧失信心，对未来感到绝望。

[1880] 放弃宗教追求，决定投身艺术创作。开始画矿工，临摹米勒的作品，到布鲁塞尔学习透视学和解剖学。提奥开始在经济上资助温森特。

[1881] 回荷兰埃顿。向新寡的表姐凯·沃斯求婚被拒绝。前往海牙，和安东·毛威一起创作，毛威建议温森特学水彩画。这一次情感受挫，使温森特的健康再次恶化。

[1882] 结识克里斯汀（茜恩）并与她同居。画了很多素描和水彩，完成了第一幅油画作品。

[1883] 结束了和茜恩的同居生活，全心投入艺术创作。去往荷兰北部的德伦特作画。年底，回到纽恩南父母家中。

[1884] 开始对色彩理论感兴趣。和隔壁女子玛高特·比奇曼恋爱，遭双方家人反对，玛高特试图服毒自杀。这次情感失败使温森特深受打击，但仍坚持作画。

[1885] 父亲去世。创作出《吃土豆的人》。开始尝试使用更多的色彩，并开始对日本版画着迷。

[1886] 搬往巴黎，与提奥同住。结识了劳特累克、高更等印象派画家。

[1887] 画作色彩越来越明亮。收藏日本版画。组织策划在劳工阶级的咖啡馆和饭馆墙上展出自己和朋友们的绘画作品。厌倦巴黎的生活，开始向往阳光灿烂的法国南部。

[1888] 离开巴黎，来到法国南部的阿尔。后搬入拉马丁广场上的"黄房子"。这一时期画作产量极为丰富。《卧室》《向日葵》《夜间咖啡馆》等作品均完成于这一时期。高更来黄房子与温森特同住了几周，后二人爆发冲突，温森特割下一只耳朵并住院治疗。高更返回巴黎。

[1889] 在提奥的帮助下，温森特自愿入住圣雷米的圣保罗疗养院治疗，精神状态时好时坏。这一时期画了大量风景画。著

名的橄榄林和丝柏系列画作都来自这一时期。

[1890] 首次售出个人作品《红葡萄园》，这是温森特在世时售出的唯一一幅作品。迁往奥维尔，在伽赛医生的照顾下，一边休养一边继续作画。在生命的最后两个月中画了八十多幅油画。7月29日去世。

[1891] 提奥去世，妻子乔安娜将提奥灵柩迁往奥维尔，葬在哥哥温森特的墓旁。

附录 2：他们都爱梵高

[**提奥·梵高**]陪温森特度过人生坎坷，给足他经济和精神上的支持。温森特说提奥是他的至亲、知音和支柱。温森特去世后，身心遭受打击的提奥六个月后也离开了人世。

[**伽赛医生**]在告别梵高时说："温森特没有死。他永远不会死。他的爱、他的才华、他所创造的非凡的美，将千古长存并为这个世界增添光彩。"

[**高更**]在梵高割耳事件后离开了阿尔，二人保持着通信。住在塔希提岛的高更时常想起梵高，托人带去了向日葵的种子。

[**毕加索**]说："希腊人、罗马人、文艺复兴时的人都根据共同的规则画画，而从梵高开始，每个人必须是他自己的太阳。"

[**马蒂斯**]在使用色彩方面受到梵高的影响。

[**大卫·霍克尼**]一直受到梵高的启发，这在他的许多作品中都不难看出。"自然"可以说是梵高与霍克尼的艺术创作中不可或缺的一部分。霍克尼曾在采访中表示，他与梵高的主要交集，不仅仅是对色彩、光影、笔触的把握，还包括对空间的了解和对艺术的探索精神。霍克尼称赞道："梵高能将空间看得非常非常清楚，他是真正的观察者。"

[**黑泽明**]在 1952 年 10 月号的《艺术新潮》中写道，"我在十七岁之前一直立志成为画家"，他详细记述了他喜欢的画家们：

"后印象派的塞尚、梵高、高更、卢梭，日本的铁斋，当代的前田青邨等人。说句题外话，我从很久以前就在琢磨，想用最好的彩色电影技术拍摄梵高的一生。"

[吴冠中]说："我一生只看重三个人：鲁迅、梵高和妻子。鲁迅给我方向给我精神，梵高给我性格给我独特，而妻子则成全我一生的梦想，平凡，善良，美。"

[莫言]说："在上世纪80年代，我们首次接触到梵高画册的时候，立刻感到心中隐藏很久的一种感受被他激活。

"我当年在军艺学习的时候，在写作《红高粱》的过程当中，就深受印象派画家的启发。梵高画面上旋转的星空、拧着生长的树，高更在南太平洋岛屿画的《我们从哪里来？我们是谁？我们往哪里去？》，那种用色的大胆、色块的堆积，让我在写作的时候感觉到有一种力量，感觉到一种巨大的冲动。于是无形当中转换成我的小说语言，当然，我在作品里不是直接去写美术、写线条、写色彩，但是我会产生一种强烈的情绪，这种情绪就调动了我的词汇，词汇里就有了我所喜欢的美术家同样的风格。所以，印象派画作的风格，跟我早期小说里的语言风格，在艺术的信息方面是通联的。《红高粱》里面对色彩的大量描写是下意识的，可能就是跟那段时间我非常喜欢美术大有关系。"

[冯骥才]说，梵高的一生"充斥世俗意义上的'失败'，名利皆空，爱情悲惨，饥苦交加，备受冷雨与摧残。可尽管如此，在生命将要终结前的岁月里，依然与巨大而暴戾的病魔苦苦搏斗，拼死为人间换来了艺术的崇高与辉煌"。

[蒋勋]说："我们可能在一张《向日葵》前掩面而泣，我们可能在一张《自画像》前惊叫起来，我们可能在一张《星空》(《星月夜》)之前热泪盈眶。梵高揭发了所有'正常人'的妥协，他明确宣告：没有某一种疯狂，看不见美。但是梵高的美太危险，我们只

能面对他的画,不敢面对他真实的生命。"

[陈丹青]说:"我每次看到梵高的这张毫无意思的画(指《海边的男孩》),就是一个浑小子站在海边,我心里就会想,这才是真正的绘画,这才是真正的艺术。"

○ 1934年欧文·斯通的《渴望生活:梵高传》英文版首次出版,上市八十八年来畅销不衰,迄今全球已有超过一百六十余种不同版本。

○ 1956年改编自欧文·斯通《渴望生活:梵高传》的电影《梵高传》上映,由文森特·明奈利和乔治·库克执导,柯克·道格拉斯饰演梵高。

○ 收录于流行歌手唐·麦克莱恩1971年冠军专辑《美国派》中的作品《温森特》,是他在阅读过一本梵高传记后,以画作《星月夜》为主题所创作的。

○ 在导演、作家伍迪·艾伦1975年的文集《无羽无毛》中,他模仿温森特写给提奥的信,创作了短篇小说《假如印象派画家是牙医》。

○ 1984年诗人海子创作诗歌《阿尔的太阳——给我的瘦哥哥》,向梵高致敬。

○ 1990年的电影《梦》由黑泽明执导。梵高出现于其中"第五梦"《鸦》,有一段场景借用了梵高的名作《阿尔吊桥》的画面。

○ 唱作女歌手王菀之以梵高为主题,创作并演绎歌曲《画意》,由林夕填词,收录于其2006年发表的专辑《诗情画意》。

○ 歌手阿沁在2007年发行音乐专辑,名为《梵谷的左耳》,其中收录同名歌曲。

○ 2010年,科幻电视剧《神秘博士》第5季第10集《温森特与博士》中,博士带着梵高穿越到2010年的法国奥塞美术馆,让他亲眼看到自己的作品是如何被世人喜爱。

◯ 漫画家穗积于2013年5月出版《再见了，魔法师》。漫画以梵高弟弟提奥的视角，描绘了梵高兄弟的人生。

◯ 2017年动画电影《至爱梵高·星空之谜》上映。

◯ 2017年，歌手孙燕姿推出专辑《跳舞的梵谷》，其中同名单曲在致敬梵高的同时，也鼓励听众向这位画家一样勇敢向前。

◯ 2018年以梵高为主人公的电影《永恒之门》上映。

◯ 唱作歌手周杰伦2022年发表专辑《最伟大的作品》，其中的同名歌曲致敬了包括梵高在内的多位艺术家。

附录 3：图说梵高

1884—1885 年

结束在艺术品商店的工作、放弃对宗教事业的追求、经历了三段情感的挫败，此时的梵高全身心投入绘画创作。在纽恩南期间，他希望深入乡村生活，了解田野上的农民和工作间里的纺织工人，描绘他们。同一时期，梵高开始对色彩理论感兴趣。

① 妇女头像（*Head of a Woman*）
  | 布面油画 | 42×33.3 cm | 1884 年 11 月—1885 年 1 月 |
  梵高从事绘画事业以来，一直将米勒作为自己的精神导师，立志成为一名农民画家。他想要描绘真实的乡下人，描绘粗糙的皮肤，不瘦削的体型。

② 男子头像（*Head of a Man*）
  | 布面油画 | 42.5×32.1 cm | 1885 年 3—5 月 |
  在为村舍生活画做准备期间，梵高画了三十余幅人物半身像。

③ 散着头发的女子头像（*Head of a Woman*）
  | 布面油画 | 35.2×24.4 cm | 1885 年 12 月 |
  挖土豆、缝衣、烹煮食物……除了歌颂女性的勤劳之外，梵高也描绘过其他另类多彩的女子。

● 吃土豆的人（*The Potato Eaters*）
  | 布面油画 | 82×114 cm | 1885 年 4—5 月 |
  为了完成《吃土豆的人》，梵高准备并试验了好几个月。他总去德格鲁特家，埋头画，直到这一家人睡觉才收笔。后来他凭着记忆完成了这幅农民画。

1884—1885

1884–1885

1888 年

1886 年梵高搬往巴黎，与弟弟提奥同住，并在那里结识了印象派画家们。梵高开始尝试使用更多的色彩，让自己的调色盘和笔触明亮轻快起来。1887 年梵高痴迷于日本浮世绘，开始将浮世绘和西方的绘画表现手法结合起来。两年的巴黎生活，梵高接触了大量的风格，刻苦学习了理论，并逐渐确立了个人风格。他开始厌倦巴黎，怀念起乡下的生活。1888 年他搬往阳光充足的法国南部城市阿尔。这一时期，他的画作产量极为丰富。

① 阿尔的老妇人（*An Old Woman of Arles*）
| 布面油画 | 58×42 cm | 1888 年 2 月 |
梵高认定在阿尔最美好的事情就是画人像，画女人和儿童。

② 邮递员罗林（*Postman Joseph Roulin*）
| 布面油画 | 81.3×65.4 cm | 1888 年 |
邮递员罗林是梵高在阿尔最好的朋友。梵高不仅画过罗林，还画过罗林的妻子、孩子。

③ 梵高母亲的肖像（*Portrait of the Artist's Mother*）
| 布面油画 | 40.6×32.4 cm | 1888 年 10 月 |
住在阿尔的梵高，9 月收到妹妹寄来的母亲照片，接着创作了这幅作品。

④ 向日葵（*Sunflowers*）
| 布面油画 | 92.1×73 cm | 1888 年 |
梵高在阿尔"黄房子"的墙上画过向日葵镶板做装饰，迎接高更的到来。此后，他开始创作"向日葵"系列画作。

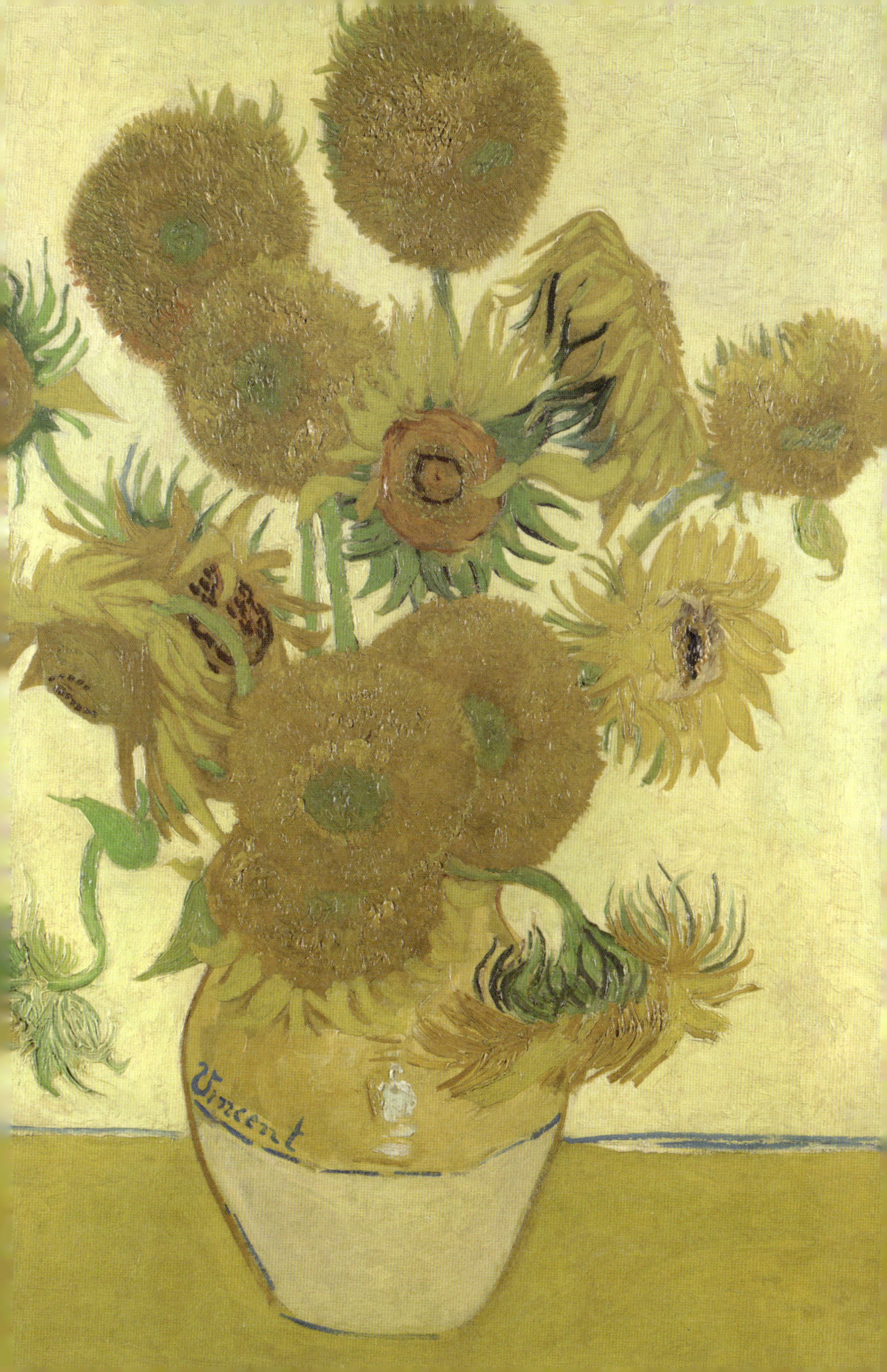
Vincent

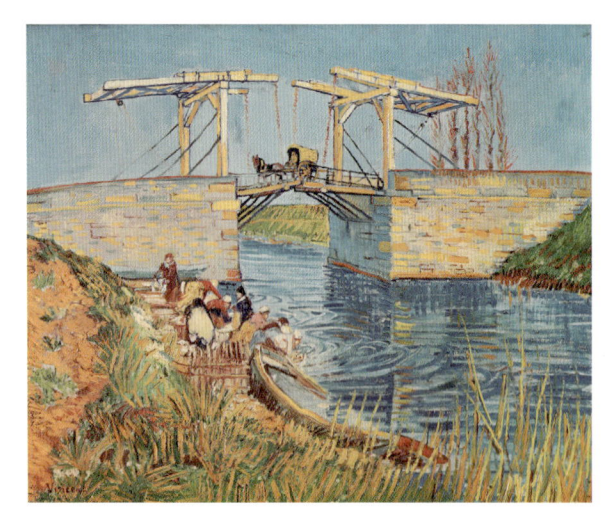

○ 阿尔吊桥（*Bridge at Arles*）

| 布面油画 | 54×64 cm | 1888 年 |

1888 年 2 月梵高到达阿尔，这幅画创作于 3 月。以颜色为主导，像是梵高做的色彩试验。在给提奥的信中，梵高赞叹这里的景色美丽，像置身日本一样。

○ 红葡萄园（*Red Vineyard at Arles*）

| 布面油画 | 73×91 cm | 1888 年 11 月 |

梵高生前唯一一幅售出的作品。这是梵高和高更在阿尔散步途中遇到的画面，回画室后，梵高用热烈的色彩记录了丰收的场景。

○ 夜间的露天咖啡馆（*Terrace of a Café at Night*）

| 布面油画 | 80.7×65.3 cm | 1888 年 9 月 16 日 |

梵高根据印象描绘这家夜间的咖啡馆时，还加上了个人的感情和内心表达。这间咖啡馆至今仍然存在，是梵高迷去法国时一定会去的地方。

○ 夜间咖啡馆（*The Night Café*）

| 布面油画 | 72.4×92.1 cm | 1888 年 |

梵高居住在阿尔时，经常光顾这间咖啡馆。这是梵高花了三个晚上完成的作品。

1888

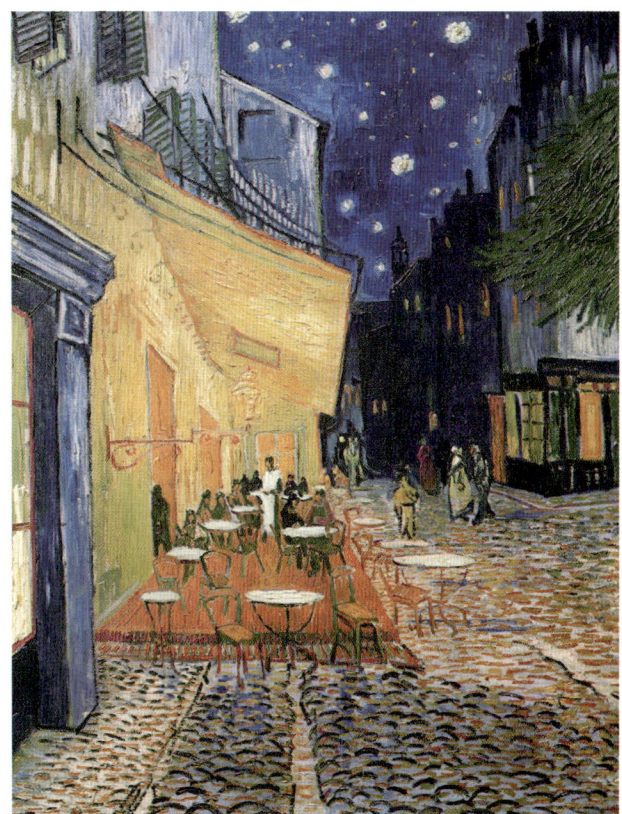

1888

○ 梵高的椅子（*Van Gogh's Chair*）
| 布面油画 | 91.8×73 cm | 1888 年 |
这幅《梵高的椅子》是白天画的。

○ 高更的椅子（*Gauguin's Chair*）
| 布面油画 | 90.5×72.7 cm | 1888 年 11 月 |
梵高为了记录高更和自己在黄房子里的时光，为两人的椅子各画了一幅油画。这幅《高更的椅子》是晚上画的。

○ 卧室（*The Bedroom*）
| 布面油画 | 72.4×91.3 cm | 1888 年 10 月 |
租下黄房子后，梵高特意创作了《卧室》，以庆祝自己在阿尔拥有了理想的住所。

○ 黄房子（*The Yellow House*）
| 布面油画 | 72×91.5 cm | 1888 年 9 月 |
梵高到阿尔不久，租下了拉马丁广场上的黄房子，共四间房间。此后他邀高更来这里同住过一阵子。

● 罗讷河上的星夜（*Starry Night over the Rhône*）
| 布面油画 | 73×92 cm | 1888 年 |
阿尔的罗讷河夜景，是梵高在户外写生时创作的。对夜晚的描绘打破了传统的用色规范。

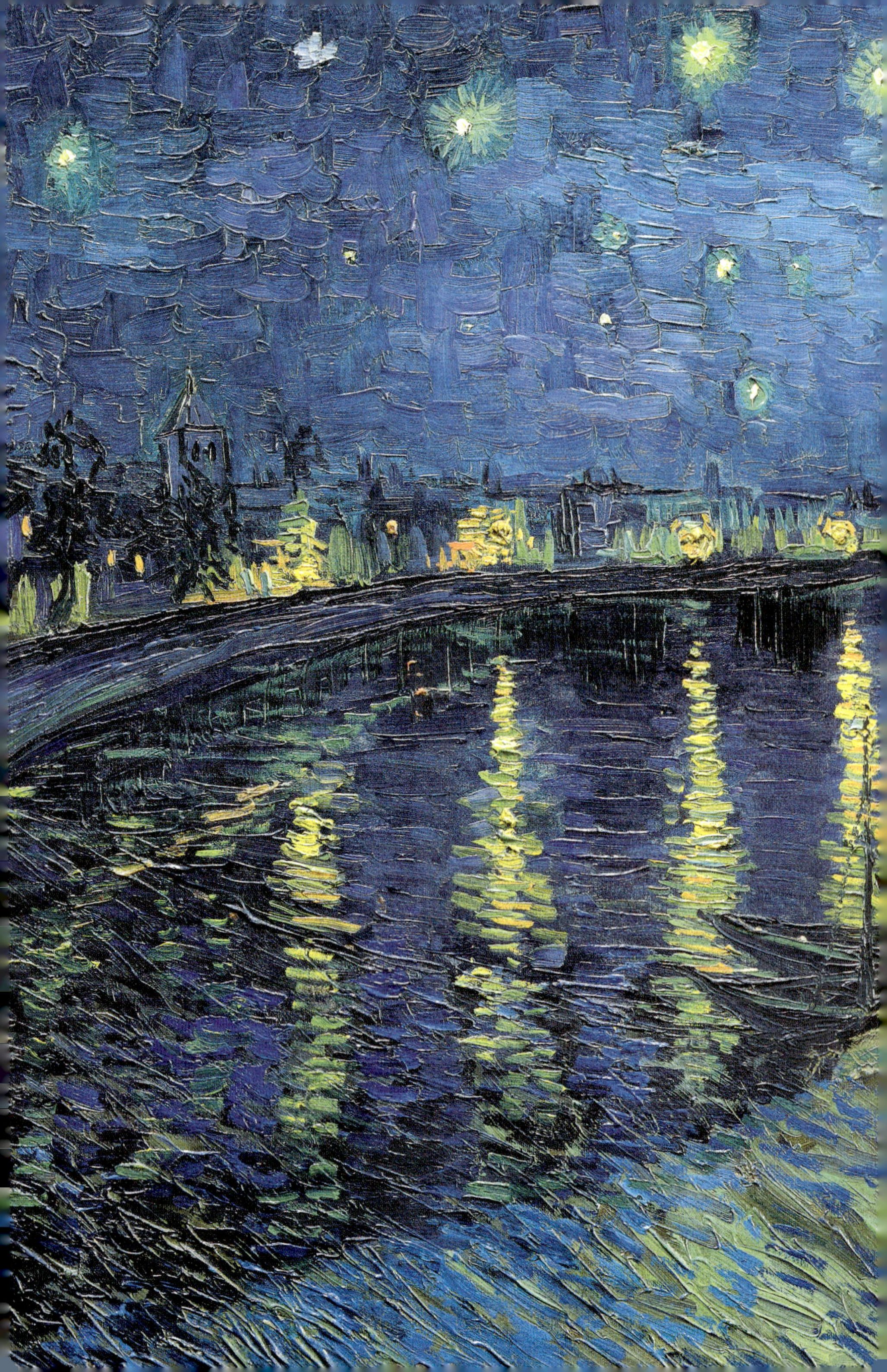

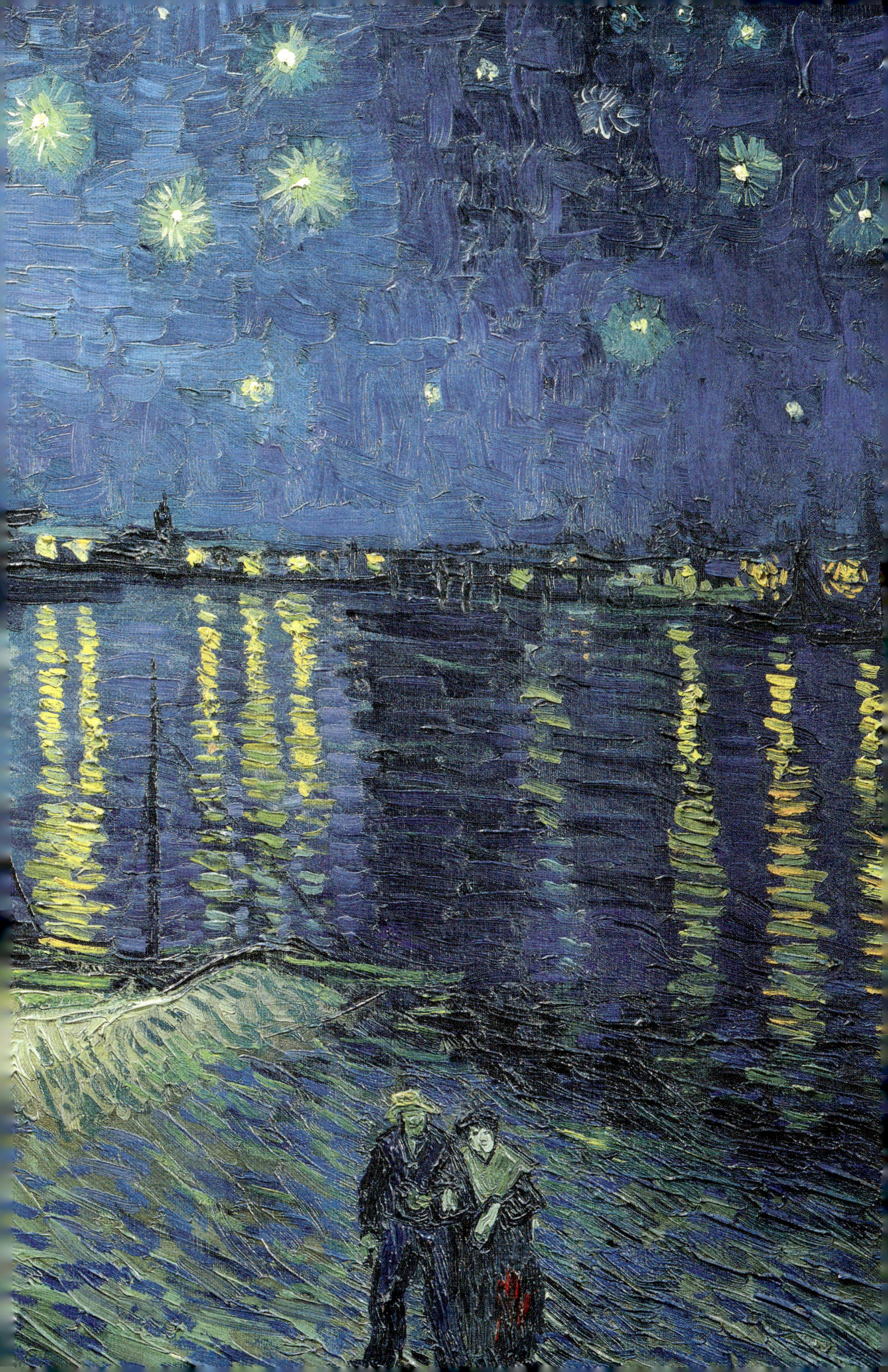

⊙ 特兰凯泰莱铁桥（*The Bridge at Trinquetaille*）
| 布面油画 | 65×81cm | 1888 年 |
这是梵高在阿尔为数不多的几幅风景画之一。桥是梵高喜欢描绘的对象。

⊘ 白色的果园（*The White Orchard*）
| 布面油画 | 60×81cm | 1888 年 4 月 |
1888 年三四月份，梵高画了十几幅开花的树，这也是浮世绘常见的主题。

⊖ 盛开的桃花 [*Pink Peach Trees (Souvenir de Mauve)*]
| 布面油画 | 73×60 cm | 1888 年 3 月 30 日 |
当毛威去世的消息传到阿尔时，为了纪念这位曾经指导过自己绘画的老师，梵高画了一幅桃花，纪念毛威。

1888

1888

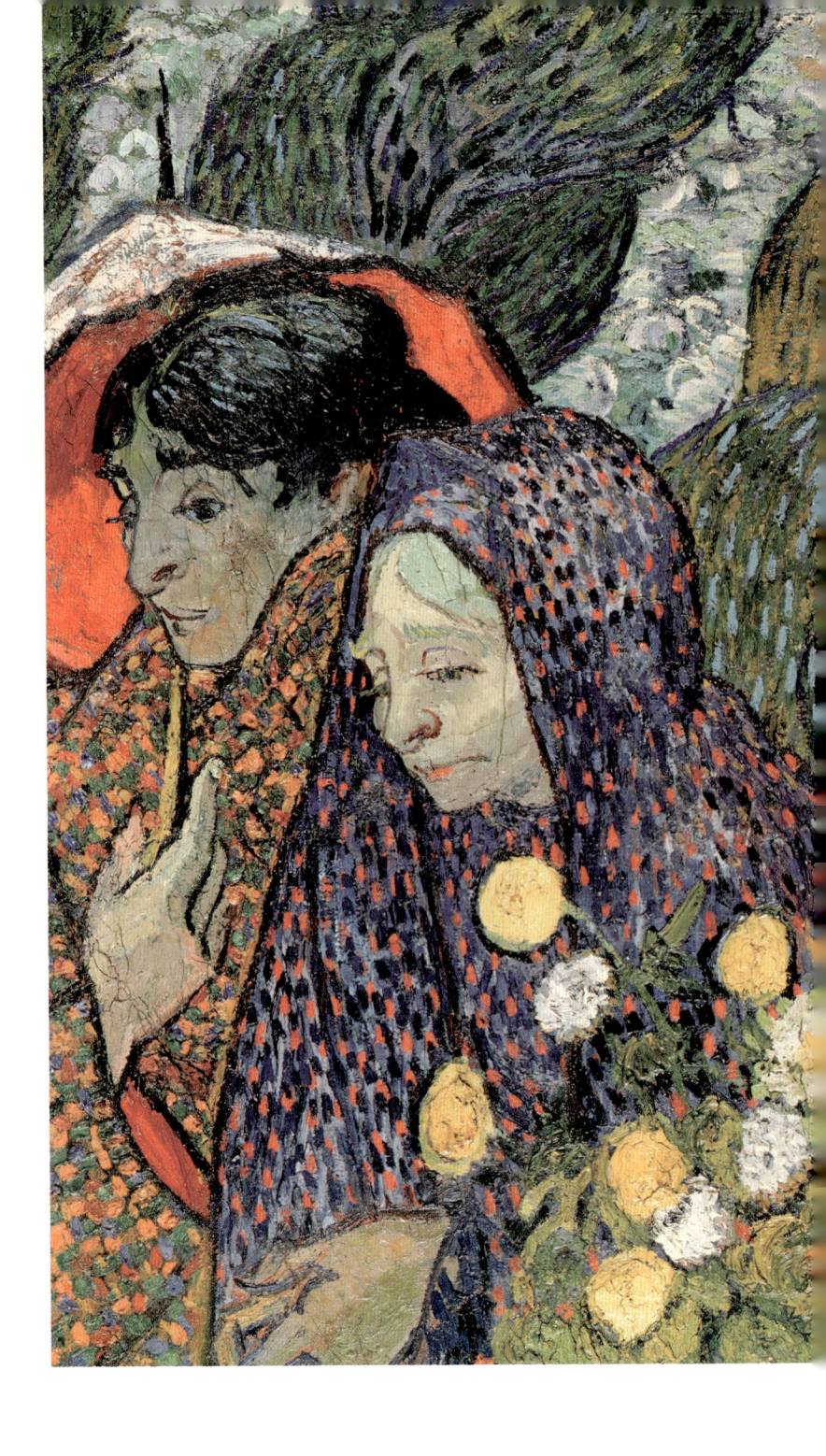

1888

● 埃顿花园的记忆（*Memory of the Garden at Etten*）
| 布面油画 | 73×92cm | 1888 年 |
梵高画的是记忆中的母亲和妹妹。在给妹妹的信中，梵高仔细讲述了自己如何用色彩辅助表现人物性格。

① 朱阿夫兵（半身像）（*The Zouave*）
| 布面油画 | 65.8×55.7cm | 1888 年 6 月 |
住在阿尔的时候，梵高对这里朱阿夫兵的装扮印象深刻，他选择了一位无名士兵做模特，有意识地用色调来辅助塑造人物性格。

② 梵高自画像（亲笔题字：献给我的挚友保罗·高更）（*Self Portrait Dedicated to Paul Gauguin*）
| 布面油画 | 61.5×50.3 cm | 1888 年 |
这幅自画像所描绘的是因为高温剃掉了头发和胡子的梵高。他用这张自画像和高更交换画作。

① 夹竹桃（*Oleanders*）

| 布面油画 | 60.3×73.7 cm | 1888 年 |
花卉也是梵高的重要绘画主题。

1889

1889 年

1888 年，高更与梵高同住在阿尔的黄房子期间，两位个性强烈的艺术家经常会爆发激烈的争吵与冲突。当年平安夜前夜，梵高用刀割掉了自己的耳朵，高更不辞而别。在提奥的帮助下，梵高自愿入住圣雷米的圣保罗疗养院治疗，精神状态时好时坏。1889 年以后，梵高的作品中开始加入扭曲、盘旋、波动的线条。在此期间，梵高描绘的主要是疗养院的花园、橄榄树、丝柏树、山丘和夜景等。

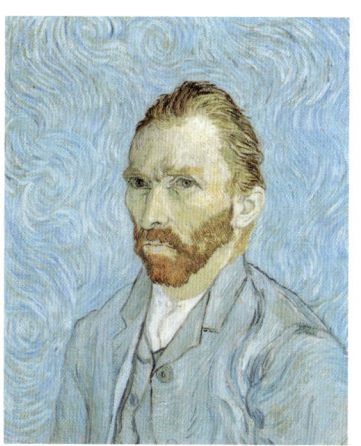

㊀ 梵高耳缠绷带嘴衔烟斗的自画像（*Self Portrait with Bandaged Ear and Pipe*）
| 布面油画 | 51×45 cm | 1889 年 |
1888 年圣诞节前，同住的梵高和高更发生冲突，梵高间歇性地失去理智，割掉了自己的耳朵。这张自画像是伤口恢复后不久创作的。

㊁ 梵高没有胡须的自画像（*Self Portrait with Clean Shaven Face*）
| 布面油画 | 40×31 cm | 1889 年 |
在圣雷米的疗养院住院期间，梵高开始创作一系列的肖像画。

㊂ 梵高自画像（*Self Portrait*）
| 布面油画 | 65×54.2 cm | 1889 年 |
这幅自画像创作于圣雷米疗养院。画面中的他目光平静、坚定，流露出想要继续画画的决心。

① 鸢尾花（*Irises*）

| 布面油画 | 74.3×94.3 cm | 1889 年 |

梵高在圣雷米疗养院的花园画下了著名的《鸢尾花》。画面充满生机，介于风景画和静物画之间。

● 星月夜（*The Starry Night*）

| 布面油画 | 73.7×92.1 cm | 1889 年 |

在圣雷米疗养院期间，梵高在被禁止外出画画时，他靠着记忆和想象，将此前见过画过的主题拼在一起，完成了这幅画作。

① 罗林夫人的画像 (*Lullaby: Madame Augustine Roulin Rocking a Cradle*)
| 布面油画 | 92.7×72.7 cm | 1889 年 |
1889 年 1 月梵高继续创作因病中断的罗林夫人画像。他将之命名为"摇篮曲",罗林夫人画像这一主题,他反复画了多幅。

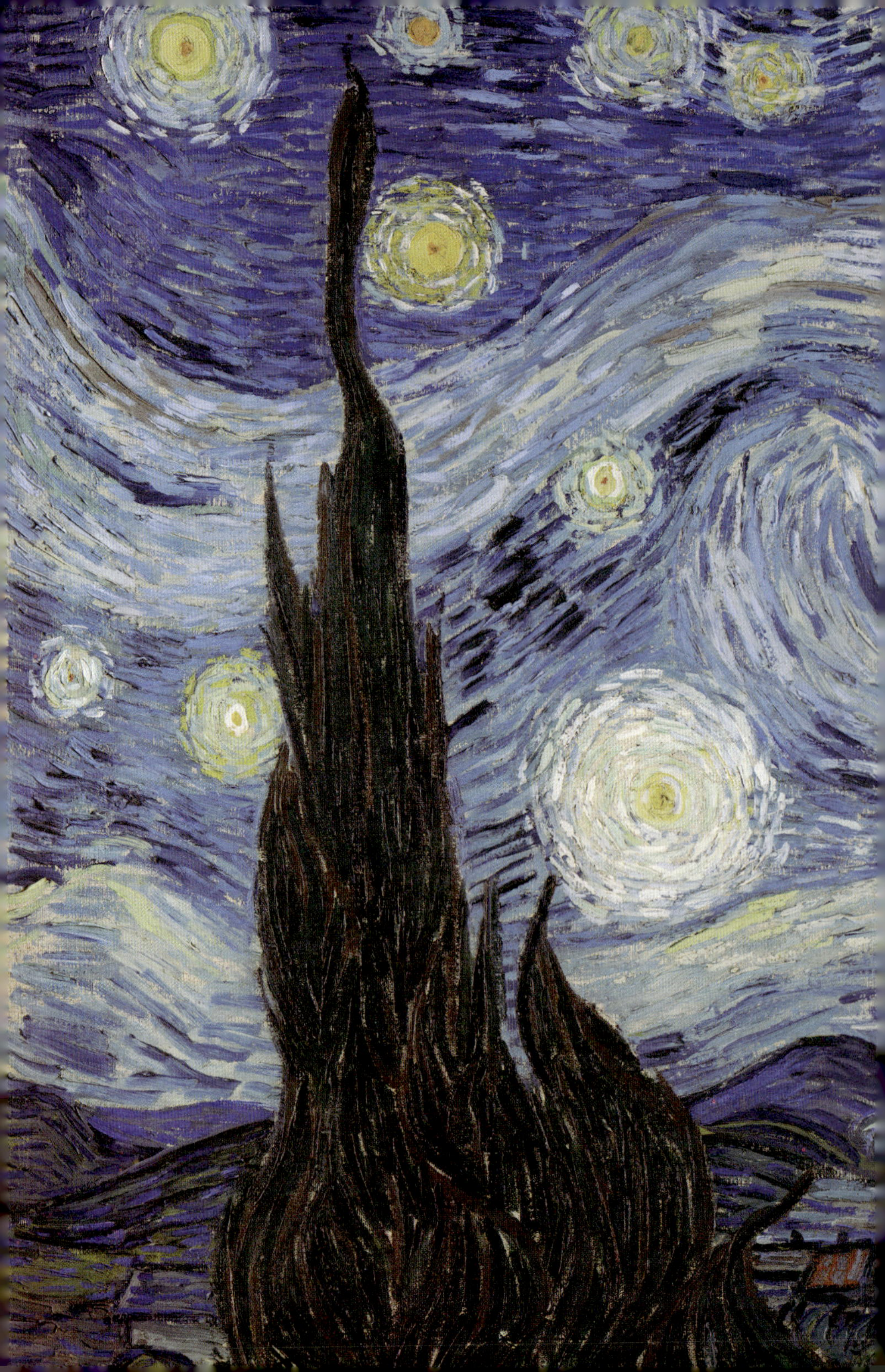

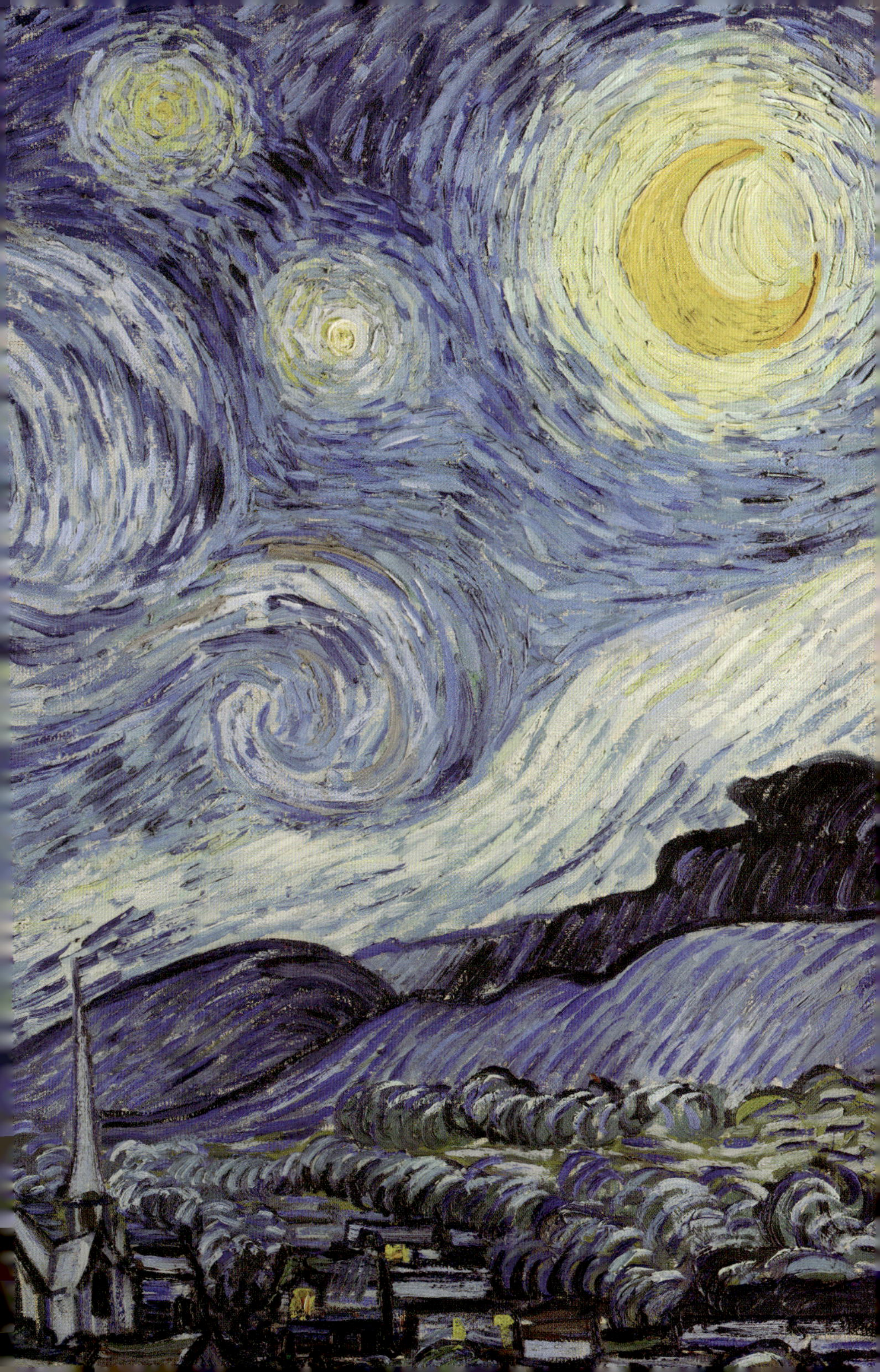

① **摘橄榄的妇女**（*Women Picking Olives*）
　| 布面油画 | 72.7 × 91.4 cm | 1889 年 |
　居住在阿尔期间，梵高画了大量的果树。在圣雷米期间，他一有机会走出疗养院，就去果园画橄榄树。

② **麦田里的丝柏树**（*A Wheatfield, with Cypresses*）
　| 布面油画 | 72.1 × 90.9 cm | 1889 年 |
　创作于梵高在圣雷米疗养院居住时期，同一景象梵高共创作了三幅画作。

③ **圣雷米的风景**（*Landscape from Saint-Rémy*）
　| 布面油画 | 70.5 × 88.5 cm | 1889 年 |
　梵高在给提奥的信中写过，这里"蓝色的天空永不令我厌烦"。

1889

1890 年

1月提奥的妻子生下一个男孩，为他取名温森特，梵高为侄子创作了《盛开的杏花》。2月底梵高癫痫发作，恢复后，5月搬去法国北部小镇奥维尔，途径巴黎时去探望了弟弟一家。在奥维尔，梵高和伽赛医生成为很好的朋友，在那里受到伽赛医生的照顾，身体恢复得不错时，就全身心扑在绘画上。住在奥维尔的七十天，梵高几乎每天完成一幅画，狂热地画着小镇及周边的花园和麦田。这一时期的色彩主要是较冷的蓝色和紫色。7月29日梵高去世。

① 伽赛医生（*Portrait of Dr Gachet*）
| 布面油画 | 66×57 cm | 1890 年 |
印象派画家毕沙罗推荐了伽赛医生给提奥，他既是一位医生，又对艺术有自己的见解，当时的很多艺术家都愿意和他做朋友。因为伽赛医生，梵高搬往奥维尔。后来给妹妹的信中，梵高称伽赛医生是"真正的朋友""志同道合的人"。

② 奥维尔教堂（*The Church of Auvers*）
| 布面油画 | 93×74.5 cm | 1890 年 |
梵高在绘画生涯的初期便画过教堂。重拾这一主题时，他的笔触和色彩都发生了变化。色彩更加华丽生动，大面积使用旋涡形的笔触来表现洒满阳光的小径。

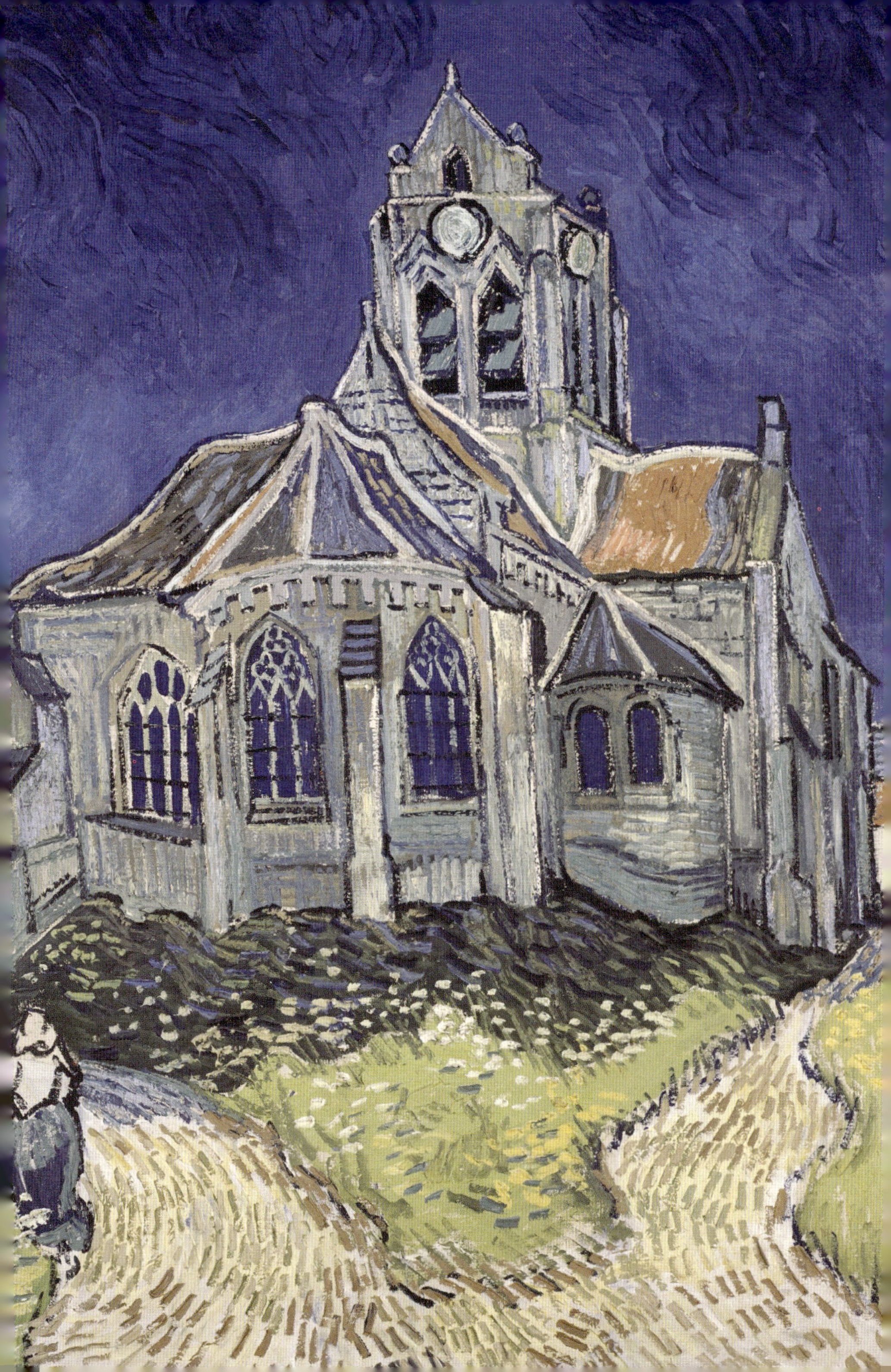

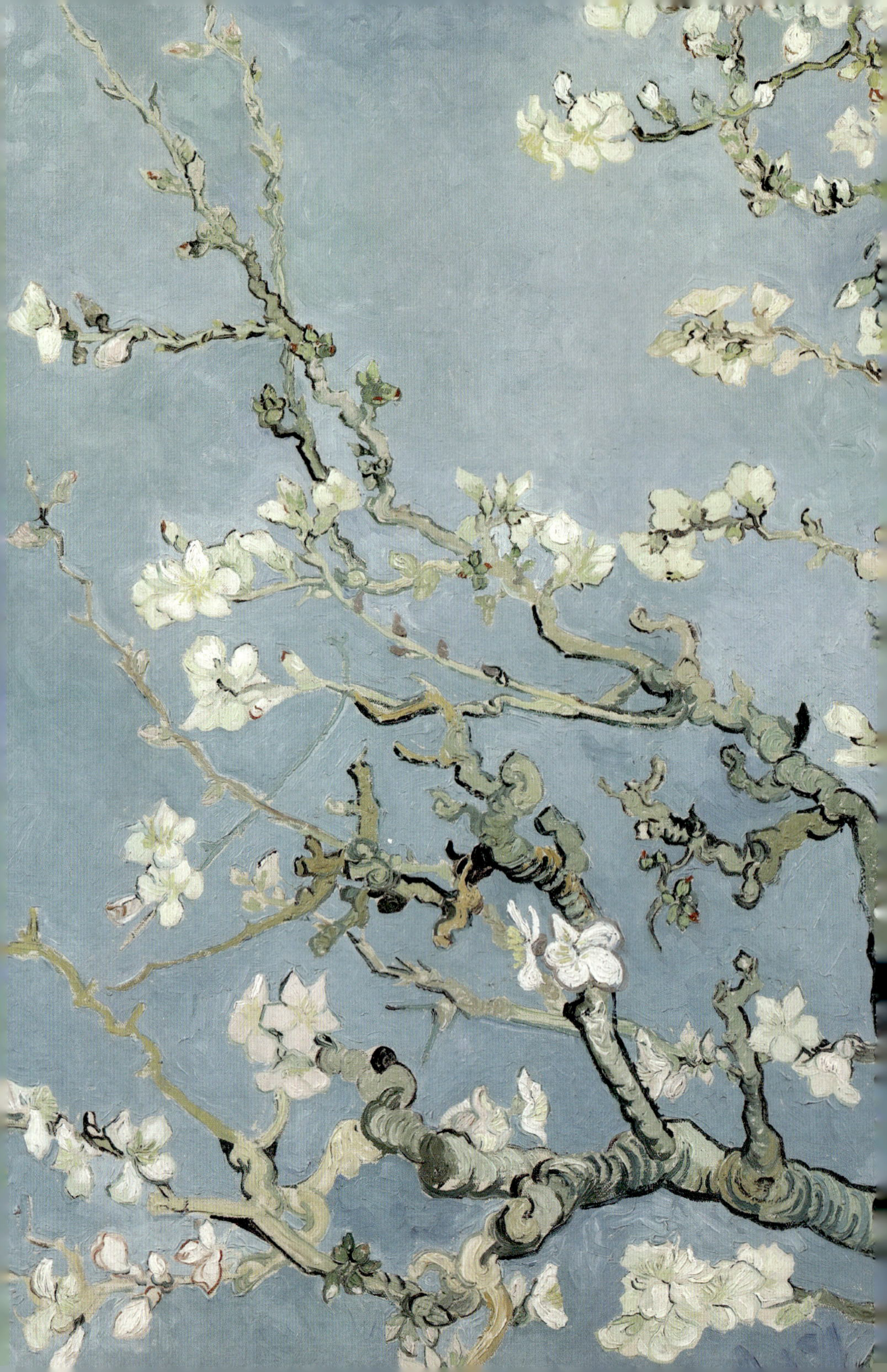

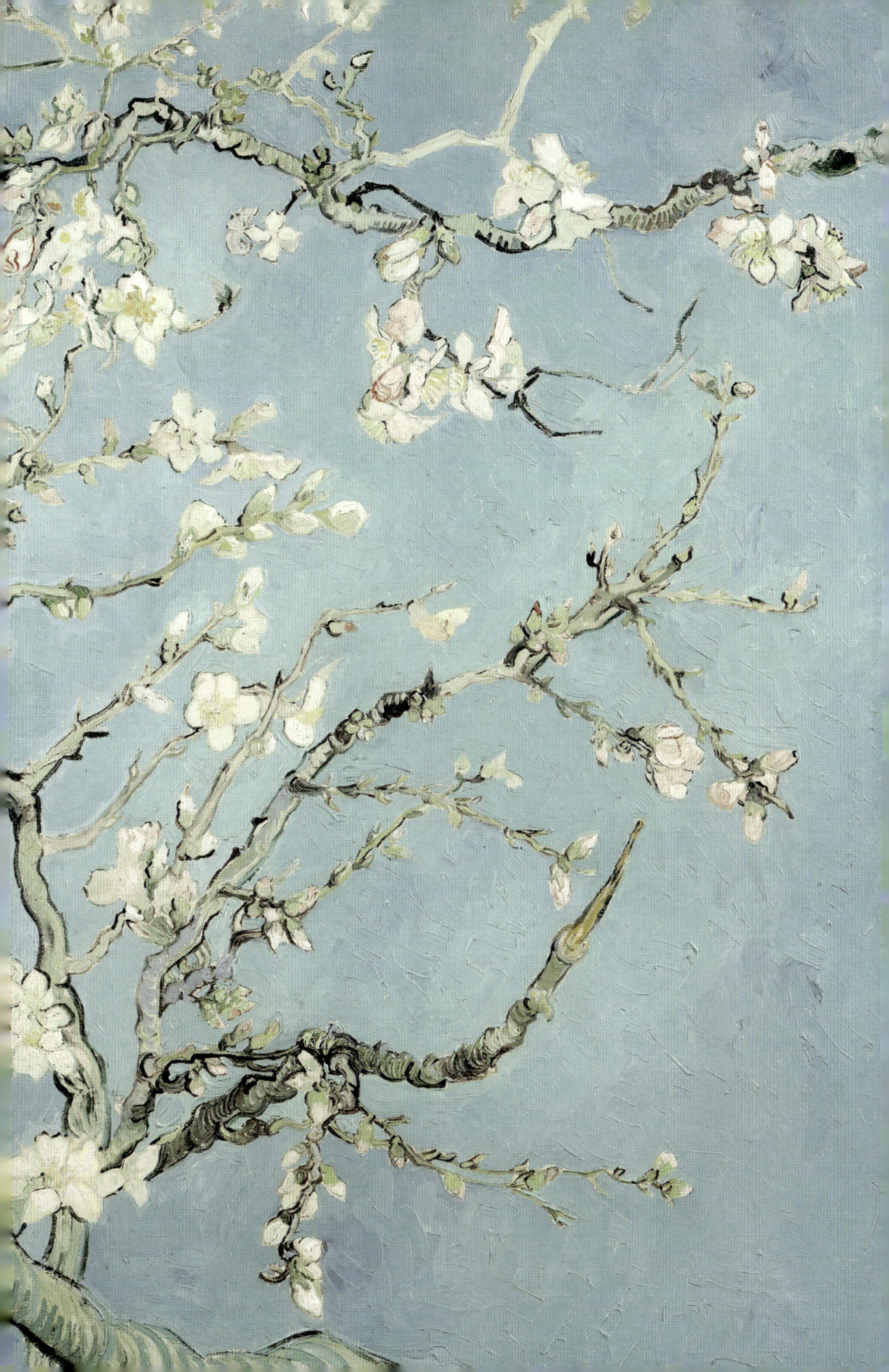

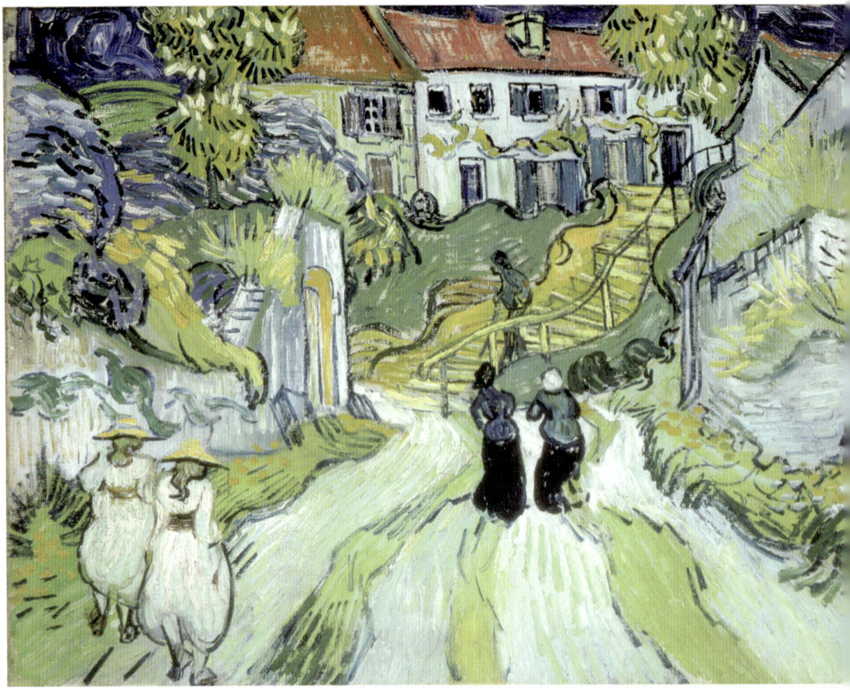

1890

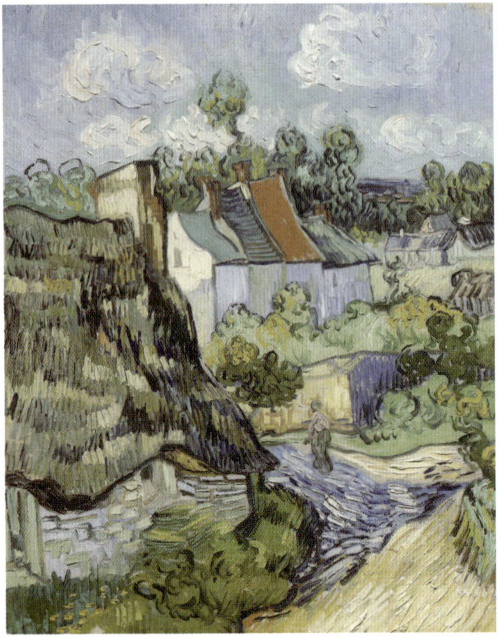

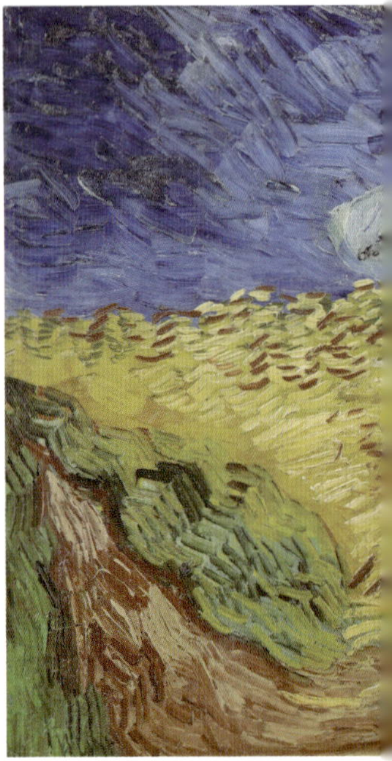

● 盛开的杏花（*Almond Blossom*）

| 布面油画 | 73.3×92.4 cm | 1890 年 2 月 |

这是梵高得知提奥的孩子诞生后，画来送给侄子的。他在给提奥的信中说，这幅画可以挂在婴儿的卧室里。画中大片的白色杏花盛开在蓝天下。

◯ 奥维尔的阶梯（*Stairway at Auvers*）

| 布面油画 | 50×70.5cm | 1890 年 7 月 |

在给弟弟的信中，梵高赞叹奥维尔有纯粹的风景，很美。他用充满律动感的笔触描绘了这里幽静的乡村风景。

◯ 奥维尔的房子（*Houses at Auvers*）

| 布面油画 | 75.6×61.9 cm | 1890 年 |

搬到奥维尔之后，梵高迷恋上了描绘这里的农舍。比较圣雷米时期的村舍主题，会发现奥维尔时期的梵高所使用的技法和这里的景致一样宁静、柔和。

◯ 麦田上的乌鸦（*Wheat Field with Crows*）

| 布面油画 | 50.5×103 cm | 1890 年 7 月 |

在给提奥一家的信中，梵高说希望很快可以把刚刚画好的三幅大油画（包括这幅）带去巴黎。他说在描绘悲伤和极致的孤独感时，非常得心应手。

① **有丝柏和星星的路**（*Country Road in Provence by Night*）
| 布面油画 | 90.6×72 cm | 1890 年 5 月 |
在给高更的信件中，梵高描述了这幅画的构思，并附上了草图，想要分享典型的普罗旺斯浪漫给远方的朋友。